戦後フランス中央集権国家の変容

下からの分権化への道

中山洋平——［著］

東京大学出版会

Who Defeated the Jacobin State?
Path to Decentralization from Below in Postwar France
Yohei NAKAYAMA
University of Tokyo Press, 2017
ISBN978-4-13-036264-1

目　次

図表一覧

凡　例

略号一覧

序　章 ………………………………………………………………………… 1

第 1 節　課題設定：保守長期政権下における中央地方関係の変容 ………… 1

　(1) 先行研究：なぜ分権化は実現したのか？　　2

　(2) 分析の対象　7

　　1) 地方インフラ整備事業 (7)／2) 公的資金、専門能力と CDC (9)／3) 前史の重要
　　性：本書の構成 (10)／4)「準大規模都市」(11)

第 2 節　分析の意義 …………………………………………………………… 12

第 3 節　地方インフラ整備事業に対する統制手段：公的資金と専門能力 ‥19

　(1) 公的資金の比重　19

　(2) 公的資金による統制と配分パターン　　21

　(3) 専門能力の偏在　　24

第 1 部　地方インフラ整備事業をめぐる中央統制の盛衰

はじめに ……………………………………………………………………… 27

第 1 章　公的金融機関 CDC の台頭と戦後集権体制の起源 …………… 31

第 1 節　地方インフラ整備事業とその担い手 ……………………………… 31

　(1) CDC の組織構造と行動原理　32

　　1) ヤヌス (32)／2) 迂回路との闘い (34)／3) 公的金融機関の政治史 (35)

　(2)「公共サーヴィス」の均霑と地方公選職　　36

　　1) 平衡化と広域化 (37)／2) 農村電化事業における広域化 (38)／3) 公的資金配分を
　　巡る振り子現象 (41)

第 2 節　戦間期の「公共サーヴィス」膨張と CDC …………………………… 43

ii　　　　　　　　　　　目　次

　(1) 地方インフラ整備事業の開始　43
　　1) 農村電化と CDC (43)／2) 上水道敷設 (46)
　(2) CDC 融資の役割増大　47
　　1) 1928 年 (47)／2) HBM 融資の開始 (48)
　(3) 大恐慌と CCDC の創設　51
　　1) CDC 国庫貸上げの停止 (51)／2) マルケ・プラン (54)／3) CCDC (57)

第3節　人民戦線政権との対決……………………………………60
　(1) 人民戦線政権の資金配分改革　60
　　1) パリ首都圏首長の苦境 (60)／2) テクノクラートによる CCDC 改革 (62)／3) な
　　ぜ抜け穴は生じたのか？(64)／4) 資金配分の拡散 (66)
　(2)「迂回路」との闘い：CCDC の制圧から代替へ　68
　　1) CCDC への払い込み停止 (68)／2) 議会の制圧 (70)

第4節　1950 年代の混乱と CDC の覚醒……………………………73
　(1) モネ・プラン期の資金配分統制と CDC　73
　　1) 大蔵省の覇権とマンジョズ枠の成立 (73)／2) モネ・プランの終了へ (75)
　(2) 資金配分統制再建の挫折　77
　　1) 農村向けの資金配分の復活 (77)／2) 再収縮と CDC の苦境 (79)
　(3) SCET 創設と CDC の直接介入　82
　　1) 独自の配分基準へ (82)／2) SCET と ZUP (83)／3) 政治的苦境とテクノクラ
　　シーの誘惑 (84)

第2章　高度成長期における官僚統制の後退 …………………………87
第1節　1960 年代：資金配分統制から都市計画へ…………………88
　(1) 第五共和制初期の官僚統制強化　88
　　1) 農村インフラ整備向け資金の抑え込み (88)／2) 都市開発事業に対する統制の強
　　化 (90)
　(2) 増殖する CDC グループとその封じ込め　93
　　1) SCET の躍進と逆風 (93)／2) CDC 包囲網の形成 (96)／3) 都市計画統制の強
　　化と棲み分け (99)／4) CDC グループの落日と開発 SEM の行方 (103)
　(3) 資金配分回路の多元化と地方分散化　106
　　1) CDC 融資の逼迫と政治的圧力の増大 (106)／2) CAECL＝迂回路の創出
　　(110)／3) 資金配分の地方分散化 (117)
第2節　1970 年代：包括化・市場化への道 ………………………122
　(1) 地方財政危機と設備投資包括補助金　122
　　1) 地方財政「危機」の争点化 (122)／2) 設備投資包括補助金構想の登場 (125)／
　　3) 設備投資包括補助金を巡る綱引き (130)／4) 投資資金配分方式選択の政治化

（132）／5) FECL の導入と裁量放棄の選択 (136)／6) 大都市コミュンに対する資金配分統制の継続 (142)

(2) 市場化の進展と公的融資の変容　145

1) 金融市場改革と配分経路の拡散 (145)／2) CDC 内部の地方分散化と政治化リスク (148)／3) 融資の包括化と市場化 (151)

第2部　都市開発における自律性の条件：地方都市の事例分析

はじめに ……………………………………………………………………… 157

(1) 主要な変数：県議会と広域化　157

(2) 事例選択　160

第3章　グルノーブルとサンテティエンヌの比較：仮説の提示 ………… 165

第1節　サンテティエンヌ都市圏における官僚支配 ……………………… 165

(1) 公的資金配分における出先官僚制の優位　165

1) 第四共和制と国会議員の「口利き」(165)／2) 官僚制の裁量配分へ (166)／3) HLM 建設枠の配分 (169)／4) プラン選定による統制 (170)

(2) 都市開発の停滞　171

1) 周縁的位置付け (171)／2) 出先機関主導の計画立案 (174)

(3) デュラフール市長の登場　176

1) リヨンとの連合 (176)／2) リヨンによる拘束 (178)

(4) コミュン間協力の挫折と官僚制主導の都市計画公社　181

1)「首長会」の試み (181)／2) コミュン間協力の伝統の欠如 (182)／3) SDAU をめぐる競合 (184)／4) 県設備局による EPURES の設立 (185)

(5) 官僚制主導の確立　187

1) SDAU の作成 (187)／2) CDC グループの進出とカムー知事の赴任 (189)／3) デュラフールの戦略転換 (190)

(6) 政治的力関係の逆転　192

1) 経済環境の変化と知事の変心 (192)／2) デュラフールのノタブル化と EPURES の 73–4 年危機 (193)

(7) サンテティエンヌにおける左翼連合政権　196

1) 旧街区再生事業 (197)／2) EPURES の掌握と SDAU 第四次案 (199)

第2節　グルノーブル都市圏における自律の基礎 …………………………… 202

(1) 広域化の停滞と中央の介入　203

1) 上水不足と広域化の停滞 (203)／2) 中央の直接介入による都市計画の試み (205)／3) 県・市の対抗関係と中央の圧力強化 (207)

(2) 上からの都市開発の挫折と上水危機　209

1) 共産党系市政と農村議員（209）／2) ベルナール・プランの頓挫（211）／3) 上水危機とグルノーブルにおける市政交代（212）

(3) パケの台頭と県議会の変容　216

1) 戦後県政における影響力の交錯（216）／2) 冬季五輪とパケの台頭（219）／3) 県議会の党派化（222）／4) 県議会による資金配分やプランへの統制（224）

(4) デュブドゥ市政の始動と都市計画公社の設立　226

1) GAM から PSU へ（226）／2) 五輪事業遂行と上水問題（228）／3) 都市開発 SIVOM と都市計画公社（230）／4) 下からの広域化はなぜ成功したか？（235）

(5) 自律的な都市開発の推進　239

1) AUAG の役割（239）／2) SDAU 作成と OREAM（240）／3) 自律的な県開発 SEM（243）

(6) 急進化と脆弱化　245

1) コミュン間協調の限界（245）／2) 開発戦略の急進化（250）

第4章　ブルターニュ開発の中のレンヌ都市圏：仮説の吟味 ………… 255

第1節　恵まれた初期条件 ……………………………………… 255

(1) 地域圏首都の特権と陥穽　256

1) ブルターニュの恩恵（256）／2) 県議会の不在（258）／3) 県議会との分断（260）

(2) 市長フレヴィルの役割　263

1) レンヌ・フレヴィル市政の「変質」？（263）／2) 初期の都市開発とフレヴィルの「口利き」（266）

(3) CELIB の役割とその変化　269

第2節　CDC 系地域開発会社をめぐる力学 ………………………… 272

(1) SEMAEB 執行役と SCET 地域代表部長の対決　272

1) 紛争の文脈（272）／2) 塞がれた自立への道？（275）

(2) グラフとプレヴァン　278

第3節　1960 年代前半：都市開発をめぐる綱引き ………………… 284

(1) グラフの闘い　285

1) 不発に終わった都市計画への中央の介入（285）／2) SEMAEB の統御（287）

(2) 力関係の悪化　291

1) 資金調達の困難、市財政の悪化（291）／2) 県知事と建設省の統制強化（294）

第4節　上からの広域化とフレヴィル市政の自律性喪失 …………… 299

(1) 広域区設立とグラフとの決裂　299

1) 都市共同体から知事主導の広域区へ（299）／2) 膠着と強行突破（303）／3) 代替選択肢の欠如（308）

(2) SDAU の押し付けと SEMAEB 依存　311

1) 都市計画公社の創設と官僚制の縄張り争い (311)／2) 広域区への集権化と SDAU 採択 (315)／3) フレヴィル市政の自律性喪失 (316)

(3) 左翼市政下の転換と復活　319

1) SDAU の修正 (320)／2) 下からの広域化の再開 (322)／3) 県議会の党派化 (324)／4) 旧街区再生事業と市 SEM の統御 (325)／5) ZAC と SEMAEB、都市計画公社 (326)

終　章 ……………………………………………………………………329

第 1 節　ミッテラン分権化への道 ………………………………329

(1) 事例分析のまとめ　329

(2) 他の主要都市圏における展開　330

(3) 中央地方関係の非均質性と分権改革　338

(4) 分権化の原動力とは？　340

第 2 節　日仏比較への示唆 ………………………………………341

(1) 地方分権への 2 つの道？　341

(2) 自治省と内務省　343

(3) 官僚統制と与党ネットワークの相克　345

あとがき

索引（人名・事項）

図表一覧

図1　地方公共投資の伸び……………………………………………………16
表1　地方自治体融資の金融機関別の構成比の変化…………………………115
図2　国の投資補助金の補助率………………………………………………123
図3　国の投資補助金の包括化………………………………………………141
図4　CDC グループの融資金利などの推移…………………………………148
表2　CDC グループの融資の包括化…………………………………………152
図5　3つの主要事例と参考事例……………………………………………159
図6　1975 年以前に開始されたサンテティエンヌ市内の主要な都市開発事業………180
図7　サンテティエンヌ都市圏の SDAU 案…………………………………184
図8　1970 年代半ばのグルノーブル都市圏…………………………………206
図9　1976 年のレンヌ市内……………………………………………………265
図10　1976 年のレンヌ都市圏と SDAU………………………………………314

凡　例

・欧語文献の引用に際しては、出版社名から明らかな出版地は省略し、仏語文献の場合、出版地の Paris も省略する。出版地が複数の場合は筆頭のみを記す。邦語文献の出版地は省略する。

・二度目以降の引用の際には、著者の姓にタイトルの冒頭のみを付す。

・史料の引用については、次の通りとする。

① 史料の日付は、"2/3/56" のように日／月／年 (西暦の下 2 桁) の順で略記する。同一年の複数の日付を列挙する場合には、順に並べた上で、"2/3, 23/5/56" のように、最後の日付にのみ年号を付す。但し、新聞・雑誌の同一の号や、同一の会合などに複数の日付がある場合は、22–23/4/68 のように表記する。

② 引用史料の所在は、所蔵文書館・所蔵番号の順に記す。個人文書などについては、初出の際に文書名も付記する。所蔵番号は原則として箱 (carton/boîte) までとするが、必要に応じて、束 (dossier) 番号を Dr.1 のように付記した。

③ 史料のうち、作成者が明記されていないものは s.a. (sans auteur)、日付のないものは s.d. (sans date) と付記する。

④ 主な所蔵文書館は略号で表記する。略号は初出の際に示すが、主なものは下記の通り。

　　AD：Archives départementales (各県文書館)
　　　　＊　AD の後に県名を付す。但し、イレヴィレンヌ県は ADIlV と略記する。
　　AN：Archives nationales (国立文書館)
　　　　＊　所蔵番号が数字 9 桁のものの多くは、フォンテンヌブローの Centre des archives contemporaines で閲覧したが、既にその全てが本館 (現在はパリ郊外の Pierrefitte-sur-Seine) に移管されたため、本書では区別しない。
　　AMG：Archives municipales de Grenoble (グルノーブル市文書館)
　　AMR：Archives de Rennes (レンヌ市文書館)
　　AMSE：Archives municipales de Saint-Étienne (サンテティエンヌ市文書館)
　　CAEF：Centre d'archives économiques et financières (大蔵省文書館)
　　FNSP：Archives contemporaines de la Fondation nationales des sciences politiques (国立政治学財団、現代史料室)

・県議会議事録については、共通の略号 PVCG の後に県名を付記した上で、矢印の後のように略記する。個々の略号は、初出の際にも示してある。

　　Procès-verbaux du Conseil général de la Loire, 1961, 1ère session ordinaire, Délibérations, 21/4/61, pp. 233–4. (ロワール県議会議事録、1961 年度第一常会、議事録、1961 年 4 月 21 日分)

　　　　　　　　　　　　　凡　例

　　→ PVCG Loire 1961 I D 21/4/61, pp. 233–4.

Procès-verbaux du Conseil général de la Loire, 1969, 2ᵉ session ordinaire, jan-
vier 1970, Rapports du préfet, pp. 115–6. (ロワール県議会議事録、1969 年度第二常
会、1970 年 1 月開催、知事報告)

　　→ PVCG Loire 1969 II R 1/70, pp. 115–6

Procès-verbaux du Conseil général de l'Isère, 1964, Session extrordinaire, Dé-
libérations, 13/4/64, pp. 322–4. (イゼール県議会議事録、1964 年度特別会、議事録)

　　→ PVCG Isère 1964 Extra D 13/4/64, pp. 322–4.

略号一覧

AMF　フランス首長会 Association des maires de France

AUAG　グルノーブル都市圏都市計画公社 Agence d'urbanisme de l'agglomération grenobloise

AUDIAR　レンヌ都市圏広域区計画公社 Agence d'urbanisme du District de l'agglomération rennaise

CAECL　地方公共団体設備投資支援金庫 Caisse d'aide à l'équipement des collectivités locales

CCDC　県コミュン信用金庫 Caisse de crédit aux départements et aux communes

CDC　預金供託金庫 Caisse des dépôts et consignations

CDE　県設備投資委員会 Commission départementale de l'équipement

CELIB　ブルターニュ振興研究連絡委員会 Comité d'étude et de liaison des intérêts bretons

CGP　計画庁 Commissariat général du Plan

CIAT　国土整備省際委員会 Comité interministériel d'aménagement du territoire

CIL　業種横断住宅委員会 Comité interprofessionnel du logement

CIVSE　サンテティエンヌ市不動産会社 Compagnie immobilière de la ville de Saint-Étienne

DATAR　国土整備・地域行動庁 Délégation à l'aménagement du territoire et à l'action régionale

DGCL　(内務省) 地方公共団体総局 Direction générale des collectivités locales

DGE　設備投資包括交付金 Dotation globale d'équipement

EDF　フランス電力 Électricité de France

EPURES　サンテティエンヌ地区都市計画検討協会 Association pour l'étude des plans d'urbanisme de la région stéphanoise

FACE　電化経費償却基金 Fonds d'amortissement des charges d'électrification

FAU　都市整備基金 Fonds d'aménagement urbain

FCTVA　付加価値税補償基金 Fonds de compensation pour la TVA

FDES　経済社会開発基金 Fonds de développement économique et social

FECL　地方公共団体設備投資基金 Fonds d'équipement des collectivités locales

FNAFU　土地整備都市計画全国基金 Fonds national d'aménagement foncier et d'urbanisme

FNAT　国土整備全国基金 Fonds national d'aménagement du territoire

FNCCR　事業委託・直営公共団体全国連盟 Fédération nationale des collectivités concédantes et régies

FNDAE　全国上水道開発基金 Fonds national pour le développement des adductions d'eau

FSIR　道路投資特別基金 Fonds spécial d'investissement routier

GAM　市政行動グループ groupes d'action municipale

GCPU　都市計画化中央グループ Groupe central de planification urbaine

GEP　都市計画調査・作成グループ Groupe d'études et de programmation

HBM　低廉住宅 habitations à bon marché

HLM　低家賃住宅 habitations à loyer modéré

MRL　復興住宅省 Ministère de la Reconstruction et du Logement

MRP　人民共和運動 Mouvement républicain populaire

MRU　復興都市計画省 Ministère de la Reconstruction et de l'Urbanisme

OREAM　中核都市圏計画作成・整備地域機関 Organisme régional d'études et d'aménagement d'aire métropolitaine

POS　土地占有計画 plan d'occupation des sols

PSU　統一社会党 Parti socialiste unifié

SADI　イゼール県整備会社 Société d'aménagement du département de l'Isère

SCET　国土設備中央公社 Société centrale pour l'équipement du territoire

SCIC　CDC不動産中央公社 Société centrale immobilière de la CDC

SDAU　都市整備基本計画 Schéma directeur d'aménagement et d'urbanisme

SEDL　ロワール県設備会社 Société d'équipement du département de la Loire

SEM　混合経済会社 société d'économie mixte

SEMAEB　ブルターニュ設備整備混合経済会社 Société d'économie mixte pour l'aménagement et l'équipement de la Bretagne

SEMASET　サンテティエンヌ市整備混合経済会社 Société d'économie mixte d'aménagement de la ville de Saint-Étienne

SIEPURG　グルノーブル都市圏都市計画問題検討コミュン組合 Syndicat intercommunal d'études des problèmes d'urbanisme de la région grenobloise

SIVOM　多目的コミュン組合 syndicat intercommunal à vocation multiple

UDF　フランス民主連合 Union pour la démocratie française

UNR　新共和国連合 Union nouvelle pour la République

VRTS　給与税代替交付金 Versement représentatif de la taxe sur les salaires

ZAC　協調開発区域 zone d'aménagement concerté

ZH　居住区域 zone d'habitation

ZI　産業区域 zone industrielle

ZUP　優先都市化区域 zone à urbaniser par priorité

序　章

第 1 節　課題設定：保守長期政権下における中央地方関係の変容

　かつてフランスは、日本と並び称される中央集権国家であった。しかも日仏いずれも強力な官僚制に基盤を置いていた結果、両国の統治構造は、他の先進国とは隔絶したものとなっていた。しかしこの官僚制主導の中央集権国家は、フランスでは、日本より一足早く 1980 年代には目に見えて解体し始め、30 年超を経た今、その面影を探すことは年々難しくなってきている。

　この大変貌の口火を切ったのが、80 年代前半のミッテラン左翼政権が行った地方分権化と市場化 (marketization：国有企業の民営化をはじめ多岐にわたる) の一連の改革だと理解されることが多いのは、理由のないことではない。中央地方関係で言えば、1982–3 年に実施された地方分権改革 (ドフェール法：Gaston Defferre 内相、81–4 年在任) によって、まず、県と地域圏 (région) が完全自治体となり、第二次大戦前の日本に似た官選知事 (殆どが内務省の高級官僚) は、公選議会の多数派によって選ばれる議長にとって代わられた。わが国の市町村に相当する基礎自治体「コミュン」(communes) に対する知事ら出先機関の後見監督 (tutelle) も廃止・緩和され、都市計画など多くの権限がコミュンなどの地方自治体[1]に移管された。財政面でも、これまでコミュンの手足を雁字搦めに縛ってきた各省庁の個別補助金 (subventions sectorielles/spécifiques) の大部分が包括化 (globalisation) され、使途の特定を受けない一括交付金 (DGE：設備投資包括交付金など) へと切り替えられた。20 世紀

---

[1]　フランス語で県やコミュンなどを総称する用語は "collectivités locales" であり、日本語の「地方公共団体」に対応するが、本書では (翻訳の場合を除いて)「地方自治体」の用語を用いる。但し、上記の理由により、82–3 年の分権化まで、県の「自治」の度合いはより制約されていた。

末のフランスにおける政府間関係の構造変動を象徴する大改革であったことは間違いないだろう。

(1) 先行研究：なぜ分権化は実現したのか？

しかし、なぜミッテラン政権初期にこうした中央地方関係の大改革が行われるに至ったのか、について正面から探究した研究は、不思議なことに殆ど見当たらない[2]。関連の文献で最もよく挙げられるのは、①中央集権が過度に進み、言い換えれば、コミュンなどの地方自治体が余りにも中央省庁やその出先機関に依存しすぎるようになった結果、中央省庁の過重負担や行政の非効率が許容できない域に達した、②68年の「五月事件」で噴出した「参加」要求を汲み上げるチャネルの一つとして地方自治体が重視され、時のジスカール・デスタン政権が自ら掲げる「自由主義」路線の一環として分権化を推進した、という要因である。

この説明では、ギシャール（Olivier Guichard）委員会（正式名称・地方権限強化委員会 Commission de développement des responsabilités locales）の報告（339頁参照）や、これを基にした、いわゆる「ボネ（Christian Bonnet：内相77–81年）法案」など、ジスカール政権による改革の試み[3]と、ミッテラン＝ドフェール改革は連続的に捉えられる[4]。むしろ、左右両陣営の中が共に分権推進と反対で割れていたことが強調され、分権化を目指す潮流が与野党の別を

---

[2]　例えば、分厚い Vivien Schmidt, *Democratizing France*, Cambridge University Press, 1990 も、この点については何も答えない。実は、1970–80年代の分権化の政治過程に関する実証的な歴史研究は（フランスでも）極めて少ない。近年、ジスカール・デスタン政権期に関する歴史家の著作が相次いで刊行されているが、分権化については、大統領文書（5AG3）にかなりの量の関連史料が含まれているにも拘らず、殆ど言及されていない。Serge Berstein et Jean-François Sirinelli (dir.), *Les années Giscard, 1974–81*, 4 tomes, Armand Colin, 2006–2010. Mathias Bernard, *Valéry Giscard d'Estaing : les ambitions déçues*, Armand Colin, 2014.

[3]　前述の補助金の包括化のうち、投資事業以外については、既にジスカール・デスタン政権下に、DGF（経常包括交付金 Dotation globale du fonctionnement：79年）などの形で順次実現している。

[4]　内外の代表的著作もそのような理解に立つと考えられる。Jean-Marc Ohnet, *Histoire de la décentralisation française*, Librairie générale française, 1996. 中田晋自『フランス地域民主主義の政治論：分権・参加・アソシアシオン』御茶の水書房、2005年。

越えて徐々に勢力を伸ばすことで実現に向かったという理解になろう。

　その理解は本書も共有するものの、しかし、指摘されたような要因だけでは、なぜ70年代後半から80年代前半に分権改革へと舵が切られたのかを説明する決め手にはならない。中央への権限集中による非効率・機能不全は、少なくとも戦後になってからは常に課題として認識されてきた。故にこそ、50年代から中央省庁が率先して出先機関への（地方）分散化（déconcentration：地方自治体への権限移譲である「分権化」décentralisation と区別される）を進め、一定の効果を上げてきていたのである。更なる効率化を実現するには、基礎自治体であるコミュンの規模拡大が大前提となるが、実際には、この点の改革はギシャール委員会報告以後、後景に退いてしまっている（後述。終章339頁参照）。また、「五月」以後の住民／市民参加は、石油危機以降、運動がいったん衰退し[5]、82–3年の分権改革に至る過程に限れば、中央でも地方でも、喧伝されるほどの影響力を持つことはなかった。

　何よりこうした説明では、中央地方関係という統治構造の基幹部分を変更すれば、権力資源の配置に重大な変更が生じることが無視されている。他の殆どの西ヨーロッパ諸国に比べて政党や職能団体の組織が弱いフランスでは、分権化以前も今も、首長（maires：日本の市町村長に相当する）をはじめとする地方公選職（élus locaux）は、最も重要な選挙基盤の一つである。集権的な政府間関係に手をつければ、この選挙マシンの制御が政権党の思うようにならなくなりかねない。実際、70–80年代の政権内部では、コミュン間の合併や、大規模なコミュン連合体（intercommunalité：組合などのコミュン間協力の組織）の設立を進めるだけでも、当該自治体の議会の構成や首長ポストの行方がどうなるかについて、神経質にシミュレーションを繰り返していた[6]。そうであれば、大規模な改革で、政権基盤を覆しかねないようなリスクを冒してまで、何故分権化に踏み切ったのかが説明されねばならない。

---

[5]　代表例である GAM（市政行動グループ）については、Gilles Morin, "Les GAM et l'autogestion", in Frank Georgi (dir.), *Autogestion : la dernière utopie?*, Publications de la Sorbonne, 2003, pp. 310–2.

[6]　例えば Archives nationales［以下 AN と略記］, Fonds Raymond Marcellin 19800273–156 et 161 を参照。

＊　ちなみに、同じように地方公選職に選挙動員を依存してきた日本の場合、一連の
分権改革の中で、いわゆる「平成の大合併」が断行された。郵政や財政投融資など
の「小泉改革」を経て、公共事業などの「利益誘導」による集票に自民党が頼らな
くなった結果、クライエンティリズムにおいて票と利権の交換を取り持つ要の位置
（監視 monitoring 機関）を占めていた市町村とその首長[7]がその役目を失い、"スク
ラップ"されたものと見ることができよう。

　もっとも、一部の先行研究においては、この点を重視した説明が提示されて
いる。ジスカール・デスタン政権について、同時代の観察者は、地方公選職を
兼職する国会議員らの権力基盤を強化することで、このタイプの有力議員を多
く抱える大統領与党・UDF（フランス民主同盟：中道右派の小政党の連合体
で、当時、下院の議席数では、なお、連立して与党を組むド・ゴール派の後塵
を拝していた）の勢力拡大を目論んだと解説した[8]。

　しかし、分権改革は広い範囲に多岐にわたる影響を齎すもので、特定の党派
にのみ利益を齎すように制御することは至難の業である。第2章第2節で示す
ように、70年代半ばになると、政権首脳や内務省幹部の中には、地方への資金
配分の制度に党派的な考慮を組み込んでしまうことを主張する者も現れたが、
選挙など政党政治の観点からは常に諸刃の剣だとして反対する見方の方が強かっ
た。だからこそ78年頃のジスカールは、当面の分権改革の射程を制限し、そ
の制約の下で作成されたいわゆる「ボネ法案」も、最終的に議会を通過させる
ことなく、分権化は2期目の目玉として先送りする道を選んだのである[9]。

　つまり、権力基盤強化のための分権化だったとすれば、それは大統領など政
権中枢自らが進めたものではなく、地方公選職の側が発言力を増大させ、中央
政府はこれに抗し切れなくなった結果と見る方が自然である。実際、ミッテラ
ン政権の分権改革については、内相ドフェール（マルセイユ市長 1953–86 年）
や首相モーロワ（Pierre Mauroy. 1981–84 年在任。リール市長 1973–2001
年）を初め、政権到達を支えた党の有力者の多くが地方の大都市の首長を兼職

---

[7]　斉藤淳『自民党長期政権の政治経済学：利益誘導政治の自己矛盾』勁草書房、2010 年。

[8]　例えば、Yves Mény, "Central Control and Local Resistance", in Vincent Wright
(ed.), *Continuity and Change in France*, London: George Allen & Unwin, 1984. 邦
語では、中田『フランス地域民主主義』第 2 章がこの解釈を敷衍している。

[9]　Bruno Rémond, *La fin de l'État jacobin*, L.G.D.J., 1998, pp. 29–30.

する「ノタブル」（notables：地方実力者）[10]であったため、分権化は彼らが自らの基盤や影響力を強化するために行われたとの（多くの場合、非難を伴う）理解が人口に膾炙している[11]。

しかし、ノタブル型議員の政権に対する影響力は、半大統領制の下でノタブル型でない大統領が権力を握っていた70–80年代より、議院内閣制を取る、第三、第四共和制の下での方が遥かに大きかったはずである[12]。なぜ分権改革は戦間期や第四共和制下で起こらず、82–3年までずれ込んだのだろうか。

70年代半ば以前、ノタブル型議員を含む地方公選職が分権化を声高に要求しなかったのは、コミューンなど地方自治体にとっても、実は分権化は諸刃の剣だったからである。20世紀フランスの中央集権体制の下では、中央政府は、コミューンが統制を受け入れるのと引き換えに、財源や専門能力（知識や技術）など、統治に必要な様々な資源を供給し、全国津々浦々のコミューンが行政サーヴィスを均しく住民に供給することを保証してきた。しかるに、分権化はこの保証を失うことを意味しかねない。兼職首長がいかに中央で影響力を増そうと、財源の確保を中央の裁量に頼ったままであったり、地方自治体の職員組織（役所）の専門能力が低いままに留まっていれば、分権化で権限が移譲されても、中央省庁の出先機関に依存せざるをえないのは変わらない。実際、農村部においては、分権化後も暫くの間はそのような実態に留まっていたと指摘されることが多い[13]。そうであれば、分権化を要求するのは手に余る行政上の責任を背負い込

---

[10] この語は元々、旧くは地主や貴族、20世紀に入ってからは、専門職や公選職を足場に地元で影響力を持ち、中央の官僚制の統治に対抗したり、あるいはその受け皿になったりした地方のエリート層全般（地方名望家 notables locaux）を指した。André-Jean Tudesq, *Les grands notables en France (1840–1849)*, 2 tomes, Presses univesitaires de France, 1964. しかし現代政治では、地方公選職を兼職する中央の有力政治家を指すようになっているため、本来の「地方名望家」と区別して「ノタブル」と呼称する。

[11] Jacques Rondin, *Le sacre des notables : la France en décentralisation*, Fayard, 1985. 邦語でも中田『フランス地域民主主義』11、14頁など多数に上る。

[12] 但し、下院に限れば、第四共和制期に40%台だった兼職議員は73年以降、70%を越えている。Y. メニイ『フランス共和制の政治腐敗』有信堂高文社、2006年、56頁。大都市の首長に関しても、この傾向は変わらない。

[13] 例えば、磯部力「フランスにおける新しい国・自治体関係」『年報行政研究』25号（1990年）105–126頁。Marc Abélès, *Jours tranquilles en 89 : ethnologie politique d'un département français*, Odile Jacob, 1989, chapitre 4.

6   序　章

み、自ら政治的なリスクを増すだけとなる。

　他方、都市部、特に大都市コミューンは、82 年以降の分権化で中央の掣肘から
解き放たれると同時に、自立した行政運営へと順調に移行していった[14]。これ
はミッテラン政権による分権改革の前に既に、大都市を中心に地方自治体が、
中央の差配を受けなくても必要な財源を確保できるようになると共に、業務処
理能力を高め行政機関としても力をつけていたことを意味している[15]。実際、近
年のフランスの行政学分野では、60–70 年代に[16]都市部のコミューンが職員組織
の質・量を充実させていったことが分権改革の成功の大前提となっていたと指
摘するロランらの研究が影響力を増している[17]。

　本書では直接扱わないが、県についても似たことが言える。分権化以前の県
は、行政機関としては知事（内務省の出先機関としての県庁 préfecture を統括）
以下の中央省庁の出先機関の寄せ集めに過ぎず、県議会には予算編成の権限す
らないことから、自治体としての実体がないとさえ看做されていた。しかるに
分権化後は、公選の県議会議長が行政権を握り、県庁など出先機関の官僚制の
一部を譲り受ける形で、完全自治体として機能し始めた[18]。こうした大転換が
スムーズに機能しえたのは、これまで取るに足らない存在として無視されてい

---

[14]　Dominique Lorrain, "La montée en puissance des villes", *Économie et humanisme*, no. 305 (1989).

[15]　Olivier Borraz, "Le gouvernement municipal en France. Un modèle d'intégration en recomposition", *Pôle Sud*, no. 13–1 (2000), p. 19.

[16]　中でも、70 年代、特に、77 年のコミューン選挙で左翼が多くの大都市で市長職を奪って以後、革新的な発想や手法をもつ首長らが果たした役割が強調されがちである。Jobert Bruno et Sellier Michèle, "Les grandes villes : autonomie locale et innovation politique", *Revue française de science politique*, vol. 27–2 (1977), pp. 205–227. Dominique Lorrain, "De l'administration républicaine au gouvernement urbain", *Sociologie du Travail*, 33–4 (1991), pp. 469–71. これに対して、地方自治体の能力の向上は 60 年代に遡るというのが本書の理解である。

[17]　Dominique Lorrain, *Les mairies urbaines et leur personnel*, La Documentation française, 1989. ロランが一連の研究で最初に取り上げたのはブルターニュ・モルビアン（Morbihan）県のロリアン（Lorient）市（後述の本書の分類では「中規模都市」に属する）の事例なので、ごく一部の大都市には決して限られない。*La naissance des grandes organisations publiques locales (la mairie de Lorient : 1884–1990)*, CEMS, 1992［未見］.

[18]　Jacques Blanc et Bruno Rémond, *Les collectivités locales*, 3ᵉ éd., Presses de la Fondation nationale des sciences politiques et Dalloz, 1994, 1ᵉʳᵉ Partie, chapitre 3.

た分権化以前の県議会が、多くの場合、実は徐々に知事に対して影響力を強化し、出先機関の官僚制に対しても統御する術を身に付けつつあったからだ[19]。

以上の考察を踏まえれば、70年代後半から80年代初めの分権改革の始動を説明するには、その前の60年代から70年代半ば、つまり高度成長期に、いわば"水面下"で中央地方関係に進行していた構造的変容に注目する必要があると言える。この時期は、法制度だけを見れば、中央省庁主導で地方分散化が進む一方、地方自治体への権限・財源の移転を伴う分権化は阻止されていたとされる。しかし、行政・政治上の力関係の実態に目を向ければ、都市部のコミュンを中心に、自治体側がこの時期、中央に対してより大きな自律性を獲得しつつあったのである。分権化はその結果であった。

(2) 分析の対象

1) 地方インフラ整備事業　地方自治体が関与する事業・政策のうち、本書では、インフラ整備や都市開発などの公共投資に視野を限定することにしたい。分権改革前のフランスでは、この分野においてこそ、地方自治体、特に分権改革前の唯一の完全自治体だったコミュンが最も大きな役割を果たしており、中央に対する自律性の消長を見る上で最も適していると考えられるからである。

日本や北欧と異なり、フランスのコミュンは、18世紀末の大革命期に成立して以降、今日まで、合併による規模拡大を殆ど経験してこなかった。そのため極端に断片化しており、現在でも本土の人口6500万余に対して、3万5千余のコミュンが存続する。これを反映して、所掌する事務やこれを裏付ける支出の規模は、例えば日本の例に比べて遥かに小さい。公的支出に占める地方自治体の割合を見ると、6割を超える戦後日本に対して、戦後のフランスでは分権化前で15%前後、分権化後の現在でも20%強に留まっている。20世紀に入って「福祉国家」（本書での語義については後述13頁註31を参照）が拡大していく中でも、（特に分権化前の）フランスでは、コミュンの断片化が克服されなかった

---

[19]　70年代末、内務省では、県議会が県庁の中に県独自の職員組織を作り出し、国の職員との相互浸透をテコにして、事実上、県の執行権を知事から侵奪しつつあると危機感を強めていた。s.a., "L'exécutif départemental", s.d. [septembre 1979], AN 19950278–1.

ため、他の国に比べて、コミュンが供給を担うサーヴィスの幅が極めて狭いという特徴を持つことになった。

　ところが、本書が対象とする公共投資に対応する資本収支で見ると、地方自治体の比重に関する日仏の差異は遥かに小さくなる。1960 年代以降、地方の公共投資は更に比重を増し、70 年代には政府部門全体の資本支出に占める地方自治体の割合は 7 割を越えて、日本を上回った[20]。つまり、集権時代のフランスでは、中央政府の指示と支援に基いてインフラ整備などの公共投資事業を遂行することこそ、コミュンなど地方自治体の最も重要な責務だったといってよい。

　中央地方間でこうした特異な役割分担が行われていたのは、フランスでは、「公共サーヴィス」(service public)[21]と呼ばれる、電力、上下水道、公共住宅、都市交通といった広範なサーヴィスについて、基礎自治体であるコミュンが責任と権限を持つことになっており、サーヴィスの供給に必要なインフラ整備を行うこともその責務だったからである。20 世紀のフランスでは、進まないコミュン合併に代わって、コミュン連合体が発達していくことになるが、その起

---

[20]　以上、Robert Delorme et Christine André, *L'Etat et l'économie*, Seuil, 1983, chapitre 3. 藤田武夫『現代日本地方財政史』中巻、日本評論社、1978 年、281 頁。同下巻、1984 年、276 頁。

[21]　行政法学の分野では、"service public" の訳語として、「公役務」が長年使われ定着している。フランスでは、この概念は、19 世紀末以来、行政裁判所の管轄を定める基準として発展してきたため、政治・行政の現場で使われる日常語であると共に、法的概念としての側面が強い。国家の正統性根拠を提供する神話 (mythe)・イデオロギーのひとつとしても機能してきたとされる［神谷明「フランス行政法における公役務概念について」『北大法学論集』13 巻 1 号・2 号 (1962–3 年)；今関源成「公役務理論の変遷」『早稲田法学』59 巻 1・2・3 合併号 (1984 年) など］。他方で、Michel Margairaz et Olivier Dard (dir.), Dossier spécial "Le service public, l'économie, la République (1780–1960)", *Revue d'histoire moderne et contemporaine*, no. 52–3 (2005) は、この概念を巡っては、実務家（practiciens：企業家・技師・行政官)、中央・地方の政治家、専門家 (法学者と経済学者) という 3 つのグループの歴史が絡み合っていることを指摘している。本書はこの概念の (行政) 法的側面には殆ど触れない上に、想定される読者の多くは「公役務」に関するフランス行政法学の議論に馴染みがないと思われる。行政法学の慣用に倣って、例えば、「地方公役務の特許」という用語を使った場合、「地方公共サーヴィスの事業委託」(concession des services publics locaux) という訳に比べて、読者の負担は相当大きくなろう。そこで、本書では暫定的な折衷策として、明示的にフランス語の "service public" を指す場合には、「公共サーヴィス」と常に鉤括弧を付け、必要に応じて (公役務) と括弧書きを添える。関連する他の概念についても、適宜、同様の取り扱いを行う。

点となる「コミュン組合」(syndicats de communes, syndicats intercommunaux) の殆どは、電化や上水道敷設など、「公共サーヴィス」向けのインフラ整備を担うために結成された。基礎自治体の規模拡大などの中央地方関係の変容も、コミュンによる公共投資事業の遂行が原動力になっていたといえる。

2) 公的資金、専門能力とCDC　そこで本書では、この地方公共投資を巡る高度成長期の中央地方関係の変容に注目する。具体的には、インフラ整備事業を構成する様々な要素のうち、①公的資金 (補助金と公的金融機関の融資) の配分と、②計画立案や事業実施に関わる専門能力に着目して、中央地方間の力関係や地方の自律性の度合いがなぜ、どのように変化したのかを探っていきたい。分権化前のフランスにおいて、地方、特に本書が対象とする戦後の都市コミュンに対して、中央政府 (官僚制) が統制を掛ける際に実質的に最も重要だったのがこの 2 つだと考えられるからだ。中央集権下の政府や省庁は、地方自治体の公共投資事業に対して許認可などの法制上の権限を持っていたが、こうした法制上の集権制を実効あらしめる上で、インフラ整備事業を遂行するのに不可欠な 2 つの資源、つまり公的資金と、事業の立案・実施に関わる専門能力を独占していることこそが決定的だったのである。

実は、高度成長期のフランスにおいては、地方自治体のインフラ整備事業に対するこの 2 つの統制手段を握り、中央の統制に実質を確保する上で最も重要な役割を果たしていたのは、中央省庁やその出先機関ではなく、フランス最大の公的金融機関である CDC (預金供託金庫) であった。後で見るように、日本の郵貯などから資金預託を受ける大蔵省資金運用部によく似た機関と言えるが、日本では、財政投融資計画を作成する資金運用部 (大蔵省理財局) が地方インフラ整備を巡る政治過程の前面に出ることはなく、予算編成を行う主計局や地方自治体の起債許可を行う自治省、整備事業の実施や融資を担う財投機関やこれを指導し代弁する各省庁の背後に隠れ、いわば黒子に徹していた[22]。これに対して、CDC は各自治体への融資配分に決定的な影響力を持っていただけでなく、子会社を通じて自治体のインフラ整備事業を直接管理・指揮するようになった。

---

[22]　例えば、新藤宗幸『財政投融資』東京大学出版会、2006 年、33–59 頁。

3) 前史の重要性：本書の構成　なぜ公的金融機関が対地方統制の中核を担う、いわば中央地方関係の最重要アクターになったのか。この特異な配置が生まれてくるに至る戦間期以降のダイナミズムを理解しなければ、その解体を通じて進む高度成長期の「下からの分権化」（後述）の実相を解き明かすことはできない。戦間期から戦後復興期を扱う第1章は、戦後の高度成長期を分析対象とする本書にとって「前史」にあたるにも拘らず、第2章に劣らぬ比重を与えられるのはそのためだ。

　第2章では、高度成長期に、中央政府の側から見て、①コミュンのインフラ整備事業に対する公的資金の配分のパターンがどのように変化したか、②60年代以降、地方の都市開発が本格化する中で、事業の立案・実施や都市計画の作成に対する中央の統制がいかに整備・強化されていったかを綿密に追いかける。この分析を踏まえて、第3、4章においては、今度は地方自治体、特に都市コミュンの側から見て、この2つの資源を用いた統制によってどのくらい自律性を制約されていたか、いわば中央の統制の効き具合がどう変遷したかを跡付ける。その際、複数の都市圏（agglomération）を比較することで、中央の統制を脱して都市コミュンが自律化していくのに必要な条件を炙りだしていきたい。

　70年代末にかけて、こうした自律のための条件が全国の多くの都市圏で達成されたことによって初めて、大都市コミュンの地方公選職や兼職国会議員たちはディレンマを感じることなく、分権化を声高に要求することができるようになった。それまでは、公的資金の調達においても、事業遂行のための専門能力に関しても、大都市を含め、コミュンは中央省庁とその出先機関に深く依存していたため、分権化を要求することは政治的にも行政機関としても得策ではなかった。コミュンが持っていた中央に対する強い政治的影響力は、戦間期以来、声高に分権化を訴えるためにではなく、第1章［第1節(2)］で見るように、より高度で幅広いサーヴィスをより平等に供給できるよう、中央政府に介入を強めさせるために使われてきたのである。潮目が変わったのが70年代であり、コミュン側が大都市を先頭に、分権化の要求へと舵を切った結果、政権は左右を問わず、これに応じざるを得なくなった、というのが本書の基本的主張である。つまり、1970年代末から80年代初頭のフランスにおける分権化は、行政機構の効率化や政権基盤の強化などを目指して中央政府がイニシアティヴを取った、

いわば「上からの分権化」[23] ではなく、一部の都市圏や県を中心に、力をつけた地方自治体が中央政府に圧力をかけて追い込んでいくプロセスの延長線上に生じた、いわば「下からの分権化」であった。

4)「準大規模都市」　ここで留意しなければならないのは、コミュンの合併を経験してこなかったフランスでは、日本に比べて基礎自治体に規模のバラつきが遥かに大きく、これを反映して中央地方関係にも非均質性が格段に強いという点である。今日の3万5千余のコミュンのうち、人口500人以下のコミュンが半数を超える一方で、大規模なコミュンは日本の都市に劣らないサイズを持つ。法制上はパリ以外の全てのコミュンは対等に扱われていたが、高度成長期に獲得した中央からの実質的な自律の度合いは全く異なり、その延長線上に生じた分権化に関しても、改革の実現において果たした役割や改革による得失など、多くの点で強い非対称性を示した。コミュン側が中央に要求を突きつける時も、中央が制度改革を実施する際にも、コミュンは大小さまざまなサブグループに分けて考える必要が日本より遥かに大きいことを意味する。

実際、ミッテラン政権の分権化は、70年代に明らかになった、大都市の実質的な自律化を追認したに過ぎないという見方は同時代から広く行われていた[24]。但し、当時、分権化問題の権威と目されていたメニ（Yves Mény）がまとめているように、コミュンの自律化はマルセイユやリールなど、一握りの例外的に大きな都市に見られた現象であり、しかもそれは、首長を兼職する有力国会議員・閣僚の影響力に頼ったものだと考えられていた[25]。

これに対して本書は第2部で、こうした「大規模都市」よりも規模の小さい、

---

[23]　Kent Eaton らによって主に南米の事例を念頭に作られた概念である。J. Tyler Dickovick, "Municipalization as Central Government Strategy: Central-Regional-Local Politics in Peru, Brazil, and South Africa", *Publius*, Vol. 37–1 (2007). 対となる「下からの分権化」は、地方自治体の圧力に屈する形で望まない資源や権限の配分を強いられた場合を指す。

[24]　Jean-Claude Thoenig, "La décentralisation, dix ans après", *Pouvoirs* no. 60 (1992). 中田『フランス地域民主主義』17–18 頁に紹介がある。

[25]　Yves Mény, "Pouvoir administratif d'état et collectivités territoriales", in Albert Mabileau (dir.), *Les Pouvoirs locaux à l'épreuve de la décentralisation*, Pedone, 1983, pp. 114–7.

「準大規模都市」[26] の事例分析を行うことで、都市コミュンの自律化はごく一部の大都市に限られた現象ではなく、中央地方関係の構造的な条件、つまり公的資金配分のパターンや、インフラ整備や都市開発の計画立案・事業実施を巡る専門能力の分布（どのアクターが握っているか）が変化した結果、より多くの都市コミュンで生じた現象であることを明らかにしていきたい。「準大規模都市」の多くが「大規模都市」の後に続いて分権化を要求する隊列に加わった段階で、中央政府は分権改革を避けることができなくなった、というのが本書の見通しである。併せて、有力ノタブルのいない都市圏を事例に選ぶことで、ノタブルの介在は地方自治体の自律化を促進する一要因ではありうるが、それ自体は自律化の必要条件でも十分条件でもないと示すことができるであろう[27]。

第 2 節　分析の意義

1970 年代末から 80 年代初めのフランスの分権改革の起源を高度成長期の中央地方関係の構造変容に求める本書の分析は、日本の学界にとってどのような意義を持ちうるだろうか。ここでは 2 つに絞って訴えておきたい。

第一に、福祉国家の発展と分権化／集権化の関係について、斬新な事例を提示することが挙げられる。

伝統的に行政学分野では、福祉国家の膨張は中央地方関係の集権化を齎すと論じられてきた[28]。現金給付以外の様々なサーヴィスの供給は住民に近い地方

---

[26]　フランスで「中都市」(villes moyennes) といえば人口 5 万前後（全国の序列で百番台）のコミュンが念頭に置かれる。Claude Mabileau (dir.), *Gouverner les villes moyennes*, Pedone, 1989. 74 年に AMF（フランス首長会）から「大都市」の首長のみの組織 (87 頁註 1 参照) が分化した際は、人口 10 万以上のコミュン（現時点で 40 程度）ないしコミュン連合体を対象とした。本書では、これらの用法には鈎括弧を付ける一方、日本語の「大都市」が指しうる対象を区分けすべく、国家統計機関 INSEE (Institut national de la statistique et des études économiques：国立統計経済研究所) の定義する「都市域」(aire urbane) の人口が現時点で百万を超える 6 都市（パリを含まない）を「大規模都市」、50 万超の 10 都市を「準大規模都市」、25 万超を「中規模都市」(33 ある) と呼ぶことにしたい。INSEE の統計は、都市圏を指すのに用いる概念や区割りを頻繁に変えているため、「番付」には若干の変動があるものの、70 年代まで遡り、「都市域」より狭い単位で比べても、この分類は概ね妥当する。

[27]　事例選択の狙いについてより詳しくは、第 2 部「はじめに」を参照。

[28]　最近の最も包括的な議論として、市川喜崇『日本の中央―地方関係　現代型集権体制の起

序　章　　　13

自治体に担わせた方が効率がよい場合が多い反面、全国で普遍的に均一な水準のサーヴィスを確保するには、中央政府が一括して確保した財源を再配分してやるのと引き換えに、地方自治体に厳しい統制を掛ける必要があるからだ[29]。既に見たように、フランスで基礎自治体であるコミュンがインフラ整備を行うのは、公共サーヴィスの供給に責任を負うからである。普遍的に、つまり全国どこであっても、概ね平等な条件でアクセスを保証する「公共サーヴィス」[30]は広義の「福祉国家」の一部をなすと言える[31]。

　フランスでも「福祉国家」の膨張に伴って集権化が進展していくことになるが、その様相は他の先進国とは大きく異なっていた。というのも、北欧や日本では、「福祉国家」の拡大などに伴って、中央政府が「上から」基礎自治体の合併を推進してその業務処理能力を上げることで、自治体にサーヴィス供給など

　　源と福祉国家』法律文化社、2012 年。

[29]　Dietmar Rauch, "Central versus Local Service Regulation: Accounting for Diverging Old-age Care Developments in Sweden and Denmark, 1980–2000", *Social Policy and Administration* Vol. 42-3 (2008) は、現代北欧諸国の高齢者ケアのサーヴィス給付の事例を比較し、分権化すると普遍主義が後退し、集権化すると回復すると主張する。

[30]　伝統的な行政法の理論では、「公共サーヴィス（公役務）」には、「継続性」「適応性」（mutabilité）と並んで、利用者の「平等」（égalité）が要求される。この「三原則」は既に第一次大戦前から判例などに登場していた。Michel Margairaz, "Les services publics économiques entre experts, praticiens et gouvernants dans le premier XXᵉ siècle : d'une configuration historique à l'autre", *Revue d'histoire moderne et contemporaine*, no. 52-3（2005）.

[31]　福祉国家化が中央地方関係の集権化を齎すと論じられる場合の「福祉国家」は、本書同様、年金や医療、扶助といった狭義の社会保障制度に限られないことの方が多い。国家が全国均一・普遍的に供給する義務を負うサーヴィスの質量が増大することに集権化の源があると論ずる限り、そのサーヴィスが狭義の社会保障に属するか否かを取り立てて区別する必要はないからである。近年の日本の行政学がこの問題を論じる際にしばしば引用されるアシュフォード（Douglas Ashford）も明示的にこの立場を採る（但し、市川は異なる）。金井利之『福祉国家の中央地方関係』東京大学都市行政研究会、1991 年、11–4 頁。市川『日本の中央—地方関係』（27–41 頁）によれば、第二次大戦直後の日本では、辻清明らが「（社会）職能（service）国家」という概念を用いて同じ議論をしていた。しかし現代ではこの概念に馴染みは薄く、従来の議論との連続性も確保せねばならないため、本書では次善の策として「福祉国家」と鉤括弧を付けて（更に「広義の」と付記する場合もある）、本来の（狭義の）福祉国家の概念と区別しながら使うこととしたい。エスピン・アナセンやこれに類する福祉国家類型論と、中央地方関係のあり方の相関を問う議論（邦語では北山俊哉『福祉国家の制度発展と地方政府』有斐閣、2011 年）には本書では立ち入らない。

の業務を分担させる途を取った[32]。これに対して、フランスでは歴史的経緯からコミュンの民主的正統性が高く、地方公選職は国会議員などを通じて大きな影響力を中央政府に対して行使できた。フランスでは、首長の全国組織 AMF こそが最大の圧力団体だったのである[33]。そのため、内務省など中央政府が上からコミュンの合併を進めようとしても頑強な抵抗に遭い、何度試みても殆ど成果を上げることができずに終わった（最も体系的な試みとして、1971 年 7 月 16 日法、いわゆるマルスラン法が有名である［第 3 章 190–1 頁を参照］）。つまり、ペイジらの言う通り[34]、フランスでは地方が中央政府への政治的影響力、つまり「アクセス」（access）を確保していたため、地方自治体は、北欧型[35]とは反対に、合併を強制されて規模を拡大することはなく、従って分担する事務の範囲、つまり「権限」（functions）も拡大しないまま 20 世紀後半を迎えた。

　かくしてコミュンの財政基盤や業務処理能力が低いままであるため、例えば社会保障（社会保険・扶助）の諸機能（保険料の徴収や給付の事務）を殆ど担当していない。しかるに、「公共サーヴィス」の供給だけは 19 世紀からコミュンの責任とされ続けたため、「公共サーヴィス」の範囲の拡大、つまり「福祉国家」の膨張につれてインフラ整備の責務が重くなっていく。コミュンには自主財源も、職員組織の専門能力も極めて乏しい以上、中央が宛がう移転財源（本書に言う「公的資金」）に頼りつつ、必要な業務は、結局、中央省庁の出先機関

---

[32]　市川喜崇「市町村総合行政主体論と『平成の大合併』——市町村自己完結主義の批判と『総合性』の擁護——」寄本勝美＝小原隆治編『新しい公共と自治の現場』コモンズ、2011 年、361–2 頁。但し、日本のいわゆる「昭和の大合併」は、市町村自身も合併を推進したといわれ、中央政府が「上から」合併を進めた北欧とは違いが見られる。同「『昭和の大合併』と『平成の大合併』」『同志社法学』63 巻 1 号（2011 年）338–340 頁。

[33]　「国家を植民地化した」と称された。Patrick Le Lidec, "Les maires dans la République. L'association des maires de France, élément constitutif des régimes politiques français depuis 1907", thèse de doctorat en Science Politique à l'Université de Paris I Panthéon-Sorbonne, 2001, p. 182.

[34]　Edward Page and Michael J. Goldsmith (eds.), *Central and Local Government Relations: A Comparative Analysis of West European Unitary States*, London: Sage, 1987, chapter 1. Edward Page, *Localism and Centralism in Europe: The Political and Legal Bases of Local Self-government*, Oxford University Press, 1991.

[35]　Jefferey M. Sellers and Anders Lidström, "Decentralization, Local Government, and the Welfare State", *Governance*, Vol. 20–4 (2007).

や公的金融機関の子会社に代行してもらうしかない。地方自治体の中央への依存は時と共に深まり、第1章で見るような経緯で、自律性が更に低下していく。

フランスにおける中央・地方政府間の分業関係の展開をこのように理解すれば、全国均一を旨とする「公共サーヴィス」ないし「福祉国家」が維持ないし拡大されている限り、地方自治体は中央への依存の悪循環から逃れることはできないように見える。

他方、1990年代以降に他の先進国で実現した分権化の中には、2000年以降の日本の事例も含め、低成長と財政危機などに伴う「福祉国家」の費用抑制（cost containment）や再編（recalibration：市場化や地域間などの格差増大の容認を含む）と関連付けられるものも少なくない。（財政的）分権化が、給付削減や増税に対する非難を地方自治体に転嫁する手段として使われたのである[36]。仮にフランスもこのパターンで分権化が行われたのであれば、地方自治体が悪循環から抜け出したことも説明できる。しかし、実際に分権改革が開始された70年代後半から80年代初めのフランスで、中央政府が世紀末のように「福祉国家」の抑制や再編を目指していた様子はない。確かに当時のフランスでも、中央も地方も少なからぬ累積債務を抱えており、82年以降の分権改革は中央から地方への税負担の移転を伴った[37]。しかし、フランスで年金など社会保障支出の削減を目指す動きが始まるのは、90年代前半に過ぎない[38]。公共サーヴィ

---

[36] Maurizio Ferrera, *The Boundaries of Welfare*, Oxford University Press, 2005, pp. 173–4, 202. 西ヨーロッパではイタリアが典型的だろう。中山洋平「市場・地域統合と政官ネットワーク——仏伊地方公共投資をめぐる政策システムの転換」城山英明・大串和雄編『政治空間の変容と政策革新1　政策革新の理論』東京大学出版会、2008年、177–8頁参照。日本の例の位置付けについては終章第2節を参照。

[37] コミューンの増税も続いたが、高度成長期に比べれば、伸び率は既に峠を越えており、寧ろ、国から移転された間接税など、地域圏の税目が大きかったという。Alain Guengant et Jean-Michel Uhaldeborde, *Crise et réforme des finances locales*, PUF/GRAL, 1989, pp. 132–7. 地方インフラ整備事業の主たる目的であった公共サーヴィスの供給についても、分権化後は料金の値上げの形で、地方の累積債務が住民に転嫁されることになった。中山「市場・地域統合」156–184頁。

[38] 80年代末から90年代前半にかけて、構造失業に対応して様々な扶助的な給付（年金・医療を含む）が新設された結果、分権化前に20%前後だったGDP比は90年代半ばに28–29%に達し、以後、高止まりしている。国立社会保障・人口問題研究所企画部「社会保障費の国際比較統計」『海外社会保障研究』173号（2010年）73頁。

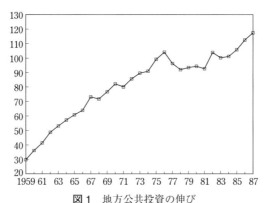

図1　地方公共投資の伸び

単位10億フラン：1987年のフランに換算
出典：Guengant et Uhaldeborde, *Crise*, p. 18.

ス供給のための投資、つまり地方インフラ整備に限っても、地方公共投資支出の絶対額は、石油危機の影響で76年をピークに一旦減少に転じたが、分権化後に再び増加に転じた（図1）。同時期に、国からの投資補助金の年総額も、この時期、減少することなく増加している[39]。

確かに、20世紀後半のヨーロッパには、必ずしも「福祉国家」の費用抑制を目的とせずに、「福祉国家」によって犠牲にされてきた地方自治の原則それ自体の回復のため（北欧諸国の事例）、あるいは社会保障サーヴィスの効率化のために分権化を行った事例も少なくない[40]。しかしこれらも、中央政府の戦略とし

---

[39] Guengant et Uhaldeborde, *Crise*, p. 18. CDC ［Martine Pierre-Fontaine］, *Tableau de bord des finances locales. Statistiques commentées (1970–1984)*, Éditions du Moniteur, 1986, p. 101. 国の投資補助金の補助率は、60年代（22–26％）に比べると、1970年代半ばはかなり低下した（16–18％）が、77年以降は（82–3年を除いて）回復している（20％強）。図2（123頁）参照。

[40] Ferrera, *The Boundaries*, pp. 170–3 は、福祉国家のサーヴィス化が分権化を促すと指摘する。例えば、北欧諸国における社会保障サーヴィスをめぐる集権と分権の力学については、Teppo Kröger, "The Dilemma of Municipalities: Scandinavian Approaches to Child Day-care Provision", *Journal of Social Policy* 26–4（1997）など多数の研究がある。中央地方関係と福祉国家に関する近年の実証研究には、分権化によっていかに社会保障サーヴィス供給の効率化やニーズへの適合などが図られるかに関するものが多い。分権化による「福祉国家」抑制の議論とのすり合わせを試みたものとして、Scott Greer, "How Does Decentralisation Affect the Welfare State?", *Journal of Social Policy* Vol. 39–2（2010）. 福祉国家との関連を離れれば、経済開発のための分権化（リージョン化）は、EUか

て行われた「上からの分権化」である点では、世紀末の日伊などの事例と変わるところはない。これに対して、82–3年のフランスの分権改革が、統治の効率化や権力基盤の強化などを目指した「上からの分権化」でなかったことは既に見た。

仮にミッテラン政権による分権化が、「福祉国家」の抑制を目的とせず、しかも「下から」行われたとすれば、地方自治体はいかなる回路によって中央依存の悪循環から抜け出し、中央政府から分権化をもぎ取ることが可能になったのか。本書はこの点を明らかにすることで、「福祉国家」の発展と集権／分権との関係を巡る考察に新たな光を投げかけることを目指す。

第二に、本書の分析は、日仏比較、特に高度成長期における両国の政治構造の展開を比較するための準備作業となることを志している。戦後、日本によく似た保守一党支配が続いたイタリアとの比較が内外で多数に上る[41]のに比べ、日仏の戦後政治を比較する研究は未だ多くない[42]。

しかし、議院内閣制などの統治の制度や派閥政治といった表面的な類似点を越えて、統治構造をより深く観察すれば、日本政治研究者が好んで比較対象としてきたイタリアにも、一見集権的な統治の制度の下に隠れた社会の深い分権性、そして社会の隅々にまで浸透する政党の役割の大きさなど、日本との安易な比較を妨げる要因が数多く潜んでいることに気付かざるを得ない。翻って、高度成長期の保守長期支配 (1958–81年) の下のフランスは、官僚制に依存した中央集権型の統治構造、政党の役割が選挙と選挙動員に直接関連する領域にほぼ限定される点など、西ヨーロッパ、いや先進国の中で唯一、五五年体制の日本との間に高度の近似性を示していたとも言える。

らの圧力を受け、やはり「上から」推進された。スウェーデンのケースは、穴見明『スウェーデンの構造改革』未来社、2010年。

[41] ほんの一例を挙げれば、*Lo stato liberale italiano et l'eta Meiji*, Roma : Edizioni dell'Ateneo, 1987. R. サミュエルズ『マキァヴェッリの子どもたち』東洋経済新報社、2007年。馬場康雄「日本とイタリア・戦後50年の比較」『年報・日本現代史 創刊号 戦後50年の史的検証』東出版、1995年。

[42] 例えば、大嶽秀夫・野中尚人『政治過程の比較分析：フランスと日本』放送大学教育振興会、1999年；森本哲郎「1980年—1996年の社会党における組織問題：理念と現実」『関西大学法学論集』64巻5号 (2015年)。

勿論、日仏の分権改革は、実施された時期や、前提となる基本的な制度配置が異なるだけでなく、背景やメカニズムにも大きな違いが推定される。しかし、分権改革が実現に向かったのは、保守長期支配の終焉の前後だった点は共通しており[43]、両国において高度成長期の中央地方関係の展開が保守支配の継続と密接な関係にあったことが暗示されている[44]。それがいかなる関係だったのかを解き明かすのは今後の課題となる[45]が、その分析の前提として、本書ではまず、フランスの中央地方関係が構造変動を起こして分権化に至る過程を明らかにしていきたい。

　第三に、フランス現代政治史の観点からすれば、本書の分析は、ミッテラン左翼政権の位置付けや、より広く、80年代以降のフランス政治の大変動に至る歴史過程を見直す流れに棹差すことになろう。冒頭でも触れた、官僚制主導の中央集権国家をミッテラン政権が市場化と分権化の大改革で一変させたという従来の見方は、近年、急速に相対化されつつある。権上康男やマルゲラーズら、経済史家の分析によって、経済面での自由化・市場化は60年代に既に始まっていたことが明らかにされ、少なくとも金融の自由化・市場化については、ミッテラン政権誕生の遥か以前に既定路線になっていたという認識が固まりつつある[46]。分権化についても、既に触れた、都市コミュンの組織・能力強化に関す

---

[43]　中野晃一は（保守長期支配に立ち向かう）野党の戦略として分権化を捉え、日仏を比較して見せた。Koichi Nakano, *Party Politics and Decentralization in Japan and France: When the Opposition Governs*, London: Routledge, 2010.

[44]　曽我謙悟「政府間ガヴァナンスに関する最近の研究動向」『年報政治学 2008–II』木鐸社、161頁。

[45]　本書の元となった論稿はこの課題のために設計されたものだった。中山「地方公共投資と党派ネットワークの変容：フランス政治における公的資金の「水流」（1920年代～1970年代）（一）」『国家学会雑誌』123巻1・2号（2010年）。（二）123巻3・4号（2010年）。（三）123巻5・6号（2010年）。（四）123巻7・8号（2010年）。（五）124巻1・2号（2011年）。（六・完）124巻7・8号（2011年）（以下「筆者前稿 I」と略記）。「高度成長期フランスにおけるド・ゴール派一党支配の源泉とは？：1960年代のイレヴィレンヌ県における都市開発・産業振興とキリスト教民主主義勢力の分解（一）」『国家学会雑誌』128巻9・10号（2015年）。（二）128巻11・12号（2015年）。（三・完）193巻1・2号（2016年）（以下「筆者前稿 II」と略記）。

[46]　Michel Margairaz, "La faute à 68? Le Plan et les institutions de la régulation économique et financière : une libéralisation contrariée ou différée?", in Margairaz et Danielle Tartakowsky (dir.), *1968, entre libération et libéralisation : la grande*

るロランらの研究の影響を受けて、60年代にまで起源を遡るべきとする見方が有力になりつつある[47]。ジスカール・デスタン期の分権化に関する本格的な歴史研究を待つ必要があるが、もし分権改革への流れに関する本書の視点が是認されるなら、市場化にせよ分権化にせよ、ミッテラン政権の改革は既存の流れを加速したに過ぎず、市場化については、政権をとるために掲げてきた「一国社会主義」路線で、政権初期に一時だけ流れに逆らって見せたために、その後、劇的な「転回」[48]があったかのように見えただけということになろう。

第3節　地方インフラ整備事業に対する統制手段：公的資金と専門能力

既に述べたように、本書では、地方自治体のインフラ整備事業に対して、中央政府の統制がいかに効いていたか、そしてその効き方がどのように変遷したかを、①公的資金（補助金と公的金融機関の融資）の配分と、②計画立案と事業実施に関わる専門能力という2つの側面に着目して描き出していく。中央政府の地方に対する実質的な（つまり、法制上の権限の実効を担保する）統制力の源は、地方自治体がこれらの資源をほぼ持っておらず、中央政府に依存しなければならないことにあった。但し、分野によっては、中央政府が必ずしもこれらの資源を独占したわけではなく、時期によっても中央政府の持つ資源の比重は変化した。

(1) 公的資金の比重

インフラ整備事業に必要な財政資源は、日本同様、フランスでも、1980年代以降の抜本的な分権化に至るまで、中央政府の手に集中してきた。日本のいわゆる「三割自治」に対して、フランスでは1920年代以降、中央からの財政移転は、地方自治体の歳出の10〜20%程度だったが、公共投資に関わる資本

---

bifurcation, Presses universitaires de Rennes, 2010. 権上康男『通貨統合の歴史的起源：資本主義世界の大転換とヨーロッパの選択』日本経済評論社、2013年。金融の自由化・市場化路線については、後述第2章第2節 (2) 参照。

[47]　Borraz, "Le gouvernement", pp. 12, 19.

[48]　吉田徹『ミッテラン社会党の転換』法政大学出版局、2008年。

支出に限れば、地方の財源の 2 割が中央政府の個別補助金によって支えられ、6 割を占める借入の 3 分の 2 以上を CDC（預金供託金庫）などの公的金融機関の長期・低利の融資が補っていた[49]。つまり地方の公共投資の財源の 3 分の 2 前後が中央政府から供給されていたのであり、コミュンが公共投資政策に自律性を確保できるかどうかは、まずは、この「公的資金」がいかに配分されるかに掛かっていた。

　立法に基いて省庁の予算から措置される補助金だけでなく、後述するように、低利預金を財源とする公的金融機関の低利融資も量的に限られており、地方自治体の資金需要を充たすには遥かに及ばないのが常だった。勿論、中央から公的資金の配分を得られなければ、民間銀行から融資を引き出して事業を遂行することも可能ではあった。しかし、後述するように、CDC など公的金融機関の地方公共投資向けの融資は、インフラ整備事業の巨額かつ長期（最長 30 年まで）の資金需要に応えるのみならず、金利も、1970 年代後半に入るまでは、日本の財政投融資資金同様、市中より低い水準に設定されていた。省庁の補助金や公的金融機関の低利融資が受けられなかった穴を民間銀行融資で埋めて無理に事業を行えば、追加の負担分は、「公共サーヴィス」の料金（例えば電力、上下水道など）や地方税の負担に跳ね返る。そもそも民間銀行の審査を乗り越えて融資を獲得するのは、農村部の小コミュンや財政状況の悪化した都市コミュンにとっては容易なことではなかった。つまり、国土のどこであっても平等な条件でアクセスを保証するという「公共サーヴィス」の責務を果たすには、コミュンはできる限り、中央政府や公的金融機関から公的資金の獲得に努めるよう迫られる。だからこそ、中央政府にとっては、公共投資を遂行する地方自治体に対して自らの設定した政策目標や優先順位などを徹底させる上で、公的資金配分こそ最も有力な統制手段だったのである。

---

[49]　Delorme et André, *L'État*, chapitre 3. Guy Gilbert and Alain Guengant, "The public debt of local governments in France", in Bernard Dafflon (ed.), *Local Public Finance in Europe*, Cheltenham: Edward Elgar, 2002, p. 128. Patrick Éveno, *Le Crédit local de France*, Éditions locales de France, 1997, p. 21. CDC, *Tableau de bord*, p. 61.

(2) 公的資金による統制と配分パターン

　公的資金のうち、省庁が個別の事業種目毎に出す補助金（個別補助金）は、補助対象事業に受給条件を設定することで地方自治体の政策を強力に枠付けることができる。CDC など公的金融機関の低利融資も、後述するように、何らかの形で省庁補助金に連動して配分する方針を採ることでこの効果を強化することができる。この形の統制は、本書が対象とする地方インフラ整備事業の中では、住宅建設において特に強力な効果を発揮した。例えば、1950 年代後半、中央官僚制（MRL：復興住宅省）は、低利融資を受ける HLM（低家賃住宅）などの建築単価に厳しい上限を設定するなどして、廉価な住宅を早く大量に供給させようとした[50]。これに対して、庶民の劣悪な住環境の質的改善を求めていた多くのコミュンは憤激したものの、従わざるを得なかった（ロワール県の例については、筆者前稿 I 第 5 回、173–4 頁参照）。

　しかしインフラ整備事業の場合、受給条件を通じた、いわば機械的な統制の射程は限られる。特に都市開発のように、複雑で大規模な事業を総合的に中央の政策目標や優先順位に従わせるためには、公的資金の配分、つまり補助金や公的融資を付与するか否かの審査を通じて地方自治体の方針選択に影響力を行使することが欠かせない。このタイプの統制力は、資金配分を巡る省庁や公的金融機関の裁量が大きくなるほど高まる。

　以上 2 点を逆に言えば、個別事業から切り離して（使途を限定せずに）供与され、地方自治体が任意の事業に宛てることができる一括交付金が、客観的指標に応じた機械的な（＝中央の側の裁量の余地の小さい）方式で配分される場合、中央の統制力は最も小さくなる。しかるにフランスには 68 年の VRTS（給与税代替交付金）の創設まで一括交付金の制度が存在しなかった。

　一般に、公的資金の配分を通じた統制は、①投資資金の需給が逼迫し、自治体間で資金獲得競争が激化するほど、配分する中央の側の裁量は高まり、統制度も高まる。逆に資金が過剰となった場合、地方側の地位は相対的に向上し、中央が行使できる統制は弱まる。

---

[50] 以後、フランスの社会住宅には、対象となる社会階層別に複数のカテゴリーが設定され、カテゴリー毎に、原価上限など充たすべき規格が設定された。檜谷美恵子「フランスの住宅政策」小玉徹他『欧米の住宅政策』ミネルヴァ書房、1999 年、199–201 頁。

また、②公的資金の配分に政治家（政党）と官僚制のどちらがより大きな影響力を持つか、によって、地方自治体に対する統制の"効き方"には大きな違いが出てくると考えられる。官僚制が優位に立てば立つほど、大臣以下の所管省庁が定めた政策目標や優先順位への適合性を基準にした審査が厳格に行われることになろう。逆に、政治家や政党が優位に立ち、自らの支持基盤や地方公選職のネットワークを強化するために、資金や事業枠の配分を党派的に行うようになれば、所管省庁の政策目標や優先順位に基く統制はその分だけ緩められることになろう。他方、党派的考慮が資金配分を支配するようになれば、地方の公共投資事業は、戦後のイタリアがそうであったように、今度は地域のボスや与党派閥の領袖らの思惑によって左右され、地方自治体の選択は大きく制約され歪められることになる。戦間期フランスでは、当時の支配政党である急進党の有力議員が、県の農村電化事業を牛耳り、自らの地域支配の強化に役立つ形で遂行させる例が珍しくなかった[51]。

　フランスにおける補助金配分のパターンの歴史的変化に最初に着目したトニグは、1930 年代以降、議会・政治家が党派的に配分する「政治市場モデル」から、官僚中心の委員会が機械的な基準（面積・人口など）で配分する「官僚制的配分モデル」へ、という長期的な趨勢が見られたと主張した[52]。筆者もこれに倣ってかつて、1930 年代以降、フランスでは、補助金などの投資資金の配分が「官僚制化」したと論じ、その後の配分システムの変動を官僚制と政党・政治家の間の綱引きとして描き出したことがある[53]。

---

[51]　筆者前稿 I 第 3 章は 8 つの県の農村電化事業の遂行形態とそのインパクトを比較する。

[52]　Jean-Claude Thoenig, "Le marché politique et l'allocation bureaucratique sous la IIIᵉ République", in D. E. Ashford et J.-C. Thoenig (dir.), *Les aides financières de l'État aux collectivités locales en France et à l'étranger*, Librairies Techniques, 1981, pp. 117–47. 但し、「機械的な基準」が設定されれば直ちに政治的な配分が排除されるわけではない。第 1 章で見る農村電化事業は、比較的政治性の高い資金配分が行われた例といえるが、配電を受ける住民当たりの経費上限などの基準は詳細に定められていた。問題はこうした基準の有無ではなく、基準とは別の政治的判断で案件の採否を決める、手続きの順番を繰り上げるなどの「政治的介入の余地」の大きさである。

[53]　「中央からの財政資源配分と地方政治構造の変容——20 世紀南フランスの事例——」河田潤一編『汚職・腐敗・クライエンテリズムの政治学』ミネルヴァ書房、2008 年、235–269頁。

しかし、コミュンや県のインフラ整備事業である限り、中央における制度配置や運営が同じでも、県や地域毎に政官間の力関係が異なる以上、公的資金の実際の配分のされ方も大きく変わってきうる。そこで、第 1 部（第 1、2 章）では、中央における公的資金配分の制度について、官僚制が一定の政策的意図・論理に基づいて行う配分に対して、党派的配慮を割り込ませるのがどのくらい容易であったか、という「政治的介入の余地」を検討する。個別の地域の案件に関して、実際に誰が配分の主導権を握るかは、首長や地元選出の国会議員など、現場のアクターがどれだけこの可能性を活用しようとした／しえたか、という戦略と能力次第であり、コミュンの事業遂行の自律性もこれに左右される。個別の事例毎にこの点を検討するのが、第 2 部（第 3、4 章）の課題である。

　加えて、資金配分に対する政治的介入の余地を検討する際には、介入は“上”と“下”の 2 つの方向から行いうることに注意する必要がある。戦後イタリアほどではないが、本書が対象とする戦間期から戦後 70 年代にかけてのフランスにおいても、内務省の知事団などを中心に、中央省庁の幹部や高級官僚が政権党や有力な政治家の傘下に入る例は少なからず見られた。この場合、省庁幹部自らが政策目標や優先順位を蔑ろにし、いわば“上から”党派的思惑で配分を行うことになる。

　これに対して、少なくとも中央省庁や公的金融機関の中枢部分が政党からの自律性を維持し、設定した政策目標や配分基準を厳格に適用しようとしている場合には、議会や政党は“下から”、即ち、資金配分の過程のうち、官僚制の統制が及ばないか、相対的に緩い部分に影響力を行使して配分を変えさせようとするであろう。その際、資金配分の過程が中央に集約されていればいるほど、官僚制は統制を末端にまで徹底しやすくなり、政党や国会議員が介入を行う余地は小さくなると考えられる。しかるに、第 1 部で見るように、無数のコミュンから寄せられる補助金申請や関連の陳情に忙殺された中央省庁は、行政の効率化・合理化のために、1950 年代以降、「行政分散化」（déconcentration administrative）の一環として、補助金配分の県知事や地域圏知事（64 年以降）などの出先機関への授権を積極的に進めていくようになり、公的金融機関 CDC もこれに倣った。地元の政官間の力関係にもよるが、首長や国会議員らにとって、一般に出先機関は省庁や CDC の本体よりもはるかに浸透しやすいため、

配分過程が地方へと拡散していくほど、党派的介入の可能性は増すことになる。

(3) 専門能力の偏在

　他方、インフラ整備事業の立案・実施に関する専門能力については、分野に
もよるが、時代が下がるにつれて中央省庁側の独占状態は緩んでいった。道路
や橋梁などが「公共サーヴィス」のためのインフラ整備事業の中核を占めてい
た 19 世紀には、農業省や公共事業（Travaux publics）省（1966 年に建設
Construction 省と合併して設備 Équipement 省）の技師（農村土木技師団
Génie rural と土木技師団 Ponts-et-chaussées）が、地方自治体の公共投資事
業に対して、許認可を出すなどの後見監督を行うと同時に、事業の計画立案か
ら実施（施工管理）までをコミュンから請け負って多額の報酬を受け取る、いわ
ば "官営コンサルタント" として取り仕切っていた[54]。しかし、戦間期に入って、
電力や上下水道が新たに「公共サーヴィス」となり、コミュンの公共投資の中
核を占めるようになると、コミュンやコミュン組合（当初は電化など、単一目
的に限定されていた）から事業委託（concession）を受けた配送電や上下水道の
民間事業運営会社が、インフラ整備の計画立案や施工管理の主要部分を担うよ
うになる。

　ゴミ処理や都市交通などを含め、地方自治体が担うべき「公共サーヴィス」
の供給を代行する民間企業が戦間期から戦後にかけて高度に発達し、合併・統
合を経て巨大化していったのがフランスの特徴である（今世紀初めの段階では
ヴェオリア Veolia とスエズ Suez の二大グループに集約されていた。西ヨー
ロッパのみならず世界各地に進出している）。技術進歩やネットワークの大規模
化が進むにつれ、専門知識や技術力を集積・独占する事業運営会社は、規模が
小さいコミュンやコミュン組合（特に農村部）に対して圧倒的な力関係に立つよ

---

[54] 但し道路に関しては、県が独自の技師組織（村道局 service vicinal）を設置することがで
き、多くの県では、県議会の指揮下に土木技師団に対抗しながら、県道や村道（chemins
vicinaux）の整備を担当した。但し、土木技師団や中央からの圧迫を受けて戦間期に衰退が
始まり、ヴィシー政権下の 1940 年 10 月に土木技師団に併合された。Jean-Claude Thoenig,
L'Administration des routes et le pouvoir départemental : vie et mort de la vicinalité,
Cujas, 1980.

うになったため、許認可権限を用いてこうした企業を監督しコミュンを保護するのが所管省庁の出先機関（技師）の役割となっていった[55]。

　これに対して、本書の主題である都市開発や住宅建設の分野においては、戦後、CDC が事業遂行を直接担当する子会社（後述する SCET と SCIC など）を創設し、インフラ整備事業遂行の専門知識や技術をも集積し始めた。これらの子会社は、日本で言えば、日本住宅公団のような、財政投融資の資金を利用する特殊法人に相当するが、公的資金（低利融資）の配分を握る CDC と事実上一体であるため、都市開発を行う地方自治体に対する影響力は段違いとなる。中央政府が CDC の子会社を使ってインフラ整備の遂行過程まで直接に把握することで、地方公共投資事業の集権化は頂点に達したと言えよう。都市開発の現場にまで手足を延ばす CDC グループの陰で、公共事業省などの所管官庁やその出先機関は一時、影響力を低下させていたが、1960 年代半ば以降、都市圏毎の都市計画作成への介入をテコに、主導権の奪回に乗り出す[56]。

　いずれにせよ、戦後の高度成長期に都市開発を中心とするインフラ整備を進めようとした地方の都市コミュンにとって、CDC 系の開発会社などに委託しなければ、当面、事業を成功裏に進めることは困難を伴うが、これに依存したままでは事業遂行の自律性を維持することはできない。本書第 2 部の事例分析で見るように、CDC 系の開発会社（後述する「開発 SEM」）を使って事業を進める一方で、いかにして自前の職員組織（市役所）や都市計画機関などの関連機関に専門知識や技術を蓄積し、これに対抗できるようになるかが 60–70 年代の都市開発政策の行方を分けることになる。

---

[55]　この点については、中山「市場・地域統合」を参照。

[56]　80 年代以降になると、中央と地方自治体が都市計画の主導権を巡って争うという図式だけでは通用しなくなる。市場化の流れの中で当局の統制に対抗する力を持つようになった、開発事業者や地権者など、民間の諸勢力を如何に抑え込むかが主要な課題となり、中央と地方の都市計画当局の間には提携関係が成立しやすくなるからである。Rémi Dormois, "Structurer une capacité politique à l'échelle urbaine. Les dynamiques de planification à Nantes et à Rennes (1977–2001)", *Revue française de science politique*, vol. 56–5 (2006) は、こうした民間勢力を含めた連合関係の視点からレンヌとナントを比較する。

第1部　地方インフラ整備事業をめぐる中央統制の盛衰

はじめに

　従来、フランスの中央地方関係や分権化を語る際には、官選知事（殆どが内務省の高級官僚）や技術系省庁出先の技師のコミュンに対する後見監督と総称される統制権（予算の承認権、コミュン議会の決定に対する取消権、事業に対する許認可権限など）が主たるメルクマールとされてきた。これらの制度に注目する限り、高度成長期に試みられた様々な意匠の改革は、いずれもこうした「本丸」に指一本触れるものではなく、82–3年のミッテラン政権による分権改革まで、確かにフランスの中央地方関係は凍結されていたかのようにも見える。しかし、60–70年代に繁栄したフランスの「組織社会学」は、一見して極めて集権的なこうした公式の制度の裏側で、出先官僚制と地方公選職の間には複雑な相互依存関係（共犯関係complicité[1]）のネットワークが張り巡らされていることを明らかにした[2]。この発想を延長すれば、法制度上の権限という「伝家の宝刀」はいつでも抜けるよう携えてはいるものの、日常の政策決定・実施を巡る交渉と取引においては、あくまで政策毎に必須の資源（本書で扱うインフラ整備事業で言えば、公的資金と専門能力）を誰が握っているかによって力関係が決まると理解できる。そうであれば、政策資源の配分が地方自治体や首長らの側に有利に変化すれば、仮に官選知事や知事の後見監督の権限に変化がなくても、集権制の実態は大きく変わってくるはずだ。

　本書のこうした考え方は、最近の日本の中央地方関係論の用語を使えば、「機

---

[1]　Jean-Pierre Worms, "Le préfet et ses notables", *Sociologie du Travail*, vol. 8–3 (1966).

[2]　Pierre Grémion, *Le pouvoir périphérique*, Seuil, 1976.

能的集権化」[3] に対応する「機能的分権化」と呼ぶこともできるだろう[4]。市川喜崇は日本の中央地方関係が、首長の完全な公選制を導入した戦後の「民主化」や、機関委任事務の廃止などを伴った 2000 年の「第一次分権化」などの中央地方関係固有の制度改革とは必ずしも関係なく、長期にわたる「機能的集権化」の過程にあることを明らかにし、それが (本書の定義するところの)「福祉国家」発達の機能的要請に基くものであると主張した。これに対して本書は、フランスでは、日本同様、1960 年代前半まで「機能的集権化」が進んだ後は、既に見たように、全国均一を旨とする「福祉国家」がなお膨張しているにも拘わらず、70 年代にかけて逆に「機能的分権化」が進んだことを明らかにし、更にそれが、82–3 年の分権改革において、県執行権の公選化や知事の後見監督権の廃止などの「包括的分権」に繋がったことをも主張しようとする。

　第 1 部では、中央政府の側から見て、地方自治体のインフラ整備事業に対する統制力がいかに、そしてなぜ盛衰したのかを明らかにする。本書では、中央政府の統制力は、公的資金と専門能力 (知識や技術) という地方自治体のインフラ整備事業に必要な 2 つの資源を掌握していることに実質的な基盤を置くと考える。この 2 つの資源のうち、後者の分布は比較的安定的で、その変化も漸進的だったのに対し、公的資金の配分パターンは短い期間にも大きく変化し、しかも政官間の力関係で見れば、いわば"振り子"のように繰り返し揺れ動いた点に特徴がある。勢い、第 1 部における記述も、公的資金の配分のパターンの変化が中心となる。

　第 1 章では、電力・上下水道から住宅などに至る「公共サーヴィス」の発展の膨張こそが 20 年代から 50 年代末にかけてフランスの中央地方関係の集権化を齎したこと、その集権的統制の主たる担い手は公的金融機関である CDC だったことを明らかにする。ここで重要なことは、公共サーヴィスの膨張が集権化を齎すのは、決して自明でも不可逆でもなく、20 世紀のフランスの場合で言えば、公共サーヴィスの供給に必要な地方インフラ整備事業の遂行を巡って、中央省庁や公的金融機関と、地方自治体 (首長など地方公選職) やその背後にある

---

[3]　市川『日本の中央―地方関係』。
[4]　金井利之の書評による「敷衍」に倣って、財政統制の弛緩もこれに含める。『年報行政研究』49 号 (2014 年) 190–1 頁。

議会とが、激しい政治的攻防を展開した結果として進行したものであると理解することである。公共サーヴィスとインフラ整備を巡るこの政治的攻防の構図が変われば、（機能的）集権化は分権化へと容易に潮目を変える。第2章では、金融の自由化を皮切りに、この逆流が引き起こされる政治過程を描き出していく。60年代後半以降、公的資金の配分が徐々にその統制力を低下させていき、これを補うかのように、専門能力に基づく統制、特に都市計画への介入の制度などが段階的に強化されていく。この2つの並行する変化の中で都市コミュンの自律化を目指す闘いが進行していくことになる。

第1章　公的金融機関 CDC の台頭と戦後集権体制の起源

　高度成長期の CDC は、傘下の子会社を率いて、地方インフラ整備事業に必要な公的資金と専門能力の双方を一身に集め、双頭の怪物のように都市コミュンの前に立ち塞がった。その姿は、公的金融機関による地方公共事業資金の提供という点でよく似たシステムを持っていた日本から見ても極めて特異なものであり、その起源を理解することは、戦後高度成長期のフランスにおける中央地方関係の展開を理解する上で欠かせない。本章では、当初、地方公共投資に極めて冷淡な態度を取っていた CDC が、大恐慌や戦後復興期を経て段階的に関与を深め、遂に1950年代後半以降、自ら地方インフラ整備事業の遂行を担うようになる過程を、中央省庁や地方自治体組織など、他の主要アクターとの相互作用の中から解き明かす。

第1節　地方インフラ整備事業とその担い手

　まず戦間期から1950年代半ばに至るまでの公的資金の配分を巡って対峙した主要なアクターの成り立ちと特性を概観しておかねばならない。一方の主役はもちろん CDC だが、これに立ち向かったのは、第2章以降の本論で扱う戦後高度成長期とは異なり、地方の主要な都市コミュン（ないしこれを核とする都市圏）ではない。戦後は都市開発がインフラ整備事業の中核となったのに対して、戦間期は、農村電化や上水道施設など、文明の恩恵を農村へと「均霑」[1]するための投資が中心だった。そのため、CDC に立ち向かったのもこうした事業の主体となる農村の地方自治体や首長であり、これを代表する AMF（フラ

---

*　本章は、筆者前稿Ⅰの第1章と第2章第1節の記述を圧縮したものである。

[1]　この語は、持田信樹『都市財政の研究』東京大学出版会、1993年、107、137頁；京極純一『日本の政治』東京大学出版会、1983年、第5章などで使われている一方、フランス語には対応する語は見当たらない。

ンス首長会）などの地方自治体の全国組織、共生関係にある国会議員や政党で
あった。

(1) CDC の組織構造と行動原理

　低利の長期融資を提供する CDC などの公的金融機関は、補助金を配分する
中央各省庁とは、組織構造も行動原理も全く異なる。但し、政治的介入の余地
の大きさという観点に限れば、省庁と共通のダイナミズムに従っていると看做
しうる。フランスの公的金融機関、特に CDC の組織構造には折衷的な性格が
備わっていたからだ[2]。

　1) ヤヌス　戦間期以来、CDC の総裁（Directeur général）には、代々、大
蔵省の局長経験者、特に戦後は国庫局（Trésor）の局長（事実上の省内トップ
である）が横滑りしてくるのが通例であった。副総裁以下の高官にも大蔵官僚
（高級官僚・国家枢要官吏団 grands corps d'État のひとつである財務査察官
団 Inspection des Finances メンバー）が少なくなく、組織としての CDC 経
営陣は大蔵省と深く相互浸透していた。実際、CDC は国家財政の赤字を埋め
る各種国債を引き受けたり、危急の際は国庫に貸上げ（avances）を供給するよ
う求められた。融資の利率や総量も政府の通貨政策や景気対策に連動していた。
CDC の側も金融機関として資金運用の合理性を確保しようとするため、時に
大蔵省との関係は緊張を孕むこともあった。しかし基本的に政府・大蔵省の財
政・金融政策に全面的に協力しながら、その膨大な資金を運用していた。

　ここまでは、例えば、戦後日本の大蔵省資金運用部（理財局）と近似してい
る。しかし大きく異なるのは、CDC にはその組織構造上、上からも下からも、
議会と政党政治の影響力が流れ込んでくることが制度的に運命付けられていた
ことである。まず最高決定機関である監査委員会には、CDC 設置の根拠法に

---

[2]　CDC ついては、融資申請の審査・選考とその方針に関する議事録などが、殆どの期間に
ついて利用可能である。例えば最高決定機関である監査委員会（Commission de surveil-
lance）の戦間期の議事録は矢後和彦『フランスにおける公的金融と大衆貯蓄：預金供託金庫
と貯蓄金庫 1816–1944』（東京大学出版会、1999 年）で詳細に分析されている。戦間期の監
査委員会については基本的に矢後の分析に依拠し、必要に応じて補うこととする。以下の
CDC の組織構造についても同書による。

第1章　公的金融機関 CDC の台頭と戦後集権体制の起源　　　33

よって、大蔵省（資金運用局長 Directeur du Mouvement général des Fonds：同局は国庫局の前身）、国務院（Conseil d'État）や会計検査院（Cour des comptes）、フランス銀行（総裁または副総裁）などの高級官僚と並んで、議会の代表が送り込まれていた。1876 年から 1941 年の間は、定員 10 名のうち、上下両院議員各 2 名、計 4 名が議会代表であり、いずれも財政委員会から選出された。一般に、上院議員は下院議員より保守的で、大蔵官僚に近い立場を示すことが多かったが、それでも組織構造の頂点に議会に直結する回路が埋め込まれていることは決定的で、CDC は常に議会からの圧力や批判に敏感でなければならなかった。

　のみならず、CDC は資金調達の面でも大きな政治的弱点を抱えていた。CDC の資金の大部分を供給していたのは、全国津々浦々に張り巡らされた貯蓄金庫（caisses d'épargne）のネットワークである。戦間期の段階では、CDC の総資金量の 7 割が貯蓄金庫からの預託が占めていた。貯蓄金庫は、低利だが免税の恩恵を受ける預金口座（「通帳」livret）で広く大衆から資金を集める特権を与えられていた[3]が、その見返りに、集めた預金の全額を CDC に預託することが法的に義務付けられ、自ら運用する権限はなかった。しかし各地の貯蓄金庫は地元の産業界や政界とも密接な関係にあり、その要求を受けて、自らの集めた資金の運用（融資）について CDC 経営陣に圧力を行使し続けた。貯蓄金庫は全国レベルの連合会を組織していた上に、「貯蓄金庫高等委員会」（Commission supérieure des caisses d'épargne）を通じて、CDC に対する発言権を法的にも保障されていた。その結果、大衆貯蓄を国家の政策の用に供するだけでなく広く地方に還元すべき、という貯蓄金庫側の要求や、その声を代弁すると称する議会・政界からの介入に対して、CDC は極めて脆くなった。CDC が低利長期の融資を大量に供給でき、他の金融機関の追随を許さない地位を維持できたのは、低利・免税の貯蓄金庫口座の預金や、その独占運用権など、議会の定めた法制度が齎す特権のお陰に他ならない。政治的な風向き次第では議

---

[3]　免税口座の特権は郵便局を窓口とする国営貯蓄金庫にも認められていたが、利率などで貯蓄金庫が優遇されていた。口座開設は一預金者一口座に限定され、預入限度額も設定されていた。1958 年、免税でない 2 つ目の口座の制度（65 年に Livret B と改称）が創設され、65 年以降、この免税口座は「A 通帳」（Livret A）口座と呼ばれるようになった。

会はこの様々な特権を削減・剥奪することもできる。このように上（監査委員会）下（貯蓄金庫）の二方向から政界の圧力に曝されていた CDC 経営陣は、議会や世論から政治的批判を受けることを非常に恐れ、政治的リスクや責任を伴う政策を極力回避する傾向が強かった[4]。

　大蔵省に一体化しつつも政治的圧力に極めて弱いという二面性を持つことで、CDC など公的金融機関は、政界との関係という観点から見ると、フランスの中央官僚制の中で中間的な位置を占めることになった。というのも、フランスの政官関係の歴史的展開を見た場合、大蔵省やフランス銀行が最も議会や政権党からの圧力に抵抗力があり[5]、逆に内務省や農業省、公共事業省（66 年以後は設備省）といった省庁では、知事や技師などの出先機関が現地の政界を支配する国会議員や県議会の大物、それらを統括する政権党に浸透されやすく、第五共和制への移行前に限っても、中央の幹部人事まで干渉されることが少なくなかったからだ[6]。

　2）迂回路との闘い　大蔵省には劣るとはいえ、それでも CDC 本体は相対的に高い自律性を維持しており、議会の圧力で融資の基準や総量等を変更することはあっても、他の省庁のように、個別の案件についての口利きを受け入れる事態は稀である。そこで、政治的配分を目指す議会や政党は、CDC 以外の公的金融機関を新設したり、そこに流す資金量を増やそうとした。他の公的金融機

---

[4] 例えば、第一次大戦後の貯蓄金庫との紛争に関して、Roger Priouret, *La Caisse des dépôts*, Presses Universitaires de France, 1966, pp. 262–4.

[5] 例えば、第四共和制期下の大蔵省官僚制と政権党の関係については、Pierre Cortesse, "L'administration de la IVᵉ République vue de la direction du budget : un témoignage (entretien)", *Revue française d'administration publique*, no. 108 (2003), pp. 521–31. Nathalie Carré de Malberg (éd.), *Entretiens avec Roger Goetze, haut fonctionnaire des Finances : Rivoli-Alger-Rivoli, 1937–1958*, Comité pour l'histoire économique et financière de la France, 1997. Jacques Georges-Picot, *Souvenirs d'une longue carrière*, Comité pour l'histoire économique et financière de la France, 1993 などを参照。

[6] 内務省については、Laurent Olivier, "Préfet et gouvernement : entre subordination et capacité d'initiative", in F. Borella (dir.), *Le préfet, 1800–2000*, Presses Universitaires de Nancy, 2000, pp. 89–109. Jeanne Siwek-Pouydesseau, *Le corps préfectoral sous la Troisième et la Quatrième République*, Armand Colin, 1969.

関は人事面などで CDC より自律性が低いことが多く、この「弱い環」に浸透
することで低利融資の配分を（部分的に）政治化・党派化することが期待でき
た。つまり、地方自治体への低利融資の配分を CDC がほぼ一元的に握る状態
を突き崩し、配分のチャネルを分散・断片化できれば、配分への政治的介入の
余地は大幅に広がる。31 年に創設された CCDC（県コミュン信用金庫）や 66
年創設の CAECL（地方公共団体設備投資支援金庫）は、いずれも議会が CDC
の統制を免れて、低利融資をより政治的に配分すべく作り出した迂回水路だっ
た[7]。

　CDC など公的金融機関からの長期低利融資が得られなければ、補助金の交
付決定を受けても地方自治体は事業を実施できない。省庁としては、CDC が
融資に難色を示す案件には補助金を出しても無意味となるので、省庁の補助金
交付基準が徐々に CDC の融資基準に引き擦られ、政治的介入の余地も減少し
ていく。このように、CDC の地方自治体向け融資の拡大は、トニグの言う、
30 年代以後の補助金配分システムの「官僚制化」［序章第 3 節 (2) 参照］の最大
の推進力となっていたと考えられる。ところが、同じ CDC が反面、議会の介
入の脅威に曝されており、世論や圧力団体の後押しで議会の攻勢が強まると、
比較的容易にこれに屈した。その結果、CCDC や CAECL のような迂回路が
作られたり、CDC 本体でも資金枠の拡大や融資基準の緩和・変更が行われた。
政官関係の風向き次第で同じ CDC が政治的介入の可能性を狭める（「官僚制
化」）原動力になったり、広げる（政治化／党派化）突破口にもなるというヤヌ
ス的状況に、フランスにおける中央からの公的資金の配分のパターンが政官の
間で振り子のように変遷を繰り返した原因の一つがある（41 頁も参照）。

　3) 公的金融機関の政治史　このように、CDC の低利融資の配分過程を詳細に
分析することで、本書第 1 章は、行政と政治（議会）、市場と政治の境界に位置
する CDC がこの時期のフランスの政治史において果たした独自の役割を明ら
かにすることにもなろう。

---

[7]　Pierre Saly, *La politique des grands travaux en France, 1929–1939*, New York :
Arno Press, 1977, p. 339. Marie-Paule Faucher-Degeilh, *La Caisse d'aide à l'équipe-
ment des collectivités locales : C.A.E.C.L.*, Berger-Levrault, 1983, pp. 47–53. Éveno,
Le Crédit, pp. 13–28.

以下の本論で詳述されるように、CDC経営陣は当初、地方自治体への融資自体にも積極的ではなく、まして、自らの融資政策が地方自治体の投資事業を左右するような事態を極力避けようとした。議会の圧力に弱いことを深く自覚していたCDCは、自らの政治的責任を問われる場面が生じないよう、低利融資の配分を省庁の補助金交付に連動させるなどして、大蔵省や他の省庁の決定を楯にしてその陰に隠れることを常としたのである。しかし、戦後50年代半ば以降、CDC融資の役割が増大を続ける一方、中央省庁は議会・政党などの政治的圧力や浸透に弱く、省庁間の対立を纏めることもできなかった。このままでは、緊縮措置などの度に自らが地方自治体の政治的敵意の矢面に立たされるだけだと学習したCDCは、一転して、自らが中心となって合理的な資金配分を主導する姿勢を採り始めた。巨大な資金量を持つ公的金融機関が独自の政治的意志を持った時、そのインパクトは測り知れない。しかるにこれまでのCDC研究は、大蔵省の統制下にあって独自の意志を持たないと看做してしまったり[8]、プリウレや矢後（註2、4）のように、金融機関としての役割と経営上の判断を強調する余り、政治的な意志や役割にはあえて着目しなかった。従って本書第1章の分析は、現代フランス政治史の実像に迫る上で不可欠の作業であるだけでなく、大蔵省資金運用部（ないし財政投融資計画）やイタリアのCDP（Cassa Depositi e Prestiti）との比較にも途を開くことになろう。

(2)「公共サーヴィス」の均霑と地方公選職

こうした二面性を持つCDCに対峙したのは、戦間期の場合、「公共サーヴィス」事業を手掛ける農村の地方公選職を結集した地方自治体の全国組織である。

戦間期に電力、上下水道など、ネットワーク型の「公共サーヴィス」が普及するにつれ、これまで断片化し無力だったコミューンが、「公共サーヴィス」の管理・運営に関する利害を共有する利益団体へと組織化され、1930年代には、議会を通して政府に強力な圧力を行使し始める。地理的条件による財政負担やサーヴィス料金の不均衡、寡占化する事業会社による搾取、不足する財源と過大な

---

[8] 例えばJohn Zysman, *Governments, Markets, and Growth*, Ithaca: Cornell University Press, 1983, pp. 113, 159. Michael Loriaux, *France after Hegemony*, Ithaca: Cornell University Press, 1991, pp. 149–150.

債務負担。事業運営に立ちはだかる様々な障害を取り除くべく、全国の首長ら
が超党派の原則の下に結集し、同盟関係にある国会議員グループを通じて、議
会に強力なチャネルを築き上げた。30年代半ばまでには、中央政府の特権的な
交渉相手としての地位を確立し、以後、地方公共投資への国の財政支援の積み
増しを引き出す主役として活躍した。逆に言えば、30年代以降、公的資金の配
分への締め付けを強める中央省庁の官僚制を政党や政治家が押し返し、配分過
程に食い込んでいくことができたのは、こうした地方自治体組織の後援があっ
たからに他ならない。

　1) 平衡化と広域化　こうした地方自治体組織は、地方インフラ投資の事業執行
の現場での必要に迫られて、下から生成してきた。電化や上下水道敷設などの
大規模なインフラ整備事業を実施するには、著しく断片化したフランスのコミュ
ンでは小さすぎるため、何らかの「広域化」が不可欠となる。最初は、多くの
場合、コミュン単独か、小規模なコミュン組合を結成して事業を立ち上げる。
しかし、地理的条件などに応じて大きな差異が生じる事業経費の負担をコミュ
ンや組合間で「平衡化」(péréquation) すべく、都市圏や県へと事業単位 (組
合や公社の形をとる) が拡大されていく。県レベルでは、県独自の補助金 (多く
は国の補助金に上乗せで補完する) などの形で平衡化のための制度が整備され
た。広域化は最終的には全国レベルに達し、「公共サーヴィス」の全国津々浦々
への普及・増進と、担い手である自治体の負担軽減を目指す全国組織の結成に
至る。

　こうした下からの組織化は、「均霑」を追求する強力な国民的な意志の産物で
あった。僻地にも遍く「公共サーヴィス」を行き渡らせるには、なるべく大き
な単位で平衡化を実現し、不利な条件の地域の設備投資コストを下げねばなら
ないからだ。従って、地方自治体が強大な全国組織を持ち、公的資金配分に対
して大きな影響力を持つようになったのも、「公共サーヴィス」の「均霑」とい
う大義、議会だけでなく、各省庁の高級官僚や、後にはCDCのような公的金
融機関すらコミットする大義に直接由来していたのである。

　かくして登場した地方自治体の全国組織の要求によって、最終的には全国大
で負担を平衡化すべく、国などの出資を得て全国基金 (電力のFACE：電化経
費償却基金、上水道のFNDAE：全国上水道開発基金) が設置され (各々1936

年、54 年）、事業者（電力会社など）からの拠出や利用者負担（料金）に上乗せ
した分を原資に、コストの高い山間部や僻村の設備投資負担の軽減を行うこと
になる。中央省庁の管理下にある FACE や FNDAE の設立・拡大は、とりも
なおさず財政的な集権化を意味する。フランスでは「福祉国家」拡大に伴う集
権化も、実は「公共サーヴィス」の供給を担う地方自治体による要求運動の産
物だったのである。

　2）**農村電化事業における広域化**　以下、農村電化事業を例に、全国組織結成に
至る制度的枠組の発展を概観しておこう[9]。

　①電化組合：電化事業の場合、コミュン組合を通じて広域化を進めることが
当初から標準的だった。配電事業の骨格を定めた 1906 年 6 月 15 日法が、コ
ミュン組合にコミュンと同様の電力供給の権限を付与している[10]。後述する 23 年
の立法（44 頁参照）で補助金の大量投入が始まると共に、農業省の推薦も得てコ
ミュン組合方式が圧倒的に優位に立った。31 年 1 月段階では、電化されたコミュ
ンの 72.4% が組合形式を取り、単独コミュン形式の 17.2% を大きく上回った。

　しかし、小規模なコミュン組合では負担の平衡化にも限界がある。また、広
域に事業を展開する配電会社に対して、コミュンやコミュン組合は当初から不
利な力関係に立たされており、これを挽回し電気料金や事業者出資などの契約
条件を改善するためにも、組合をできるだけ拡大していく必要があった。とこ
ろが、コミュンや組合は各自の自律性や互いの対抗関係に固執し、県レベルで
の結集には抵抗が強かった。ほぼ全県のコミュンを単一の組合で網羅する「全

---

[9]　以下、この小項は主として、Arnaud Berthonnet, "L'électrification rurale ou le dé-
veloppement de la «fée électricité» au coeur des campagnes françaises dans le pre-
mier XXe siècle", *Histoire et sociétés rurales* no. 19 (2003). François-Mathieu Pou-
peau, "EDF ou la performance d'un «compromis républicain»", thèse de doctorat,
IEP de Paris, 1999, chapitre 1. Pierrette Stahl, "L'essor des syndicats de communes
pour la distribution d'énergie électrique", *Bulletin d'histoire de l'électricité* no. 6
(1985) による。

[10]　1906 年の電力供給に関する最初の立法以来、電力供給の事業には主として、コミュンが
直営（régie）で行う方式と、民間事業者に事業権を付与して委託（concession：行政法学で
は「特許」の訳語を使う。8 頁註 21 参照）する方式とがあった。他の事業、例えば、上水道
では直営方式が少なくなかったが、電力の場合、直営方式は短期間に周縁化され、30 年代に
委託方式のコミュンは 9 割を超えた。

第 1 章　公的金融機関 CDC の台頭と戦後集権体制の起源　　　39

県組合」は戦間期にはなお少数だった[11]。他方、多くの県で県財政を介した平衡化が制度化され、最も一般的な県補助金の他に、コミュンや組合の借入の返済年賦の一部を県が肩代わりしたり[12]、更には、県自身が低利融資を提供した例もある[13]。しかし電化も上水道も、県レベルでの平衡化の制度については国の立法に規定はなく、全面的に県レベル、特に県議会の判断に委ねられていた。実際、制度のない県も少なくなく、置かれていてもその規模には大きな幅があった。

　②全国組織化と平衡化：コミュン組合の結成にも、県単位の平衡化のメカニズムにも、県毎に大きなバラつきが残る中、事業者との力の不均衡は深刻化した[14]。電力企業は当初は地域毎に極めて断片化していたが、20 年代の高度成長と技術進歩（特に相互接続 inteconnexion の進展）の中で、急速に集中と垂直的な統合（発電・変電・送電・配電）が進み、30 年代には地域毎に寡占の域に達していた。これに対して、殆どが極めて小規模な組合に断片化していた地方自治体側は対抗すべくもなく、特に電気料金について、全般的な水準が高すぎる上に、地域差も大きすぎるという不満が高まっていた。市場での彼我の力の差を政治の力で埋め、電力事業者に電気料金の値下げと平衡化を迫るべく、ついに、33 年、全国組織「電化公共団体全国連盟」（Fédération Nationale des Collectivités Publiques Électrifiées）が創設された。

　③ FACE と FNCCR：この団体は結成後すぐに、全国で成立しつつあった

---

[11]　事業権を統一していないなど、不完全なものを含めても 42 年に 17、46 年に 21 に留まる。François-Mathieu Poupeau, "La fabrique d'une solidarité nationale. État et élus ruraux dans l'adoption d'une péréquation des tarifs de l'électricité en France", *Revue française de science politique* vol. 57–5 (2007), p. 613.

[12]　Ministère de l'agriculture, Direction des eaux et du génie rural, *Notes et documents statistiques sur l'électrification rurale*, Imprimerie nationale, 1932, pp. 57–61. 県の補助金や年賦肩代わりの比率が県毎に一覧にまとめられている。

[13]　Procès-verbaux du Conseil général de la Nièvre, 21/8/1924, pp. 469–498. 全県の高圧部を県の負担で敷設したり、事業会社に敷設させて会社に高率の補助金を出した県もある。

[14]　以下この小項は主として、Maurice Lévy-Leboyer et Henri Morsel (dir.), *Histoire générale de l'électricité en France*, tome 2, Fayard, pp. 387–411, 2ᵉ partie, chapitres 1 et 3. Pierrette Stahl, "Les débats politiques sur l'électricité dans les années trente. La Commission extra-parlementaire de 1934 et ses prolongements", *Bulletin d'histoire de l'électricité* no. 8 (1986). Poupeau, "La fabrique", pp. 599–628.

電化組合の県毎の連合会や県組合を糾合し、電化事業を進める地方自治体・首長の代表組織として発言権を確立した。議会でも有力な電化推進の議員グループ2つ（Groupe de l'équipement rural と Groupe de l'électricité）を組織し、政府に対する圧力のチャネルを確保した。以後、左右を問わず、多くの国会議員から、電気料金値下げを電力会社から引き出すよう求める陳情の手紙が首相府（Présidence du Conseil）や関係閣僚に送りつけられた[15]。その結果、人民戦線期の地方財政危機も手伝って、ごく短期間で全国レベルで農村電化事業の経費負担を平衡化するシステムが実現した。36年12月31日財政法で設置されたFACEである[16]。

　FACEは、電力企業から徴収する分担金（年総額7千万フランを低圧配電収入／消費量に応じて比例配分）と、これと同額の国からの補助金を財源に、コミュン（組合）などの電化事業に伴う借入金の利子・償却費の5〜8割、県の補助金の年額の2〜3割を肩代わりする。事業者の負担で地方自治体の建設費負担を軽減する形になっているが、事業者負担は都市部を含めた消費者に転嫁されると考えれば、FACEは、国民全体の財政的連帯を制度化し、国土全体で平等な条件で電力へのアクセスを可能にしようとするものであった[17]。「電化自治体全国連盟」は37年にFNCCR（事業委託・直営公共団体全国連盟）と改称した[18]。その働きにより、地方側はFACEの管理運営にも大きな権限を確保した。FNCCRは第二次大戦後にかけて、上水道事業など他のサーヴィスについても、事業者に対抗しつつ議会・政府に働き掛けて、FNDAEなど全国大の平衡化のシステムを導入し、公共サーヴィスの均霑に大きく貢献した。

---

[15]　AN F60/654.

[16]　実際、FACE法案は上記の2つの議員グループの圧力で採択された。上院では過大な財政支出に反対が強かったが、下院で589票満票を獲得し、押し切った。連盟の指導者の一人であったラマディエ（Paul Ramadier：中部山岳地帯南部のアヴェロン Aveyron 県選出下院議員、北部の炭鉱都市 Decazeville の首長）が、当時のブルム内閣の公共事業政務次官（sous-secrétaire d'État）として法案通過を支援した。

[17]　38年6月17日のデクレ・ロワ（décret-loi）は、電気料金の平衡化を一層進めるため、人口2千人以上のコミュン（これが当時の「都市部」の定義だった）の住民の電気料金の2〜4%をプールして財源に加えた。

[18]　FACEを管理する公共事業省内の委員会メンバー34人のうち、官僚は8人だけ、自治体側代表が13人、国会議員も上下両院で8人に達し、CDCは1名だった。

FNCCRでは急進党が特別な影響力を誇っていた（戦後は社会党SFIO［労働者インターフランス支部：〜1969年］が継承した）。戦間期に農村電化や上水道敷設などの事業推進の中心になっていたのは、殆ど常に農相を握っていた急進党であった。中でもコレーズ（Corrèze）県選出のクーユ（Henri Queuille）は繰り返し農相の任にあった。ジョベール（Alexis Jaubert：クーユの農相官房に勤めた後、同じコレーズ県から下院議員に当選）は、電化関連の議員グループの総裁やFACEの運営委員会の委員長を務め、戦後はFNCCRの総裁に就任した。とはいえ、FNCCRは、AMF同様、組織構造も行動の論理もあくまで超党派的であり、議会のあらゆる会派に斉しくアプローチして圧力を行使した。AMFが地方自治体の利害全般に関して中央政府の特権的な交渉相手としての地位を確立したのも、同じく戦間期だった[19]。

3) 公的資金配分を巡る振り子現象　このように、FNCCRなどの地方自治体組織は、地方インフラ整備事業に対する公的資金投入の制度化やその配分に決定的な影響力を振るったが、その影響力の大きさは時期によって大きく変動した。その第一の理由は、地方自治体組織は、首長らの地方公選職の支持を基盤とする国会議員、つまり議会を影響力行使の足場としていたことにある。第五共和制初期のように、議会の政府に対する地位が低下すると、資金配分に対する発言権は急速に低下した。そのため、1930年代から70年代にかけて、議会と政府の間で重心が揺れ動く度に公的資金の配分パターンに直接波及することになり、特に政官間の力関係は"振り子"のように揺れ続けることとなった。

この"振り子"現象の第二の原因として、中央地方間の財政調整のシステムが未発達で、地方財政が頻繁に構造的危機に陥ったことが挙げられる。公共サーヴィスの拡大と共に地方自治体の事務負担や財政支出が急速に伸びていくにもかかわらず、地方自治体固有の税源は旧態依然たる税目に限定されていた[20]。大都市郊外のように、急速な都市化によって大量のインフラ整備に迫られた場合

---

[19]　Le Lidec, "Les maires", chapitre 2.

[20]　Ludovic Serée de Roch, "Les relations entre la fiscalité nationale et la fiscalité locale dans l'entre-deux-guerres", et Yves Fréville, "Les relations financières entre l'État et les collectivités locales à travers le budget de l'État au cours de la seconde moitié du XXe siècle", in Michel Pertué (éd.), *Histoire des finances locales de la Révolution à nos jours*, Presses Universitaires d'Orléans, 2003.

などは、補助率の限定された個別の補助金だけでは、事業を重ねるほど負債が増すばかりとなる。インフラ整備経費の自己負担分（補助金や公的融資を受けても不足する分）や借入返済の年賦は、主として「追加サンチーム」（centimes additionnels）と呼ばれる国税付加税[21]で調達されたが、過大な税負担や累積する債務は首長に対する政治的制裁を招きかねない。地方財政危機が深刻化する度にAMFやFNCCRが抜本的解決を求めて動き始め、地元の現職首長の敗北や苦戦に危機感を持った国会議員が地方財政の負担軽減を勝ち取るべく議会で奔走する。官僚制の側でも、自治体を所管する内務省などは深刻化する地方財政危機を放置できず、危機を予防するために地方財政制度の改革に乗り出す。このように、70年代半ばまでのフランスには、戦後日本の地方交付税交付金のように、資金需要の変化に応じて財政資源を中央地方間で柔軟に調整するシステムが内蔵されていなかったため、議会・政党や官僚制がいわば手動で改革を行わねばならず、その度に地方自治体組織に動員が掛かり、その政治的影響力が増して、公的資金を巡る政官関係は議会・政党の側に傾くことになった。30年代半ば、50年代後半、70年代後半と周期的に大規模な変動が中央からの公的資金の配分パターンに起こったのはそのためである。

---

[21] 1974年の地方税制の抜本改革以前に採用されていた地方税制。国税である旧四税（Quatre vieilles：動産税 Contribution mobilière、旧・営業税 Patente、旧・既建築土地税 Contribution foncière des propriétés baties、旧・未建築土地税 Contribution foncière des propriétés non-baties）の付加税の形をとる。途中で旧四税がいずれも国税としては廃止（動産税と旧・営業税は1917年、両建築税は48年）されたが、付加部分たる地方税は残存した。本税たる国税額（税率は国が県毎に定める）に、地方自治体（コミューンと県）毎に定める一定の割合を乗じた額を地方税として徴収する。この割合を百分率（%）で表した数字を「サンチーム数」（nombre du centime）と呼び、これが大きくなるほど住民の税負担が重くなっていると解釈される。「架空」となった本税（principaux fictifs）4種の自治体毎の想定課税額合計の100分の1をサンチーム価（valeur du centime）と呼び、その自治体の担税（財政）力を示す。G. Lecarpentier, *Le problème des finances locales en France*, M. Rivière, 1932, pp. 34–36. Dominique Flecher et Henri Fort, *Les finances locales*, Masson, 1977, pp. 118–121. Alain Delorme, *La réforme de la fiscalité locale, 1959–1980*, La Documentation française, 1981, p. 17. 木寺久・大竹邦実「フランスの地方財政制度」『自治研究』52巻2号（1976年）147–8頁。サンチーム数は、コミューンの「自己資金調達」（autofinancement）努力を示す指標として省庁補助金の配分の基準としても重視された。

第 2 節　戦間期の「公共サーヴィス」膨張と CDC

(1) 地方インフラ整備事業の開始

　フランスでは戦間期に入ると、電力や上水道など、都市部では既に定着していた事業が新たに「公共サーヴィス」と認められ、農村部への普及が開始された。短期的には収益を見込めないインフラ整備を促進すべく、莫大な公的資金が中央政府から事業主体となる地方自治体に向けて流し込まれていく。こうした地方公共投資を支えたのは、都市民が享受する文明の果実を農村にも等しく行き渡らせるべきという「均霑」の大義であり、その背景には、勢いを増す離農・都市への人口流出への危機感があった。農村は県議会や上院（地方公選職による間接選挙）などで過大代表されており、議会や AMF など自治体組織の超党派的な政治的圧力が莫大な公的資金の投入を推進した。こうした経緯から、農村電化や上水道敷設事業に対する公的資金の配分は、当初（主に補助金）は議会・政治家主導の下に行われた。トニグの言う「政治的市場モデル」が最もよく当てはまるケースといえよう。

　1) **農村電化と CDC**　戦間期に本格化した地方インフラ整備事業の中でも、中央から最も手厚く資金の手当てを受けていたのが農村電化である[1]。家庭への電力供給は、第一次大戦前には殆ど都市部に限られ、1919 年に 3 万 8 千のコミューンのうち、20% 程度しか電化されていなかったにも拘わらず、38 年にはその比率は 97% に達した。第一次大戦後、国家の強力な介入・支援によって急速に農村電化が達成されたことが窺える。しかし、農村に遍く電気を引くのは国の支援なしでは採算が取れないだけでなく、殆どの地域では、当面、利用目的は家屋の電灯だけで農作業には使われないので、農業の「近代化」にも貢献しない。均霑、即ち、文明の象徴たる電灯を行き渡らせ都市生活との格差を埋める

---

[1]　以下は、Berthonnet, "L'électrification". Lévy-Leboyer et Morsel (dir.), *Histoire générale*, tome 2, pp. 1206–14. Jean Boulouis, *Essai sur la politique des subventions administratives*, Armand Colin, 1951, pp. 144–9. Jérôme Girolami et Jean Delaporte, *Les subventions de l'état aux collectivités locales*, Vie communale et départementale, 1935, pp. 39–46.

こと自体が莫大な公的資金をつぎ込んだ農村電化事業の目的であり、元々経済的合理性の薄い、政治的な公共投資であった。

　第一次大戦直後から始まった農村電化推進の運動の結果、農業省の 23 年 4 月 23 日アレテ（arrêté）により、農村電化向けの補助金が創設され、所定限度（配電住民一人当たり 350 フラン）以下の工事経費に対して中高圧部で 22–55%、低圧部は 10–22% という補助率が定められた（但し、事業全体の平均補助率には 30% の上限が設けられ、28 年以降は 33% となった）。地方自治体の自己負担分全額を地元住民の出資で賄った場合には更に 5% が上乗せされる（計 35%、後に 38%）。30 年代に入るや、コミュンの中心部のみならず、「周辺集落」（écarts）にも電化の恩恵を広げるべく、補助金の上積みが行われた。30 年 4 月に補助対象経費の上限が廃止され、更に同年 7 月には、一律（中高圧部と低圧部の区別なく）50% の補助率上限が適用されることになった。これによって山間部や僻村も電化が可能となり、農村電化事業は第二段階に入ったといわれる。

　農村電化の場合、後で見る農村部の上水道や、HBM（低廉住宅。50 年 7 月に HLM に制度変更）とは異なり、地方自治体の自己負担部分をカバーする公的金融機関の低利長期融資が最初から農業省補助金に組み合わされていた[2]。23 年 8 月 2 日法（別名シェロン法：Henri Chéron 農相に因む）により、農業信用金庫（Crédit Agricole）が期間 40 年・金利 3% 未満で融資を行い、通常の地方自治体向け金利との差額は国庫が負担することとされていた[3]。しかし、実際には農業信用金庫は資金配分の窓口に過ぎず、融資の資金を提供するのは CDC だった。年度毎に政府が農村電化向けの融資枠を定め、この額を国庫が CDC から通常貸出金利（当時、5〜10% だった）で借り受けた上で、農業信用金庫に上限 2.8% の金利で貸し出す。金利差額分は国庫が負担するので、実質

---

[2]　Cf. André Gueslin, *Histoire des crédits agricoles*, tome 1, Économica, 1984, pp. 131–4.

[3]　22 年 10 月、CDC はこの法案の草案段階で大蔵省から打診を受け、監査委員会で審議した結果、貯蓄金庫からの預入れ以外の資金を優先的に使うことを条件に応諾した。Lettre de Jean-Baptiste Bienvenu-Martin, sénateur et président de la Commission de surveillance de la CDC, au Ministre des Finances, 28/10/22, Archives de la CDC［以下 ACDC と略記］010569–12/3.

的には、国庫への「貸上げ」を介した上で、利子補給 (bonification：補助金の一形式) を付した CDC 融資である。後に見る上水道や HBM など戦間期の様々な事業にもこの方式が応用され、CDC が地方自治体のインフラ整備投資に関与する流れの端緒となった。

しかしながら、この農業信用金庫の低利融資は、実は予定されたほど大きな役割を果たさなかった。1938 年の年初時点での戦間期の農村電化事業を賄った資金の構成を見ると、合計 80 億フランのうち 7.8% に過ぎず、県の補助金 (8.6%) や電力業者の出資分 (8.2%) すら下回っている。そもそもこの低利融資を使ったのは 6650 コミュンで全体の 35% に過ぎない。下に見るように、28 年以前には CDC の資金に余裕がなかったのも事実だが、CDC が農業信用金庫に設定した融資枠すら毎年使い切れていないのが実態であった[4]。

理由の第一は、追加補助金制度にある。農業信用金庫の低利融資を受ける権利を放棄した場合、農業省から国庫の利子補給額に相当する追加補助金を得ることができた。第二の理由は、国庫、CDC、農業信用金庫と複数の国の機関が関与する低利融資は、往々にして受給するまでに時間がかかりすぎたことである。当時の国会議員や首長は、隣の村や選挙区と競い合いながら、少しでも早く電化を実現しようと奔走しており (筆者前稿 I 第 3 章参照)、利率が高くても他の金融機関を選ぶことは珍しくなかった。

県毎の事例研究 (同上参照) を踏まえると、農村電化に関する公的資金の配分は、少なくとも大恐慌の波及 (33 年) 以前については、政治的介入の余地が極めて大きかったと言える。農村電化向け補助金の申請総額は、大恐慌前の 31 年までに限っても、27 年を除いて全ての年度で予算を上回り、中でも 25–6 年には「倍率」は 2–3 倍に達した。限られた補助金を確保するにはどうすればよいか。省内の史料では、受付順の審査・交付決定が原則だったことが示唆されている[5]。そのため、一刻も早く電化を進めようとする首長らにとって、補助金申請に必要な農業大臣の事業認可を含め、「口利き」(interventions) によって審査と決定の順番を繰り上げてもらうことが要諦となった。結果として、資金配

---

[4]　Lettre de Jean Tannery, Directeur général de la CDC au Ministre des Finances, 23/8/26 ; Note du Cabinet et Bureau central, 2/12/26, ACDC 010569–12/3.

[5]　Rapports à Monsieur le Ministre de l'Agriculture, 9/4/32, AN F10/5940.

分に対する農相らの裁量の余地は大きく、だからこそ、歴代農相にパイプを持つ急進党系の有力国会議員は選挙区や県内のコミュンの電化事業に大きな統制力を行使しえた。

2) **上水道敷設**　上水道の場合、電力に比べて「公共サーヴィス」として認知されるのが遅れ、補助金を定めた法律も 1903 年 3 月 31 日財政法から基本的には変化しておらず、本来の財源は極めて限定されていた[6]。しかし、1930 年以降、毎年の予算で追加の財源が農業省に計上されて、補助金の総枠が大幅に拡大した。28 年まで 5 千万フラン以下だった補助金決定額は、30 年以降、1 億 5 千万フランを超え、31–32 年には 2 億 5 千万フランに達した。34 年の改革[7]までは、補助率の上限は通常総経費の 50% だが、農業省に置かれた配分委員会が特別な事情があると判断した場合には 80% まで割増しが認められた。34 年改革以後は、申請件数の増加を踏まえて補助率は引き下げられ、固定部分の 15%（36 年に 25% に引上げ）に事業の収益性に応じた可変部分を加えて算出し、上限は 60% とされた。このように、上水道敷設補助金の配分には、電化の場合と比べて配分委員会の裁量の余地が大きかった。しかも 1903 年法の規定により、農相が長を務める委員会では国会議員もメンバーとなっており、政治的判断が入り込みやすい配分過程になっていたといえよう。

　しかし、上水道は農村電化よりも更に財政規模の大きなインフラ整備となるため、補助金を補完する低利融資を得られるかどうかが事業の成否を分ける。ところが、上水道事業の場合、補助金の補助率こそ他と比べて当初から高めだったが、農村電化の場合と違って、低利融資の制度が組み合わされていなかった。通貨・財政危機の中で高金利が続いた 20 年代[8]には、既存の債務の重い利子負担のため、地方自治体は新たな借入は極めて難しく、上水道事業は壁にぶつかっ

---

[6]　以下この小項は主として、Saly, *La politique,* pp. 291–5. Boulouis, *Essai,* pp. 151–5. Girolami et Delaporte, *Les subventions,* pp. 107–117 による。

[7]　34 年 10 月 25 日の農相通達は給水所型の施設を想定した配分基準を改め、各戸給水を標準とした。

[8]　当時、地方自治体金融の中心だった不動産信用銀行（次頁参照）の金利は、25–26 年に 10% を超え、30 年になってようやく 6% 台になった。Jean-Pierre Allinne, *Banquiers et bâtisseurs : un siècle de Crédit foncier, 1852–1940,* Éditions du CNRS, 1984, p. 185.

た[9]。34 年の段階でも、一部でも上水道を備えたコミュンは 8600 余、22.65%
に留まっていた。この壁を打開したのは、28 年以降、大量の資金余剰を背景
に、CDC が地方自治体向けの低利融資を開始したことだった。

(2) CDC 融資の役割増大

19 世紀半ばから戦間期までの長きにわたって、地方自治体の必要とする長期
融資を提供してきたのは、フランス不動産信用銀行（Crédit foncier de
France）であった。これに対して、20 世紀に入ると CDC も、地方自治体向
け市場に参入した。市場起債で資金調達するため金利が割高になる不動産信用
銀行に対して、CDC は低利を武器に激しい競争を仕掛け、第一次大戦まで激
しい鍔迫り合いが展開された[10]。しかし、第一次大戦後は、CDC は莫大な国
債の消化など、国庫の資金需要に資金の殆どを振り向けざるを得ず、地方自治
体の融資需要には殆ど応じられなかった[11]。

1) 1928 年　ところが、26 年から 28 年にポワンカレ（Raymond Poincaré）
政権の通貨・財政安定化政策が成功を収めると、大きく局面が転回する。国債
などの消化の負担が大幅に軽減された上に、通貨信認の回復に伴って、貯蓄金
庫への預け入れも増加に転じた。ほぼ同時に、28 年と 30 年の立法により、被
用者強制加入の社会保険制度が確立され、毎年多額の基金財源が蓄積されてい
く。既に 1910 年法（労働者農民年金保険）で創設された全国老齢年金金庫
（Caisse nationale des retraites pour la vieillesse）の資金を管理・運用して
いた CDC は、20 年代末の社会保険に関する議会での立法・制度形成の過程に
も深く関与し、紛争の末、保険料総額の 50% の管理権を獲得した。のみならず、
本来は県毎の社会保険金庫が運用することになっていた残りの 50% について
も、CDC に運用を委託させる制度を導入することに成功した[12]。一気に過剰
となった CDC の資金の運用先の一つとなったのが地方自治体への融資である。

---

[9]　20〜35 年に出された補助金交付決定のうち 4 割弱が事業の断念により取り消されている。
Boulouis, *Essai*, p. 153.

[10]　Priouret, *La Caisse*, chapitre 14. Allinne, *Banquiers*, pp. 170–4.

[11]　24〜28 年の間は年 1 億フラン前後に留まった。Priouret, *La Caisse*, pp. 260–2, 388.

[12]　Priouret, *La Caisse*, pp. 281–2. 矢後『フランス』131–3 頁。

28 年 12 月 30 日の財政法の中で、村道と上水道工事に対して、合計 5 億フラン（年 1 億を向こう 5 年間継続）の低利長期融資枠が設定された。金利は年 3% 以下とされた。ようやく上水道事業についても、補助金と低利融資を組み合わせた資金の流れが制度化されたことになる。30 年 4 月 16 日の財政法で 33 年までの分として更に 5 億フランが追加され、合計 10 億となった。実際に 29 年から 33 年までの間に、CDC はこの枠で 6 億 7 千万フランの融資を地方自治体に行った。原資は、農村電化向けの低利融資同様、CDC が国庫に通常金利で貸し上げ、国庫が低利で県を介してコミュンに貸し付け、金利差は国庫が利子補給で埋めるシステムを取っていた。県が融資の返済に保証を付ける代わりに、コミュンの融資申請は県議会が優先順位を付け、その上で、内務省に置かれた特別委員会で県毎の配分が決められるため、県議会を牛耳る地方の有力政治家・政党にとって政治的考慮を割り込ませ易いシステムになっていたといえる[13]。これに対して CDC は、農村電化向け低利融資の場合同様、国の利子補給と県の保証を受ける代わりに、資金配分には関与しない消極的な役割に留まっていた[14]。

2) HBM 融資の開始　これに対して、ルシュール（Louis Loucheur）法（28 年 7 月 13 日法）によって本格化した、社会住宅（logement social）建設事業への低利長期融資は、CDC が従来の受け身で消極的な姿勢を抜け出し、積極的に「公共サーヴィス」のための地方インフラ投資にコミットしていく最初の一歩となった[15]。

---

[13]　以上、Priouret, *La Caisse*, p. 389. Saly, *La politique*, p. 294. Girolami et Delaporte, *Les subventions*, pp. 265–7.

[14]　CDC 側も事務負担を回避するため、申請の受付・審査や資金配分の事務は全て知事（県庁）で済ませるよう強く要求している。Note pour le Directeur général, 4/10/29；Lettre du Directeur général de la CDC au Ministre de l'Intérieur, 10/10/30, ACDC 010569–16/2.

[15]　以下社会住宅についてはとりあえず、Jean-Paul Flamand, *Loger le peuple*, La Découverte, 1989, chapitres 2–3. 中野隆生『プラーグ街の住民たち：フランス近代の住宅・民衆・国家』山川出版社、1999 年。吉田克己『フランス住宅法の形成』東京大学出版会、1997 年、第 3 章。檜谷「フランスの住宅政策」176–190 頁。Marie-Jeanne Dumont, *Le logement social à Paris, 1850–1930*, Liège：Mardaga, 1991, chapitre 5. Roger Quilliot et Roger-Henri Guerrand, *Cent ans d'habitat social*, Albin Michel, 1989, pp. 62–97.

第1章 公的金融機関 CDC の台頭と戦後集権体制の起源　　49

　第一次大戦前まで、住宅は私的財産であり公的支援をすべきでないというドグマによって公的関与が阻まれていた。国の補助金はなく、CDC や全国老齢年金金庫の融資、国庫による融資や利子補給などの途は開かれていたものの、HBM 協会 (sociétés d'HBM) や、戸建ての購入・建築を支える不動産信用組合 (sociétés de crédit immobilier) など、社会住宅供給の担い手は民間が中心で、担保が十分でないなどの理由で貸付額が伸び悩み、社会住宅の供給は大きな壁にぶつかっていた。これに対して、労働者の集中で住宅問題が深刻化していたパリ市とその近郊では、住宅を「公共サーヴィス」と看做し、政府や地方自治体が直接、社会住宅を供給すべきだとする動きが高まり、1912 年、パリ市は 2 万 6 千戸、2 億フランの住宅建設計画を実行に移した。この先例を全国の自治体に拡大したのが同年成立のボンヌヴェ (Laurent Bonnevay：ローヌ Rhône 県選出の右派代議士) 法である。HBM 公社 (Office public d'HBM) 制度を創設するなどして、初めて公的機関が住宅建設の主体となることを認めた。これを受けて、全国で多数の HBM 公社が設立され (28 年に 218)、以後、活動が停滞した民間の HBM 協会に代わって、地方自治体＝公社が社会住宅供給の一方の主役となる。

　第一次大戦後、1919 年 10 月から 22 年 12 月にかけて成立した一連の立法により、農村電化同様、CDC が、国庫への貸上げを通じて、HBM 建設に低利で融資する (国庫が利子補給を行う) 制度が整備された。しかし CDC の資金に余裕はなく、議会からの再三の批判にも拘わらず、HBM への融資実行額は限られ、公社の住宅供給を制約した[16]。28 年のルシュール法によって初めて、実際に大量の低利融資が CDC から (国庫を介して) HBM 公社・協会や不動

　Annie Fourcaut, "La Caisse des dépôts et consignations et le logement social. de la loi Loucheur (1928) à la guerre", in Alya Aglan, Michel Margairaz, Philippe Verheyde (dir.), *La caisse des dépôts et consignations, la seconde guerre mondiale et le XXᵉ siècle*, Albin Michel, 2003. なお、本書に言う「社会住宅」は、「市場では適切な住宅を得られない一定以下の所得階層に供給される住宅であり、公共住宅を含め、直接、あるいは間接の公的助成が組み込まれている」(小玉他『欧米の住宅政策』2 頁) ものを指す。従って、民間組織が建設・運営するもの、更に分譲型や戸建も含まれる。

[16]　Fourcaut, "La Caisse", p. 187. Hélène Frouard, "La Caisse des dépôts et les HBM (1894–1921). Un long apprentissage", *Histoire urbaine* no. 23 (2008), pp. 31–36. CDC の HBM への 21–28 年の融資総額は 8 億フランだった。Priouret, *La Caisse*, p. 386.

産信用組合に対して行われた。ルシュール法は大規模な住宅建設計画を打ち出し、実際、28年初から33年初までの5年間にCDCの国庫貸上げ融資は66億フラン余に上った。29年から32年までの間で見ると、毎年平均4万5千戸のHBMが建設され、これは、1898年から1927年までの平均年2500戸に比べて飛躍的な増加であった[17]。

　同じCDCの貸上げの手法を使った国庫融資であったが、ルシュール法の社会住宅融資の場合には、金額が他を圧して多いだけではなく、融資手続きにおけるCDCの役割が、農村電化や上水道敷設の場合とは全く異なっていた。22年以後、実質的な融資配分の決定は、上水道などの場合同様、所管の保健（Santé publique）省に設置された融資配分委員会で行われていたが、委員会の審議の前にCDCは全ての融資申請を検討し、その技術的合理性と資金計画等を厳しく審査し、融資の可否や条件等を委員会に勧告していた。保健省の配分委員会のHBM小委員会には、不動産信用組合連合会の代表らと並んで、大都市のHBM公社を率いるセリエ（Henri Sellier：パリを含むセーヌ県［第3節（1）参照］）や前出のボンヌヴェ（リヨンを県都とするローヌ県）らも委員となっていた[18]が、CDCの審査を通すには建設計画の合理性を認めさせる必要があった。

　住宅以外（上水道や村道敷設など）の地方自治体向けの融資についても、29年から31年までの3年間は、国庫を経由しないCDCの直接融資（利子補給なし）も急激に増えた[19]。こうした「社会立法」（lois sociales：農村電化や社会住宅も含む、CDCや大蔵省側の呼称）向けの融資は、いずれもCDCが直接、融資審査を行うため、政治的介入の余地は圧縮される。

　かくして、20年代末に上水道、住宅などの事業が本格化すると共に、補助金を補完するCDCの低利融資が比重を増し、CDCが直接審査を行う割合も増えていった。これがトニグの言う、公的資金配分の「官僚制化」（22、35頁）の原動力となっていったと考えられる。

---

[17]　Saly, *La politique*, p. 275. 矢後『フランス』142頁。Fourcaut, "La Caisse", pp. 188–192. 内訳を見ると、HBM公社・協会（主として集合住宅）向けと不動産信用組合（主として戸建て・持ち家）向けが概ね半々程度になっている。

[18]　Compte-rendu de la Sous-commission des Habitations à bon marché du 7/4/33, ACDC 020559–0002.

[19]　貸付累計額で見ると13億フラン増えている。矢後『フランス』139、192–3頁。

(3) 大恐慌と CCDC の創設

　29 年以後、CDC の地方自治体への融資額は急増を続け、1931 年には不動産信用銀行を抜いて、第一位の座を占める。農村電化の補助金も 28 年前後から予算枠が急増し、多くの県で電化が急ピッチで進み始めたこともあわせて考えると、28 年は、地方自治体による「公共サーヴィス」のためのインフラ投資にとって分水嶺となったといってよいだろう[20]。しかし、公的資金の量的な拡大を配分パターンの決定的な変化へと変換したのは、大恐慌による資金不足である。限られた低利融資の枠を握る CDC や大蔵省の判断が地方インフラ整備事業の死命を制することとなり、これまでの政治家・政党主導の資金配分パターンは一変した。CDC が資金配分に対して負う政治的責任は格段に重くなる。

　1) CDC 国庫貸上げの停止　29 年に始まった世界大恐慌だが、フランスに影響が波及し、国庫の状況が悪化するのは 31 年後半から 32 年前半である。省庁補助金が削減される一方、CDC の方はなお資金が潤沢だったため、その肩代わりを引き受け、32 年に入っても高い水準の「社会立法」融資向けの国庫貸上げを続けた[21]。しかし CDC の貸上げは 33 年春、突如、停止する[22]。貯蓄金庫の預金から引き出しが急増したのを見て、3 月 28 日、CDC 経営陣は、今後一切の「社会立法」向けの新規貸上げを停止すると大蔵省に通告した[23]。大蔵省はこの決定を受け入れ、4 月 3 日の CDC 宛回答によれば、所管の各省の同意を得て、全ての「社会立法」の融資配分委員会を追って沙汰あるまで休会とし、新たな融資の内約を一切出させないようにした。これを受けて、農村電化、上水道敷設、社会住宅建設への CDC 融資額は 33 年から激減し、34 年には殆ど停止状態に陥る。CDC の地方自治体への直接融資も、29 年の総額 5 億フランから、30 年から 32 年までは毎年 20 億フランのレベルに急増していたが、33

---

[20]　Priouret, *La Caisse*, pp. 388–9. Ministère de l'agriculture, *Notes et documents*, pp. 31–33.

[21]　Saly, *La politique*, pp. 322–330. 実際には、大規模な引出しによって CDC の管理する貯蓄金庫預入の年度収支が赤字になったのは人民戦線政権成立の 36 年だけだった。矢後『フランス』108–117、162–8、171, 177–9 頁。Priouret, *La Caisse*, pp. 341, 352–3.

[22]　既に 32 年から貸し出し金利の引き上げを開始し、32 年 2 月には一地方自治体当たりの貸し出し上限を 500 万フランから 200 万フランに引き下げていた。矢後『フランス』193 頁。

[23]　以下、特記しない限り、ACDC 010569–12/4 et 020559–0002 による。

年に 12 億 6 千万フランと失速し、34〜36 年は年 8 億フランに落ち込んだ。地方自治体融資において CDC と相互補完的な役割を果たしていた不動産信用銀行の融資も、ほぼ同じような急下降を経験した[24]。

農村電化向けの農業信用金庫向けの貸上げも 31 年の 1 億 5 千万フランから 33 年の 7500 万フランへと半減した[25]。低利融資の断念と引換えに与えられていた農村電化の追加補助金も、33 年に停止された[26]。補助金の交付額は 34 年から激減している[27]。電化事業を継続したい首長や国会議員は CDC の直接融資に期待を掛けるしかないが、上に見たように、その直接融資もこの時期、急減しており、CDC の審査の厳格化が予想された。

HBM など社会住宅建設の場合、補助金がごく限られたものだっただけに、国庫貸上げ停止の影響は更に甚大であった。既に大蔵省は 33 年分のルシュール法向けとして、18 億の貸上げ枠の追加を要請していたが、4 月 7 日の監査委員会で CDC は公式に拒否を決定した[28]。事態はこれに留まらなかった。監査委員会の決定に先立って、4 月 3 日、大蔵省は、社会住宅融資の場合、「内約済みで未実行の融資が大量にあることを考えるとこの措置［融資新規内約の停止］だけでは十分でない」として、「まだ最終的に成立していない［融資］契約の署名を延期すべきである」と、逆に CDC に対して内約済みの融資を事実上取消すよう要請し、CDC はこれを受け入れた。

CDC 側の計算では、契約済みも含めると、未実行の融資内約の総額は 35 億の多額に上る[29]。融資内約取り消しによって、都市部で関心の強い社会住宅建設を停止に追い込んだ責任を CDC が直接問われることになった。他ならぬ CDC の厳しい審査を通過し、工事実施を待つばかりになっていた HBM 機関

---

[24]　Priouret, *La Caisse*, p. 388. Allinne, *Banquiers*, p. 186. cf. 矢後『フランス』192 頁。

[25]　Girolami et Delaporte, *Les subventions*, p. 261.

[26]　Note confidentielle pour les ingénieurs en chef du Génie rural, 19/12/35, AN F10/5940.

[27]　Saly, *La politique*, p. 573.

[28]　矢後『フランス』195 頁。ACDC, Procès-verbaux de la Commission de Surveillance ［以下、PVCS と略記］, 7/4/33, p. 138.

[29]　ACDC PVCS 16/6/33, p. 187, 9/3 et 23/10/34. Note du 26/1/44, ACDC 010569–12/4.

第 1 章　公的金融機関 CDC の台頭と戦後集権体制の起源　　53

の怒りは強く、議員らからの「口利き」はしばしば強い非難を伴った[30]。突然
の貸上げ融資の停止は、基本的には、預金引き出しに不安を持った CDC のい
わば金融機関としての経営上の判断が引き起こしたものである以上、HBM 機
関が CDC に怨嗟を向けるのは避けがたい。国庫貸上げ融資を、戸建てを中心
とする HBM 建設に仲介する役回りで、これまでルシュール法の事業執行で緊
密に協力してきた、不動産信用組合の業界団体幹部までもが、公然と CDC を
批判する事態となった[31]。

　取り消し（延期）対象になっていた案件は、融資を延期すると著しい不都合が
生じるものだけ、大蔵省が個別に審査し、議会承認済みの予算の枠内で例外的
に復活を認めることとなっており、33 年 10 月以降、CDC は復活（新規の契
約署名と融資実行）に応じ始めた。融資取消し（延期）措置の対象になった当事
者の HBM 機関や、関係する首長、知事はもとより地元選出の国会議員から
も、復活を求める「口利き」が大蔵省と CDC に殺到した。復活させる融資案
件の選別に主導権を握ったのは大蔵省だったが、その判断には政治的コストや
リスクを最小限に留めようという考慮が色濃かった[32]。この点は、融資内約の
取り消しの段階から顕著に表れている。5 月 11 日付の保健相宛の書簡（蔵相
名・資金運用局所管）で、大蔵省は、全国の多数の HBM 機関全てに取り消し
（新規契約署名の停止）通知を出すのは「不都合」が大きく、しかも実効するか
どうかわからないので、最も多額の融資を申請している大都市部の 5 公社、即
ち、パリ市公社、パリ市（直営分）、セーヌ県公社、セーヌ・エ・ワーズ（Seine-
et-Oise）県公社、リヨン市公社を狙い撃ちにすることで当面削減すべき金額を
達成するよう主張した。議会からの反発を最小限に留めるため、関連する議員
の数は相対的に少ないが、政策的には寧ろ最も優先度の高い、大都市部の住宅
建設を犠牲にしようとしたのである。但し、CDC も一旦はこの方策を受け入
れて協力したものの、失敗に終わったようで、結局、全国一律に融資内約の取

---

[30]　ACDC 020559–0002.

[31]　Note pour le Secrétariat général, 16/11/33, ACDC 020559–0002. Lettres du Jean
Tannery à Georges Risler, Président de l'Union des Sociétés de Crédit Immobilier
de France et d'Algérie, 3/5/33（ACDC 020559–0002）et 5/12/34（ACDC 010569–
12/4）.

[32]　以下は、いずれも ACDC 020559–0002 および ACDC PVCS 16/6/33.

り消し（延期）の措置を適用することとなった。

　こうした対応を主導したと見られる蔵相や保健相は、その後行われた復活案件の選定作業においても、議会向けの政治的配慮を優先させようとした。これに対して、CDC は政治的圧力に抗するべく、社会住宅供給の目的に照らして出来る限り合理的な資金の配分に努めていたように見える。例えば、33 年 9〜11 月、蔵相や保健相が国会議員の「口利き」を背景に不動産信用組合への少額の融資の復活を求めたのに対して、（集合住宅を計画する）HBM 機関への復活が認められないのに戸建用に回るかもしれない融資を復活させるのは不可能と反論し、認めないと真に不公正になる場合に限るとの限定を付けさせた。34 年に入ると、議会は「小資産取得」（accès à la petite propriété）促進重視の方針を掲げ、大蔵省は同じ HBM でも分譲型を優先させて「復活」させる方針を採った[33]。その旨を定めた立法の解釈を巡って保健省の HBM 担当部局とやり取りする中で、CDC は、賃貸型への融資を増やすよう踏み込んだ姿勢を見せた。33 年春以後、投資向け資金の不足が長引き、CDC が、融資停止に伴う議会や地方からの圧力や政治的介入に曝される中、都市民衆の住宅難の解消という政策目的へのコミットメントを徐々に身に付けつつあったことが見て取れる。

　2）マルケ・プラン　大蔵省や CDC が大恐慌に対して引き締めで対応し、33 年以降、デフレのスパイラルに陥っていくのを見て、政府は強力な対抗策を打ち出した。フランスでも失業が深刻化しつつある中、失業対策の公共投資を目的に、34 年 5 月 15 日デクレ・ロワで創設された「社会保険労働共通基金」（Fonds Commun de Travail des Assurances sociales）である。これまで CDC が事実上全面的に管理・運用していた社会保険基金（保険料などからなる）のうち、本体に当たる「積立基金」（Fonds de capitalisation）の 75% がこの基金に移された。この基金を使って実施される公共投資計画を定めたのが、34 年 7 月 7 日法によるいわゆる「マルケ・プラン」（署名した労相 Adrien Marquet に因む）である。基金を使用する事業は「失業対策大公共事業」

---

[33]　以下は ACDC 010569–12/4 による。なお、33 年 4 月時点で契約未署名のまま延期（取り消し）されていた案件が、その後、「復活」したのは 5 億フラン弱に留まる。ACDC PVCS 23/10/34.

（Grands travaux contre le chômage）と呼ばれた。マルケ・プランは、議会に代わって政府・官僚制（中央省庁）が公的資金の配分のイニシアティヴを取る第二次大戦後のパターンの嚆矢となったと同時に、CDC にとっては政府（技術系省庁）による攻勢ともいえるものだった。34 年 6 月 1 日から 40 年 12 月31 日までの間に「共通基金」に払い込まれるのは約 100 億フランに上るとされており、マルケ・プランは、事実上、CDC からこの巨額の資金を奪い、政府の手で配分することを意味したからである。しかし、CDC 経営陣は冷静に対応し、無用な政治的敵意を回避することを優先した[34]。

　マルケ・プランの資金の大部分は、地方自治体の公共事業に次の 2 つの方法で配分される。第一は、地方自治体が公共投資のために行った借入の年賦返済を肩代わりする補助金（28 億 9700 万フラン）である。第二は、残りの 50 億弱を財源に、失業対策公共事業を行う地方自治体に行う融資である[35]。この融資は、CDC 本体が融資申請の審査・選別を行うのではなく、「共通基金」と同時に設置された「全国失業対策大公共事業委員会」（Commission nationale des grands travaux contre le chômage）がその権限を握り、審査・選別に際しては「共通基金」の存在理由である失業対策に当該事業がどの程度貢献しうるかが重視されることになっていた。実際、委員会の資金配分は、国営鉄道機構（後のフランス国鉄 SNCF）総裁ドートリ[36] が委員長を務める「技術小委員会」（Sous-commission technique）の打ち出した詳細な基準に従って、どれだけ多くの失業をできるだけ短期間に吸収できるかという観点が最優先で評価されていた。

　これに対して、フランス銀行総裁タヌリ（Jean Tannery）[37] が委員長を務め

---

[34]　Lettres du Directeur général de la CDC au Ministre des Finances（Direction du Mouvement Général des Fonds），28/7 et 18/10/34, 19/1 et 28/2/35；Réponse du Ministre des Finances, 3/8/34, ACDC 010569–12/4.

[35]　以上、Sally, *La politique*, pp. 346–362.

[36]　フランスのテクノクラートの先駆として名高い。Rémi Baudouï, *Raoul Dautry, 1880– 1951. Le technocrate de la République*, Balland, 1992, pp. 145–6 も参照。

[37]　25 年から CDC 総裁を務めたタヌリは、35 年に中央銀行総裁に転出し、ドロワ（Henri Deroy：35 年就任当時 34 歳の財務査察官）に交代した。矢後『フランス』180 頁。ドロワは財務小委員会で中心的役割を果たした。

る「財務小委員会」（Sous-commission financière）は、融資を申請したコミュンの財務状況、県などの保証の有無や資金の使用計画をチェックする役割を担っていたが、案件の実質的な審査・選定に大きな役割を果たすことはなかった[38]。しかし、実は財務小委員会の審査実務を担当していたCDCの内部では、「共通基金」に申請の来た案件も、財務小委員会の審査ではCDCの直接融資と同様に取り扱うべしとの主張が繰り返されていた。ここでは技術系省庁のテクノクラートとCDC、官僚制の持つ2つの異なる論理・合理性が潜在的に対峙していたといえる。ところが、財務小委員会のタヌリやドロワルらは総じて親委員会の配分決定を覆すような判断には慎重で、CDC側の勧告には拘泥せず、失業吸収という政権から与えられた大義名分を極力尊重する態度を示し続けた[39]。

　しかし、失業対策という政権の意を体した技術系各省のテクノクラートが資金配分に全権を振るえたわけでは決してない。人民戦線政権前夜に親委員会メンバーの高級官僚がまとめたと思われる「共通基金」設立以来の政策決定の経緯に関する複数のメモによれば、「基金」設立直後、失業者の多い地域の大規模事業を優先して作られた委員会の配分計画では、総額100億フランのうち、パリ地域への配分が全体の3分の1を超えていたにも拘らず、この配分が明らかになるや否や、口利き／介入が殺到し、より全国に広く分散して配分すべきという強烈な圧力に曝された。その結果、委員会は、元の配分案で採択された事業は「大規模であり、その社会経済的価値は疑いない」と確信しつつも、地方や小規模事業に有利になるように配分を修正せざるを得ず、7月に発表されたマルケ・プランでは、パリ地域は元の配分の3分の1以上を失い、全体の4分の1以下に削減されたという[40]。地方の小コミュンの（当然小規模な）事業との均衡を回復するよう求めたのが、農村コミュンの利益を代弁するAMFやFNCCRなどの地方自治体組織と、その意を受けた議会であったことは疑いない。

---

[38]　例えば、Compte-rendu, 7 et 13/8/35, AN F2/2135.

[39]　Rapport de Tannery, Président de la Sous-commission financière, au Ministre du Travail, 24/10/34, ACDC 010569–96〜100–4 Dr.2 sdr.6.

[40]　s.a., "Plan Marquet", s.d. ; s.a., Note sur le fonctionnement du Fonds commun de Travail et sa situation présente, s.d., AN F60/973, Dr.1.

第 1 章　公的金融機関 CDC の台頭と戦後集権体制の起源　　57

3) CCDC　いずれにせよ、33-4 年以降、CDC・大蔵省と、技術系省庁が、それぞれの回路を通じて競うように公的資金の配分への統制力を強化し始めた。これに対して、これまで配分を仕切ってきた議会・政党の側は、官僚制に抑えられた資金の流れに迂回路を作り出して対抗しようとした。それが 31 年末に創設された CCDC（県コミュン信用金庫）である。経済・財政状況が 35-36 年にかけて底に向かう中、CCDC は、新たに地方公共投資に動員された社会保険の積み立て財源の配分を巡って CDC・大蔵省と議会・政党が鬩ぎ合いを繰り広げる主戦場となった。

　元々 CCDC は、全く違った文脈、即ち、1927 年以降、好況下の潤沢な公的資金をどう地方に還元するかを巡る議会での与野党の鍔迫り合いから生まれてきたものだった。社会党など野党の左派陣営が県コミュン向けの「前貸し金庫」（caisse d'avance）を提案したのに対し、右派のタルデュ（André Tardieu）、次いでラヴァル（Pierre Laval）政権がこれを取り込み、大規模な地方インフラ整備計画（いわゆるラヴァル・プラン：31 年 12 月 28 日法）の中に位置づけられる形で CCDC が設立された[41]。急進党など左派政党を中心とする議会勢力が CDC の資金を自らの意のままになる別のチャネルに流し込むことを意図したものであり、実際、CCDC の理事会では、国会議員と首長や県議会議員の代表が圧倒的優位に立っていた[42]。資金配分においては、投資案件の社会経済的効用などよりも政治的考慮が重視され、特に小規模な農村コミュンが優先された[43]。委員の構成や力関係を見る限り、CCDC を実現し、権限を拡大して

---

[41]　以下、Saly, *La politique*, pp. 319-345.

[42]　今のところ、CCDC 理事会（Conseil d'Administration）と常任委員会（Comité permanent）の議事録は 35 年 11 月以降の分しか発見できていない。AN F60/977. ACDC 010569-20/3. 設立当初の委員の構成は、県議会議長 4 名に加えてコミュン代表が規模別に計 9 名（いずれも多くは兼職の国会議員）なのに対し、省庁代表・高級官僚は合計 8 名、他に農業会議所と商業会議所の議長が各 1 名だった。*Journal officiel, lois et décrets*, 29/12/31, p. 13255.

[43]　例えば、利子補給の対象となる借入金利の範囲を巡って、Compte-rendu pour le Directeur général, 10/5/33, ACDC 010569-19/1 Dr.2. コミュン間の平等な処遇を重視する AMF に特徴的な視点は実務を担当する CDC 側を困惑させた。Note pour le Directeur général, mai 1932, ACDC 010569-19/1 Dr.2. この点は CCDC が公にしていた資金配分の原則にも明らかである。即ち、利子補給原資の 2 割が県、残り 8 割がコミュンに割り当

いったのは、AMF（34年から総裁を務めるマルシャンドー Paul Marchandeau を送り込んでいた）や FNCCR（ジョベールが委員だった）のような、「均霑」を求める、超党派の地方自治体組織が議会を通して行使した圧力だったと言える。金融官僚制の側から見れば、資金過剰期の統制の緩みを突いて、議会側に迂回路を切り開かれた形だった。

　但し、CCDC に与えられた権限は地方自治体の借入金の利子補給だけであり、財源も極めて限られていた。しかも CCDC が稼動し始めるや、大恐慌が波及して状況は一変した。CCDC に与えられた財源は、32年以降の緊縮予算の中で 33年度は 2300万フラン、34年度 3400万、35年度 3200万に過ぎず、34年以降は事実上、新規の案件を引き受けられなくなった。

　開店休業状態に陥っていた CCDC だが、間もなく政府（および技術系省庁）の CDC・大蔵省に対する更なる攻勢に転用されることになった。大恐慌の打撃が都市でも農村でも頂点に達していた 35年夏、8月8日のデクレ・ロワで CCDC が改組され、資金・権限の両面で強化された。背景には、CDC の国庫貸上げの停止に加え、CDC の管理する社会保険積立基金から「共通基金」への資金の払い込みが当初の予想を大幅に下回り、資金不足でマルケ・プランの公共事業の執行が停滞していたことがある[44]。何らかの形で CDC を通さねばならない「本流」の方がなかなか思うままにならないのを見て、議会が切り開いたもののすぐに干上がっていた「迂回路」に政府が目をつけ、その幅と流す水の量を自らの手で拡充したのである。第一に、追加財源を与えられて、地方自治体の失業対策の公共投資に必要な借入に利子補給を行うこととされた。これにより、CCDC はマルケ・プランの失業対策公共事業プログラムと間接的に結合したことになる。第二に国庫から 10億フランの追加拠出を受けて、地方自治体に対して直接融資を行えるようになった。実際にはこの 10億の拠出

てられ、中でも人口 1500人以下の零細コミュンに全体の4割が留保された。人口3万以上の大コミュンの取り分はわずか 6.66% に過ぎなかった。Saly, *La politique*, p. 342.

[44]　s.a., Note sur le fonctionnement du Fonds commun de Travail et sa situation présente, s.d., AN F60/973, Dr.1. Saly, *La politique*, pp. 363–7.「共通基金」への払い込みを含め、社会保険積立基金の入出金の操作一切も CDC が担当していた。ACDC 010569–96〜100–4 Dr.1.

第1章　公的金融機関 CDC の台頭と戦後集権体制の起源　　59

は CDC が「暫定的に」引き受けさせられたので、実質的に10億フラン分について、CDC から資金の管理運用権を奪って迂回路である CCDC に移すことを意味した。

　では、CCDC ではどのような資金配分が行われていただろうか。35年8月28日デクレ・ロワによる改革で、既存の一般の利子補給業務でも、新たに追加された失業対策事業限定の利子補給業務でも、創設時に比べて、小規模農村コミュン優遇の資金割当てを若干緩め、県や大規模コミュンに有利に変更された。理事会の構成も、コミュン代表（11名に増員）の配分が規模の大きいコミュンに有利に変更され、かつ、高級官僚・省庁代表が大幅に増員された（13名）。CDC 総裁も、農業信用金庫総裁と共に、この時に理事会に加えられた[45]。失業対策事業向けの利子補給案件の選定は、先に触れた、全国失業対策大公共事業委員会の技術小委員会の勧告に基づくことになっていた。AMF など農村コミュン首長の圧力で設置された CCDC を、後から登場したマルケ・プランの失業対策の政策効果に貢献させるべく、テクノクラート主導の機関に「改造」しようとしたといえる。ところが、この改革後も、CCDC の理事会や常任委員会（この改革で新設）で、AMF のマルシャンドーや FNCCR のジョベールやクーユらは、農村の零細コミュンの分け前を譲ろうとせず、失業対策大公共事業委員会の技術小委員会が失業吸収の効果の最大化を目指して都市コミュンの大規模事業への配分を増やそうとするのに対して、抵抗を続けた[46]。

　のみならず、官僚制内部でも対抗関係が顕在化した。CDC は、自ら拠出した10億フランを原資とする融資については、CDC の直接融資と同等の審査を行おうとした。これに対して、全国失業対策大公共事業委員会のスタッフは、CDC での審査に時間がかかっていることがマルケ・プランの失業対策公共事業執行の遅れの一因と見て不満を募らせていた[47]。

---

[45]　Saly, *La politique,* pp. 368–372. *Journal officiel, lois et décrets,* 9/8/35, p. 8695, 29/8/35, pp. 9540–2.

[46]　Procès-verbaux du Comité permanent de la CCDC, 13/11/35, 22/1, 5/2, 19/2, 1/7/36, AN F60/977.

[47]　Note de René Capitant et de Georges Lutfalla, "Les prêts de la CCDC", s.d. [sept.–oct.1936?], AN F60/976.

第3節　人民戦線政権との対決

　かくして大恐慌に伴う失業対策事業を契機として、AMF などを拠り所とする議会の農村ロビー、CDC と大蔵省の金融官僚制、そして技術系中央省庁のテクノクラートの三者がそれぞれに対立する三つ巴の状況が立ち現れつつあった。しかし人民戦線政権の成立に向かう時期に入ると、また新たな勢力が登場する。大恐慌によって財政危機が深刻化した、パリ首都圏を中心とする都市コミュンの首長たちが、ブルム政権の保健相に就任したセリエを代弁者として、中央政府内で大きな発言権を持ち始めたのである。この時期に中央での資金配分が急速に党派化したのは、こうした地方からの強力な圧力によるものだった。つまり人民戦線期には、中央地方間の財政調整システムの未整備が地方財政危機を招き、地方財政危機が資金配分パターンに "振り子" 現象を引き起こすというメカニズム（41–2 頁参照）が初めて観測されたといえる。

（1）人民戦線政権の資金配分改革

　1）パリ首都圏首長の苦境　大恐慌は地方財政に大きな危機を齎した。最大の原因になったのは、大量失業によって失業者支援金（secours aux chômeurs involontaires）など公的扶助（assistance）経費が急増したことである。19 世紀末以来、一貫して労働力不足に悩まされてきたフランスでは、1958 年まで失業保険は労組主導の任意加入の制度に過ぎず、保険でカバーされない大部分の失業者はコミュンの公的扶助の対象となる。大恐慌は想定外の大量の失業者を生み出し、31 年にコミュンの「失業基金」（fonds de chômage）に対する国の補助率が 6〜9 割に引き上げられたものの、脆弱なコミュン財政やこれを支援する県財政を圧迫した[1]。労働者の集中するパリ首都圏では、この問題が特に深刻化したのは言うまでもない。県議会では、35 年春のコミュン選挙（5 月）と県議会選挙（6 月）で躍進した共産党を筆頭に、更なる失業対策公共事業予算

---

[1]　Christine Daniel et Carole Tuchszirer, *L'état face aux chômeurs*, Flammarion, 1999, chapitres IV–V. Girolami et Delaporte, *Les suvbentions*, pp. 198–200.

第1章 公的金融機関 CDC の台頭と戦後集権体制の起源　　　61

の積み増しが声高に叫ばれた[2]。

　扶助支出の急増に加えて、パリ郊外においてコミュンの財政危機を特に先鋭化させたのは、戦間期に進めてきたインフラ投資の累積債務である。この時期の高度成長でパリ郊外に集住した労働者大衆は悲惨な生活環境に置かれており、左派（当初、急進党、社会党、次いで共産党）の首長を中心に、積極的な公共投資で住宅や関連インフラを中心に整備事業を推進した。実際、農村のような目に見える優遇は受けてはいなかったものの、結果的に、戦間期に膨れ上がった国から地方への投資資金の流れから量的に最も恩恵を受けたのは、人口の急増したパリ首都圏であった。公的融資も、例えば、HBM 公社向けの CDC 融資は、融資停止前の 32–33 年分で見ると、セーヌ県公社とパリ市公社だけで、HBM 向け全体の 6 分の 1 程度を占めていた。それだけに、累積した債務は恐慌期のコミュン財政に重く圧し掛かった。貸上げか直接融資かを問わず、HBM 公社への CDC 融資には、県やコミュンの保証が付けられていた。公社が債務不履行に陥ると、CDC は躊躇わずにこの保証の実行を求め、政治問題を惹起した[3]。

　なにより、国からの資金の枯渇は、進行中のパリ郊外の HBM 団地形成の事業に大きな打撃を与えた。内約済み融資の契約延期（取り消し）の後、34 年夏に掛けて、CDC 融資が段階的に再開される中でも、セーヌ県やパリ市、両者の HBM 公社はなかなか融資を受けることができなかった。県議会では苛立ちが募り、知事からも強い抗議が寄せられた[4]。

　失業対策の公共事業を増やして扶助支出を減らし、インフラ投資の累積債務による財政破綻を避けるためにも、また、中断している郊外の住宅インフラ整

---

[2]　Procès-verbaux du Conseil général de la Seine, 20/12/33, p. 79, 27/3/35, pp. 82–108, 30/3/35, pp. 212–221, 10/7/35, pp. 552–5. Cf. Michel Margairaz, *L'état, les finances et l'économie : histoire d'une conversion, 1932–1952*, tome 1, Comité pour l'histoire économique et financière de la France, 1991, pp. 212–3.

[3]　Bastien Pourtout, "La première loi de programmation de logements sociaux. La loi Loucheur et les offices publics d'HBM dans l'agglomération parisienne (1928–39)", in Emmanuel Bellanger (dir.), *Villes de banlieues*, Créaphis, 2008, pp. 116–7.

[4]　Lettre de Jean Fernand-Laurent au Ministre des Finances(?), 5/10/34 ; Lettre du préfet de la Seine au Ministre des Finances, 8/5/35, ACDC 020559–002.

備事業を再開するためにも、パリ首都圏などの都市コミュンの首長たちは、マルケ・プランなどの公共事業プログラムの資金を都市部の事業にできる限り多く獲得せねばならない。この切実な声を政権内で代弁したのが、パリ北西郊外のシュレーヌ (Suresnes) の首長として、長年、HBM など、郊外の都市インフラ事業を主導してきた社会党のセリエ[5]だった。

2) テクノクラートによる CCDC 改革　36 年夏、公共事業計画に着手したブルム政権を動かしていたのは、こうした、都市インフラへの資金配分を政党の力で実現しようとする郊外の首長らと、失業吸収のために最も効率的な資金配分を追求するテクノクラートの連合だった。これに均霑の続行を求める議会農村ロビー、資金配分への統制力を回復しようとする CDC・大蔵省が対峙し、人民戦線期にはこの 4 つのヴェクトルが交錯し激突する。

成立直後のブルム政権の中枢部で、公共事業に関する制度を組み立てていたのは、明らかにテクノクラートの論理であった。首相府を統括する事務総長 (secrétaire général) に任ぜられたモック (Jules Moch：1893 年生まれ) は、理工科大学校 (École Polytechnique) を卒業した後、24 年に社会党に入党、基幹産業国有化の論陣を張るなどして活躍し、ブルムら党幹部を支える経済専門家として大きな影響力を持っていた[6]。

大規模な公共事業の実施は、社会党が総選挙で大恐慌克服のために掲げた「購買力実験」の柱の一つであり[7]、モックは失業吸収と景気振興という政策目標をできる限り効率的に達成することを至上命令とした。そのためには限られた投資資金の配分を徹底して合理化することが不可欠であり、これに必要な機構や制度の改革を行おうとしていた。

モックが真っ先に改革の標的にしたのが、これまでの各政権下でも資金配分を巡る主導権争いの場になっていた CCDC である。ブルム政権は 36 年 8 月 18 日の「失業対策大公共事業新計画法」を受けた 9 月 7 日のデクレ・ロワ（11

---

[5]　第一次大戦後の党分裂で一時共産党へ、後に社会党に戻る。1916 ～ 20 年、セーヌ県議会の予算総括報告者 (rapporteur général du budget)。27 年、県議会議長に選出。1935 年秋、セーヌ県から人民戦線リストで上院議員に当選、36 年、人民戦線内閣で保健相。

[6]　Éric Méchoulan, *Jules Moch*, L.G.D.J., 1999, chapitres II–V.

[7]　廣田功『現代フランスの史的形成』東京大学出版会、1994 年、265–6 頁。

月 9 日のデクレ・ロワで補完) で CCDC を次のように改組・拡充した。

　まず、①マルケ・プラン実施に伴う資金供給業務を CCDC に移管した。これにより「社会保険労働共通基金」の資金のうち、これまで「全国失業対策大公共事業委員会」が配分権限を握っていた、地方自治体の失業対策公共事業向けの融資枠の残額[8]も CCDC に移った。

　他方、② CCDC の設立当初からの主要な業務だった利子補給は廃止され、省庁が地方自治体などの公共事業に与える年賦補助金 (subvention en annuité：事業費全額に対応する補助金を単年度に一括して払う通常の現金補助金 subvention en captial に対して、本来の補助金総額を起債で調達した場合の元利年賦を肩代わりするもの) に置き換えられる。この改革によって CCDC は、政府の失業対策としての地方公共事業計画を資金面で支える「真の地方自治体の銀行」となるはずだった[9]。

　このうち、利子補給の廃止には、首相府の事務総長モックらの意向が強く反映されていた。7 月 27 日に首相府で開催された省際委員会 (comité interministériel) で、モックは現状の CCDC の非効率性を強く批判した。CCDC などの低利融資、省庁の補助金、そして CCDC による利子補給という 3 つの形態の資金供給が重複する形で提供されたため、手続きが極めて複雑になっただけでなく、濫用も目に付いた。そこで利子補給の廃止によってこの重複 (cumul) を除き、CCDC の業務を簡素化することが改革の第一の目標となった[10]。7 月 27 日の会議では、大蔵省予算局長のブチリエを含め、各省の代表がモックの方針を支持した[11]。モックにとっても、CCDC 改革の最大の狙いは、申請のあった案件の審査・選別は各所管省庁の専門部署の技術的判断に委ね、CCDC

---

[8]　Faucher-Degeilh, *La Caisse*, p. 23 によれば、37–40 年で合計 18 億フラン、うち 37 年分は 6 億。他方、CCDC の口座を管理する CDC が 36 年 11 月初めの時点で出した概算では、37–40 年の使用可能な総額は 18 億で一致するが、そのうち、37 年分は 1 億 4 千万余に過ぎない。また国庫からの前貸しが 12 億弱ある。ACDC PVCS 6/11/36, pp. 295–303. 36 年末時点の別の概算では、37 年分は 1 億 1 千万余とされている。s.a., Note sur le fonctionnement du Fonds commun de travail et sa situation présente (58 頁註 44 に既出)。

[9]　Saly, *La politique*, pp. 377–8. *Journal officiel, lois et décrets*, 7–8/9/36, p. 9588.

[10]　Compte rendu de la réunion du 27/7/36, AN F60/976.

[11]　Yves Bouthillier, Note pour le Ministre, 21/8/36, AN F60/976, Dr.4.

はこうした審査・選別機能（"rôle technique"）を一切持たない、単なる「財務執行係」（agent d'exécution financière）に役割を縮小する点にあった[12]。

これに対して、従来、利子補給制度の柔軟な、つまり政治的介入の余地の大きい配分から恩恵を受けていた農村コミュンを代表する国会議員らが反発し、激しい巻き返しに出た。37年4–5月、CCDC改組の政府法案の下院財政委員会審議では、クーユ、ジョベールら有力議員が利子補給の全面的な復活を要求してきた。モックら首相府は大蔵省の支持を得て真っ向から反対し[13]、結局、新規分の借入に対する利子補給は、第一次ブルム政権崩壊から1年弱を経た38年5月まで再開されなかった[14]。CCDC改革のうち、利子補給の廃止に関しては、モックは議会の圧力を押し返し、政治的介入による資金配分の歪みを排除することに成功したといえる。

3）なぜ抜け穴は生じたのか？　ところが、CCDCの業務のもう一つの柱である低利融資については、36年9月の改革は、逆に官僚制の統制を弱め、党派的な（多くの場合、非合理的で非効率的な）資金配分の余地を拡大する結果となった。既に見たように、これまでマルケ・プランの融資の配分は、各省の代表を集めた全国失業対策大公共事業委員会（特に傘下の「技術小委員会」）が取り仕切ってきたが、「委員会」はこの36年9月のCCDC改組と共に廃止されることになっていた。同委員会は、各省庁の専門家による審査を通じて、CCDCの理事会・常任委員会の政治的介入を抑え、資金配分に一定の技術的合理性を担保してきた。その「委員会」が廃止されれば、「共通基金」全体が、なお政治家の発言力が優勢なCCDC理事会・常任委員会による配分に委ねられることになる。実際、37年に入って、CCDCの融資（と利子補給）はブルム政権の閣僚らによって極めてクライエンティリズム的・党派的に配分され始める［後述4)参照］。つまりモックのCCDC改革は、テクノクラート的な志向を強く持ちな

---

[12]　Sténographie de la Conférence des municipalités socialistes, octobre 1936, p. 39, AN, Fonds "Moscou" de Jules Moch, 484AP/153. Lettre de Jules Moch au maire de St-Roman（Drôme）, 7/10/36, AN F60/452 Dr.1.

[13]　Notes du Service de coordination des Grands travaux pour le Secrétaire général de la Présidence du Conseil, 14, 20 et 24/5/37, AN F60/976 Drs.2 et 4.

[14]　Procès-verbaux du Comité permanent de la CCDC, 10/6/38, ACDC 0010051–006 ～010 Dr.4.

がら、一番肝心な融資配分の分野でいわば底が抜けた状態になっていたのだ。

　なぜこのような奇妙な結果が生じたのか。2つの説明が可能である。第一に、モックは、廃止される「委員会」に代わって、失業対策公共事業全体を調整統合し、技術的合理性を担保する機関を首相府に設置する案を検討していた。モックは、政権成立前から、UTS（Union des techniciens socialistes：社会党技術者連盟）など、「信用のおける」社会党系の技師・専門家を中心に、首相府の政策調整・統合機能を支えるスタッフ組織（「チーム」）を立ち上げる準備を進めていた[15]。しかし、実際に首相府内に設置された「大公共事業調整課」は、名称も役割も陣容（5人）もごく控え目なものに留まり、「委員会」の果たしていた合理的資金配分を代行する能力は到底期待できなかった。

　第二の、より重要な理由は、モックが集めた首相府のスタッフたちが、CDCを敵視し、資金配分から外すことを優先したからである。CCDC改組の9月7日のデクレ・ロワも、モックの意を体しつつも、カピタン（戦後、高名な憲法学者などとして活躍）ら「大公共事業調整課」のスタッフが作成したものだった[16]。UTSやCGT（労働総同盟）などの労組を背景とする首相府のスタッフは、セリエら都市コミュンの左翼系首長からの要求を受けて、失業対策の公共事業の量的な拡大を最優先の目標に据えていた。そのためには財政支出や公的融資を抑制しようとする大蔵省やCDCの軛を外さねばならないと彼らは考えていた。公共事業資金配分の合理化というモックの企図を危うくしてでも、「全国失業対策大公共事業委員会」が廃止されねばならなかったのは、傘下の財政小委員会を支え、マルケ・プランの融資実務を担当していたのがCDCだったからであり、CCDCの改組の目的もCDCの「後見」を取り除くことにあった[17]。

---

[15]　Jules Moch, *Une si longue vie*, Robert Laffont, 1976, pp. 113–5. Mechoulan, *Moch*, pp. 136–9. Margairaz, *L'état*, tome 1, p. 242.

[16]　カピタンが条文の最終案を作成した。s.a., "Décret portant réorganisation de la CCDC", s.d., AN F60/976. 8月中に首相府を中心に協議を重ね、9月1日の省際委員会で承認された。Circulaires du Président du Conseil aux Ministres, 13 et 14/8/36, AN F60/976. Procès-verbaux du Comité Interministériel des Grands travaux du 1/9/36, AN F2/3162.

[17]　Note de René Capitant et de Georges Lutfalla, "Les prêts de la CCDC", s.d., AN F60/976.

しかし彼らの思惑に反して、モックを含め、政権トップは公共事業の規模に関しては彼ら首相府スタッフより寧ろ大蔵省に立場が近く、抑制的だった。周知の通り、共産党の主張する資産課税が早々に退けられ、首相ブルムや蔵相オリオールが切り下げや為替管理を政治的に忌避した結果、人民戦線政権の財政政策では通貨価値や国債市場の安定が重視され、「購買力実験」を掲げた政権の財政出動は、実際には比較的小規模なものに留まった[18]。首相府スタッフは保健相セリエと提携して、36年夏の間に猛烈な巻き返しを図り、セリエはパリ首都圏の失業対策公共事業に一定の予算額を確保することはできたものの、首相府スタッフの求めた公共事業規模の大幅な積み増しは実現せずに終わった[19]。

4) 資金配分の拡散　他方、モックは、利子補給の廃止以外にも資金配分の合理化の努力を続けた。まず、CCDC改組の9月7日デクレ・ロワでは、CCDCの持つ公共事業向けの融資枠は原則として各省に配分されるが、一定額を首相府の直轄下に残すことになっていた。モックはこの枠を使って、規模が大きく、最も失業吸収に効果のありそうな「県・地域レベル事業」(travaux d'intérêt départemental et régional) に優先的に資金を割り当てようとした[20]。具体的には、36年11月、失業者の多い県を優先するため、県毎の失業者数を調査した上で、できるだけ早く工事が開始できる（事前の調査や法的手続きが済んでいる）案件で、かつ、できるだけ多数の労働者（単純労働が望ましい）を使う事業を優先する、という基準で選定し推薦するよう、ブルム名で全県の知事に依頼を出している[21]。第一次ブルム政権の崩壊・政権交代に伴って、この首相府枠は37年8月に廃止された[22]が、それまでの間に一定数の案件に資金をつけることができたようである[23]。

---

[18]　Margairaz, *L'état*, tome 1, pp. 250–261.

[19]　セリエ保健相のブルム内閣内部における役割については、筆者前稿I第2回14–21頁を参照。

[20]　Procès-verbaux du Comité interministériel des grands travaux du 9/9/36, AN F2/3162.

[21]　Circulaires du Président du Conseil, 9/11/36, 23/1/37, AN F60/973 Dr.2 et F60/638 Dr.11.

[22]　Lettre du Président du Conseil au Ministre des Finances, 13/3/37, AN F60/452.

[23]　AN F60/638 Dr.11.

第 1 章　公的金融機関 CDC の台頭と戦後集権体制の起源　　　67

　しかし、公共事業の資金枠全体で見れば、モックらの考える合理的な配分が
できたのはごく僅かな部分に限られた。失業解消を優先するブルム政権の方針
は、緊縮財政の下でも農村への均霑の継続を求める農村議員に大きな反発を招
いた。ブルム政権の提出した大公共事業新計画法案（前出：8 月 18 日に成立）
に対して、議会ではジョベールが修正案を提出し可決された。失業は大都市や
郊外だけでなく農村にも存在しているのだから、農村向けにも予算を割り当て
るべきだという理屈で、36 年度分の公共事業資金枠の 4 分の 1 を農業省に、農
村で需要の多い学校建設を担当する国民教育省にもう 4 分の 1 を割り当てた。
結局、36 年末までに支出が行われた新規事業のうち 3 割弱が農村向けに充てら
れる結果となった[24]。更に、37 年 2 月、ブルム政権与党の一角である急進党と
の関係が緊張すると、モック自身が、いずれも急進党有力者からの口利きに応
えて、失業対策の基準からは明らかに優先度の低い農村案件に資金を付けるよ
う手配し始めた[25]。マルケ・プランの場合と全く同様に、議会の農村ロビーの
圧力により、パリなどの大都市圏から農村へと資金が流出し、失業解消という
本来の目的から拡散していく。
　なにより、他の社会党の有力者、とりわけ、モックの上に立つ首相ブルム自
身が、実は最も組織的に地元の社会党系地方自治体への党派的資金配分を行っ
ていた。その主たる手段の一つになったのは、先に拡充された CCDC の融資
だった。28 年の総選挙でパリで共産党のデュクロ（Jacques Duclos）に敗れた
後、ブルムは 29 年の補選で、落下傘候補として南部オード（Aude）県のナル
ボンヌ（Narbonne）の議席を譲り受けた。このオード県の社会党系の首長や県
議会議員から、日々雲霞の如く寄せられる公共事業関係の口利き依頼に対して、
ブルムは妻のテレーズと手分けをして一件一件丁寧に処理をしている。内相ド
ルモワ（Marx Dormoy）、農相モネ（Georges Monnet）ら党閣僚に自ら直接
指示を出し、資金を優先的に割り当て、滞った手続きの処理を繰り上げさせ、
剰え CCDC に対して直接融資を命じている。県政を牛耳る急進党（サロー
Sarrault 兄弟）の牙城を切り崩すため、意識的に社会党系のコミュン、首長や

---

[24]　Saly, *La politique*, p. 377. モックによる経緯の説明が下記にある。Sténographie de la
　　Conférence des municipalités socialistes, octobre 1936, p. 35, AN 484AP/153.
[25]　例えば、Lettre de Moch à Victor Boret, 13/3/37 など多数。AN F60/638 Dr.10.

県議会議員に限定し、選別的に口利きを行っていたのである[26]。

(2)「迂回路」との闘い：CCDC の制圧から代替へ

CCDC を舞台に行われた、このような政治的・党派的な資金配分は、CDC から見れば、非合理・非効率の極みであり、根絶されるべき逸脱に他ならなかった。しかも、「社会保険労働共通基金」を初めとする CCDC の財源は、本来 CDC の管理・運用すべき資金を「流用」したもので、乱脈な資金配分は CDC の権限を侵害しながら行われていたことになる。36 年 9 月の CCDC 改組で「共通基金」が CCDC に移されただけでなく、11 月 9 日のデクレによって、これまで CDC が引き受けていた CCDC への融資申請の財務審査や融資の実行・管理の任も解かれた[27]。

1) CCDC への払い込み停止　自律性を高めていく CCDC への不快感を強めた CDC[28] は、人民戦線政権の弱体化に合わせて失地回復を図る。CDC とその背後の大蔵省にとって最大の武器は、社会保険金庫から「共通基金」に定められた資金を払い込むのは CDC の専権事項だったことだ。折りしも、ブルム政権発足後、CCDC は旺盛な地方の資金需要に応えた結果、36 年秋には早くも資金の枯渇が迫ってきた[29]。首相府事務局・大公共事業調整課など積極派は、同年 10 月の切下げでフランス銀行の資産に発生した差益 30 億は全額 CCDC に与えるよう要求したが、結局、資金運用局長リュエフ（Jacques Rueff：11 月就任）の主張に敗れ、CCDC ではなく不動産信用銀行に与えて、不動産信用銀行から CCDC に資金を提供させる形となり、かつ公共事業向けは 20 億に限られた[30]。37 年 2 月、ブルムが購買力実験の「休止」を宣言する。リュエフが

---

[26]　Archives contemporaines de la Fondation Nationale des Sciences Politiques［以下 FNSP と略記］, Fonds "Moscou" de Léon Blum, Inventaire 1, dossiers 114–129 ; Inventaire 3, dossiers 11, 27, 29. 詳細は筆者前稿 I 第 3 章第 3 節を参照のこと。

[27]　Lettre du Directeur général de la CDC au Président de la CCDC, 24/11/36, ACDC 010569–006〜010–20/3.

[28]　Lettre du Directeur général de la CDC au Ministre des Finances, 18/9/36, AN F60/976 Dr.1.

[29]　CCDC, Rapport du Conseil d'administration au Ministre de l'Intérieur, 30/6/37, pp. 11–13, AN F60/976. ACDC PVCS 6/11/36, pp. 295–303.

[30]　s.a., "Note succincte pour Monsieur le Président du Conseil sur l'emploi des 3

第1章 公的金融機関 CDC の台頭と戦後集権体制の起源　　69

財政緊縮を主導し、公共事業予算枠も段階的に大幅に削減された[31]。CCDC も
大きな影響を受け、融資内約の一部の取り消しや実行延期を迫られた。セリエ
の奔走によって 37 年春、漸く本格化したパリ首都圏での失対公共事業も、獲
得した資金枠を削減され減速を強いられた[32]。

　37 年 6 月、ブルム政権が崩壊し急進党のショータン（Camille Chautemps）
が後を襲い、議会の人民戦線勢力が結束と勢いを失ったのを見ると、大蔵省・
CDC は CCDC の資金の削り取りに全力を挙げ始めた。7 月、全国老齢年金
金庫に対して労相が「共通基金」への払い込みを要請したが、同金庫高等委員
会での審議に際して、CDC 総裁ドロワは、同金庫からは CDC が地方自治体
に相当額の貸出しをしており、労相の要請にはこれで既に応えていることにな
る、などと論じて要請を拒絶した。この時、金庫理事会の農村保守派議員[33]が、
CCDC に提供される資金は大都市の失業対策公共事業に集中投下されるから
と、都市コミューンへの敵意を明らかにしてドロワの提案に賛成したのは、CDC
の対議会戦略を予示していた[34]。更に 7 月 30 日のデクレ・ロワによって、不動
産信用銀行からの供与資金を使った CCDC の貸し出しは 3 億に制限され、し
かも、国庫の「マルケ・プラン」負担分に充てるためとして「共通基金」から
6 億が取り上げられ、CCDC が基金から引き出せる資金は殆どなくなった[35]。

　9 月、CDC の CCDC 攻撃は新たな段階を迎える。資金を削減されて貸し
出しに応じられなくなった CCDC から、受付済みの融資申請を CDC に回付
させるよう圧力を加え始めたのである。ここで重要なことは、CDC は回付さ
れた CCDC への申請案件を CCDC の審査基準（失業対策としての規模・即
効性を最も重視）で処理するのではなく、あくまで CDC への申請案件として

---

milliards disponibles sur le produit de la dévaluation de l'encaisse de la Banque de
France", s.d., AN F60/976 Dr.2. Saly, *La politique*, p. 377.

[31] Margairaz, *L'état*, tome 1, pp. 298–312, 369–380. Saly, *La politique*, pp. 379–380
は「大公共事業の終焉」を語る。Jacques Rueff, *Combats pour l'ordre financier*, Plon,
1972, pp. 43–78 も参照。

[32] Lettre de Blum au préfet de la Seine, 3/4/37, AN F60/638 Dr.9.

[33] André Barbier：東部ヴォージュ（Vosges）県選出上院議員。

[34] Procès-verbal de la Commission supérieure de la Caisse nationale des retraites
pour la vieillesse, 7/7/37, ACDC 010569–006〜010–20/3.

[35] Note du cabinet du Ministre de l'Intérieur, "La CCDC", s.d., AN F60/452 Dr.2.

CDC固有の基準で審査・選別することを決して譲ろうとしなかった点である。CCDCで一旦融資決定の出た案件でも、回付された場合はCDCでもう一度一から審査し直すことにCDCは固執した[36]。背後の大蔵省からもその旨の厳命が出ていた[37]。

2) 議会の制圧　金融官僚制からのCCDCと失業対策事業への一連の攻撃に対して、社会党のドルモワは、CCDCを管轄する内相として、9月10日付の首相ショータン宛の手紙で「[大蔵省が] CCDCを縮小しようと一貫して追求している目的が何なのか理解できない」と蔵相の独断専行に猛然と抗議した[38]。CCDCに追加の資金が与えられなければ、内相として次の選挙戦でどのようなキャンペーンが行われても責任は取れないし、コミュンからの抗議を受けて議会でどのような反響が出るか考えてみよとショータンに脅迫を加えた。しかし、大蔵省側は、CCDCの資金削減は国庫の借入需要を減らすために不可欠だ、他の省庁・機関もこれに見合う犠牲を払っている、と反論し譲ろうとしなかった[39]。

しかしドルモワの警告した通り、議会内外でのCDCへの批判は高まりつつあった[40]。37年11月、AMFがCCDCの機能停止状況に抗議する声明を発し、議会の上下両院を動員した圧力活動に出ることを宣言した[41]。37年末以降、議会や政府では、CCDCにCDCや大蔵省の意向に左右されない独自の恒久

---

[36]　CCDC常任委員会でCDC代表は「CDCはCCDCの決定には一切拘束されぬ」と言い放った。Procès-verbaux du Comité permanent de la CCDC, 29/9/37, ACDC 010569–006〜010–20/3 Dr.1.

[37]　Lettre du Ministère des Finances au Directeur général de la CDC, 21/9/37, ACDC 010569–006〜010–20/3 Dr.1. 主導したのは大蔵省だったようである。ACDC PVCS 22/9/37, pp. 310–4.

[38]　Lettre du Ministre de l'Intérieur au Président du Conseil, 10/9/37, AN F60/452 Dr.1.

[39]　s.a., "Note : CCDC", 23/11/37, AN F60/452 Dr.1.

[40]　Note du Secrétariat général de la CDC, 5/1/38, ACDC 010569–006〜010–20/3 Dr.1. 早くも37年2月、総裁ドロワが国民経済審議会 (Conseil national économique) で喚問を受け、CDCは国民の預金を退蔵し景気対策などの有効活用を阻んでいるという攻撃に曝された。矢後『フランス』228–231頁。

[41]　Procès-verbaux du Comité permanent de la CCDC, 1/12/37, ACDC 0010051–006 〜010 Dr.4.

第 1 章　公的金融機関 CDC の台頭と戦後集権体制の起源　　71

財源を与える法案の準備が進んだ[42]。CDC 側は激しく反発する[43]と共に、独自
に議会工作に着手した。CDC のせいで、CCDC が地方自治体向けの融資を
中止したかのような誤解が生じているがそんなことはない、CCDC で貸せな
くなっている案件は 800 以上もあるが、大規模なもの以外は殆ど CDC で引き
受けられる。37 年 12 月 1 日、CCDC 常任委員会で CDC 側委員は下院出身
委員の一人にこのように説明し、その日の午後の関連議員の集会で報告するよ
う依頼した[44]。2 日後の 12 月 3 日、CDC は監査委員会で、自治体当たりの融
資上限を 200 万フランから 300 万フランに引き上げることを決定している[45]。
議会を分断して CDC への攻撃を逸らすため、大都市以外の地域の需要には積
極的に応える意志を示したのである。矢後が指摘する 35 年以降の CDC の「公
益性への傾斜」、つまり、収益やリスクに関する金融機関としての判断を離れ
て、地方自治体融資など、政権の「社会立法」に協力する姿勢[46]は、議会が
CCDC に与えた機能を肩代わりすることでこの「迂回路」を封鎖しようとす
る闘いの中で CDC 内部に定着してきたといえる。

　CDC が議会の政治的反発をかわしたことで、大蔵省の CCDC 排除を阻む
勢力はなくなった。「共通基金」への払い込み拒否は 38 年になるとより露骨に
なり[47]、社会保険金庫側から失業吸収の事業に使うべく「共通基金」への払い
込みを求める声が何度も上がっていた[48]にも拘らず、大蔵省はこれに耳を貸そ

---

[42]　Lettre du Ministre de l'Intérieur au Président du Conseil, 12/2/38, AN F60/452
　　Dr.1. ACDC 010569–006~010–13/1 Dr.8. Procès-verbaux du Comité permanent de
　　la CCDC, 17/2/38, ACDC 0010051–006~010 Dr.4.

[43]　CDC, 1ère Division, "Note pour Monsieur le Directeur général", 24/1/38, ACDC
　　010569–006~010–13/1 Dr.8.

[44]　Procès-verbaux du Comité permanent de la CCDC, 1/12/37, ACDC 010569–20/3
　　Dr.1.

[45]　ACDC PVCS 3/12/37. 矢後『フランス』210 頁。

[46]　矢後『フランス』210–1 頁。Priouret, La Caisse, p. 393 は 35 年の地方自治体向け融資
　　金利の引下げに CDC が市場を離れて地方自治体の公共投資プログラムの実現にコミットし
　　ていく画期を見る。

[47]　s.a., "Versements de la Caisse générale de grarantie au Fonds Commun de Tra-
　　vail", 1/7/38, ACDC 010569–0096~100–54/2.

[48]　Procès-verbaux du Comité permanent de la CCDC, 17/2/38, ACDC 0010051–006
　　~010 Dr.4.

うとはしなかった。38 年秋以降は、対独戦に備えた再軍備が最優先となる[49]中で、地方自治体投資のような民需への資金配分は最小限に絞り込むのが当然とされた[50]。39 年に入って CCDC はほぼ完全に機能停止状態にあった[51]が、4 月21 日デクレにより正式に CDC に併合された[52]。併合後の人事処理は CDC や大蔵省の CCDC への敵意の深さを物語る。CCDC が採用した固有の職員は全て臨時雇いに格下げされ、CDC や他省から出向していた職員は CCDC 在籍中の昇進や年功を認められなかった[53]。

かくして、大恐慌直前の資金過剰を背景に議会が生み出した「迂回路」CCDC は、大恐慌下の資金枯渇状況を利用した CDC・大蔵省の締め付けによって消滅に追い込まれた。

CCDC は誕生直後から資金繰りに苦しみ、創設や改組・拡大の際に議会や首長らが期待した「地方自治体の銀行」の役割を十全に果たすことこそ叶わなかったが、その試みが歴史的に無意味だったわけでは決してない。上に見たように、「迂回路」CCDC の存在こそが、CDC を地方自治体のインフラ投資へのより本格的なコミットメントへと導くことになったからだ。戦後の CDC が70 年代に至る高度成長期の間、一貫して地方の公共サーヴィス供給を資金的に支える「地方自治体の銀行」の役割を担い続けたことを考えれば、CCDC を設置した議会・政府の意図は中期的には達成されたともいえよう。

---

[49]　Rueff, *Combats*, pp. 91–115. ACDC PVCS 2/3/38, p. 76.

[50]　Procès-verbaux du Comité permanent de la CCDC, 25/11 et 22/12/38, ACDC 0010051–006〜010 Dr.4.

[51]　39 年初めには蔵相から予算ゼロとの通告を受けている。Procès-verbaux du Comité permanent de la CCDC, 26/1 et 23/2/39, ACDC 0010051–006〜010 Dr.4.

[52]　Note pour la Commission de surveillance, 20/4, 11/5/39, ACDC 010569–19/2. Procès-verbaux de la Commission supérieure de la CCDC, 11/5/39, pp. 2–7, ACDC 010569–19/3.

[53]　Procès-verbaux de la　Commission supérieure de la CCDC du 20/7/39, ACDC 010569–19/3. Note de Cluzel pour Chataingneau, Secrétaire général du Gouvernement, 5/5/39, AN F60/452 Dr.1.

第 4 節　1950 年代の混乱と CDC の覚醒

　国土解放（Libération）期に主要な預金銀行・保険会社が国有化され、大蔵省以下の金融官僚制は、民営の金融機関を含めた、信用全般に対する統制力を強化した[1]。これを基盤にして、経済全体で中期的な投資配分を行う経済計画化（「プラン」）が、解放直後の 1946 年からほぼ間断なく実施された。地方自治体のインフラ投資もこれに組み込まれ、大蔵省を中心に、地方自治体への資金配分を合理化しようとするインセンティヴが強まった。

　しかし大蔵省の信用配分への統制は、金融市場の需給が緩んでくると同時に実効性を失うのが常である。資金配分パターンの“振り子”も揺れ幅が大きくなり、第二次大戦後、地方公共投資を支える役割を全面的に引き受けた CDC はこれに翻弄され続けた。地方勢力と中央省庁の綱引きに巻き込まれて疲弊する中で、CDC は資金配分の合理化を実現すべく、子会社を使い、地方公共投資事業の遂行過程自体を自らの管理下におく手法を取り始める。

(1) モネ・プラン期の資金配分統制と CDC

　1）大蔵省の覇権とマンジョズ枠の成立　第一次「近代化」設備投資計画、いわゆる「モネ・プラン」は、大蔵省を中心とする金融官僚制の資金配分統制が史上最も徹底した時期であった。マーシャル援助のいわゆる「フラン見返り資金」をストックした「近代化設備投資基金」（Fonds de Modernisation et d'Équipement）の運営権限を獲得した大蔵省国庫局は、同基金のみならず、民間部門を含めた資金配分を集権的に決定する機関として「投資委員会」（Commission des Investissements）を設置した[2]。基幹産業の復興・「近代化」に資源を集中投下するモネ・プランは、消費・民生部門を排除しており、都市も農

---

[1]　権上康男『フランス資本主義と中央銀行』東京大学出版会、1999 年、第 8–9 章。なお、Zysman, *Governments*, Chapter 3. Claire Andrieu, "À la recherche de la politique du crédit, 1946–1973", *Revue historique* no. 550 (1984). Henri Koch, *Histoire de la Banque de France et de la monnaie sous la IVᵉ République*, Dunod, 1983 も参照。

[2]　Margairaz, *L'état*, tome 1, pp. 1045–47, 1236–40.

村も、地方インフラ投資は配分の対象になっていなかった。

　これを裏付けるべく、農村のインフラ投資については、CDCや農業信用金庫も含めて、金融機関からの融資を得ることが事実上禁じられた。47年8月14日法によって、農村設備投資 (équipement rural) に関する補助金を受けるためには、地方自治体の自己負担分を地元住民からの資金調達によって賄うこととされたのである。事業執行を殆ど不可能にするこの規制に対して、首長は勿論、知事や事業執行を監督する農村土木技師からも、例外処理を求める口利きが農相と内相の下に殺到したが、大蔵省はこれを殆ど認めなかった。AMFなどからの抗議が重なった結果、漸く49年に入って、農村土木技師の許可があれば、地元資金は自己負担分の半分でよいとするなどの緩和措置が取られたに過ぎなかった[3]。

　しかし、大蔵省国庫局による厳格な資金配分統制は、経済状況が47-8年のどん底を脱するにつれて徐々に緩み始める。50年、各貯蓄金庫のCDCへの預託額の少なくとも50%を貯蓄金庫の希望に従って運用できるようにする議会立法が成立した。この、いわゆる「マンジョズ融資」(prêts Minjoz) は、後々までCDC中央の融資配分を大きく制約することになる。これは、押さえ付けられてきた首長ら地方勢力の憤懣が貯蓄金庫を通じて噴出し、議会を動かしたものと言える。47年以降、貯蓄金庫の地域毎の連合体 (Conférences régionales) において、CDCの集権的な資金運用に対する批判が高まる。利率が抑えられている上に、地元に融資を還元できなければ、預金集めに影響は避けられない。自主運用の制度化を要求する貯蓄金庫の動きを取り纏めたのが、東部ドゥ (Doubs) 県の県都ブザンソン (Besançon) の市長[4]を兼任し、地元の貯蓄金庫の理事長でもあった社会党SFIO代議士のマンジョズ (Jean Minjoz) だった。47年以降、繰り返し法案を提出する一方で、大蔵省・CDC側と各地の貯蓄金庫の間で複雑な調整を仲介し、結局、朝鮮戦争開戦直前の50年6月24日、いわゆる「マンジョズ法」が上下両院を通過したのである[5]。

---

[3]　以上は、AN F2/3564 Dr.1 ; F10/7109 Dr.2 による。

[4]　Olivier Borraz, *Gouverner une ville : Besançon, 1959–1989*, Presses Universitaires de Rennes, 1998, pp. 51–64.

[5]　以上は ACDC 950678–001 による。

第1章　公的金融機関 CDC の台頭と戦後集権体制の起源　　75

　朝鮮戦争景気に背中を押されるように議会の攻勢は更に続く。52 年、同じく社会党の代議士マジエ（Antoine Mazier：ブルターニュのコート・デュ・ノール Côtes-du-Nord 県選出）は、地方自治体の投資資金難を解消すべしと主張し「CDC の長期融資を方向付ける委員会」（Commission chargée d'orienter les prêts à long terme de la CDC）なる機関を設立する条項を関連法案に対する修正案の形で下院に提出し、社会党の同僚の支援を得て通過させた。この委員会は、議会や地方自治体の代表を含み、貯蓄金庫・CDC の余剰資金の運用に発言権を持つことになっていた。この時期、社会党が首長ら地方勢力の主たる代弁者になっていたことを如実に示している。この修正案は上院で削除されて日の目を見なかったが、CDC 経営陣に態度の変更を強いるには十分な圧力となった。翌 53 年 2 月の監査委員会で、マジエ修正案の顛末が報告された後、これまで委員会は融資の地理的な均衡に頓着してこなかったが、以後は十分配慮をする必要がある旨が議決された[6]。

　2) モネ・プランの終了へ　統制の緩みが徐々に明らかになる中、議会・政党側の攻勢を恐れる大蔵省は、モネ・プランの終了後も資金統制力を維持するためのメカニズムを構想し始める。50 年代を通じて大蔵省が試みたのは、内務省との連合の戦略であり、県知事の首長らに対する政治的行政的な影響力を活用する方式であった。50 年秋から翌年初めにかけて、第二次プランの策定準備を控え、大蔵省はこれまでプランから排除していた地方自治体の投資を管轄するワーキング・グループ（「第二グループ」と呼ばれた）を投資委員会の下に新設すべく内務省と交渉を重ねた[7]。内務省もこの申し出を歓迎した。当時、補助金を握る技術系省庁が影響力を増し、内務省と県知事は、県レベルでも他省庁に対する統合力の低下が続いていた[8]。上に述べたマンジョズ法の実施に関しても、県レベルで貯蓄金庫への融資申請を審査し資金配分を決める委員会（通称・マン

---

[6]　ACDC PVCS 1953 tome A, 6/2/53, pp. 59–62.

[7]　Centre d'archives économiques et financières［以下 CAEF と略記］, B20102, Dr.1.

[8]　Olivier, "Préfet", pp. 89–109. Luc Rouban, "Les préfets entre 1947 et 1958 ou les limites de la république administrative", *Revue française d'administration publique*, no. 108（2003）, pp. 551–564. Patrick Le Lidec, "L'impossible renouveau du modèle préfectoral sous la Quatrième République", *Revue française d'administration publique* no. 120（2006）, pp. 695–710.

ジョズ委員会）の委員長は、大蔵省の出先である「統括出納役」（Tréso-rier-payeur général）に持っていかれた[9]。中央でも地方自治体の投資計画の作成に直接関与することができずにいたため[10]、大蔵省の申し出は失地回復のための願ってもない好機であった。

　52年初めから53年春にかけて、投資委員会「第二グループ」はCDCと不動産信用銀行を対象に利用可能な融資資金量を確定した上で、補助金付きの事業を中心に優先順位を決めて融資を割り当てる作業を開始した[11]。しかし、保険会社の資金や貯蓄金庫のマンジョズ枠は対象外とされただけでなく、CDCや不動産信用銀行も、「第二グループ」の検討作業には参加したものの、そこで定められた事業の優先順位に必ずしも従わず、省庁の補助金付きであっても、独自に事業を審査・選別する権限を留保すると宣言した[12]。この失敗を踏まえて53年7月、自治体融資に関する新たなワーキング・グループが両省間に設置された。大蔵省側は、知事を長とする「県投資委員会」（Commission d'équipement départementale）を設置し、ここに補助金を受けない事業も含めて全ての案件の資金需要を集約し、保険会社の資金やマンジョズ枠も含めて調整・配分することを提案した。しかし内務省側は、補助金なしの案件まで含めると地方自治体への拘束が強すぎると反対した。更に県投資委員会に地方自治体代表を入れるかどうかでも、大蔵、内務両省は合意できなかった[13]。

　結局、大蔵省は新たな資金配分統制の枠組みを作れないまま、モネ・プラン

---

[9]　Lettre du Ministre de l'Intérieur au Ministre des Finances, s.d., AN 19770147–1, Dossier "Commission des Investissements".

[10]　例えば、Lettre du Ministre de l'Intérieur au Ministre de l'Économie Nationale, 13/1/48, AN F2/3564. Lettre d'un Conseiller Général de la Haute-Garonne, 14/2/48, AN F2/4320. cf. Lettre de Waegel, préfecture du Bas-Rhin, à René Paira, secrétaire général du Ministère de l'Intérieur, 7/3/55, AN F1a/4801 Dr.1.

[11]　例えば、Commission des Investissements, Groupe de travail no. 2, "Rapport sur les perspectives d'emprunt des collectivités locales en 1952", 21/5/52, AN F1a/4801 Dr.1. id., "Note relative aux demandes d'emprunts envisagées pour les travaux des collectivités locales durant l'année 1952", 20/5/52, AN 19770147–1.

[12]　Procès-verbaux de la première séance du Groupe de travail no. 2 du 4/4/52, AN F2/3591.

[13]　Direction du Trésor, "Note pour Monsieur le Ministre (réunion du 29/7/53)", s.d., AN 19770147–1, Dossier "Commission des Investissements".

の終了を迎えた。53年以降、CDCでは貯蓄金庫からの預託額が急増し、一転して大量の余剰資金を抱え、急遽貸出先を見つけねばならなくなった。50年にはCDCの運用資金の10%に過ぎなかった地方自治体向けの融資は53年を境に急増し始め、56年には30%を超え、以後50%に迫る[14]。経済復興や「近代化」といった至上命令を失い、顕著な金余りの中で、金融官僚制の資金配分に対する統制力は劇的に凋落していった。

(2) 資金配分統制再建の挫折

1) 農村向けの資金配分の復活　議会や首長など地方勢力はこれまでの遅れを取り戻すかのように、資金配分過程への圧力を強める。まず53年に農村投資の自治体負担分の地元資金調達義務が廃止された。54年10月に議会の手で設立された全国上水道開発基金 (FNDAE) は、電化のFACEに匹敵する全国的な平衡化の枠組みであり、戦争で中断されていた農村への均霑事業の再開を告げるものだった。上水道敷設は、第二次大戦直前までに殆どの県で一段落となった農村電化に代わって、60年代前半にかけて、農村インフラ投資の核になりつつあった。FNDAE補助金は競馬馬券の売上げに対する課税 (prélèvement) と全国の水道料金への上乗せで賄われ、その配分権限は所管の農業省にあった。同省は54年以降、押し寄せる農村議員からの口利きへの対応に追われた[15]。議会の農村ロビーの復活である。圧力は地方自治体の自己負担分などを融資するCDC本体にも及び、CDCは度々重要な譲歩を迫られた。例えば、農村電化など、地方自治体インフラ投資へのCDCの長期融資の返済期間は一旦、30年から20年に短縮されていたが、FNCCR総裁ジョベールの要求を受け、55年、農村電化については元の30年に戻された[16]。

ここで主な投資事業に関して、第二次大戦後に整備された資金調達の制度を概観しておこう。まず、農村電化については、戦後は、長期借入金の返済年賦の一部を肩代わりするFACEは、53年以降、CDCが電化事業向け融資を再

---

[14]　45年には僅か4%だった。*Journal du Parlement*, 9/3/57, pp. 14931–2, AN F1a/4801 Dr.8. Priouret, *La Caisse*, pp. 453–4.

[15]　AN F10/7109 Dr.3.

[16]　ACDC PVCS 22/4, 24/6 et 8/7/55. 監査委員会メンバー宛の書簡による要求。

開すると同時に機能を再開した。FACE を管理する委員会は議会・FNCCR 側が半数を占め、国有化され独占となった電力会社 EDF（フランス電力）や大蔵省側を抑えて、補助対象を拡大していった[17]。すると今度は、FACE が借入の年賦を補助できる事業にはなるべく補助金を付けるよう、農業省に圧力が向かい、「年賦補助金」形式が多用されるようになった。CDC は農業省の年賦補助金を現金化（mobilisation）する融資と、地方自治体自己負担分の双方を引き受けることになり、CDC から大量の資金が農村電化事業に動員される枠組が作られたことになる。しかも、議会・地方勢力は、事業量の増加で FACE の財源が底を突くと、主たる財源である電気料金への上乗せ分の引き上げ、42 年に廃止されていた FACE への国の補助金の復活、FACE の出資（肩代わり）比率の引き下げなどの措置を取り、できる限り多くの農村集落に電灯の恩恵を「均霑」すべく努めた。このままでは、FACE の資金量に応じて、その年度の事業量、従って、農村電化事業向けの補助金予算や CDC の融資額が無制約に増える。大蔵省は年度毎に総予算額を設定し始めたが、事業規模拡大の歯止めにはならなかった[18]。上水道敷設事業に関しても、総枠制は同じ結果に終わった。現金補助金を受ける「無条件計画」（programme inconditionnel）に加えて、54 年以降、年賦補助金を受ける「条件付き計画」（programme conditionnel）の制度が設けられたため、農村ロビーと農業省が FNDAE の資金量を増やすに従って CDC の融資額も増えていったのである[19]。

のみならず、55 年 3 月、FNCCR や AMF などからなる「全国公共サーヴィス［公役務］評議会」（Conseil National des Services Publics）の大会で「地方自治体金庫」（Caisse des collectivités locales）設立の提案がなされた。

---

[17] Henri Morsel (dir.), *Histoire générale de l'électricité en France*, tome 3, Fayard, 1996, p. 175. Poupeau, "EDF", p. 98. 戦前の委員会の構成は、第 1 節註 18 を参照。

[18] Jean-Claude Felder, "L'électrification rurale et son financement de 1946 à nos jours", in M. Trédé-Boulmer (éd.), *Le financement de l'industrie électrique, 1880–1980*, Association pour l'Histoire de l'Électricité en France, 1994, pp. 116–8. Poupeau, "EDF", pp. 98–100.

[19] J. Fourgous, chargé de mission, Cabinet du Ministre des Finances, "Note pour Monsieur le Président", 8/11/56, Archives départementales de l'Aveyron ［以下、県文書館は AD の後に県名を付して AD Aveyron のように略記する］, Fonds Paul Ramadier 52J/161.

第 1 章　公的金融機関 CDC の台頭と戦後集権体制の起源　　　79

実現すれば、30 年代の CCDC 同様の迂回路の開設である。「評議会」では国
の個別補助金の廃止までが語られた[20]。これに前後してピザニ（Edgar Pisani：
知事団出身）ら、急進党系の議員団が中心となって、県にも知事を長とする「地
方自治体投資委員会」を設置し、申請の審査と補助金や融資の配分を行うとい
う改革案が上院に法案として提出された[21]。複雑化し混乱を極める現在の中央
からの財政援助のシステムを簡素化して自治体の自律性を回復することを謳い、
知事への資金と権限の分散化を大幅に進めることも求めている。また、この委
員会は首長ら地方自治体の代表が主体となる構成であり、マンジョズ県委員会
の吸収・統合も含むなど、53 年時点の大蔵省と内務省の協議の際の内務省案に
非常に近い内容である。そのため、内務省のみならず、CDC でも総裁ブロッ
ク・レネ（François Bloch-Lainé[22]）らが敏感に反応し、計画庁と共にピザニ
提案を検討する委員会を立ち上げた[23]。56 年前半、議会・政党側の攻勢は頂点
に達する。1 月の総選挙で中道左派連合を率いて勝利した社会党のモレ（Guy
Mollet）を首班とする政権は、蔵相にラマディエを配するなど、社会党中心の
政権であり、党が基盤とする地方勢力の要望に応えて、大規模な公共投資の積
み増しを行った。

　2）再収縮と CDC の苦境　　しかし、56 年秋、事態は急転直下、反転する。公共
事業の拡張や社会保障の拡充などの財政出動に加えて、アルジェリア戦争とス
エズ動乱の軍事費の負担によって、深刻な通貨・財政危機に陥り、政府は急激
な緊縮策の実施を余儀なくされた。9 月 19 日付の大臣書簡で、大蔵省は CDC

---

[20]　*Journal du Parlement* 11/3/55, AN F1a/4801 Dr.1.

[21]　*Journal officiel, Conseil de la République*, no. 119, annexe au procès-verbaux du
　　10/3/55, AN F1a/4801 Dr.2.

[22]　47 年大蔵省国庫局長に就任、投資資金配分システムを構築し、モネ・プランの執行を支え
　　る立役者となった。53 年 CDC 総裁に転じ、以後 67 年まで高度成長期の CDC を指揮し、
　　地方自治体投資、HLM など社会住宅建設や地域開発の枠組を作り出した。本書の影の主役
　　である。ド・ゴール政権下で二度蔵相に擬せられたが固辞、74 年民間大銀行クレディ・リヨ
　　ネ頭取でキャリアを終えた後、住宅問題等の結社に関与した。Michel Margairaz (dir.),
　　François Bloch-Lainé, fonctionnaire, financier, citoyen, Comité pour l'histoire écono-
　　mique et financière de la France, 2005. François Bloch-Lainé, *Profession : fonction-
　　naire*, 1976, Seuil.

[23]　Secrétariat général du Ministère de l'Intérieur, "Réunion du 7/4/55 au Plan sur la
　　caisse d'équipement des collectivités locales", AN F1a/4801 Dr.1.

に対して、国債引受けなどの国庫の資金需要に応えるべく、地方自治体への融資は大幅に削減するよう要請した[24]。これを受けて CDC は 10 月 5 日の監査委員会で、補助金のない案件への融資申請は却下するという原則を採択した。これが 70 年代まで CDC の地方自治体向け融資の基本ルールとなる「補助金・融資連結」(lien prêt-subvention) 原則の始まりである[25]。収益が見込めたり、特に急いでいたりして補助金を申請しなかった案件が一律に融資対象外になってしまうなど、この原則には、非合理や非効率が付きまとい、顧客となる地方自治体側は勿論、CDC や大蔵省内部にも懸念や不満が強かった。しかし、「他の基準を見出すのは困難」(ブロック・レネ) という端的な理由で採用されたのである[26]。大蔵省はこの基準を「論理的かつ十分根拠あり」(国庫局長シュヴァイツェ)[27] と是認する一方で、経済的に重要性や有用性の大きい案件などについては例外を認めるよう求め、CDC の同意を得た。実際、早くも 57 年初頭に、主に大蔵省代表の主張で、いくつかの例外が容認されている[28]。

しかし、CDC にとってより大きな困難をもたらしたのは、補助金付き事業でも融資できない事案が多数現われ、その選別を CDC 自体がしなければならない立場に追い込まれたことだった。貯蓄金庫の預託額と共に CDC の資金量が急減した結果、補助金の内約を受けた案件の自治体負担経費総額が CDC などの融資可能総量 (57 年度は最大でも 1800 億フランと見積もられた[29]) を大きく上回ったからである。補助金の有無だけでなく、より踏み込んだ優先順位が、

---

[24] 貯蓄金庫のマンジョズ枠についても同様だった。この大蔵省の要請については、Lettre du Ministre des Finances au Directeur général de la CDC, 19/9/56 など、多数の大蔵省と CDC の間のやり取りが AD Aveyron 52J/95 に残されている。

[25] 10 月 22 日付総裁名通達で貯蓄金庫にも同じ原則の適用を求めている。AN 19770147-1.

[26] "Réunion sur les possibilités d'emprunt des collectivités locales pour 1957", 1/3/57 [intervention de Bloch-Lainé], AN F1a/4801 Dr.8.

[27] Pierre-Paul Schweitzer, "Note pour le Ministre : emprunt des collectivités locales", 8/11/56, AD Aveyron 52J/161.

[28] ACDC PVCS 25/1, 22/3/57. 具体例として、「大都市」の行う上下水道敷設工事が挙げられている。Ministère des Finances, Direction du Trésor, "Note d'observations sur la question orale avec débat posée par M. Fernand Auberger, sénateur", 21/2/57, p. 5, AD Aveyron 52J/93.

[29] Pierre-Paul Schweitzer, Directeur du Trésor, Ministères des Finances, "Note pour Monsieur le Ministre", 30/3/57, AN F1a/4801 Dr.8.

所管省庁など他の機関から示されなければ、CDC が個々の案件について融資の可否を判断せざるを得なくなる。「CDC が地方投資の妥当性を判断する判定者のように見えてしまう」(内務省事務総長ペーラ) 事態となった[30]。補助金付き案件の融資申請の却下は、事業の延期・中止、そして折角獲得した補助金の返上を意味し、首長など地元の政界に深い怨恨を残す。マンジョズ枠を使った各地の貯蓄金庫からの申請についても、補助金付きでも重要性が低いと判断した場合には、CDC は多数を却下せざるを得ず、57 年 1 月の段階で既に貯蓄金庫の不満が高まっていると報告されている[31]。貯蓄金庫のマンジョズ枠については、自分たち地元自治体のものだという意識が強かっただけに、CDC の融資拒否への怒りは特に強かった[32]。こうした地方自治体や貯蓄金庫の批判の矢面に立たされて CDC は激しく動揺した。監査委員会は、大蔵省や各省庁に対して、補助金・融資連結原則に代わる選別の基準を提示するか、あるいは、補助金の内約件数・額を削減するよう繰り返し要求した。CDC はこれまで一貫して政府や省庁の示した優先順位に従って資金の配分を行ってきたのであり、今回の緊縮に際しても、選別の政治的責任は政府がとるべきだ、という立場である[33]。

これに対して、内務省は、10 月 27 日付書簡[34]で大蔵省、計画庁など関係各省庁と CDC に対して、地方自治体投資を調整する委員会の設置 (中央と県両レベル) を提案した。しかし、大蔵省は既に 55 年 6 月、モネ・プランの「近代化設備投資基金」を「経済社会開発基金」(FDES) に改組する際に、地方自治体への FDES 資金の配分権限を握る「第二専門委員会」(Comité spécialisé no. 2) を設置していた。しかも、相変わらず地方自治体の代表を入れたがらなかった[35]。しかし結局は、大蔵省も CDC も、調整が効果を上げるには、やは

---

[30] "Réunion sur les possibilités d'emprunt des collectivités locales pour 1957", 1/3/57 [intervention de René Paira, Secrétaire général de l'Intérieur], AN F1a/4801 Dr.8.

[31] ACDC PVCS 25/1/57.

[32] *Journal du Parlement* 27/2/57, pp. 14874–5, AN F1a/4801 Dr.8.

[33] ACDC PVCS 5/10/56, 12/4, 13/9/57.

[34] AD Aveyron 52J/161.

[35] s.a., Note sur le Comité no. 2 du Conseil de Direction du FDES, s.d. ; Réponse du Ministère de l'Intérieur au Ministère des Finances, s.d. [oct. 1955], AN F1a/4801 Dr.1.

り知事が持つコミュンの借入に対する認可権限をテコにするしかないという判断に至り[36]、マンジョズ県委員会の権限に手をつけないこと、CDC が融資に関する最終決定権を留保することを条件に、内務省案の通り、知事を中心に地方自治体代表を加えた県投資委員会の設置に同意するに至った。ようやく大蔵、内務両省間では合意ができたが、他省庁の反対に遭い、結局、地方投資調整の枠組作りは今回も頓挫した[37]。

　その結果、CDC は地方の首長らからの非難を一身に浴び続けることになる。補助金・融資連結原則にしろ、補助金付き事業の融資却下にしろ、CDC から見れば、大蔵省などから事実上、強制されているにも拘わらず、である[38]。この頃、総裁ブロック・レネは、ノール（Nord）県の統括出納役を務める友人宛の手紙の中で、この友人が県内の貯蓄金庫に対して、マンジョズ枠が自由に使えなくなったのは CDC の新方針のせいだと説明する通達を出したことに猛然と反論し、内務省と技術系省庁が優先順位を示す勇気がないために、CDC が犠牲になっているのだ、と怒りをぶちまけた[39]。

(3) SCET 創設と CDC の直接介入

　地方からの攻撃に曝され続ける中で、ブロック・レネ率いる CDC は、独自の判断を前面に打ち出して自ら資金配分先の選別を行い始める。資金配分の合理化を実現するために、あえて政治的リスクを冒す道を選んだといえよう。

　1) 独自の配分基準へ　第一に、57 年 9 月以降、農業省などに対し、新規に補助金の内約（特に農村上水敷設事業）を出す前に、CDC に補助金配分の方針を

---

[36]　註 29 所掲に加えて、ACDC PVCS 12/4/57 を参照。

[37]　Note de la Direction de l'Administration départementale et communale pour le ministre : réalisation des emprunts des collectivités locales et organismes assimilés, 14/9/57, AN F1a/4801, Dr.8. Note de Georges Lahillonne, Directeur de l'Administration départementale et communale, Ministre de l'Intérieur, 28/12/57, AN 19770147–1.

[38]　Fréville, "Les relations financières", p. 186. Guengant et Uhaldeborde, *Crise*, p. 55.

[39]　Lettre de Bloch-Lainé au Trésorier-payeur général du Nord, 3/5/57, ACDC 920071–0009.

説明し了承を得ることを求め始めた[40]。殆どのコミュンでは CDC の低利長期
融資が得られなければ、補助金を得ても事業は執行できない。これを逆手に取
り、寧ろ CDC の審査基準を補助金を出す省庁に押し付け、「補助金・融資連
結」を逆方向に作動させようというのである。資金の枯渇によって金融官僚制
の影響力は増大していた。翌 58 年 1 月には、いくら求めても事業の優先順位
を明示しない各省庁に痺れを切らし、CDC 自身が事業分野毎に優先順位を作
成しようとし始める。前年 8 月に設置した子会社（Agence technique de la
CDC）を使い、議会委員会や所管省庁から情報を集め、地方自治体投資と住宅
建設について年度毎の事業計画を策定させようとした。傘下の貯蓄金庫にもこ
の計画に基づいて明確な優先順位を提示し、マンジョズ枠の資金配分にも合理
化を徹底するという目論見だった[41]。

2) SCET と ZUP　第二に、CDC は総裁ブロック・レネの強力なイニシアティ
ヴの下で、住宅建設や地域開発などの分野にそれぞれ子会社を設立し、いわば
自らが公共サーヴィスとそのインフラを供給する事業者となって、地方公共投
資をいわば地方自治体に代わって実施していく路線に傾斜していった。自治体
の持ち込む投資案件を審査し選別するのは、行政機関間の調整が極めて困難で
ある。ならばむしろ CDC 自らの子会社に効率の高い投資案件を立案させ、こ
れに資金を優先的に配分するのが CDC の資金を最も合理的に配分する方法と
なろう。特に重要性を持ったのは、住宅建設に特化した SCIC（CDC 不動産
中央公社：54 年 6 月設立）と、地域開発の SCET（国土設備中央公社：同 55
年 10 月）[42] である。

　SCIC と SCET には、インフラ事業の執行方法、特に地方自治体との関係
においては、大きな違いがあった。地方自治体側から見ると、SCIC は、土地
を購入し住宅を建設するという点では民間の住宅開発業者とさして変わりはな
い。県やコミュンの HLM 公社の競合相手であり[43]、SCIC の進出を受け入れ

---

[40]　ACDC PVCS 13/9/57.
[41]　ACDC PVCS 24/1/58.
[42]　SCIC の設立の経緯については、ACDC PVCS 4/12/53, 9/4, 14/5, 4/6/54、SCET に
　ついては PVCS 8/7/55, 13/1/56 を参照。
[43]　CDC の監査委員会でも、SCIC が自治体の HLM 公社を圧迫しないかとの懸念が提起さ
　れ、ブロック・レネも、公社などから反発が出ていることを認めた。ACDC PVCS 9/3/56.

たコミュンにとっては、団地建設に伴う大規模なインフラ（上下水道、電気・ガス、道路、学校、病院など）建設の費用をどう分担するか、という大問題（後述）を交渉する相手方として現われる[44]。

他方、SCET の場合は、地元自治体との間に SEM（混合経済会社）を設立し、SEM を通じて地方自治体のパートナー、コンサルタントとして地域開発を進めるという形式を取る（地域開発や都市開発を目的とする場合、開発 SEM と呼ばれる）。SEM は都市でこそ威力を発揮し、特に 60 年代には、ZUP（優先都市化区域）という住宅・都市開発の制度［第 2 章第 1 節 (2) 1) 参照］を利用して、百を越える大規模団地（grands ensembles）をインフラごと作り出した。

SEM は出資金（株式）の過半数を自治体が保持しており、形式上は自治体が事業主体だが、実態は全く異なる。出資金の多寡や法的な権限に関わりなく、実際の事業遂行においては、資金・技術・情報全てを独占する SCET が首長や地方議会を圧倒する（詳しくは 273 頁を見よ）。資金面でも技術面でも一定の能力を持つ、本書で検討するような地域の中心都市でさえも、SCET と SEM に事業遂行を委託すれば、中央から持ち込まれる計画に圧倒され、事業の立案執行に実質的な影響力を持つことすら困難となりかねない[45]。

3) 政治的苦境とテクノクラシーの誘惑　このように、50 年代後半の通貨・財政危機に伴う緊縮財政を利用して、大蔵省と CDC は、地方自治体向けの投資資金配分に対する統制の再強化を試み始めた。しかし、議会・政党側もこれに真っ向から立ち向かった。当時、最も広く地方（首長や県議会）に根を張っていた社会党や急進党が政権にある限り、CDC や各省庁がこれに抗うのは困難だった。

例えば、56 年秋以降の財政緊縮と信用の引締めにも拘わらず、議会の農村ロビーは、農業省が内約した上水道敷設工事の事業予算枠を死守しようとした。農相デュラン（André Dulin：急進党の上院議員）は、10 月 25 日付のラマディエ蔵相宛の手紙の中で、10 月 12 日の FDES の理事会で大蔵省が 57 年度向け

---

[44]　Gwenaëlle Le Goullon, "Les banquiers-bâtisseurs. La Caisse des dépôts et consignations à Villiers-Le-Bel, 1950–1965", *Histoire urbaine* no. 23（2008）, pp. 81–94. Paul Landauer, "La Caisse des dépôts et consignations face à la crise du logement (1953–1958)", thèse de doctorat, Université de Paris 1, 2004.

[45]　François d'Arcy, *Structures administratives et urbanisation : La SCET*, Berger-Levrault, 1968, pp. 49–54, 84–93, 191–6.

第 1 章　公的金融機関 CDC の台頭と戦後集権体制の起源　　　85

投資予算枠（政府予算分と FDES 分を足したもの）の 250 億削減を提案したこ
とに抗議している。「条件付き計画」［本節 (2) 1) 参照］の 500 億フランへの積み
増しを求めると同時に、農業信用金庫の代表を FDES 理事会に加えるよう要
求した[46]。11 月に入ると、閣僚の増額要求を抑えるべき予算相（閣外相）フィ
リッピ（Jean Filippi：コルシカ選出の急進党上院議員。財務査察官出身）自身
がデュランの要求に加勢し、CDC に対して上水工事については補助金・融資
連結原則を外すように要求し始めた。その背景には上下両院の農業委員会の強
力な圧力があった[47]。また、ラマディエ蔵相やドフェール（マルセイユ市長、当
時海外領土相）ら社会党閣僚を中心に、政権有力者が地元首長らから殺到した
口利き案件を強引にねじ込むなど、資金配分への政治的介入の度合いが非常に
高まった[48]。

　このような議会・政党側の反攻は、資金配分の合理化・統制強化に奔る官僚
制の側との間に激しい衝突を生み出した。配分合理化の中核となった大蔵省・
CDC では、議会と、議会・政党側に浸透された政権に対する不満が渦巻いて
いた。金融官僚制の苛立ちを典型的に示すのは、蔵相ラマディエの経済政策の
決定過程再編に関する諮問に応えて、ブロック・レネが 56 年 12 月末日付で提
出した上申書[49]である。ブロック・レネは、モネ・プラン期に国庫局長として
投資資金の配分管理の中核を担った自負を以て、53 年以降は CDC 総裁とし
て、金余りに乗じた議会・政党側の攻勢に立ち向かってきたが、モレ政権の乱
脈な資金配分はよほど腹に据えかねたようである。書簡 7 頁の他、本文 79 頁
に及ぶ詳細な上申書は、大臣官房が役割を増大させ、濫立する省際会議を隠れ
蓑に、省庁間で十分な調整を経ないまま、言い換えれば、資金面について国庫

---

[46]　Lettre de Dulin à Ramadier, 25/10/56, AD Aveyron 52J/161. ACDC PVCS
24/10/56.

[47]　Cabinet du Ministre des Finances, Note pour le Président, 8/11/56 ; Directeur du
Trésor, Note pour le Ministre, 8/11/56, AD Aveyron 52J/161. 農村電化について も
ジョベールが内相に圧力をかけていた。Lettre du Ministre de l'Intérieur（Gil-
bert-Jules）à Ministre des Finances et au Président du Conseil, 6/8/57 ; Lettre de
Gilbert-Jules à Alexis Jaubert, 6/8/57, AN F1a/4752.

[48]　Ministère de l'Intérieur, Direction de l'Administration communale et départe-
mentale（G. Lahillonne）, Note pour le Ministre, 4/2 et 22/6/57, AN F1a/4801 Dr.3.

[49]　AD Aveyron 52J/92. 作成には多数の高級官僚の見解を徴したという。

局やCDCの同意を得ないまま、独自の政策が実施に移されてしまう現状を「逸脱」と厳しく断罪した。その元凶として槍玉に挙げられたのは、党関係者など、官僚制外からの大臣官房への任用である。省庁間の対立が激化し、仲裁する首相府の経済政策上の役割が日に日に大きくなっているが、官房長以下、各省大臣官房のスタッフが専門家でないことも多く、能力的に対応できないため、混乱に拍車をかけている。この「無秩序」を打破すべくブロック・レネが提案するのは、大蔵省、特に国庫局を中心とする官僚制専決の資金配分システムである。あらゆる経済政策を方向付け、審査する最終調整権限を持った機関として、首相の直轄下に「計画局」(Bureau du Plan) を設置する。計画局は、経済政策を立案する全ての大臣や官房にとって「関所」(point de passage obligé) となる。投資資金管理もその権限とされ、大蔵省と密接に協議しつつ、配分を決定する。

　ここでは、53年と56年に大蔵省が中心となって試みた投資資金調整システムが「満足すべき解決への道のりを示した」として引照されており、その統制力を政府全体に徹底する構想だったといえよう。計画局の中核となる「計画評議会」(Conseil du Plan) の常任メンバーは、アメリカ大統領府の経済スタッフにも比すべき存在とされ、殆どが高級官僚からなる。これに大蔵省の国庫・予算の両局長やフランス銀行総裁などの官僚制トップが加わるという計画局の構成は、この構想が、金融官僚制の完全な支配下に、重要な経済政策の決定過程を集権化し、政党や議会側の介入を一切排除しようとするものだったことを如実に示している。ブロック・レネは、権限を閣僚から高級官僚に移すこの構想が「テクノクラート支配」の非難を受けることは百も承知の上で、議会・政党に受け入れられやすくするような配慮はあえてしないと言い切る。「私の検討した案は、確かに行政機関を強化するが、それによって政治機関を弱めようとするものではなく、逆にこれを強化しようとする［…中略…］ものだからだ」。ブロック・レネがこの上申書に当面、実現の可能性があると考えていたかどうかは疑問だが、アルジェリア危機によって、58年6月、ド・ゴールが政権に復帰すると、思いがけない形で、現実が急速にこの青写真に近付いてくる。

第2章　高度成長期における官僚統制の後退

　1950年代は地方インフラ整備の主役が入れ替わる時期でもあった。戦間期から戦後復興期に全盛を迎えた農村の電化や上水道敷設に代わって、住宅やその付属インフラを中心とする都市開発が、必要な公的資金の量でも、その政治的インパクトから言っても、時と共に比重を増す。それと共に、地方公共投資を巡る中央地方関係も様相が変わっていく。農村電化などの事業主体だった農村コミュンの場合、自前の資源は余りに乏しく、仮に組合を結成して一定の広域化を達成しても、およそ自律的な事業遂行など望み得なかった。省庁の出先機関の立てた計画や県政界の大立者の指示通りに事業を遂行する他はなかったからこそ、AMFなど農村コミュンを代表する地方自治体組織の目的は、いかにしてより多くの公的資金を中央から引き出し、いかに早く電気や水道を地元に普及させるか、という一点に尽きていたのである。

　これに対して、都市コミュン、特に本書で扱うような、地域の中心都市の場合、資金調達と広域化の工夫や努力次第で、中央の掣肘を逃れながら公的資金を確保し、自前の職員組織（市役所）や都市計画などの関連機関の専門能力を高めることで、自律的な事業遂行を目指すことが可能であった。そして、その都市コミュンの前に立ち塞がって、その自律性を制約したのは、中央省庁より寧ろCDCグループだった。本書第2部の問題設定は、こうしたアクターの交代を前提にしているのであり、中央－地方間を繋ぐネットワークのあり方は、AMFやFNCCRが主として農村コミュンの首長を束ねて議会に繋いでいただけの時代から見ると、CDCグループが台頭する一方で、大都市首長が独自の行動を取り始め、自前の組織[1]まで持つに至るなど、徐々に変質していく。

---

[1]　1974年に人口10万以上の都市コミュン及びコミュン連合体を集めてフランス大都市首長会（Association des maires de grandes villes de France）が結成された（12頁註26参照）。

第1節　1960年代：資金配分統制から都市計画へ

(1) 第五共和制初期の官僚統制強化

　1958年6月のド・ゴールの政権復帰と新憲法下での統治機構の再編に伴って、議会・政党の影響力は大幅に減殺された。この機会に乗じて、中央省庁は地方公共投資への資金配分に対する支配力を取り戻し、農村インフラの分野では第四共和制下の野放図な膨張に歯止めが掛けられた。のみならず、中央省庁は都市開発の事業遂行に対する統制を強化していった。この流れに乗ったのがCDCであり、資金供給のみならず、系列会社を通じて事業の立案・実施にも直接関与し始めた。短期間でCDCグループの地方インフラ整備における役割は圧倒的なものとなったが、やがて中央政府内で警戒感が高まり、CDCは撤退と棲み分けを強いられる。

　1) 農村インフラ整備向け資金の抑え込み　58年憲法は議会の政府に対する影響力を大幅に削減し、大臣と国会議員の兼任禁止に象徴されるように、議会と政府とを隔離することを目指した。加えて、第四共和制末期の通貨・財政危機は、アメリカから再度の財政支援を受けるまでに至り、緊縮政策や行財政改革[2]によって金融官僚制の統制力は大幅に高まった。しかも59年年頭に大統領に就任するド・ゴールは、アルジェリア戦争を背景に強い指導力を発揮し、当面、議会の与野党は財政再建策に異論を差し挟みにくい状況であった。

　その結果、58年12月30日の財政法によって、地方投資に対する省庁補助金の配分から国会議員や地方勢力の介入を排除する改革が行われた。58年の予算緊縮改革を指揮したのは、ド・ゴールの首相官房で経済担当の専門補佐官（conseiller technique）を務めたゲーツであり、57年まで予算局長として社会

---

[2]　蔵相と立案を主導した大物官僚の名を冠して「ピネ＝リュエフ・プラン」と呼ばれる。とりあえず、Michel-Pierre Chélini, "Le plan de stabilisation Pinay-Rueff, 1958", *Revue d'histoire moderne et contemporaine*, no. 48–4 (2001), pp. 102–123. Paule Arnaud-Ameller, *Mesures économiques et financières de décembre 1958*, Armand Colin, 1968, chapitre III. この時期のリュエフの役割は、権上康男「戦後フランスにおける新自由主義の実験 (1958–72年)―三つのリュエフ・プラン」権上編『新自由主義と戦後資本主義』日本経済評論社、2006年参照。

第 2 章　高度成長期における官僚統制の後退　　　89

党や急進党の閣僚や有力者の圧力と戦ってきた彼にとって「7 年間予算局長と
して望んで［果たせなかった］改革が、ド・ゴールが押し通してくれたお陰で、
結局、6 ヵ月で実現されえたのは満足の至りだった[3]」。

　最も大きな変化を蒙ったのは、農村インフラに対する資金配分の仕組みであ
る。農村電化や上水道敷設に関しては、58 年までは、全国的な平衡化の仕組み
（FACE と FNDAE）を通じて、農村ロビーが国の補助金予算や CDC の低利
融資の配分に間接的に、しかし決定的な影響力を持っていた。58 年末の改革は
この影響力を断ち切ることに眼目があった。農村電化（戦後は、僻村などへの
「延伸」extensions や容量の「増強」renforcement が中心となった）について
見ると、FACE の役割が縮小され、大蔵省の設定した予算枠に基づく農業省の
計画から漏れた「計画外事業」（travaux hors-programme）への FACE の資
金援助が禁じられた。これによって、農村ロビーがこれまでのように、大蔵省
の設定した予算枠を越えて、FACE の資金援助だけで事業規模を拡大していく
ことはできなくなった。代わって EDF が総工費の 40%（60 年に 50% に引き
上げ。延伸工事の場合は 25%）を出資することになり、巨大な国営独占企業が
資金面でも影響力を増した。農業省の補助金も、事業量の膨張を招く年賦補助
金が廃止され、現金補助金に統一された。農村の上水道敷設工事の方も、同じ
財政法で「条件付き計画」と年賦補助金が廃止された。簡素化された制度の下
で、大蔵省の定めた予算枠が、各省の年次事業計画を通じて、事業拡大への歯
止めとして実効的に機能し始めた[4]。

　補助金制度の変更に並行して、CDC の融資配分でも見直しが行われた。ま
ず、補助金・融資連結原則で優先的に融資が与えられるのは、現金補助金付き
の事業に限定された（農村の上水道敷設や初等学校建設など）。他方、補助金な
しであっても各省庁の年次計画に掲載された事業は融資対象とされた。上水道
を含む都市のインフラ整備は、補助金制度がないか、あっても予算枠が少なかっ

---

[3]　本人の回顧談。Nathalie Carré de Malberg (éd.), *Entretiens avec Roger Goetze, haut fonctionnaire des Finances : Rivoli-Alger-Rivoli, 1937–58*, Comité pour l'histoire économique et financière de la France, 1997, p. 364.

[4]　上水については、ACDC PVCS 10/4/59. 電化については、Felder, "L'électrification rurale", pp. 118–120. Poupeau, "EDF", pp. 155–6.

たため、連結原則を機械的に適用すると不合理な結果が生じていたためである。同様の趣旨の改革として、「融資プログラム」(programmes de prêts) の制度が新設され、対象になった一定規模以上の都市コミュン (「プログラム化都市」villes programmés) については、首長が CDC の「地域代表」(délégué régional) と協議して、人口と投資需要に応じて融資計画を策定し、そこには補助金なしの一般的な都市インフラ整備の工事も含みうることになった。その一方で、農村の小コミュンに対しては、インフラ整備の小規模な工事向けとして、省庁の補助金とも年次計画とも無関係に、コミュン毎に年 10 万フランの枠を設定し、農村への均霑の要求にも応えようとしている[5]。

2) 都市開発事業に対する統制の強化　戦後の地方公共投資の主役となる住宅建設や都市開発においては、戦間期の農村インフラとは反対に、当初から官僚制の統制が極めて強い形で事業が遂行されていた。

公的資金の配分パターンも、戦後当初から、農村インフラ向けの配分とは全く対照的なものだった。社会住宅 (HBM は 50 年 7 月に HLM に移行) の建設に対しては、47 年 9 月 3 日法により、建設や運営を担う HBM／HLM 機関 (organismes d'HLM：コミュンや県の場合、HLM 公社 offices publics d'HLM) に国庫から、極めて低利 (2%) の長期融資 (CDC が融資実務を担当し、融資の原資も 57 年の緊縮までは CDC が大部分を国庫に貸上げていた) や、民間からの借入に対して利子補給を行う制度が設けられ、これを CDC やマンジョズ枠を使った貯蓄金庫からの融資が補う形となる[6]。モネ・プランの下では、HBM 融資配分委員会の議事録を見る限り、国庫融資の配分を握る MRU (復興都市計画省[7]) はテクノクラティックな性格が強く、技術的観点から厳格な審査を行っており、国会議員らの政治的介入の余地は極めて小さかった[8]。国庫融資は、66 年まででみると、HLM 建設費の 55–65% を賄っていた。後述

---

[5]　ACDC PVCS 8/3/63, pp. 56–60. 62 年総選挙に伴い、監査委員会の議員メンバーが多数交代したため、融資配分の準則を確認し、議事録に留めたもの。

[6]　Henri Heugas-Darraspen, *Le financement du logement en France*, La Documentation française, 1994, pp. 17–21. 檜谷「フランスの住宅政策」194–8 頁。

[7]　この後、復興住宅省 (MRL)、建設省などを経て、66 年以降、設備省の一部となった。

[8]　AN F2/3490 Dr.2. MRU の建設、国土整備 (Aménagement du Territoire) 両局長は、申請資格を持つ HLM 機関を限定することで統制を強化しようと試みていた。

第 2 章　高度成長期における官僚統制の後退　　　91

するように、63年以降、政府は予算の負担を軽減するため、徐々にこれをCDC
融資へと移し代えていった（「予算外化」débudgétisation）が、いずれにせよ、
資金配分がMRUやCDCの直轄下にある限り、政治的介入の余地は小さく、
地方に対する統制は強くなる。

　こうしたテクノクラティックな傾向は住宅建設事業に限られたものではなかっ
た。50年代半ば以降、「国土整備」（Aménagement du Territoire）が政府の
重点政策に据えられる[9]中で、その担当省庁が権限を拡大し、党派的な圧力に弱
い内務省を押しのけ、地域開発や都市開発に対して集権的で合理的な資金配分
を徹底しようとしたためである。この傾向は60年代に本格化するが、50年代
にその基礎を築いたのがMRUである。同省の中でも国土整備局は、既に50
年代前半から強烈なテクノクラシー志向を示し、地方政治からの影響を受けや
すい知事を住宅建設や都市インフラ整備事業の資金配分から排除する姿勢を明
確に示していた[10]。MRUは50年にFNAT（国土整備全国基金）[11]を与えられ
ており、国土整備と都市計画事業に限定して独自に事業を審査・選別して中期
融資を配分していた。

　55年以降、MRUは、従来、内務省の管轄だった社会住宅の団地など大規
模な住宅建設に伴うインフラ整備（上下水道、配電、道路、学校、病院など）の
分野にFNATを使って介入しようと画策し始める。大規模団地を受け入れた
地方自治体がインフラ建設に必要な膨大な資金をどう確保するかは、30年代初
めのパリ首都圏で顕在化して以来、地方・中央双方で多くの政治家や官僚制を
悩ませてきたが、戦後50年代以降、HLMなど住宅建設事業が本格化するの
に伴って最大の課題となっていた[12]。最も事態が深刻化したパリ首都圏の郊外、

---

[9]　国土整備政策と担当機関の展開は下記で概観が得られる。Aliette Delamarre, "Les ac-
teurs, les cadres et les modes d'intervention de l'aménagement du territoire", in
Olivier Dard et al. (dir.), *La politique d'aménagement du territoire*, Presses universi-
taires de Rennes, 2002. Jean-Paul Laborie et al., *La politique française d'aménage-
ment du territoire de 1950 à 1985*, La Documentation française, 1985.

[10]　MRU, Direction de l'Aménagement du Territoire, Sous-direction du Logement,
"Note pour Monsieur le Ministre", 16/1/52, AN, Fonds Eugène Claudius-Petit,
538AP/91 Dr.2.

[11]　FNATの創設と運用については、例えば、AN 19770779-8を見よ。

[12]　この点はYohei Nakayama, "La construction de logement et les investissements

セーヌ・エ・マルヌ県やセーヌ・エ・ワーズ県では、一時に過大な財政負担を押し付けられて途方に暮れたコミュン（殆どの場合、団地の進出までは小さな農村コミュンに過ぎず、「キノコ町」ville-champignon 等と呼ばれた）の首長たちが、財政的手当てを求めて建築許可の発行を拒否し、交渉に出てきた知事やパリ首都圏開発の政府責任者（55 年に新設された「パリ圏住宅建設・都市計画長官」Commissaire à la Construction et à l'Urbanisme de la région parisienne）シュドロー（Pierre Sudreau）を吊るし上げるといった小さな政治危機に発展していた[13]。55 年以降、MRU は FNAT を使って問題の処理を図ろうとするが、内務省はこれをコミュンの後見監督権への侵害と看做して反撃した[14]。激しい縄張り争いの結果、新しい居住区域（ZH と略される）や産業区域（ZI と略される）を創設する場合に限ってではあるが、FNAT にコミュンのインフラ整備事業の管轄権が与えられ、MRU は突破口を開いた[15]。

　第五共和制への移行と共に MRU／MRL は建設省に改組され、都市開発事業に対する更なる中央統制の強化に乗り出した。その手段となったのは都市計画である。フランスにおける都市計画は、1919 年 3 月 14 日法によって初めて導入（24 年 7 月 19 日法で補完）された。当初は、コミュンが策定主体で、作成を義務付けられたのもパリ市を含むセーヌ県の人口 1 万以上のコミュンだけであったが、ヴィシー政権下の都市計画法（43 年 6 月 15 日法）では、複数のコミュンからなる「都市計画グループ」（Groupement d'urbanisme）という地区が設定され、この地区に対応する都市計画は中央政府の責任で作成されることになった。この流れを引き継ぐ形で、建設省は 58 年 12 月 31 日デクレによって更に集権的な都市計画制度を導入した。「都市計画グループ」や人口 1 万以上の都市に「基本都市計画」（Plan d'urbanisme directeur）の作成が義務

---

d'équipement annexes des années 1930 au milieu des années 1960", *Histoire urbaine* no. 23（2008）で詳細に論じたので、本書では概略に留める。

[13]　AN F1a/4803. 詳細は Nakayama, "La construction", p. 60 を参照。

[14]　s.a.［Ministère de l'Intérieur］, "Note pour M. Lahillonne, Directeur de l'Administration communale et départementale", 20/7/56 ; "Les conséquences de l'extension du rôle du FNAT", s.d. ; "Note pour M. le Ministre : intervention du FNAT", 26/7/56, AN F1a/4800.

[15]　AN F1a/4800, Dossier "Fonds National d'Aménagement du Territoire" による。

付けられ、作成主体は国とされたのである[16]。

　直後の 59 年 1 月、初代建設相に任ぜられたばかりのシュドローの名前で、グルノーブルやレンヌを含む、全国の主だった地方都市に都市計画作成の大号令を伝える通達が発せられた。但し、第 3 章以下の事例分析で見るように、60 年代初めの段階では、国主導の広域の都市計画が実際に地方都市コミュンの都市開発やインフラ整備の事業を大きく拘束することは寧ろ稀であった。本書で取り上げる 3 都市のうち、実質的な政治課題となったのはグルノーブルだけである。しかし、同じデクレによって、集権的都市計画の一環として導入されたZUP（優先都市化区域）の制度は、60 年代半ばまでの都市開発の基本骨格を強力に規定することになった。そしてその最大の受益者となったのは、CDC と系列グループ、特に都市・地域開発を担当する SCET であった。

(2) 増殖する CDC グループとその封じ込め

　1) SCET の躍進と逆風　ZUP は、既存の都市区域の外部に新たな居住区を開発する際の法制度のひとつであるが、他の制度に比べて、住宅建設を担う開発業者に対して強い規制を掛け、とりわけ道路や上下水道といった付属インフラの整備の工費に関して重い負担を課している。30 年代のセリエらは、住宅建設と付属インフラの間の資金面のズレを政治的な圧力・介入で埋めようとした[17]のに対して、建設省は ZUP の厳しい規制によって制度的な解決を与える道を選択した[18]。

　既に 57 年 8 月 7 日の住宅建設に関する枠組法（loi-cadre）で、投資資金配

---

[16]　原田純孝他編『現代の都市法』東京大学出版会、1993 年、171–180、195–6 頁。原田純孝「フランスの都市計画と地方分権（上）」『社会科学研究』44 巻 6 号（1993 年）16–25 頁。羽貝正美「フランスにおける都市計画の展開 (1)（2・完）：都市形成における計画化とその主体の確立を中心に」『法政理論（新潟大学）』26 巻 4 号（1994 年）253–291 頁、28 巻 3 号（1996 年）29–36 頁。

[17]　Nakayama, "La construction", pp. 56–9. 筆者前稿 I 第 2 回、3–9、15–21 頁を参照。

[18]　Sylvie Biarez, *Une politique d'urbanisme : les Z.U.P.*, thèse de doctorat, Université Pierre Mendès France-Grenoble, 1971, pp. 105–127. Ministère de la Construction, *Les Z.U.P. : leur état de réalisation, leurs équipements, ce qu'elles coûtent*, 1965. Jean Jamois, *Les zones à urbaniser par priorité*, Berger-Levrault, 1968, pp. 156–178, 189–200. 以下、より詳細には Nakayama, "La construction" を参照。

分において付属インフラに住宅本体の建設と同等の優先度を与えるべきという原則は掲げられていたが、具体的な制度化はなされていなかった。ZUP に関する前記のデクレは、この点で二重の制度的保障を与えた。第一に、ZUP 創設に際しては、FDES の所管委員会に財政計画を提出し承認を得る必要があり、この財政計画には住宅と付属インフラ双方の建設に必要な資金の手当てが明記される。ZUP 創設に出資する省庁や CDC などの公的金融機関も、両者に同等の優先順位を与えるよう促される。第二に、ZUP の枠内で住宅建設を行う開発業者は付属インフラの整備（「土地の可住化」viabilisation du terrain）費用の一部を負担することを義務付けられ、応じない場合、住宅建設を受け入れたコミューンの首長は建築許可の発給を拒否できる。

　後に 63 年 3 月 11 日のアレテと通達で業者負担の詳細も定められ、建設する住戸専用の施設は全額、新たに作られる居住区内の施設は少なくとも一部を負担することになった。新居住区と外部とを繋ぐインフラについては全額コミューンの負担となったが、区域内施設のコミューン負担分とあわせて、国がコミューンの持ち出し額の 60%、総工費の 30% を上限に補助金を出すことになった。こうしたシステムによって、コミューンの実際の負担は、パリ首都圏の ZUP の場合、総工費の 10%、地方でも 20% に抑えられたといわれる。

　ZUP を使うことで地元コミューンは、付属インフラ整備に伴う負担が軽減され、しかも ZUP が承認されれば、必要な公的資金を優先的に、かつ（事業種目毎にではなく）一括して割り当てられることになった。そのため、60 年代の主要な都市開発の殆どにおいて、地方自治体はこの ZUP の形式を選択した。しかし、「ディリジスム」（dirigisme：指導経済）色が強いこの制度は、住宅開発業者側にインフラ整備の重い負担を課したため、ZUP を選択すると民間業者は参入しにくくなった[19]。結果として、規制や財務負担を厭わない（CDC から優先的に資金供給を受けられるため）SCET と系列の開発 SEM が、この時期に集中的に行われた「大規模団地」の造成において圧倒的な地位を占めるこ

---

[19]　開発業者が住戸の販売で経費を回収するまで、FNAT（後に FNAFU：後述）が中期（6 年）の低利融資を提供する制度が設けられたが、大規模団地の場合、6 年では短すぎ、SCET 系 SEM 以外は条件の悪い短期融資に頼るしかないことが多かった。Biarez, *Une politique*, pp. 110–1. d'Arcy, *Structures*, pp. 194, 228 も参照。

とになった。66 年末時点までに全国で創設された 173 ヵ所の ZUP のうち、SCET とその指揮下にある SEM が 109 ヵ所までを手掛けたといわれる[20]。

　前項で見たように、第四共和制下には、団地建設を巡って、中央政府内でも内務省と、集権的な計画化を指向する MRU が主導権争いを繰り広げたが、ZUP 創設と共に、これを所管する FNAT と建設省（MRU の後身）が優位を確立した[21]。他方、60 年代に入ると、国土整備政策の調整を所管する一連の政府組織が創設される。1960 年 11 月に設置された CIAT（国土整備省際委員会）が政府としての最終決定を行う機関であるのに対し、63 年 2 月のデクレで首相直轄下に創設された DATAR（国土整備・地域行動庁）は、国土整備政策を直接に所管する官庁の性格が強く、建設省との間で激しい権限争いが展開された。DATAR は顕著なテクノクラシー志向を持っていた[22]が、建設省内でも、よりテクノクラティックな志向を示す国土整備局が、FNAT（後に FNAFU）の運営などにおいて、地元政界との調整を重視する建設局に対して優位に立った[23]。SCET はこうした中央政府の上からの指導の尖兵となり、CDC が兵站を担い、地方公共投資において他を圧する地歩を築いていった。

　資金を握る CDC＝SCET は、次々に子会社を設立し、開発事業や都市計画の専門知識をも手にして、都市開発や地域開発に対する支配を強めようとし

---

[20]　この他に、ZUP 制度によらない、居住区域（ZH）開発のうち、165 を SCET 系が手がけている。d'Arcy, *Structures*, p. 53.

[21]　建設省は大規模団地についてはインフラ整備も含めてほぼ権限を独占し、指揮下の基金（FNAT は 63 年 2 月のデクレで、DATAR が管轄する FIAT：国土整備省際基金 Fonds interministériel d'aménagement du territoire と、建設省管轄の FNAFU：土地整備都市計画全国基金に分割された）の資金量は大幅に増大した。Note "FNAFU. Origine et objet", attachée à la lettre du Ministre de Construction au Ministre des Finances, 9/6/64, CAEF, B25103. 内務省は、コミュンの負担を軽減する ZUP の創設を支持したが、FNAT と建設省の管轄拡大には最後まで反対し続けた。Lettre du Ministre de l'Intérieur au Ministre de la Construction, 7/11/58, AN 19770816–6.

[22]　June Burnham, *Politicians, Bureaucrats and Leadership in Organizations : Lessons from Regional Planning in France*, Basingstoke : Palgrave Macmillan, 2009, pp. 38–55. Cathérine Grémion, *Profession : décideurs*, Bordas, 1979, chapitres 6, 8. 川崎信文「フランスにおける地域改革──1964 年改革の成立と展開」『（名古屋大学）法政論集』95 号（1983 年）185–7 頁。

[23]　Circulaire du Ministre de la Construction aux Directeurs de l'Aménagement du Territoire et de la Construction, 22/1/59, AN 19770779–8.

た。全国各地の主要な都市コミュンがこの怪物にいかに立ち向かい、どれほど
の自律性を事業遂行に確保できたかは、本書第2部で3つの都市圏について詳
細に検討されよう。

2) CDC包囲網の形成　地元自治体だけではなく、中央省庁からもCDCの権
力増大に対して警戒感が強まった。ZUPなどで住宅建設を行う開発業者（SEM
を含む）に事業資金を前貸しするFNAFUの原資は、本来国庫から拠出される
ことになっていたが、1964年以降、国庫の逼迫のため、これをCDCに肩代
わりさせることになった。次項で見る「予算外化」の動きの一環であり、以後、
FNAFUの中期融資は「FNAFU＝CDC前貸し」（avance FNAFU-CDC）
と呼ばれるようになる。大蔵省は「予算外化」を進める一方、このままでは
CDCが国土整備政策を私し歪めるのではないかという危機感を抱き始めた。
FNAFUで決定された融資に対してCDCは原則として拒否権や再審査権を
持たない。FNAFUで案件審査を行う運営委員会（Comité directeur）にも、
CDC代表は出席するものの、オブザーバーで投票権はない。しかしCDC代
表が委員会で事業の採算性や優先順位を口にし始めれば、資金を提供する「銀
行家」の影響力は無視できず、結果として、FNAFU融資の配分において
SCET系のSEMの案件が優先されるのではないか。つまり「SCETやSCET
の掌中にある無数のSEMを通じて、実質的には公権力も抗えないような主導
権（initiatives）を握っているCDCの手に、国土整備分野の事実上の指揮権ま
でもが移ってしまう危険があるのだ[24]」と。

　CDCと密接な関係にある大蔵省ですら脅威を感じるのであれば、地方自治
体を庇護・後見する立場の内務省がCDCの抑え込みに躍起になったのは当然
であり、SCETを繰り返し批判した。開発事業に伴う地元自治体負担分を、
SCET案件であればCDCが極めて安易に融資してしまうため、地方自治体
側には心理的に当事者意識がなくなる。その結果、議論も選択の自由もないま
ま負担とリスクだけを押し付けられる。財政的にも、地域経済発展のためのイ
ンフラ投資の借り入れを地方自治体が保証するのは、その資力を超えたリスク

---

[24]　M. Blancart, "Problèmes posés par la débudgétisation du F.N.A.F.U. Pouvoirs
réels de la Caisse des dépôts", 4/12/63, CAEF B25103.

第 2 章　高度成長期における官僚統制の後退　　　　97

を背負うことになるが、CDC＝SCET が背にしている国策（「上位の至上命題」impératifs supérieurs）の故に拒否できなくなっており、それに付け込んで SCET は恣意的な値上げや切り離し可能な周縁的事業まで押し付けていると[25]。

　こうした批判を集約する形で、63 年に会計検査院による調査報告[26]が、続いて 65 年、行政査察官（inspecteur général de l'administration）バルドン（Bardon）の報告が提出された。バルドン報告は、必要な改革として、SCET グループの活動は以後、政府機関の作成した計画に沿って行われること、SCET が享受している CDC からの短期融資（avance）を他の業者にも与えるべきことと並んで、SCET の事業がこれまで収益性の観点から地理的に偏在し、貧しい県が敬遠されてきたことを批判し、遍く開かれた公共サーヴィスとしての責務を果たすべく、要請があった場合は地方自治体の事業への協力を義務とすること、また、SCET が過度の支配力を持つのを避け、地元自治体による事業への実質的なコントロールを確保するために、事業全体を全面的に管理（administration générale）する SEM 方式に代えて、自治体や業者の求める個別の支援サーヴィス（simple assistance）を提供する形に改めるよう求めた。

　ところが 66 年 1 月 4 日の SCET の業務委員会（Comité administratif）にバルドン本人を招いて報告内容を検討したところ、既に実行されていた省庁による事業の計画化（programmation）以外の勧告は、全ての項目について計画庁や DATAR の代表者から強い反駁がなされ、内務省の地方公共団体総局[27]の総局長パレズ（Gabriel Pallez）ですら、現在の SCET の事業形態の効率性を認めざるをえなかった[28]。議長を務めた CDC 総裁ブロック・レネはバルドン

---

[25]　Notes du Ministère de l'Intérieur, mai et juin 1964, AN 19770153–12 et 13.

[26]　会計検査院の調査結果を、CDC 監査委員会メンバーを兼ねる同院第一部長グリュイエから CDC＝SCET グループ首脳宛の手紙の形で公表した。Lettre de Hervé Gruyer, Président de la Première Chambre du Cour des comptes au Directeur général de la CDC et au Président de la SCET, 1/7/63［以下 Lettre de Gruyer と略記する］, AN 19770153–12.

[27]　県コミュン行政局（82 頁註 37 参照）が改称し Direction générale des collectivités locales（DGCL）となった。

[28]　但し、パレズは知事団ではなく、大蔵省・財務査察官団出身であることに注意を要する。

98 第1部　地方インフラ整備事業をめぐる中央統制の盛衰

の労を多としつつも、SCETの組織改革や地方自治体との関係に関しては改革
案を取り入れず、現状維持とするのが委員会の総意だと結論付けた[29]。

　また財政面では、SCETの赤字を補塡するため、62年初め以降、CDCは、
系列の開発SEMに運転資金の短期融資を行う際に、SCETが0.8%の手数料
を徴収することを認めていた[30]。この短期融資は利率が特別に低く設定されて
いたため、強ちCDC側の搾取とは言えなかったが、グルノーブル（244頁）、
レンヌ（274頁）などの事例で見るように、手数料徴収自体が地元の地方自治体
の怨嗟の的となっていた。CDCは、63年の会計検査院報告の勧告[31]に従って、
SEMへの短期融資をSCETを介さない直接融資に切り替え、同時にSCET
には赤字を埋める運営費補助金を出すことを決めた[32]。

　このようにCDC側は一通りの対応を行ったものの、省庁のSCETへの不
満はおさまらず、66年2月のCIATの決定を経て、4月、首相ポンピドゥー
名でSCET総裁宛の書簡が発出され、開始されたばかりの第五次プランへの
貢献の強化を名目に、一連の改革が勧告された。プランが地域化（régionalisa-
tion：経済計画化を地域［圏］région[33]単位で行うこと）されたのに対応して、
SCETも内部構造を分権化し地域代表部（délégations régionales）への権限
分散を進め、地域圏知事（préfets de région：64年の改革で新設）との連携を
強化すべきこと、一部の豊かな県に集中する事業展開を改め、公共サーヴィス
を担う機関として、最貧県を含むSEMの空白地域を埋めるよう努力すべきこ
となどが求められた[34]。

　地域化については、後に見るように、CDCが地域代表（90頁）への授権・分

---

[29]　Compte-rendu du Comité administratif de la SCET, 4/1/66, AN 19770153–12.
d'Arcy, *Structures*, pp. 231–4 も参照。

[30]　Lettre de Gruyer, p. 11, AN 19770153–12.

[31]　Lettre de Gruyer, p. 16, AN 19770153–12.

[32]　Compte-rendu du Comité de Direction de la CDC［以下CtD-CDCと略記］,
7/1/64, 24/3/64, ACDC 890115–002.

[33]　本書では64年以降のrégionに「地域圏」の訳語を宛てる。59～60年に国土整備等の広
域行政区画として「地域活動区域」（circonscription d'action régionale）が設けられ、こ
れに64年改革で知事、72年に議会が置かれ、82–3年の分権改革で完全自治体となる。

[34]　Projet de lettre du Premier ministre au Président de la SCET, 25/3/66, CAEF
B28464. 正式の手紙は4月28日付。d'Arcy, *Structures*, pp. 233–4 も参照。

散化に積極的で、SCET での分散化にも怠りはなかった。他方、空白地域への進出については、63 年に会計検査院から同様の指摘があり、アヴェロン県のドゥカズヴィル（Decazeville：炭鉱地区）などに参入してみたが、地域単位でSEM を設置しても事業継続は困難と実証済みだった[35]。

　他方、バルドン報告では、地元自治体の実質的決定権の回復という関心が中心的な位置を占めていた。この首相書簡では後景に退いていたものの、第 4 章のレンヌ都市圏のケースで見るように、CDC ＝ SCET による地域開発への介入に対する反発はなお強かった[36]。CDC も対応を迫られ、例えば、首相書簡の勧告の一項が地方自治体代表の役割を強化するよう求めているのを受けて、ブロック・レネは SCET の理事会の構成を変え、地方自治体代表に 12 のうち4 議席を割り当てた[37]。

　3) 都市計画統制の強化と棲み分け　首相書簡は、勧告の中身よりも、首相ポンピドゥー自ら、CDC グループの過大な影響力を許容しない中央省庁の側に立つことを示したことの方が決定的であった。但し、首相の暗黙の支持を背景に、CDC グループから権力を削ぎ落としていったのは、これまで CDC に対して締め付けを試みてきた大蔵省や内務省ではなく、66 年 1 月に建設省が公共事業省と合併してできた設備省や DATAR である。

　最初に標的になったのは都市計画の分野だった。58 年に建設省の手によって、地方の都市計画への国の関与が強化されたことは既に触れたが (92-3 頁)、65 年前後から建設／設備省は、地域化された第五次プランの立案過程と連動する形で、地方の都市計画作成に対して実質的な統制を強化し始めた。その起点になったのは、64 年 6 月 2 日の CIAT 決定で創設された GCPU（都市計画化中央グループ）である。パリへの一極集中を是正すべく、第五次プランに備えて「均衡中核都市」（Métropoles d'équilibre：63 年に DATAR が 8 都市を指定。公式には 64 年 6 月 2 日の CIAT 決定）が指定されるのと同時に、

---

[35]　Réponse de Bloch-Lainé, 31/10/63, AN 19770153–12.

[36]　SCIC の住宅建設も同様であり、例えばパリ首都圏でも首長らの反発が高まって、CDCグループ幹部のルロワ（107 頁参照）がド・ゴール派 UNR（新共和国連合）の議員団で釈明させられた。CtD-CDC 1/12/64, ACDC 890115–002.

[37]　地方自治体に対する心理的な効果を狙ったものに過ぎないと明言して他の理事を説得した。Compte-rendu du Comité administratif de la SCET, 25/5/66, AN 19770153–12.

CIAT に対する諮問機関として計画庁傘下に GCPU が設置され、経済計画の
「地域化」を掲げる第五次プランの作成・実施のために、均衡中核都市などの開
発計画の検討を担当することとなった。これは内務省が DATAR や計画庁と
組んで設置した機関であった[38]のに対し、DATAR が建設／設備省と共に設立
したのが、均衡中核都市を中心とする広大な「中核都市圏」(aire métropoli-
taine) 毎に順次設置された OREAM (中核都市圏計画作成地域機関：66 年 2
月 24 日の CIAT 決定で創設)[39]である。各中核都市圏の広域の開発計画作成を
本務としつつも、各都市 (圏) 毎に設立が進んでいた都市計画機関を中央省庁の
出先である OREAM の統制下におき、大都市圏の開発計画に対する介入を強
化しようとし始める。

　別稿で明らかにしたように[40]、この OREAM 創設を受けて、CDC = SCET
グループ中央は大きな方針転換を行った。65 年末から 66 年初めにかけて、ブ
ロック・レネ以下、グループの最高幹部を集めた会議で対応を協議した結果、
地方主要都市における都市計画の主導権を巡って建設省、特に都市計画の掌握
を進める土地整備・都市計画局 (Direction de l'Aménagement foncier et de
l'urbanisme：MRU 国土整備局の後身) の局長マセ (Roger Macé：財務査察
官団所属。計画庁の国土整備担当から 58 年に建設省建設局長に転じ、63 年に
横滑りで着任) と衝突することを恐れ、地方の都市計画の分野からほぼ全面的
に撤退することを決定したのである。

　既に 58 年以降、CDC グループは、SEDES (Société d'études pour le
développement économique et social) や BETURE (Bureau d'études
techniques pour l'urbanisme et l'équipement. 60 年創設) を皮切りに、次々
とコンサルタント会社 (bureaux d'études) を設立していた。こうした系列会

---

[38]　Taoufik Ben Mabrouk, *Le pouvoir d'agglomération en France*, Harmattan, 2007,
p. 36.

[39]　OREAM の制度について簡潔には、André Lefebvre, *Villes et planification*, Berger-
Levrault, 1973, pp. 34–7.

[40]　Yohei Nakayama, "Le groupe CDC et la politique d'équipement du territoire de
1928 à 1967. De la participation passive à l'hégémonie «technocratique»?", in Phi-
lippe Verheyde et Michel Margairaz (dir.), *Les politiques des territoires*, P.I.E. Peter
Lang, 2014, pp. 83–5.

第 2 章　高度成長期における官僚統制の後退　　　101

社は、SCET や CDC との太いパイプを生かして、SCET や系列の開発 SEM
が手掛ける事業に関連した業務の大部分を受注した[41]だけでなく、SCET が管
理部門の経費を肩代わりしてくれるが故の安い価格を武器に、民間の同業者の
取り分にも食い込んでいった。これをみて早くも 60 年夏の段階で、当時のド
ブレ（Michel Debré）首相からブロック・レネに対して、CDC が調整して傘
下のコンサルタント会社を抑えるよう要請がなされた[42]。しかし CDC グルー
プは、都市圏レベルの広域の都市計画についても、63 年、国内ではグループ初
の地方都市計画機関となる SORETUR（Société rouennaise d'études ur-
baines）をノルマンディのルーアン（Rouen）都市圏に設立し[43]、更に他の都市
圏にも進出する構えを見せていた[44]。

　しかし、65 年 10 月、DATAR や建設省が、後に各地の OREAM となる
地域別の都市計画機関を直轄の形で各地に設立しようとしていることがわかる
と、CDC 総裁のブロック・レネは、SCET ＝ SEDES 運営会議（Comité de
direction SCET-SEDES）で、中央省庁が「縄張り」（chasses gardées）に
したいと狙っている領域に踏み込んではならない、いわゆる「ラシーヌ委員会」
（当時ドブレ蔵相の官房メンバー chargé de mission だった Pierre Racine を
長とする）が都市開発立案（études urbaines）業務の市場分割について検討し
ているので、その裁定を待つべしとの号令を下した。その後出されたラシーヌ
委員会の裁定案を軸にして、CDC は中央省庁側と 66 年 6 月まで交渉を続け
たが、建設／設備省は立場を硬化させる一方だったため、結局、ブロック・レ
ネ以下の CDC グループ首脳陣は、ランス（Reims）などごく一部の都市圏を
除いて、建設／設備省主導の都市計画機関には参加しないことを決定した。以
後、SEDES は都市開発分野から撤退し、BETURE は SCET から受注を続

---

[41]　CtD-CDC 2/1 et 31/12/63, ACDC 890115–001. Lettre de Gruyer, p. 13, AN
　　19770153–12 も参照。

[42]　CtD-CDC 8/6/60 et 21/5/63, ACDC 050463–001 et 890115–001.

[43]　Frédéric Saunier, "De la maternité à l'orphelinat : l'aménagement de la Basse
　　vallée de la Seine", *Vingtième Siècle*, no. 79 (2003), pp. 53–67. 終章第 1 節 (2) 334 頁
　　も参照.

[44]　以下は特記しない限り、Procès-verbaux du Comité de direction SCET-SEDES, du
　　23/4/65 au 24/6/66, ACDC 010235–001 による。

けたものの、地方都市に系列の都市計画機関を設置することはなくなった[45]。

　ブロック・レネらが都市計画分野からの撤退を決めた背景には、都市計画や都市開発立案業務の分野においては、CDC グループは開発 SEM 分野に比べて、十分な地歩を築きえていないという認識があった。実は、60 年代初めから、SEDES や BETURE、そして SCET 本体の中の事業立案部門など、グループ内で業務の受注を巡って激しい競合が発生しており、グループ首脳は繰り返し調整を試みたものの、いずれも失敗に終わった[46]。数年の間、グループ内の競合で互いに消耗しあった結果、競合他社の参入を許してしまったので、都市計画の分野は、開発 SEM に匹敵するような、「都市開発立案におけるグループ第二のネットワーク」にはなりえないことはもはや明らかだとブロック・レネらは考えていた。そうであれば、都市計画分野で敢えて建設／設備省と正面衝突を引き起こし、CDC グループの柱である全国の開発 SEM を政治的な危険に曝すことは得策ではないとの判断であった。

　その後、67 年末の「土地基本法」（Loi d'oirentation foncière）によって、58 年 12 月 31 日デクレの都市計画制度に替えて、SDAU（都市整備基本計画）と POS（土地占有計画）の組み合せからなる計画体系が導入された[47]。都市圏など広域に対応する SDAU については、OREAM を通じて設備省や DATAR が中央集権的に作成に介入し始める。その手段として、第 2 部で見るように、OREAM と設備省はまず、SDAU 作成を行う都市圏毎の都市計画機関の設立や運営に強力に関与し、これをその制御下に置こうとした。他方、土地基本法では、各県の設備局（設備省の出先機関［104 頁参照］）の下に「都市計画調査・作成グループ」（GEP）を置くことができるようになり、設備省の外からも多様な専門能力を持つ若手を中心とする人材を集めて、OREAM 同様、官製の都市計画機関として機能した。本書第 2 部で取り上げるグルノーブルやレンヌの場合、均衡中核都市ではなく、他の中核都市の中核都市圏にも当

---

[45]　SCADC (Société centrale d'aide au développement des collectivités locales), Compte-rendu sur l'activités des filiales, présenté au Conseil d'administration du 26/6/69, AN 1970153–12. BETURE の人員 254 人のうち 211 人はパリ配属だった。

[46]　CtD-CDC 18/2/63, 10/12/63, 12/5/64, 30/6/64, ACDC 890115–001.

[47]　原田他編『現代の都市法』180–3 頁。原田「フランスの都市計画と地方分権（上）」25–28 頁。羽貝「フランスにおける都市計画の展開（2・完）」37–38 頁。

初は入っていなかったため、OREAM ではなく GEP を通じて設備省が都市計画への介入を図ることになる[48]。

かくして CDC グループの都市計画分野からの撤退によって、60 年代半ば以降、都市計画の主導権を巡って都市コミュンと鬩ぎ合いを展開するのは、CDC = SCET グループや傘下の開発 SEM よりも、DATAR = OREAM や設備省（GEP）となった[49]。つまり、ZUP までは CDC = SCET と系列の開発 SEM が一手に独占していた、事業実施と、都市計画や事業立案という 2 つの役割が、60 年代半ば以降は、CDC グループと、設備省ないし DATAR = OREAM という 2 つのアクターに分割されることになったのである。統制を掛けようとする中央権力の側が割れたことは、都市コミュンにとっては、取りも直さず、力関係が有利になり、事業遂行の自律性の回復の可能性が広がったことを意味する。CDC = SCET グループが全てを握っていた時代とは異なり、第 3 章のグルノーブル都市圏の例で見るように、県議会の支援を得て CDC 系の開発 SEM を手なずけつつ、自前の都市計画機関に周辺コミュンの支持を集めて OREAM と設備省の統制を跳ね返すという、いわば"各個撃破"の途が開かれたのである。

4) CDC グループの落日と開発 SEM の行方　CDC グループを追い落とそうとする設備省の攻勢は、決して都市計画分野に留まらなかった。まず、資金配分に関しては、64 年以降、建設／設備省は、ZUP や SEM に対する CDC と FNAFU の融資配分の「プログラム化」（programmation）を開始していたが[50]、その延長として、66 年に GIF（土地整備省庁間調整グループ Groupe interministériel foncier）が設置された。これによって、ZUP、ZAC（後述）や ZI などの大型の開発案件に供与される CDC や FNAFU などの長期融資の配分は、設備省が主催するこの GIF が作成する計画に基いて決定されるこ

---

[48]　OREAM の置かれた大都市でも、OREAM に対して DATAR の影響力が強まり、OREAM は県や地域圏の設備局から自律化してこれと競合するようになっていった。Ben Mabrouk, *Le pouvoir d'agglomération*, p. 67.

[49]　Saunier, "De la maternité", pp. 61–63. Sylvie Biarez, *Le pouvoir local*, Économica, 1989, pp. 105, 109 も参照。

[50]　Procès-verbaux du Conseil d'administration de la SCET, 29/6/64, 21/5/65, ACDC 202–2.

とになった[51]。大規模開発案件に対する中央での資金配分の集権化と共に、ZUP を通じて肥大化した CDC の影響力を殺ぐことが目的だったのは明白であろう[52]。更に、CDC グループの覇権を支えた ZUP の制度自体が槍玉に上げられた。ZUP は、国による規制が強く、住宅開発業者に課せられるインフラ整備の負担が重すぎて民間業者に敬遠された結果、想定した量の住宅を供給することができなかった、として、67 年末に創設された、より統制の弱い ZAC（協調開発区域）に取って代わられたのである[53]。ニュータウン方式への移行も、同じように、CDC の封じ込めの一環であったと理解されている[54]。かくして、CDC ＝ SCET グループは、66-67 年、首相を巻き込んだ設備省の攻勢を受けて、地方開発における圧倒的プレゼンスを徐々に減殺されていった。

但し、このことは、全国各地で都市コミュンの都市開発事業の多くを受託していた CDC 系の開発 SEM が、CDC ＝ SCET の影響力から脱していったことを決して意味しない。CDC が都市計画分野を放棄したのも、地方インフラ整備の事業遂行を直接掌握する手段たる開発 SEM のネットワークを守るためだったのであり、67 年以降も CDC グループは、同じく管轄権を主張する県建設局（66 年から県設備局 DDE：Direction départementale de l'équipement）などの出先機関に対抗して県開発 SEM への影響力維持に意を用いた[55]。

---

[51] Ibid., 4/1/66, p. 3；25/5/66, pp. 6-7；4/11/66, pp. 3-6. Biarez, *Une politique*, pp. 107-110. Jamois, *Les zones*, pp. 76-77. d'Arcy, *Structures*, p. 208.

[52] Loïc Vadelorge (dir.), *Gouverner les villes nouvelles*, Le Manuscrit, 2005, pp. 183-4. GIF に関する史料はほぼ全てが石綿汚染により閲覧不能になっている。

[53] 容積率などの規制を緩めて利潤率を上げるのと引き換えに、開発業者の付属インフラに対する経費負担を増やし、コミュン負担の軽減を図った。Biarez, *Une politique*, pp. 128-130.

[54] Loïc Vadelorge, "Les villes nouvelles contre la CDC", *Histoire urbaine* no. 23 (2008), pp. 129-144. *L'Aménagement de la région parisienne 1961-1969*, Presses de l'École nationale des Ponts et Chaussées, 2003, p. 117. 因みに、ドブレ蔵相の金融市場改革［第 2 節 (2) 1) 参照］を背景に、大蔵省、特に大臣官房からの強い指示により、67 年 2 月、CDC グループを持ち株会社化する改組が実施された。ACDC PVCS 24/2/67, pp. 55-60. その後まもなくブロック・レネの辞任が決まり、ルロワ（107 頁参照）も SCET 総裁から理事長（Président）に退いた。CtD-CDC 10/5/67, pp. 207-210, ACDC 890115-003. ドブレの回顧録では、転職を希望していたブロック・レネにドブレがクレディ・リヨネ頭取ポストを提案したことになっている。Michel Debré, *Gouverner autrement, 1962-1970*, Albin Michel, 1993, p. 69.

[55] CtD-CDC 12/12/67, ACDC 890115-003.

第 2 章　高度成長期における官僚統制の後退　　　　105

　とはいえ、第 2 部で見るように、主要都市の首長らも、県議会や地元政界を仕切るノタブルたちも、SCET や CDC の SEM 支配を掘り崩そうと努めており、上に見た、SCET の短期融資の手数料徴収を巡る SEM 理事会における鬩ぎ合いも、その力比べの一齣だった。開発 SEM は、CDC ＝ SCET グループの国土整備政策における影響力が頂点にあった頃から、中央、地方にわたる政官のアクターがその支配権を巡って鎬を削る場となっていたのである。

　次項に見るように、60 年代半ば以降、産業投資の増加などによって、地方公共投資に配分しうる公的資金は減少し、中長期的には、資金配分を通じた地方への統制力は減退していくことになる。67 年土地基本法による都市計画統制の強化はこれを補う形になり、いわば中央政府は主たる統制手段を資金配分から専門知識・技術へと切り替えていったともいえる[56]。しかし短期的には、ZUP や ZAC など、大規模な都市開発向けの融資は GIF を通じて中央官僚制の管理が強化された。プランによる資金配分がこれに連動し、第五次プランは都市コミュンにとって死活的な意味を持ち始める。かくして、第 2 部で見るように、60 年代末から 70 年代初めにかけては、多くの大都市コミュンが都市計画と資金配分の両面での中央の統制強化に苦しむことになる。

　70 年代に入ると、次節で見るように、CDC を支える貯蓄金庫の預金が落ち込み、公的融資は低金利の優位性を失っていく。これによって、地方自治体が CDC からの低利融資の供給をアテにして CDC 系の開発 SEM を選択するインセンティヴは徐々に小さくなる。しかし SEM は、地方インフラ整備事業の立案・実施に必要な専門能力の蓄積を通じて、引き続き、地方自治体の自律性を拘束し続けた。SCET は資金面での依存が薄くなった CDC 本体からの自律性を徐々に高めつつ、傘下の SEM を統率し、都市開発を中心に、地方インフラ整備事業で極めて大きな役割を果たし続けた。60 年代後半から 70 年代にかけて、自治体の自律性の回復を目指す首長にとっては、まずこの SCET ＝ SEM の支配から抜け出すことが第一の課題となる[57]。その帰趨は、第 3 章以

---

[56]　原田「フランスの都市計画と地方分権（上）」27 頁。

[57]　Patrick Le Galès et al., "Les sociétés d'économie mixte locales : outils de quelle action publique?" in Francis Godard (dir.), *Le gouvernement des villes*, Descartes, 1997, pp. 29–38.

下で見るように、地元側の要因によって左右される部分が大きかった。

（3）資金配分回路の多元化と地方分散化

58 年以後のド・ゴール政権下で、中央省庁が補助金など資金配分に対する統制を強化すると同時に、CDC＝SCET グループの公的融資も、SEM を通じて、いわば上から地方へと流し込まれる形となる部分が大きくなり、資金配分のパターンは一変した。しかし、こうした集権的な配分パターンは必ずしも安定しなかった。通貨・財政再建の成功によって緊急事態が乗り越えられると、金融官僚制の統制力は僅か数年で弛緩し始める。

1）CDC 融資の逼迫と政治的圧力の増大　1966 年以降の第五次プランでは、地方自治体、特にコミュンの累積債務や地方税負担は目に見えて重くなった［後述第 2 節 (1) 1) 参照］が、第四次プラン（62 年―）終了の 65 年時点では、コミュンの投資支出（dépenses d'investissement）は経常支出（dépenses de fonctionnement）と同程度の伸び（68% と 64%）に留まっている。地方直接税の税収の伸びも同程度（66%）であるのに対して、補助金の伸びはこれを上回る（82%）。他方、借入金の伸び（72%）はこれに及ばず、粗固定資本形成に占める割合も、補助金が横ばいであるのに対して借入金は低下している。特に CDC など公的金融機関からの借入が比率を下げており（62 年 89% → 65 年 76%）、第四次プラン中に地方財政が抱えていた最大の問題は、公的金融機関から低利融資を得るのが難しかった点にあることがわかる[58]。

なぜ CDC などの低利融資へのアクセスが困難になっていたのか。58–59 年のド・ゴール政権の改革が奏功し、通貨・財政状況が安定に転じると、貯蓄金庫への預入は順調に伸びていた。第四共和制末期に引き締められた CDC の貸出額は、第五共和制への移行と共に高いペースで伸び始め、58 年から 62 年までの間に概ね倍増した[59]。従って、最大の要因は地方公共投資への配分が減ら

---

[58]　Direction de la Comptabilité publique, "Évolution des finances des collectivités locales au cours du IVᵉ Plan", s.d., AN 19880211–5. 61 年には融資充足率は 8 割を越えるまでに回復していた。Yves Fréville, "Recherches statistiques sur l'économie des finances locales", thèse de doctorat, Université de Rennes, 1966, tome 2, pp. 148–150.

[59]　ACDC PVCS 8/3/63, pp. 56–60.

第 2 章　高度成長期における官僚統制の後退　　107

されたことにある。50 年代半ば以降、政府は本来、予算や FDES 資金から出すべき産業投資、特に新規事業 (核開発など) や基幹産業の投資への国の出資分を CDC に代替させる「予算外化」の便法を繰り返した[60]。これが CDC の余剰資金を更に減少させた。60 年代に入って、停滞していた住宅建設の資金需要が伸び始め、しかも住宅建設への国庫融資分についても予算外化が進められると、住宅建設以外の地方公共投資への融資が強い圧迫を受けることになった。

　地方公選職の不満は議会に鬱積し、これに対処すべく、62 年 2 月、「地方公共団体設備投資資金調達問題検討委員会」、通称マストー委員会が設置された。委員長マストー (Jacques Masteau) は、ポワチエ (Poitiers) 市長を兼任するヴィエンヌ (Vienne) 県選出の急進党系の上院議員であり、他の議会代表の委員も多くは、非ド・ゴール派の諸政党 (社会党 SFIO から保守派まで) に属するノタブル型の議員だった。この時点のド・ゴール政権 (首相は 4 月にドブレからポンピドゥーに交代) は、社会党までの全政党から支持を得ていた (社会党以外は入閣)。3–5 月に開催された委員会では、首長ら地方の不満を背に受けた彼らが、CDC のルロワ (Léon-Paul Leroy：SCET と SCIC の総裁 directeur général などを歴任) ら公的金融機関の代表や国庫局長ペルーズ (Maurice Pérouse)[61]らを前に苦情を並べ立て、様々な手法で地方自治体の慢性的な投資向け融資不足を解消するよう迫った[62]。しかし委員会は、30 年代の CCDC のような公的金融機関の新設に関しては消極的な結論を出した。CCDC の記録や、戦後、56 年の財政危機・緊縮の前後に、AMF、FNCCR や社会党議員団が提案した「県コミュン貸付金庫」案[63]などを検討した結果、資本市場から

---

[60]　CDC, Service de l'Information et de la Communication internes, "1816–1986, Caisse des Dépôts et Consignations", CDC, 1986, pp. 159–163 が影響を概観している。56 年には既に監査委員会で問題視され始めた。ACDC PVCS 23/11/56. *Journal du Parlement* 28/11/56, AN F1a/4801.

[61]　58 年、ド・ゴールの首相官房で通貨問題を担当、59 年 1 月、ドブレの首相府で経済担当専門補佐官、60 年に国庫局長。67 年、ブロック・レネの後任として CDC 総裁に就任。

[62]　Compte-rendu de la Commission des problèmes de financement des équipements des collectivités locales, 2/3/62, 30/3/62, 4/5/62, AN 19880211–4.

[63]　Secrétariat Général du Gouvernement, Documents relatifs au Conseil interministériel du 22/2/57 sur les collectivités locales, 21/2/57, AD Aveyron 52J/95. *Journal officiel, Conseil de la République*, no. 327, annexe au procès-verbal du 31/1/57.

資金調達を行うタイプの新たな公的金融機関は、既存の機関で既に市場が飽和しているため不適切、また毎年の政府予算から出資を受けるタイプの機関は増税につながるとして退け、最終的には、既存の制度、即ち、コミュンの市中起債を集約して円滑化する機関「設備投資事業資金調達公共団体連合」(Groupement des collectivités pour le financement des travaux d'équipement)[64]を強化する案に落ち着いた[65]。制度設計だけ見れば、この案が後述する66年のCAECL創設の原型となったが、しかし、大蔵省やCDCの抵抗を押し切って実現に導いたのは、62年夏以降、野党となるこの委員会の面々ではない。

「迂回路」の実現を待つ間にも資金逼迫が続き、加えて、60年代前半には短い周期で景気の過熱と金融引き締めが繰り返された。その度に地方自治体の借入が真っ先に削減対象となり、首長や国会議員らは資金の手当てに奔走させられ、その不満はCDCへ向かう。通貨・財政安定後、最初の緊縮は63年秋の「安定化プラン」によって実施された。様々な資金需要の間で優先順位をつける基準もデータも持たない大蔵省は、56年以前と同様、内務省と連合を組み、知事の首長らに対する統制力と情報を活用することで選別と緊縮を実施しようと試みた[66]。しかし、相変わらず、知事による県レベルでの投資案件の調整・選別は機能しなかった。60年1月の内相通達により県設備投資委員会(CDE)が設立され[67]、省庁毎の補助金の配分などを行ってきた個別の委員会については、CDEに統合してその一部門とするとされたが、結局、県知事は、各省庁出先

---

[64]　パリ市以外のコミュン単独での市中起債では、発行高が低すぎて市場で格付けを得ることができず市中消化が妨げられる。そこで1953年に複数のコミュンの市中起債を合併することが可能とされ、この合併債券の発行・管理を支援する機関として「地方公共団体合同起債管理基金」(Fonds de gestion des emprunts unifiés des collectivités locales) が設置された。この基金が60年に改組されたのが「資金調達公共団体連合」である。「基金」も「連合」も実質的にCDCの管理・統制下にあった。Faucher-Degeilh, *La Caisse*, pp. 28–35.
[65]　Rapport de la Commission Masteau, 18/5/62, pp. 19–23, AN 19800273–125. Faucher-Degeilh, *La Caisse*, pp. 51–53.
[66]　Ministère des Finances, Compte-rendu de la réunion du 8/11/63 sur la régulation des dépenses d'investissement, AN 19770147–2, Dr.1.
[67]　AN 19770147–3 ; 19860186–6.

第 2 章　高度成長期における官僚統制の後退　　109

の抵抗を抑え込んで調整権限を確立することはできなかった[68]。Eure-et-Loir
県のように、知事が苦労して優先順位リストを作成しても、CDC や貯蓄金庫
から従うことを拒否されるケースも見られた[69]。結局、信用引締めは、56 年同
様、連結原則など機械的な基準で行われざるを得ず、CDC は再び首長らの怒
りの的となり始めた。地方の不満の拡大を警戒したポンピドゥー首相は、過度
に急激な引締めを避けるよう自ら内相に指示を出している[70]。また国庫局から
は、連結原則の機械的適用を回避すべく、具体的に削減すべき融資項目と削減
幅のリストが漸く CDC に示された。CDC は国庫局と協議し、農村上水道敷
設事業などをリストから外した上で削減案に合意した[71]。今回は大蔵省も共に
責めを負い、CDC への政治的敵意の一部を引き受ける姿勢を示したのである。
　しかし、最も激しい抵抗は CDC 監査委員会の内部からやってきた。62 年に
委員に選任されてすぐ議長となったパケ (Aimé Paquet) はイゼール県選出下
院議員で、下院・財政委員会を足場に、ジスカール・デスタンの独立共和派
(Républicains indépendants) の有力者となった。他の多くの独立共和派の議
員同様、地元への資金配分などの獲得に顕著な熱意を示し、ジスカールら政権
幹部に対して激しい口利き活動を展開した［第 3 章第 2 節 (3) 参照］。県東部の谷
あいの地域を選挙区とするため、監査委員会でも、農村の小コミュンへの資金
配分の確保には特に敏感なところを見せ、63 年の緊縮に際しては、予算外化の
ツケを地方自治体に負わせるものであり、蔵相に抗議すべきだと強硬に主張し
た[72]。64 年秋に再度緊縮が発動されると、今度は、蔵相から公式の要請書簡が
出る前に、ジスカールに陳情して翻意を求めた[73]。説得が失敗に終わり、地方

---

[68]　Ministère de l'Intérieur, "Commissions départementales de l'équipement et des
travaux des collectivités locales : comptes-rendus des préfets", 29/8/60, AN
19770147–3. 63 年秋になっても状況は改善していない。Ministère de l'Intérieur, "Sélec-
tion des demandes d'emprunts pour les travaux non-subventionnés", 20/9/63, AN
19770147–2, Dr.1.

[69]　Rapport du préfet, 26/10/63, AN 19770147–2, Dr.1.

[70]　Lettre de Pompidou au Ministre de l'Intérieur, 27/9/63, AN 19770147–2, Dr.1.

[71]　J.-P. Bernard (Intérieur), Note pour le Premier ministre, 2/10/63, AN 19770147–
2, Dr.1. ACDC PVCS 27/9/63, pp. 197–200.

[72]　ACDC PVCS 25/10/63.

[73]　CtD-CDC 4/9/64, ACDC 890115–002.

自治体向けの融資は 63 年度の水準に抑制することを求める蔵相書簡が届くと、パケは監査委員会で、これでは HLM の供給ペースが大幅に低下してしまい、地方の首長らから抗議が殺到し、政治的に到底受け入れられないと主張した。ブロック・レネも、地方の首長らから CDC に抗議がこないよう、政府が明確な指示を出して責任の所在を明示すべきと述べた[74]。監査委員会の総意を受けて、議長パケが蔵相ジスカールとの交渉に臨み、住宅建設（ZH の造成）や道路等について若干の譲歩（引締めの緩和）を勝ち取った[75]。このように、ド・ゴール政権を議会でも政府でも支える与党・ジスカール派から圧力が強まって初めて、政府は地方自治体の投資資金の確保や負担の軽減を本格的に検討し始めた。その帰結の一つが CAECL の設置だった。

2) CAECL＝迂回路の創出　発端は、65 年秋から大蔵省が再度 CDC の地方公共投資向けの融資配分を削減すべく検討に入ったことである。66 年開始の第五次プランの投資計画を組んだ結果、最優先とされる先端部門などの産業力強化向けの投資資金の不足が明らかになったことを受けたものだった。本来、産業投資を担うべき FDES が、62 年以降、ジスカール・デスタン蔵相の下で予算額を段階的に削減されていたにも拘わらず、第五次プランでは産業投資は上積みされていた。その分 CDC に押し付けられる「予算外化」分の融資が増え、自治体向け融資が押し出される。結局、66 年 3 月、大蔵省は、66 年の地方向けの CDC 融資は 65 年比で 26% 増が見込まれるが、これを 15% 増にまで削減せよと CDC に通告した[76]。然るに第五次プランでは、急速な都市化に対応すべく、地方公共投資に従前より大きな役割を与えており、このままでは、自治体が深刻な融資不足に陥るのは避けられない。

　この時も CDC 監査委員会議長のパケが行動を開始した。3 月半ばにブロック・レネと会って緊縮の際の選別基準について協議し[77]、続いて蔵相ドブレ（66

---

[74]　ACDC PVCS 9/10/64.

[75]　ACDC PVCS 23/10/64.

[76]　Directeur du Trésor [Bureau du Marché financier], Note pour le Ministre, 16/3/66 ; Lettre du Ministre des Finances [Direction du Trésor, Bureau du Marché financier] au président du comité spécial no. 2 du FDES, 6/4/66, CAEF B28464. ACDC PVCS 15/4/66, pp. 105–116.

[77]　Lettre du Ministre des Finances [Cabinet] au Directeur du Trésor, 14/3/66,

年1月就任）に緊縮幅の圧縮を求める書簡を送った。しかし蔵相からは、大蔵省の原案通りの圧縮を求める回答[78]しか得られず、首相ポンピドゥーに直談判しても埒が明かなかった。4月15日の監査委員会でパケは、求められた圧縮幅を実施するのは「政治的に不可能」と怒り、近く予定されている地方財政改革（後述の税制改革を含む）に関する議会審議の前に再度首相に面会して緊縮幅を約半分の6%（20%増）に抑えるよう要求すると宣言した[79]。

もっとも、大蔵省側もCDC融資を削減すれば地方投資の財源が足りなくなり、第五次プランが地方自治体に割り当てた公共投資を実施できなくなることは当然認識していた。のみならず、その穴を埋める包括的な改革案を内務省と共に検討し、その迅速な実施を65年中からパケら地方側にも約束していた[80]。

まずは税制改革である。その概略だけを記せば[81]、第一は、間接税改革に伴う地方への財源移転制度の導入である。66年1月6日法によって、国の付加価値税（TVA：Taxe sur la valeur ajoutée）の課税対象を拡大し、重複する地方売上高税（taxe locale sur le chiffre d'affaires）は廃止された。これに伴う地方の減収分を補うため、国税である給与税（taxe sur les salaires：企業への課税）の85%を地方自治体に分与することになったが、配分額を投資支出の「自己資金調達」（autofinancement）の重さと連動させることが想定されていた。しかし、地方への給与税収配分の制度がVRTSとして立法化されるのも68年12月29日法までずれ込む。第二は、地方直接税の改革による増収であ

CAEF B28464.

[78] Lettre de Michel Debré, Ministre des Finances à Aimé Paquet, 22/3/66, CAEF B28464.

[79] ACDC PVCS 15/4/66, p. 113.

[80] Ministère des Finances, Direction du Trésor, Bureau du Marché financier, "Finances des collectivités locales. État de leurs problèmes de trésorerie, possibilités ouvertes à leur appel aux emprunts à long terme", s.d. ; Lettres de Roger Frey, Ministre de l'Intérieur à Pompidou, 7/12/65 et s.d., à Valéry Giscard d'Estaing, Ministre des Finances, 10/12/65, et à Robert Boulin, Secrétaire d'État au Budget, 3/2/66, CAEF B28464.

[81] この時期の地方税制改革全般について、Frédéric Tristram, "Les impôts locaux dans les années 1950 et 1960", in *Histoire des finances locales*, pp. 172–6. Délorme, *La réforme*, pp. 15–16.

る。59 年 1 月 7 日法は、「追加サンチーム」の本税たる「旧四税」（地方税として存続していた［42 頁註 21 参照］）を刷新して増収を図ろうとしたが、課税標準の評価替えが完了せず、改革の実施は先延ばしされていた。65〜66 年、大蔵省はこの改革の実施に乗り出し、内務省との間で合意された法案では、地方自治体に税率の引き上げの権限を付与し、増収分を地方公共投資に充てることが想定されていたが、結局、この時も改革実施は延期された。

　税制改革による地方自治体の自己資金調達の増大策と並行して、大蔵省は、コミュンの市中起債を大幅に拡大し、コミュン自らに地元の退蔵された貯蓄を動員させることを構想していた[82]。自治体の起債を促進するには、マストー委員会の提案にならって、既存の「設備投資事業資金調達公共団体連合」を強化することが検討されていた[83]。しかし、コミュンの市中起債の規模が拡大しすぎれば、大蔵省、なかんずく国庫局の最大の関心事である国債の消化や、CDCの原資となる貯蓄金庫預入れに悪影響を齎す恐れがある[84]。この懸念を払拭するには、「資金調達公共団体連合」がそうであったように、新しい機関も CDCや大蔵省の厳重な統制下に置き、国庫や産業投資の資金需要に影響を与えない範囲に起債の額や時期を制限する必要がある。しかしまさにその故にこそ、現状の「連合」と似た地位のままでは、コミュンの資金逼迫時の頼りには到底ならず、新機関を作ったところで地方側を納得させることはできない。そのため、「連合」の改組に際して、どの程度、管理の自律性やその基盤となる独自の人員・資金を与えるのかが、大蔵省と、パケら地方側や内務省との間の綱引きの焦点となった[85]。フレイ内相は理事会の過半数を公選で指名される地方公選職

---

[82]　s.a. ［Ministère des Finances］, "Note sur la création de nouvelles modalités d'emprunt à court et moyen terme", 20/1/66, AN 19880211–4.

[83]　Direction du Trésor, Bureau du Marché financier, "Finances des collectivités locales" （註 80 所掲）。マストー委員会提案の改組はデクレ案のまま店晒しとなっていた。

[84]　s.a. ［Ministère de l'Intérieur］, "Note sur une modalité possible d'accroissement du montant des crédits d'emprunt accordés aux collectivités locales durant le Ve Plan", 3/11/65, AN 19880211–4.

[85]　s.a. ［Ministère de l'Intérieur］, "Note tendant à la recherche d'une plus grande indépendance du Groupement des collectivités pour le financement des travaux d'équipement", 16/12/65, AN 19880211–4.

第 2 章　高度成長期における官僚統制の後退　　113

代表が占めることを要求した[86]。結局、パケの要求した地方自治体向け低利融資の緊縮幅圧縮には当面応じないのと引換えに、「連合」の改組について大蔵省が一定の譲歩をすることで 66 年 4 月中に妥結を見た[87]。

　かくして成立した CAECL は、引き続き CDC の管理下にあるものの、前身である「連合」と異なり、独自の法人格を持ち財政的にも CDC から自律性を与えられていた。理事会は「連合」同様、金融機関・省庁代表と地方側が同数となったが、総裁 (Président) は、通常、CDC 監査委員会の議員代表から選ばれ、資金配分に大きな影響力を持ちえた。融資案件の審査をする常任委員会 (Commission permanente) では、総裁に 3 人の地方代表が加わり、CDC と国庫局の代表に対して、議会・地方側が優位に立っていた。CAECL における資金配分には CDC よりも政治的介入の余地が大きかったのであり、実際、CDC よりも早く、かつ深く議会からの浸透を受け、党派的な配分の事例も頻繁に見られた[88]。その分だけ中央省庁のコミュンへの統制に穴があく。

　反面、CAECL の資金調達の時期や量・条件、融資の総額・利率などは、全て CDC と大蔵省国庫局によって厳重に管理されていた。制度上、CAECL は、地方自治体から遊休資金を受け入れる他、2 種類の債券の市中発行によって独自に資金を調達することができた。「設備投資事業資金調達公共団体連合」の「地方公共団体合同起債」を引き継ぎ、地方自治体の市中起債を合同して代行する「フランス諸都市」(Villes de France) 債と、CAECL 固有の債券発行 (émissions propres：地域圏や県単位で発行) である。しかし、いずれの債券発行についても国庫局が発行総額の上限や時期を決めた。国債の市中消化を妨げないことなど、国庫の需要充足が優先され、CAECL の債券発行は常に一番後回しにされた。69 年には、固有債券の発行が繰り返し延期され、最終的に

---

[86]　Lettre du Ministre de l'Intérieur (Roger Frey) au Ministre des Finances (Michel Debré), 22/2/66, AN 19880211–4.

[87]　"Compte-rendu de la réunion du 2/5/66 chez M. le Ministre", CAEF B28464.

[88]　初代総裁のビッソン (Robert Bisson：在任 66–72 年、ド・ゴール派下院議員) は、選挙区のあるカルヴァド (Calvados) 県や他の与党議員の地元のために露骨な "利益誘導" を行った。例えば 1970 年の 1 年間、議事録で確認できるだけで数回に及ぶ。Procès-verbaux de la Commission permanente de la CAECL, 18/2, 14/10, 18/11/70, AN 19770328–21.

取り消された[89]。しかも国債の消化を妨げないためにも債券の利率は低く抑えられていたため、市中消化は常に難航し、固有発券でも発行総額の 20–25%、「フランス諸都市」債の場合には半分前後を CDC が引受けていた[90]。他方、融資の利率は、CDC 融資が補助金付き案件を賄える限り、CDC より不利な市中利率に設定されていた（148 頁・図 4 参照）。68–69 年、CAECL 常任委員会がこれに反発して貸出金利の引下げを行おうとしたが、国庫局が監督権を発動する構えを見せて抑え込んだ[91]。更に、CDC の資金が枯渇した場合、CAECL は、CDC で受け付けた案件への融資を強いられた。そのため、資金量や配分方法でも利率の面でも、地方勢力や議会側には強い不満が残った[92]。その圧力を受けて、内相や内務閣外相は、蔵相や CDC に CAECL 資金枠の増額などを繰り返し要請している[93]。

このように、当面、CAECL は CDC グループの中のあくまで予備の回路という位置付けであったが、徐々にその比重を増していった。「資金調達公共団体連合」時代には、地方自治体の借入に合同起債の占める割合は数 % だったが、CAECL の下では 70 年前後には 10% 強に達している[94]。後に見るように［次節 (2) 1) 参照］、70 年代に地方自治体向け融資の市場化が進むにつれて、この割合は更に上がる。66 年に「HLM 機関融資金庫」（Caisse des prêts aux

---

[89]　例えば、Secrétariat général du gouvernement, Conseiller pour les affaires économiques, Compte rendu de la réunion interministérielle du 12/12/69, 17/12/69, CAEF B28463. DGCL, Service de l'administration et des finances locales, Notes pour le Ministre, 17/11/69 et 23/1/70, AN 19800273–209.

[90]　Ministère de l'Intérieur, DGCL, Notes pour le Ministre, 15/9/69, AN 19800273–209. Faucher-Degeilh, *La Caisse*, pp. 109–110.

[91]　Lettre du Direteur Général de la CDC au Ministre des Finances, Direction du Trésor, 22/11/68 ; Direction du Trésor, Notes pour le Ministre, 18/11/68 et 10/1/69, CAEF B28463.

[92]　DGCL, "Note relative aux nouvelles interventions de la CAECL", 23/12/66 ; "Note relative aux programmes de prêts aux collectivités locales", 14/4/67, AN 19770328–20.

[93]　例えば、Lettre d'André Bord, secrétariat d'État à l'Intérieur, à Michel Debré, Ministre des Finances, 22/2/67, CAEF B28464.

[94]　Faucher-Degeilh, *La Caisse*, p. 220. Cf. Éveno, *Le Crédit*, p. 30.

organismes d'HLM) が創設[95]されるなど、63年以降、CDC が住宅投資への傾斜を強め[96]、FNAFU 予算の「予算外化」なども相俟って、地方自治体に向けられる CDC 融資の割合は低下し始めていた。1969年には CDC の住宅向

表1　地方自治体融資の金融機関別の構成比の変化

単位：%

	CDC・貯蓄金庫	CAECL	農業信用金庫	その他の金融機関
1965	72.1	3.9	3.0	21.0
1966	71.0	5.2	3.5	20.3
1967	65.7	9.0	7.1	18.9
1968	65.0	9.3	10.2	15.5
1969	62.2	12.6	10.6	14.6
1970	63.5	14.5	8.6	13.4
1971	60.6	17.0	8.7	13.7
1972	50.1	17.0	11.2	21.7
1973	54.0	19.6	15.5	10.9
1974	63.8	18.4	11.6	6.2
1975	60.6	19.6	11.8	8.0
1976	62.5	17.0	9.8	10.7
1977	56.7	20.9	7.3	15.1
1978	56.7	18.5	8.1	16.7
1979	59.7	17.4	9.9	13.0
1980	60.6	19.6	8.7	11.1
1981	63.8	19.1	8.4	8.7

出典：Faucher-Degeilh, *La Caisse*, p. 220.

---

[95]　これまで国庫融資と CDC 融資で賄ってきた住宅建設資金を「金庫」を通じて原則として全て CDC が賄うことになった。国庫が提供する利子補給で低減された利率で「金庫」は HLM 機関に長期融資を行う。檜谷「フランスの住宅政策」202-3頁。住宅建設資金の「予算外化の制度化」である。Heugas-Darraspen, *Le financement*, p. 24. CDC, "1816–1986", pp. 161-3.

[96]　Lettre de Raymond Marcellin, Ministre de l'Intérieur à Valéry Giscard d'Estaing, Ministre des Finances, 6/10/69, AN 19800273-209. CDC の住宅建設への傾斜は、大蔵省など、政府からの強い指示によるものだった。ACDC PVCS 1968 tome A, 9/2/68, p. 38 ; tome B, 10/5/68, p. 135.

けの融資高が初めて地方自治体向けを上回った[97]。その穴を CAECL が埋めていくことになる（表1参照）。

　同じ理由で、67年以降、農業信用金庫の地方自治体向け融資が増え始める[98]。「予算外化」で資金の逼迫した CDC は、農業信用金庫との間で農村関連の自治体投資案件[99]を引き受けさせる協定を結んだからである。農業省の管轄下にあり、地元の農民組合の影響力が強い農業信用金庫は、貯蓄金庫に比べても、審査基準は緩く、政治的介入の余地も大きかった。但し、CAECL に比べて、農業信用金庫は余裕資金量が安定せず、地方自治体への融資に占める比率は年によって変動が見られる[100]。

　いずれにせよ、政治的介入の余地が大きい「迂回路」の資金量が増えるほど、資金配分による中央官僚制の統制は緩くなる。何より、ド・ゴール政権末期の段階から、本体である CDC に対しても、政権与党からの圧力が強くなりつつあった。早くも64年には、当時下院議長だったシャバン・デルマス（Jacques Chaban-Delmas）[101]を先頭に、ド・ゴール派 UNR やジスカール派（独立共和派）の議員から、CDC 融資や SCET 系 SEM の人事などの地元案件を巡って多数の口利きや圧力が CDC に寄せられるようになった[102]。

---

[97]　CDC, "1816–1986", p. 187.

[98]　地方自治体向け融資に占める農業信用金庫の割合は、表1に加え s.a., "Le développement du rôle du Crédit agricole en faveur des collectivités locales", juillet 1970, AN 1988063-3 も参照。

[99]　CAEF B28464, Dr. 1967. 対象事業は70年代に順次拡大され、農村コミュンに関わる殆どの事業が含まれるようになった。但し上水道敷設事業については貯蓄金庫が執着したため、CDC グループも融資を続けた。Note de la Direction du Trésor, "Opérations à caractère rural financées par la Caisse des dépôts", s.d., CAEF B54682. CtD-CDC 7/7/70, ACDC 890115-004.

[100]　Faucher-Degeilh, *La Caisse*, p. 220.

[101]　CDC の最高幹部ルロワを頻繁に呼び付け、市長を兼職するボルドーの橋の案件に融資を執拗に求めたため CDC は政治判断を迫られた。CtD-CDC 7 et 28/7/64, ACDC 890115-002.

[102]　例えば、UNR 議員団は各議員の要望を取り纏めて CDC に伝達し、それを議会での CDC 関連案件の処理と取引しようとしていた形跡がある。CtD-CDC 22 et 31/12/64, 8/2/65, ACDC 890115-002. なお、60年代前半の地方の大都市コミュンを中心に、地方自治体の投資政策を詳細に分析した Fréville は、首長が中道右派である場合、左翼である場合に比べ

3) 資金配分の地方分散化 60 年代前半には、64 年 3 月 14 日デクレによる地域圏・県庁改革と共に、補助金などの投資資金の配分権限を地方分散化する動きが本格化し、ここでも公的資金配分への政治的介入の余地は広がる傾向をみせた。分散化は、地方公選職の選好にも適い、計画庁の後押しも受けるなど、その進展のダイナミズムには多くのアクターが複雑に関与していた。しかし主導したのは一貫して内務省であり、その意図は、中央各省庁が握る資金配分権限を知事に委譲させることで、各省の出先機関への統合力を失った知事の地位・権限を回復することにあった。既に見たように、この時期、大蔵省などによる CDE（県設備投資委員会）による資金配分の統合の試みが続けられており（108-9頁）、知事への投資資金配分の分散化もこれと軌を一にしていた。内務省は 56-57 年に率先して纏まった規模の分散化を行い、自省管轄の総額 1 億旧フラン以下の事業について資金配分権限を知事に委譲していたが、技術系省庁からは当初、執拗な抵抗に遭った。しかし 60 年代に入ると各省庁でも分散化が進み、63 年中頃までには、最も強く反対していた農業省までもが農村電化や上水道施設の資金配分権限を知事に授権することに同意した[103]。その背景には、内務省の文書が強調するように、中央省庁の担当部局が余りに多数のコミュンから寄せられる少額の事業の許認可や補助金配分の事務処理負担の重さに耐え切れなくなったという面が強い[104]。従って、各省は規模・金額の小さい事業から県・地域圏レベルに授権していくが、放っておくと自らの出先機関に配分権限を委譲したがる。これでは知事の地位や統合力は更に低下してしまうので、ここでも内務省の働き掛けが必要となる。

こうした内務省の伝統的な思惑に基づく地方分散化を、ド・ゴール政権の中枢による改革が 2 つの方向で後押しすることになる。第一に、ドブレ首相側近の主導で開始された県庁改革は、知事・県庁の役割については内務省との間に

て、国から補助を受けた事業の平均補助率が有意に高いと結論している。Fréville, "Recherches", tome 2, pp. 189–197.

[103] Gabriel Pallez, Note pour le Ministre, 25/6/63 ; Ministère de l'Intérieur, Service de l'Équipement, Bureau de l'équipement urbain, Notes pour le Ministre, 6/7/63, AN 199770147–3, Dr.3.

[104] Ministère de l'Intérieur, "Mesures de déconcentration. Note générale de présentation", 14/3/61, AN 199770147–3, Dr.2.

根本的な対立[105]を孕みつつも、県知事の各省出先機関に対する統合調整力を強化する点では一致していた。62 年 4 月 10 日のデクレによって、4 つの県で知事強化に地方分散化を組み合わせた実験が開始された[106]。実験結果を踏まえ、64 年 3 月 14 日のデクレによって県庁の機構改革が実施された。技術系各省出先の整理・統合の他、投資資金配分についても、この機会に各省出先が所管する各種の投資関連の委員会を CDE に統合する試みが再度試みられたが、実施過程での巻き返しで不徹底に終わった[107]。

　第二に、第五次プランが計画過程の「地域化」[98 頁参照] を前面に打ち出したことも、資金配分の分散化の呼び水となった。計画過程の地域化は既に第四次プランで開始されていたが、第五次プランを控えた 64 年 3 月 14 日の地域圏に関するデクレは、公共投資を 3 つに分類した上で、地域レベルの「B カテゴリー」(catégorie B) の投資については地域圏知事に事業選定を中央に提案する権限を付与し、県知事が選定権を持つ「C カテゴリー」についても各県への資金枠の配分を提案する権限を与えた。提案はいずれも、「地域圏行政会合」(conférence administrative régionale) において地域圏内の各県の知事らと協議した後に行われる。計画庁の狙いは、地方公共投資の計画化の単位を狭小な県から地域圏に広域化すると同時に、分散化によって資金配分の合理化を徹底する点にあった[108]。中央よりコミュンに近く、県知事よりは距離を置いた地域圏知事を使って、資金配分を通じたコミュンへの統制を再度引き締め直そうとした改革と言える。

---

[105]　対立点や、64 年 3 月 14 日のデクレに至る経緯については、川崎信文「フランス地方行政における県知事の位置と役割」田口富久治編『主要諸国の行政改革』勁草書房、1982 年、244–272 頁。Grémion, *Profession*, chapitres 1–4.

[106]　4 つの県にはコレーズ県が含まれ、63 年 3 月にはイゼール県が追加された。イゼール県におけるこの実験の文脈などについては、第 3 章第 2 節 (3) 1) を参照。

[107]　Ministre de l'Intérieur (Roger Frey), "Note à l'attention de Monsieur le Directeur général des collectivités locales", 4/2/63 ; Lettre de Pierre Bolotte au Directeur du Cabinet du Ministre de l'Intérieur, 6/11/64, AN 19860186–6.

[108]　Grémion, *Le pouvoir*, pp. 20–34. Grémion, *Profession*, chapitres 5–6. 川崎「フランスにおける地域改革」169–216 頁。64 年 3 月の地方制度改革以前は、地域の最重要都市を持つ県の知事（「調整知事」préfet coordinateur：61 年に設置）が主催する「県間会議」(Conférence interdépartementale) が地域に割当てられた資金を配分した。

第 2 章　高度成長期における官僚統制の後退　　　119

　内務省は、64 年 3 月デクレで与えられた事業選定や資金配分の提案権だけで
なく、補助金配分・執行の権限自体を体系的に地域圏知事に移すよう、各省へ
の働きかけを続けた[109]。大蔵省以下の他省庁の抵抗も強かったが、70 年 11 月
13 日デクレによって、分散化は一定の前進を見ることになった。このデクレに
より、地方の公共投資事業のうち、国レベルの事業（カテゴリー I）を除いた、
地域圏・県・コミュンの各レベルに属すると分類された事業（カテゴリー II–
IV）を対象とする補助金については、所管省庁を問わず、全て地域圏知事に配
分権限が分散化され、県別の配分に対して決定権をもつようになった[110]。これ
によって地方への補助金の流れ方が大きく変化するはずだったが、今度は各省
が抵抗を続け[111]、75 年になると、今度は地方公選職への権限移譲（分権化）が
日程に上り始める（141 頁参照）。

　配分の分散化は地方公共投資に対する中央の統制力にとってどのような意味
をもっただろうか。一方では分配の党派化のリスクが高まる。特に分散化した
権限を知事に集中した場合、知事は技術的専門知識を欠く上に、地元名望家と
密接な関係を持つため、実は推進役の内務省内でさえも、政治的介入の余地を
高める危険性が懸念されていた[112]。70 年 11 月 13 日デクレの運用においては、
プラン作成に関する 1 月 13 日のデクレを引き継いで、公的投資プログラムの
配分について知事は県議会への諮問を義務付けられただけに猶更である[113]。但

---

[109]　Perrin, "Déconcentration des investissements et contrôle local", 30/11/64, CAEF
　　　B20123.

[110]　Yves Cannac, Conseiller technique auprès du Premier ministre, "Note sur les
　　　projets de décrets relatifs à la déconcentration des équipements collectifs", 10/9/70,
　　　AN, Archives de la présidence de Georges Pompidou, 5AG2/130.

[111]　内務省や 70 年 11 月 13 日デクレの執行を監督する、通称・イール委員会（Commission
　　　Iehle）の再三の要請にも拘わらず、各省庁中央が補助金の分散化に際して予算項目を細分化
　　　し、いわば細切れにして授権してくる例が後を絶たなかった。例えば、Lettre de Raymond
　　　Marcellin, Ministre de l'Intérieur, au Premier ministre, 16/11/70, AN 19800273–
　　　130. DGCL, Service de l'équipement, "Réunion des préfets de régions à l'Hôtel
　　　Matignon 18/1/72", 4/1/72, AN 19800273–129. s.a., "Conditions d'application du
　　　décret du 13/11/70 portant mesures de déconcentration", s.d., AN 5AG2/335.

[112]　DGCL, Service de l'équipement, Note au chef du service, s.d. [1972], AN
　　　19860186–7.

[113]　Circulaire du Ministre de l'Intérieur aux préfets du 21/12/70, AN 19800273–129.

し現実には、第3章のイゼール県とロワール県の例（各々224-6頁と170-1頁を参照）で見るように、知事と県議会の間の関係次第で、県議会への諮問は正反対の効果を持った。

　他方、地方自治体の側から見れば、これまで中央省庁に対する国会議員などの「口利き」によって資金の確保に成功してきたところほど、（特に新設の地域圏知事への）配分の分散化によって態勢の組み替えを迫られ、一時的に打撃を受けることになろう。しかも既に見たように、ZUPやZIなどの大規模事業に関するCDCやFNAFUの長期融資の配分権限は、66年以降、GIFに集権化されていたため、この時期、公的資金の配分は地域圏レベル（地域圏知事）への分散化と中央政府内での集権化が並行して進む形となった。第3章以下で見るように、この組み合わせは、グルノーブルやレンヌのような一部の都市コミューンで（少なくとも一時的には）特に大きなインパクトを持つことになる。

　補助金と並行して、CDCなどの公的融資についても、配分の地方分散化が進んだ。まず、上に見たように「予算外化」の進展によって、CDC本体の地方自治体向け融資の比率が低下し、代わって、貯蓄金庫のマンジョズ枠が比重を増した[114]。マンジョズ枠に関する貯蓄金庫の意向が尊重される限り[115]、CDCグループの地方自治体向けの資金配分は各地の貯蓄金庫への分散化／分権化が進むことになる。加えて、CDC自身も少額の融資の配分決定を地域代表に授権し分散化を進めていた[116]。先に見た64年の県庁機構改革の際には、知事の調整・統合の権限強化のため、各省庁の補助金付き事業だけでなく、マンジョズ枠融資についても調整の権限を与えることが一時検討されたが、大蔵省の巻き返しでこの部分は削除された。結果として、知事を尻目に、マンジョズ県委員会の議長である統括出納役や、CDCの地域代表の投資資金配分に対する影

---

[114]　ACDC PVCS 28/9/62.

[115]　実際には、CDC本体で引き受けきれない案件をマンジョズ枠に押し付けたり、緊縮時にはCDC中央の規制をマンジョズ枠にも適用したりするのが常態だった。例えば、64年緊縮の際、大蔵省はマンジョズ枠の50％の上限を減らせないかCDCに打診した。CDCはこの要請を突っぱねる一方で、貯蓄金庫側には、公式のマンジョズ枠の上限は維持する代わりに、枠に余りがあればCDCに供出せよと圧力をかけた。CtD-CDC 21 et 29/9/64, ACDC 890115-002.

[116]　ACDC PVCS 25/1/63, pp. 18-9.

第2章　高度成長期における官僚統制の後退　　　121

響力が増すことになる[117]。特に「融資プログラム」制度（90頁参照）は、地域代表の権限拡大と共に順調に普及し、68年の段階で200を超える都市コミュンがプログラムを締結していた。この制度では、地域代表は、コミュン毎の財政状況を分析して与信の可否や額を判断し、事業の優先度評価に基づいてCDCグループの持つ様々な条件の融資を割り当てるという大きな権限を持った[118]。本来、マンジョズ枠を配分する県委員会は、大蔵省の出先機関である統括出納役が議長であり、出先の中では政治的浸透に対して最も耐性が強かったはずである。しかしCDC地域代表に侵食されてマンジョズ県委員会の形骸化が進む一方、CDC地域代表の中には、現地の政界と密接な関係を築いて政治化していく者もみられた[119]。

---

[117]　Ministère de l'Intérieur, "Note pour Monsieur le Directeur du Cabinet (à l'attention de M. Bolotte)", 24/11/64, AN 19860186–6.

[118]　CDC, Département des prêts, "Les programmes annuels de prêts aux villes", 1/3/68, ACDC 020250–0001.

[119]　レンヌの地域代表だったル・パプ（André Le Pape）が71年のコミュン選挙に際して、ブルターニュ全域を牛耳る与党（中道右派）の大物プレヴァン（René Pleven：第四共和制下で首相などを歴任。第4章参照）に請われて自らの出身コミュンで立候補した事件はCDC経営陣を震撼させた。経営陣は出馬取り止めか、地域代表退任を迫り、ル・パプは退任してCDC本部に戻る道を選択した。その後も、トゥールーズの地域代表など、類似の事件は続発した。CtD-CDC 10/11/70, ACDC 890115–004. CtD-CDC 23/2/71, 2 et 23/3/71, ACDC 890115–005.

第2節　1970年代：包括化・市場化への道

　1970年代には、都市計画や開発SEMなど、地方インフラ整備の事業立案・実施に関わる側面で大きな変化は見られなかった一方で、公的資金の配分に関しては、中央地方関係全体の構造を変えるような、劇的な変化を経験した。ノタブル型の議会有力者が政権内で影響力を増しただけでなく、内務省などの高級官僚層も与党の浸透を受け、党派化が顕著になった。地方分散化の進展なども相俟って、資金配分に対する政治的介入の余地は上下両方向から増大傾向を示した。しかし、地方公選職からの圧力の増大に直面した中央の側では、逆に公的資金配分に関する中央の裁量自体をなくした方が得策だという判断が強まり、結局、この力が打ち勝って、70年代後半以降、資金配分システムから、政治的介入の余地だけではなく、中央の地方に対する統制力自体の前提が崩れていくことになる。

(1) 地方財政危機と設備投資包括補助金

　1) 地方財政「危機」の争点化　第五次プラン（1966–70年）の下で地方の負担増加が進行し、60年代末、内務省では地方財政は明確に危機にあると認識されるようになった。内務省はその原因として以下を挙げる[1]。第五次プランの下で地方投資が増強される一方で、中央から地方への財政移転が減少した結果、地方の直接税負担が増大し、累積債務と利払いも膨張した。元々補助率の低い都市のインフラ整備がプランの中核を占めるようになった上に、初等学校の建設事業などで軒並み補助率が大幅に低下した結果、事業資金に占める国の補助金の比率は下がり（図2参照）、逆にコミュンの「自己資金調達」が急増した（64年の23%が45%へ）。実際、対GDP比率で見ても、国から地方への投資補

---

[1]　DGCL, "Note pour Monsieur le Ministre : réforme des finances et des attributions des collectivités locales", 24/6/69 ; Secrétariat d'État à l'Intérieur (Sallerin), "Réforme des finances locales", 3/9/69, AN 19880063–3. Sallerinは内務閣外相の官房メンバー。

第 2 章　高度成長期における官僚統制の後退　　　　　　　　　123

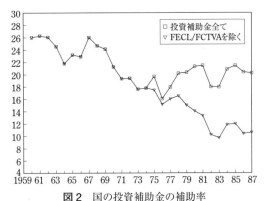

図 2　国の投資補助金の補助率
出典：Guengant et Uhaldeborde, *Crise*, p. 39.［一部改変］

助金は 67 年をピークにかなり急激な減少に転じている[2]。一方で、国の投資事業への地方自治体の負担（協力基金 fonds du concours への出資）は引上げを求められた。事務の地方分散化も、多くの場合、財源を伴わず、国が地方に負担を押し付ける方策に過ぎないとも言われた[3]。

　ただ、こうした議論には、予算獲得のための内務省の宣伝の側面もあり、現実の地方の財政状況の厳しさについては議論の余地がある。第五次プランが都市を中心としたインフラ整備をプランの中核に据えたにも拘らず、大蔵省や計画庁が地方自治体の財政負担を過小評価したことが現在の危機を招いた[4]という内務省の非難に対して、大蔵省は、地方財政の状況は内務省の主張するほど深刻ではないと反論しつつ、財政の悪化が起こったとすれば、地方自治体がプランの枠外で独自にインフラ整備を進めたからに他ならない、従って、寧ろ資金統制を強化してプラン外の投資事業を抑制すれば解決されると一貫して主張し続けた[5]。

---

[2] Fréville, "Les relations", pp. 189–190.
[3] Ministère de l'Intérieur, "Note sur des transferts de compétences, de charges et de ressources entre l'État et les collectivités locales", 25/9/70, AN 5AG2/136.
[4] s.a., "Note sur la Commission d'études des finances locales de 1965", s.d., AN 19880211-5.
[5] Notes anonymes du Ministère des Financs, s.d. [hiver 1970?], AN, Archives de Valéry Giscard d'Estaing, Ministre des Finances, 500AJ/262. 但し、第六次プランを執行するには、地方直接税の更なる増税が必要になることは認めている。Rousseau, Ministère des Finances, "Les finances locales : présentation générale", s.d., AN 500AJ/262.

しかし60年代半ば以降、公共投資に対する負担が重くなったと感じる首長が都市部を中心に増えたのは事実である[6]。しかもこの投資負担は偏在し、同じ都市部でも、大規模団地を抱え込んだ郊外のコミュンや、大都市圏の中心コミュンでの負担が特に重くなったとされる[7]。この負担感は大都市などの首長を兼任するノタブル型の議会有力者らによって中央政府に入力された。地方や議会からの圧力が高まる一方で、政府内でこれを抑える防波堤は低くなりつつあった。初期のド・ゴール政権では、高級官僚出身の閣僚が要職を占めており、議員ですらなく、選挙区に「地盤」を持たないが故に、地方利益の浸透を食い止める役割を果たした。しかし政権末期には、政府・与党の内部で、兼職などを通じて地方に強固な基盤を持つノタブル型の政治家の影響力が増しつつあった。先に見たパケのような独立共和派（ジスカール派）のみならず、ド・ゴール派の中でも、60年代半ば以降、ポンピドゥーの指揮の下、シラク（Jacques Chirac）ら「若き狼」（jeunes loups）と呼ばれる世代が左翼や中道右派から地方基盤を奪取する「作戦」を本格化させつつあり[8]、シャバン・デルマスのような存在が例外だった時代は過ぎ去りつつあった。

　中でも、潮目となったのは、ブルターニュ地方モルビアン県を差配する独立共和派の大物・マルスラン（Raymond Marcellin）が閣内で地方自治体の財政負担の軽減を唱え始めたことだった。マルスランは62年のポンピドゥー内閣発足時から常に閣僚ポストにあり、68年五月事件の最中に内相に就任する（74年の大統領交代まで在任）が、国土整備担当相（67年4月就任）在任中からこの問題で地方首長らの立場を代弁し始めた。69年5月に大統領がポンピドゥーに交代し首相にシャバン・デルマスが就任したことで、政権内部の力関係の変

---

[6]　例えば補助率の低下について、AMFは直接抗議を申し入れている。Lettre du Ministre de l'Éducation nationale (cabinet) au Ministre de l'Intérieur, 7/10/69, AN 19880211–5.

[7]　地方大都市の自己資金調達比率の増大については、Yves Fréville, "L'évolution des finances des grandes villes depuis 1967", *Revue de science financière*, vol. 65–4 (1973), pp. 744–750.

[8]　Annie Collovald, *Jacques Chirac et le gaullisme*, Belin, 1999, pp. 205–219. Jean-Marie Denquin, *Le renversement de la majorité électorale dans le département de la Corrèze, 1958–1973*, Presses universitaires de France, 1976.

化は決定的になる。シャバンは 60 年代前半から自ら市長を務めるボルドーな
どの大都市の財政危機を訴えており、閣内でも地方の負担軽減を唱える内相に
肩入れした。しかも、地方自治体の財政難がプランの執行を滞らせることを恐
れた計画庁や DATAR まで内相に加担して[9]、大蔵省など金融官僚制に対して
地方自治体の負担軽減を迫った。

　地方自治体の負担強化に不安と不満を募らせた議会は、67 年 11 月、モンド
ン（Raymond Mondon：東部・メッス Metz 市長）提出の修正案を政府に受
け入れさせ、この問題を検討する「国と地方自治体の間の業務と負担の分担の
問題を検討する政官混合委員会」（Commission mixte chargée d'examiner
le problème du partage des responsabilités et des charges entre l'État et
les diverses collectivités locales）の設置を引き出した。政府の意向も踏まえ
て選出された議会側代表には、ブルターニュのプレヴァン（第 1 節註 119 参照）
や、社会党のピック（Maurice Pic：ドローム Drôme 県選出の代議士、次い
で上院議員。AMF の事務総長 secrétaire général）らノタブル型の大物が多
く、委員長には、「首長兼職代議士会」会長（Président du groupe des dépu-
tés-maires）も務めるモンドンが選出された[10]。

　2) 設備投資包括補助金構想の登場　70 年に入って漸くこの委員会で実質的な審
議が開始されると、大蔵省と内務省の官僚委員同士の議論が中心となった。両
省は自ら作成した大量の統計データを持ち寄って、広範な論点を闘わせたが、
その中で、投資補助金の包括化（globalisation）が焦点の一つとして浮上した[11]。

---

[9]　Lettre de Raymond Marcellin, Ministre du Plan et de l'Aménagement du terri-
toire, à Georges Pompidou, Premier ministre, s.d. [automne 1967], AN 19880211–
5. CGP, "La réforme du régime des subventions de l'État aux collectivités locales",
15/3/71, AN 5AG2/259. 67 年には DATAR も内務省同様の提案を大蔵省に出している。
Ministère des Finances, Direction du Budget, "Note d'information complémen-
taire", 13/3/67, CAEF B20102.

[10]　Lettre du Ministre de l'Intérieur (cabinet) au Ministre des Finances (cabinet),
15/3/68 ; Lettre de Marcellin, Ministre de l'Intérieur au Premier Ministre, 2/9/68,
AN 19880211–5. 五月事件で作業開始が遅れている間に、ポンピドゥー政権発足でモンドン
とプレヴァンが閣僚に任じられたため、独立共和派の代議士ピアンタ（Georges Pianta：
Haute-Savoie 選出）が委員長となった。故に、モンドン＝ピアンタ委員会と通称される。

[11]　DGCL, Compte-rendu de la réunion de la Commission du 7/1/70, AN 19880211–5.

「設備投資包括補助金」(suvbention globale/globalisée d'équipement) とは、個別の投資事業に補助金を付けるのではなく、補助対象事業を特定せず自治体の公共投資全般に使える資金を一括交付することを意味する。中央省庁の設定する個別補助金の有無や補助率によって投資政策が制約されず、自治体が財政的にも投資決定の面でも自律性を回復することになる。投資包括補助金がほぼ完全に従来の個別補助金に概ね取って代わるのは、ミッテラン左翼政権が地方分権化の一環として、82–3 年に DGE（設備投資包括交付金）創設などの改革を実施した後まで待たねばならない（141 頁図 3 参照）。しかし、似た趣旨の制度は 70 年代にも繰り返し提案・検討され、75 年、小規模ながら FECL（地方公共団体設備投資基金）として実現し、以後、比重を増していった。

本書では FECL に至る過程、特に 71 年 6 月 10 日の関係閣僚会議（Conseil restreint des Ministres[12]）で創設された「設備投資包括補助金」に注目する。この制度は、72 年 3 月 10 日のデクレで実施要領も定められたにも拘わらず、実施には至らなかった。しかし制度の設計過程の議論を検討することで、地方財政危機の中で地方公選職が影響力を増し、中央官僚制による資金配分自体が維持し難くなる一方で、与党は公的資金の配分を利用して地方基盤を強化しようと狙っており、当時のフランスが、実質的な財政的分権化へ向かうのか、イタリアのような党派的な地方統制へと変質するのか、大きな分岐点に差し掛かっていたことが浮き彫りにされよう。

史料で確認できる限り、投資包括補助金が初めて提案されたのは、66 年 3 月に遡る。既に見た地方自治体向けの CDC 融資の削減とほぼ並行して、省際委員会で検討が加えられた。この時点の内務省の構想は、投資負担の特に重い一部のコミューンを救済するための補足的な包括補助金（subvention complémentaire d'équipement）であり、この時点では、地方財政全体が危機的な状況だという認識は内務省にすらなかった。主として念頭にあったのは、急速な都市化に見舞われた地域の中心都市であり、サンチーム数など、財政状況などに関する客観的指標を組み合わせて配分する方式が想定されていた。これに対して、

---

[12]　全閣僚を集める閣議（Conseil des ministres）に対して、関係閣僚のみの会合は、大統領が主催する場合、Conseil restreint、首相が主催する場合、Comité restreint と呼ばれる。本書では、前者を関係閣僚会議、後者を関係閣僚委員会と訳すことにする。

第2章　高度成長期における官僚統制の後退　　127

提案を受けた大蔵省は当然強く反対した。反対の最大の理由は、コミュンが省庁のチェックを受けずに自由に使える投資資金を与えれば、プランの設定した優先順位を崩すという点にあった[13]。大蔵省は70年代半ばに至るまで一貫して投資包括補助金に反対し続ける[14]。

　これに対して、内務省は、マルスランの内相就任と共に、より積極的に投資包括補助金構想を推進するようになった。マルスランは既に国土整備担当相だった67年秋には閣内で内務省の「設備投資補足補助金」構想に支持を表明しており[15]、68年5月末に内相に就任すると直ちに大蔵省に同じ提案を突き付けた[16]。この問題で内務省に同調する計画庁やDATARなどが、飽くまで、プランに定められた地方公共投資の目標を実行するには危機的な地方財政の改善が必要という思惑[17]だったのに対し、マルスランは一貫して首長ら地方公選職の不満を抑えるため、という政治的ないし党派的な配慮を前面に打ち出して、投資包括補助金の必要性を説いた。コミュンは投資の決定権を奪われ負担だけ押し付けられているという一般的な不満[18]もさることながら、マルスランの念頭には常に71年のコミュン選挙があった[19]。地方税負担や負債の増加によって政治的苦境に立たされた与党系の首長らを野党、特に左翼の攻勢から守るという政治的な動機が突出していたのである。

　69年春、大統領が交代して首相にシャバン・デルマスが就任すると内相マルスランの攻勢は激しさを増した。7月7日には財政緊縮を求めた首相指示への回答として長文の書簡を送り、地方は借入に限界があり増税で投資を賄ってい

---

[13]　Direction du Budget, Note pour le Secrétaire d'État au Budget, 18/3/66, CAEF B20102.

[14]　CAEF B20102とB20126には、73年までの大蔵省の反論メモが纏められている。

[15]　Lettre de Marcellin à Pompidou (註9所掲).

[16]　Directeur du Budget, Note pour le Ministre, 26/6/68, CAEF B20102.

[17]　内相官房作成の下記史料が計画庁や大蔵省の立場を明快に整理している。Mathieu, Conseiller technique auprès du Directeur Général des collectivités locales, "Conditions d'élaboration du VIᵉ Plan et problème des collectivités locales", 6/10/69, AN 19880063-3. 作成者Jean-Luc Mathieuは会計検査院メンバー。

[18]　Dr. Cotten, Commission Mondon, "Note de M. Sallerin sur les problèmes posés par l'évolution des finances locales", mars 1968, AN 19880211-5.

[19]　Lettre de Marcellin à Chaban-Delmas, Premier ministre, 2/6/70, AN 19880063-3.

るが、それでも第五次プランの執行は大幅に遅れている、深刻化する地方財政の危機をこのまま放置すれば地方公選職は反乱を起こし、その政治的帰結は甚大なものとなろうと警告した[20]。しかるに10月7日の省際委員会で検討された第六次プランの準備方針に関する文書には、地方自治体の財政危機について性格付けや原因は記されず、地方の負担軽減のための改革案も何ら示されなかった。大蔵省の硬い態度に直面した内務省は、首相の介入に期待するようになる[21]。

　実は、この期待には根拠があった。首相シャバン・デルマス自身、市長を務める地元ボルドーの財政危機に足元を脅かされていたからである。ボルドーは66年末に導入された「都市共同体」(communautés urbaines)制度が強制的に適用された4つの都市圏の一つ（他はリール、リヨン、ストラスブール：構成コミュンの合意に基づいて設立された「自発的volontaire都市共同体」に対して「義務的obligatoire都市共同体」とも呼ばれる）であり、その中心都市になったことで特に投資負担が重くなったと考えられた。「都市共同体」は、「多目的コミュン組合」(SIVOM) や「広域区」(district) などと並んで、60年代に繰り返し試みられた基礎自治体の広域化の実験[22]の一環である。しかし、シャバン・デルマスらは、中心都市にとっては逆に「共同体」全体の投資負担が集中し、税負担が重くなったと主張し、11月には「都市共同体」を主たる対象に補助金の上積みを行わせようとした[23]。実際、71年度までに都市共同体向けの特別補助金を実現させている[24]。それまでの間は、シャバンは他の地方自治体の財政救済策にも好意的で、70年1月には、内務省の指摘に従って首相が各閣僚に指示を出し、各省庁が予算折衝で削減された分を地方自治体にツケ回しする手口が横行しているが、以後厳に慎むようにと命じている[25]。

---

[20]　Lettre de Marcellin à Chaban-Delmas, 7/7/69, AN 19880063–3.

[21]　註17所掲の文書を参照。

[22]　例えば、西村茂「第五共和制下の都市行政の展開」田口編『主要諸国』192–201頁参照。

[23]　DGCL, Note pour le Ministre, 20/11/69, AN 19800273–156.

[24]　70年12月3日の関係閣僚会議で都市共同体だけを対象にした特別補助金の創設が認められ、71年6月10日の関係閣僚会議で予算4千万フランが付けられた。Lettre du Ministre des Finances (cabinet) au Ministre de l'Intérieur, 15/6/71, CAEF B20106. AN 5AG2/259も参照。

[25]　Circulaire aux Ministres du 9/1/70, AN 19880063–3.

第 2 章　高度成長期における官僚統制の後退　　129

　70 年 6 月、コミュン選挙まで 1 年を切り、焦りを深めたマルスランは、蔵
相ジスカール・デスタンに書簡を送った。1 月に開始されたモンドン＝ピアン
タ委員会の審議経過を踏まえて、委員会に出席の地方公選職は一致して、一部
の事務（二級国道など）の国への移管と、何よりも地方への新たな財源の移転を
求めていると主張し、少なくとも総額 7–8 億フランの追加財源を地方に交付す
るよう求めている。この書簡でマルスランが何より訴えたのは、政治情勢の切
迫であった。第六次プランの内容を見て地方公選職は、プランの求めるペース
で地方増税を続けるのは不可能と危機感を深めている。現に AMF 大会の際に
一部の首長らがパリの街頭でデモを行った。コミュン選挙が近付き、ここで何
らかの追加財源を地方に与えなければ、政府が選んだはずの委員会の地方代表
までもが政府を批判する側に回ってしまうだろうと[26]。

　しかしこの財源移転案は首相の予算裁定（arbitrage budgétaire）で却下され
たため、8 月 18 日付の蔵相宛書簡で、代替案として、VRTS の増額などに加
えて、投資補助金全般の包括化を提案した。同じ包括型の補助金でも、66 年以
降、内務省などで検討されていた「設備投資補足補助金」が、既存の個別補助
金を前提に、一部の自治体の財政危機を緩和するための付加的なものだったの
に対して、今回構想されているのは、最終的には、投資補助金全体を包括化し
ようという根本的な改革であった[27]。

　しかし大蔵省の反応は全くのゼロ回答だった[28]。9 月 30 日の関係閣僚会議で
も大蔵省が優位に立ったが、内務省は 12 月 3 日の関係閣僚会議で、地方財政
の一層の悪化（「破裂点 point de rupture に達した」）を訴えて[29]巻き返しに成
功したようである。この会議では、いずれも大蔵省の反対を抑えて、VRTS の
増額に加えて、「使途非特定（non-affectée）設備投資支援補助金」という表現

---

[26]　Lettre de Marcellin à Giscard d'Estaing, 12/6/70, AN 5AG2/136.

[27]　この時期の内務省の中央地方関係の改革構想は大部の報告書に纏められた。DGCL, "La
politique du Ministère de l'Intérieur à l'égard des communes", 27/8/70, AN
5AG2/136.

[28]　Lettre du Ministre des Finances（Direction du Trésor）au Ministre de l'Intérieur,
25/11/70, AN 19880063–3. 8 月から 9 月に掛けての 3 通の提案書簡に一括して回答した。

[29]　Ministre de l'Intérieur, "Proposition du Ministère de l'Intérieur pour le Conseil
restreint du 3/12/70 consacré aux finances locales", 26/11/70, AN 19880063–3.

で、投資包括補助金創設の方針が採用された。その額は漸増し、5年の裡に国の投資補助金の全体の3分の1に達するとされた[30]。配分方式にもよるが、使途が特定されないだけでも、資金配分に伴う中央からの統制は低下することになる。大統領府スタッフのメモによると、シャバン・デルマス首相は、今回の補助金改革（国地方間の権限移転も伴う）によって、地方自治体の財源が純増になるべきという立場で、大統領府もVRTS増額を支持したようである[31]。CDC以外の公的融資についても、CAECLの資金量の2億フラン増額、貯蓄金庫のマンジョズ枠の拡充（詳細は次項147頁）など、内務省の要求が採用された[32]。

3) 設備投資包括補助金を巡る綱引き　投資包括補助金の具体的な制度設計は計画庁に委ねられ、外国の事例を調査した上で、翌71年3月に具体案が示された[33]。しかし、それは内務省の選好と衝突するものだった。元々、投資包括補助金は、郊外や大都市コミュンなど、投資負担の特に重いコミュンを救済するために提案された。特にプランの地方インフラ投資の実現を重視する立場（計画庁など）からは、地方税率の伸びが急な都市部に交付先を限定して支援を手厚くするため、人口規模に下限（1万人程度を想定）を設けることが望まれる[34]。しかし内務省はこの方式には絶対反対を繰り返した[35]。農村コミュンの方が数では圧倒的に勝り、知事は農村部が強い県議会の協力を取り付けねばならないという「政

---

[30]　"Projet du relève des décisions du Conseil restreint du 3/12/70", s.d., AN 5AG2/137.

[31]　J. de Marcillan et G. Carrère, "Note générale", 1/12/70, AN 5AG2/137.但し、シャバンは、純増分は都市共同体を含むコミュン間協力を促進する補助金割増しに使うべきと主張した。

[32]　公的融資の問題は、関係閣僚会議の前、12月1日に開催された関係閣僚委員会で審議・決定された。Secrétariat général du Gouvernement, Relève des décisions du Comité restreint du 1/12/70 ; Présidence de la République, Secrétariat général, "Note à l'attention du Président de la République", 1/12/70 ; Ministère de l'Intérieur, "Note sur la réforme des emprunts des collectivités locales", 28/9/70, AN 5AG2/137.

[33]　"La réforme du régime des subventions de l'État aux collectivités locales : quelques réflexions sur des exemples étrangers", 15/3/71, AN 5AG2/259.

[34]　"Propositions du Plan en faveur d'une subvention complémentaire non-affectée", 26/5/71, AN 5AG2/259.

[35]　例えば、DGCL, "Notes d'observations sur la subvention complémentaire non-affectée", 26/5/71, AN 5AG2/259.

治的理由」[36] による。内務省はなおも戦間期以来の「均霑」の論理に従っていたのである。

しかし、この時点で大蔵省が内務省に最も厳しく対立したのは財源問題である。投資包括補助金の創設自体を了承していないと言い張る大蔵省は、仮に実現するにしても、財源は既存の個別補助金の廃止か、交付が始まった VRTS からの天引きでしかありえないと主張する。これに対して内務省は、VRTS は自治体の経常費に充当されるべき財源であり[37]、また地方財政の窮状を緩和するという元々の目的からしても、全額を既存補助金の廃止で賄うのは許されないと訴える。実際、内相マルスランは、投資包括補助金の新規財源として 7 億 5 千万フラン、他の項目と併せて合計 20 億フランを地方に追加配分するよう要求した。

71 年 5 月 27 日の関係閣僚委員会ではシャバンが裁定を放棄したが、大統領主宰の 6 月 10 日の関係閣僚会議では、殆どの論点で内務省の主張が認められた。人口規模に関わらず、全てのコミュンを交付対象とすること、財源の半分は新規財源とし、初年度の 72 年度には 3 億を見込むこととなった。将来的には、国から自治体への投資補助金総額の 3 分の 1 にまで増額することも確認された。大蔵省は投資包括補助金の配分は内務省が握ると見てこの条項に強く反発していた[38]が、内務省が押し切った。

但し、大蔵省の猛烈な巻き返しにより、最終的に投資包括補助金の実施を定めた 72 年 3 月 10 日のデクレは、個別補助金の改革、つまり補助水準の大幅な低下を投資包括補助金の創設とセットにするものとなった[39]。このデクレ案が国務院の審査を条件付きで通過した直後の 72 年 1 月、早くもマルスランは、地方公選職が不満を爆発させないか不安を吐露している[40]。そして今回の補助金

---

[36] J.-M. Robert, "Note pour M. le Président", 29/5/71, 5AG2/259. マルスラン自身、首相宛書簡 (72 年 1 月 13 日付) の中で、これを明確に認めている。AN 19780341-9.

[37] 79 年に DGF (経常費包括交付金：2 頁註 3) に引き継がれた。

[38] Directeur du Budget (de la Génière), Note pour le Ministre, 25/5/71, CAEF B20126.

[39] Lettre du Ministre de l'Intérieur (DGCL) au Ministre d'État chargé des Réformes administratives, 11/12/71, AN 19860186-7.

[40] Lettre de Marcellin, Ministre de l'Intérieur, à Roger Frey, Ministre d'État chargé

改革を地方が受け入れられるものにする唯一の手段として、懸案になっていた地方自治体公共工事に課せられた付加価値税の返還問題と結び付けることをシャバン・デルマスらに要請した[41]。当時、公共工事に課せられた国税たる付加価値税の課税額の方が国から地方への投資補助金の額よりも多いことが判明し、地方に感情的な反発を呼び起こしていた[42]。そこで、投資包括補助金を実質的に地方自治体が支払った付加価値税の一部を返還するものと位置付けることで、個別補助金改革による削減の代償として地方公選職らの主要な要求の一つに応じたという図式を演出し、地方の反発を和らげようとしたのだ。しかしこの方法には大蔵省から、他の付加価値税負担についても返還論を引き起こしかねないという強い異論が出されていた[43]。72年1月13日のシャバンあて書簡では、付加価値税返還の図式を前面に出すよう再度訴えつつも、個別補助金改革で地方自治体の負担を軽減する譲歩が得られないのであれば、野党の攻撃の的になるだけだと論じ、73年に予定される総選挙を睨んで、投資包括補助金を含むこの改革全体を延期すべきだと述べた[44]。しかし3月10日、デクレは予定通り発出された。

4) 投資資金配分方式選択の政治化　3月10日デクレの後、予算措置を巡る綱引きが膠着状態に陥っている間に、議論の焦点は、投資包括補助金の配分基準へと移った。71年6月10日の関係閣僚会議決定は、各自治体の財政状況と「設備投資の努力」(efforts d'équipement) を基準に決定するという大枠を定めており、具体案は計画庁のワーキング・グループに作成させることになった。財政状況については、「限定人口サンチーム」(centime démographique réduit) 価[45]を各自治体の財政余力の指標として採用することで概ね合意が存在したが、後者については対立が見られた。都市部に投資包括補助金を集中したい計画庁は、過去3年間の住宅着工件数を配分基準に盛り込むことを提案した。農村コ

---

　　des Réformes administratives, 5/1/72, CAEF B20126.

[41]　Lettres de Marcellin à Chaban-Delmas, 31/12/71 et 13/1/72, AN 19860186-7.

[42]　Fréville, "Les relations", pp. 190–1.

[43]　DGCL, Service de l'équipement (Cabana), "Note pour Monsieur le Directeur général des collectivités locales", 22/12/71, AN 19860186-7.

[44]　Lettre de Marcellin à Chaban-Delmas, 13/1/72, AN 19860186-7.

[45]　「旧四税」のうち、旧・営業税と旧・未建築土地税を指す。第1章第1節の註21を参照。

ミュンへの配分を重視する内務省は当然これに強く反対し、コミュンの経常費
予算から投資費予算に振り替えられた金額を指標とするよう主張した[46]。大蔵
省は、どちらの方式も過去の投資実績を重視しすぎるとして、自己資金調達比
率を指標とすることを求めた[47]。

　3省庁間では具体的な配分基準を巡ってなおも折衝が繰り返されたが、ここ
で注目すべきは、そうした技術的な議論の土台自体を疑う立場が内務省で急速
に台頭しつつあったことである。71年12月、後の72年3月10日デクレが国
務院の審査を通過した直後、内務省地方公共団体総局の設備投資課長カバナ
(Camille Cabana) は、審査通過の経緯を総局長に説明するメモの中で、審査
通過によって遂に現実となりつつある投資包括補助金について根本的な疑問を
提起している。投資包括補助金の最も重要な革新は、補助金が機械的基準に基
づいて「自動的」に配分が行われることであり、自動的配分が齎す政治的帰結
を「内務省がちゃんと理解した上で受け入れているのか、そこのところをまず
確認しておきたい。このシステムに異議を唱えれば反発を受けるとは思うが、
いつかしなければならないなら、すぐにした方がいいと確信する」と[48]。カバ
ナの指摘した通り、3省庁の協議がどのような配分基準に落ち着こうと、投資
包括補助金は機械的な基準で計算・配分され、そこには省庁の裁量や政治的介
入の余地は全くなくなる。使途制限のない包括補助金であるため、中央から地
方への公的資金の配分は続いても、配分には裁量が殆どないため、中央が行使
できる統制はゼロに近付く。予定通りその比重が増していけば、中央政府が、
そしてその権力を握る政党や政治家が、投資補助金の配分を巡って地方自治体
や地方公選職に影響力を行使する余地もなくなっていくであろう。

　半月後、前記の72年1月13日付の首相宛書簡の中で、内相マルスランは部
下の意味したところを余すところなく敷衍した。「ことの性格上、このシステム
に与えられる自動性 (automaticité) は、まず第一に、国の予算を使う際に中央

---

[46] Ministère de l'Intérieur, "Subventions complémentaires. Critères d'attribution. Propositions du Plan", s.d., AN 19800273–224.

[47] Directeur du Budget, "Note pour M. le Ministre : Subvention globale d'équipement aux communes. Critères de répartition", 9/3/72(?), CAEF B20102.

[48] Chef du Service de l'équipement, "Note à l'attention de Monsieur le Directeur général des collectivités locales", 24/12/71, AN 19860186–7.

権力に伝統的に認められてきた評価の自由 (liberté d'appréciation) に反します」。従って、「第二に、個別補助金の予算を削減したり伸びを抑制したりして、対応する予算項目［投資包括補助金］を賄うとしたら、適切かどうか疑わしいでしょう」。その具体的に意味するところは「急速に拡大していて、当然包括補助金から優先的に恩恵を受けるコミュンは、野党によって支配されていることが殆どです」という点にあった。「お分かりのように、私の動機は一にかかって政治的なものであり、正にまさしく 1973 年の総選挙を視野に入れているのです」と。以後、内務省内はこの点を巡って 2 つの考え方に割れた。

前記の設備投資課長カバナ (74 年 12 月に設備投資開発担当次長 sous-directeur に昇任) は、以後も、投資包括補助金が一定額以上の規模になるのなら、自動的配分方式は一切受け入れ難いと拒絶し続けた。代わりに、国が対象の各都市と複数年にわたる「契約」を締結し、これに基づいて補助金を配分する方式を主張した[49]。実は、この方式は首相シラクも強く推奨していた[50]。これは「その場その場」(au coup par coup) の交渉次第で配分額を決めることを意味し、自動方式とは対極的に、中央政府に配分上の多大な裁量 (「方向付け推進する力」pouvoir d'orientation et d'impulsion) を付与する[51]。包括化されて裁量度の高い補助金を内相や知事が裁量的に配分することになり、資金配分に伴う地方統制は寧ろ強化されよう。シラクがこの方式を支持したのは、彼がド・ゴール派政党の中で初めて選挙区 (コレーズ県) への組織的な "利益誘導" によって党の強固な地盤を築いた政治家だったことと無縁ではなかろう。政権与党が高級官僚層に浸透して[52]これを党派化することで、補助金配分をいわば上から

---

[49] Cabana, "Réflexions sur la subvention globale d'équipement", 12/7/74, AN 19780341–9.

[50] Patrick Bouquet, Conseiller technique du cabinet du Ministre de l'Intérieur, "Note à l'attention de Monsieur le Ministre d'État", 9/7/74, AN 19780341–9.

[51] Bouquet, "Note à l'attention de Monsieur le Ministre d'État", 26/8/74, AN 19780341–9.

[52] ド・ゴール政権下でも知事人事への政治介入が常態化しつつあったのは、66 年前後にドブレ蔵相がフレイ内相と交わした書簡に活写されている。FNSP Fonds Michel Debré 4MD/10 Dr.1. 高級官僚の党派化の過程については、例えば、Jean-Louis Quermonne, "Politisation de l'administration ou fonctionnarisation de la politique?", in Francis de Baecque et al. (dir.), *Administration et politique sous la Cinquième République*,

政治化することで、地方公選職を系列化して権力基盤とする。戦後イタリア型の党派による地方の統制[53]のモデルへ向かう途が垣間見えた瞬間だった。シラクのこうした戦略を内務省内で代弁したカバナは、以後、最も忠実なシラク派官僚として活躍する[54]。ド・ゴール時代、ド・ゴール派政党は議会に対する防波堤、官僚制の自律性の擁護者であったが、以後、シラクに倣い兼職を巧みに活用して選挙区に支持基盤を培養する国会議員が増加し、党の性格は大きく変貌する[55]。

　しかし、少なくとも81年の政権交代前の内務省中央の幹部の間では、このカバナらの立場は決して多数派にはならず、だからこそ、省内では投資包括補助金については、自動的配分方式が幅広い支持を得ていた[56]。中でも、74年のポンピドゥーからジスカール・デスタンへの政権移行後、省の立場を決める上で決定的な影響力を持ったと思われるのは、ポニャトウスキ（Michel Poniatowski）内相官房の専門補佐官として補助金改革問題を担当するブケ（Patrick Bouquet）の議論である。シラクやカバナの唱える契約締結を通じた裁量的配分の方式を退け、ある種の自動的配分方式を支持していたが、ブケは知事団ではなく大蔵省の上級行政官（administrateur civil）出身であり、党派対立から超越した統治者というド・ゴール期のような知事像を再建しようとしていたわけではない。また、ブケの議論は、大蔵省の主張する経済合理性に基づく配分のシステムとも全く位相を異にする。74年のポニャトウスキ内相の大臣官房入り以後のブケの経歴は、独立共和派（ジスカール派）の党派任用で終始一貫している[57]。従って、ブケが契約方式を退けるのも、（恐らくはボスの意向を直接的

Presses de la FNSP, 1982.

[53] Sidney Tarrow, *Between Center and Periphery*, New Haven: Yale University Press, 1977.

[54] カバナはENA出身だが、郵政省下級職員から「内部選考」（tour interne）で入学した。シラクが首相辞任後の77年、パリ市長に当選すると、パリ市に出向となり、83年まで助役（adjoint）、次いで事務総長を務めた。86年のシラク政権では民営化担当相を務めた。

[55] Andrew Knapp and Patrick Le Galès, "Top-down to Bottom-up? Center-Periphery Relations and Power Structure in France's Gaullist Party", *West European Politics* Vol. 16–3 (1993).

[56] 78年頃のこの問題に関する省内の意見分布はAN 19840084–1 Dr.SGE/DGFを見よ。

[57] ポニャトウスキはジスカールの右腕で、独立共和派事務総長（Secrétaire général：75年

に反映した）高度に党派政治上の考慮に基づいていた。曰く、多数の都市と個別に「契約」を結んで政治的に制御するほどの力量を内務省、特に所管の地方公共団体総局は持ち合わせていない。そこで自動的配分となるが、その交付の対象はコミュンでも県でもなく、地域圏でなければならないとブケは論じる。大都市や郊外の野党支配については既にマルスランが指摘したが、今や県議会にも左翼が多数派を占めているところが少なくなく、県への交付は野党を利する恐れがある。そこで与党右派連合の支配がより安定している地域圏（当時の地域圏議会は、地元選出の全国会議員と、県議会などが指名する議員で構成された）を対象に自動的配分を行い、その上で、地域圏議会に域内のコミュンへの配分を委ねれば、与党の政治的利益を害さずに地方公選職や議会の分権化の要求に応えることもできる[58]。高級官僚の人事が急速に党派化する中、内務省内では、自省や知事団の権限・影響力の維持という伝統的な考慮に、党派的な利益が優位する場面が増えてきていた。

　5) FECL の導入と裁量放棄の選択　75 年に導入された FECL の配分方法を巡る議論はこの点をより明確に示している。投資包括補助金は、72 年 3 月デクレの後、3 億フランと予定された新規財源が予算編成過程で次々に削減されゼロとなる[59]などして、結局、省庁間の対立で実施できないまま[60]、74 年春のポン

　　に総裁 Président）も兼ねた。大統領選挙戦を指揮し、閣内では ministre d'État（副首相格）に遇された。76 年以降、ブケは、同じジスカール派 UDF の商相（急進党系）や大蔵閣外相の官房長に転じ、78 年には「外部選考」（tour extérieur）で会計検査院メンバーに指名された。ミッテラン政権が成立すると、保守の牙城となったイル・ド・フランス地域圏（パリ周辺）の高官を務めた。86 年のシラク政権下では内務省地方公共団体総局長に返り咲き、90 年代後半にはパリ市事務次長（Secrétaire général adjoint de la ville de Paris）を長く務めた。ポニャトウスキの官房入りする前は、予算局から CDC に出向していた。CtD-CDC 29/5/73, ACDC 890115–005.

[58]　県議会は配分に関与させるなと繰り返した。Bouquet, "Note à l'attention de Monsieur le Ministre d'État", 2/9/74 ; "Subvention globale d'équipement", 6/9/74, AN 19780341–9.

[59]　Ministère de l'Intérieur, Cabinet du Ministre, "Note sur la subvention globale d'équipement", 2/8/72, AN 5AG2/135.

[60]　Maurice Paraf, Note pour le Ministre, 9/4/73, AN 19860186–7. Lettre d'Olivier Guichard, ministre de l'Aménagement du Territoire au Premier ministre, 2/4/73, AN 5AG2/135. Paraf は地方公共団体総局長。

第 2 章　高度成長期における官僚統制の後退　　137

ピドゥーの死を迎えた。大統領選挙では、蔵相として反対してきたジスカール・デスタンが、前政権の投資包括補助金実施の公約を取り消すと公言した。ジスカールの当選後、首相となったシラクは投資包括補助金に積極的で、75 年度分として 6 億を要求したポニャトウスキ内相を後押ししたが、大蔵省予算局の反対で再び膠着状態に陥った[61]。

　かくして挫折した投資包括補助金を事実上、引き継いだのが FECL であり、使途を特定しない投資資金を国庫から交付する初めての制度となった。その配分方式についても、投資包括補助金の際の対抗関係をほぼそのまま引き継ぎ、各省庁間で合従連衡が展開された。投資包括補助金と大きく異なるのは、第一に、財政危機などに対する地方の不満の高まりに対応すべく、ジスカール政権は地方自治体の構造や権限を含む、中央地方関係全般の改革を準備しており、その中で、FECL は「政府が企てる地方自治体全体改革の中核要素（pièce maîtresse)」と位置付けられていた[62]こと、第二に、77 年に迫ったコミュン選挙を睨んで、地方公選職団体など地方からの圧力が強くなり、その意向が特に色濃く反映されたことである。

　そもそも FECL の創設は、75 年夏の地方税抜本改革における営業税（taxe professionnelle：地方税として存続していた旧・営業税 patente を代替）導入の代償と位置づけられた[63]。というのも、営業税に対しては、税負担の激変や

---

[61]　註 50 所掲に加えて、Lettre du Ministre de l'Intérieur au Ministre des Finances, 7/8/74, AN 19780341–9 を参照。

[62]　Circulaire du Ministre de l'Intérieur aux préfets, 19/9/75, ACDC 920071–12. FECL の設置は、地方自治体改革に関する 5 月 20 日の関係閣僚会議で、改革の三本柱の一つとして採択された。Relève des décisions du Conseil restreint du 20/5/75 sur la réforme des collectivités locales, AN, Archives de la présidence de Valéry Giscard d'Estaing, 5AG3/826. 改革案は、75 年 2 月以降、FECL を皮切りに、内務省地方公共団体総局でボロット総局長（74 年 12 月―77 年 4 月）の直轄下に準備が進められた。Fonds Pierre Bolotte, FNSP, PB15 Dr.3–5 et PB16 Dr.4. これが 75 年秋のギシャール委員会設立、そしてボネ法案へと繋がる。序章 2–4 頁と終章 339 頁を参照。

[63]　上院が営業税法案可決の代償として要求し、政府が基金設置の条項を追加した。Lettre de Poniatowski, Ministre de l'Intérieur, à Chirac, Premier ministre, 15/7/75, FNSP PB16 Dr.4. 営業税導入を巡る紛争と FECL 創設については、Jean Ravanel, *La réforme des collectivités locales et des régions*, Dalloz, 1984, pp. 71–79. 青木宗明「現代フランスにおける地方財政改革（上）」『（法政大学）大学院紀要』15 号（1985 年）153–4 頁。

自治体の自由度の低さの故に、地方から激しい反発が起きていたからだ。地方公選職らの「反乱」を懐柔するため、政府は、FECL 創設を通じて、AMF が長年求めてきた公共工事分の付加価値税の返還に実質的に応じることを認めざるを得なかったのである[64]。「返還」である以上、FECL の配分基準の作成においても、74 年以前の投資包括補助金構想の場合と異なり、政府は議会や地方公選職団体と密接に協議して合意の形成に努めねばならなくなった。

当初、75 年 9 月 13 日修正財政法で正式に FECL が設立された段階では、内務省は、投資包括補助金の際と同じ土俵で大蔵省と折衝を繰り返し、投資支出額、自己資金調達、財政力と課税努力 (capacité financière et effort fiscal) の 3 つを組み合わせて配分基準とすることになっていた[65]。しかし、実は、この両省の方針に対して、夏の間に大統領府から強い異論が出ていた。大統領府は、FECL に石油危機後の景気対策も期待していたため、自動的配分方式では限られた予算 (当初予定 10 億フラン) が無数のコミュンに分散し、景気刺激の即効性が薄れることを恐れ、知事から有望な事業案件を積み上げさせて中央が裁量的に配分する方式を主張した。カバナらの案にむしろ近いと言える。

これに対して内務省では、官房のブケらがこの方式に強く反対し、投資包括補助金の際よりも更に自動性を重視した配分方式を唱えた。曰く、FECL の画期性、そして地方公選職への譲歩として最も評価されているのは、全コミュンを対象に自動方式で配分される点に他ならない[66]。加えて、配分を政治化したと非難される (taxé de politiser) のは得策ではなく、そもそも、知事には政治的に洗練された配分 (répartition politiquement raffinée) を行う能力はなく、県議会や地域圏議会からの圧力に曝されて身動きが取れなくなるだけだと[67]。その根底には、地方公選職に高まる不満への恐れと、内務省・知事団の能力や政

---

[64] 全ての関係者にこの認識は共有されていたという。註 69 所掲の文書を参照。

[65] Lettre de Poniatowski, Ministre de l'Intérieur, à Chirac, Premier ministre, 27/6/75; Lettre de Poniatowski à Jean-Pierre Fourcade, Ministre des Finances, 12/8/75, FNSP PB16 Dr.3.

[66] ブケは投資包括補助金の際にも、自動的配分を支持するもう一つの理由として、地方に財政的自律を確保する制度として地方公選職が要求していた点を挙げていた。註 51 所掲参照。

[67] Bouquet, "Note à l'attention de Monsieur le Ministre d'État", 2/9/75, AN 19780341-8.

第 2 章　高度成長期における官僚統制の後退　　　139

治的忠誠に対する与党幹部の不信感があった[68]。結局、大統領府の介入を退け、内務省の唱える自動的配分方式の方針は守られた。

　ところが、その後、AMF や上下両院議員らとの協議の結果、今度は内務省自身がその圧力に抗し切れなくなり、75 年 12 月の提案では、議会・地方公選職側の主張に沿って配分方法を完全に変更した[69]。第一に、FECL の目的は地方自治体の公共工事分の付加価値税の返還なのだから、配分基準も各自治体の支払った付加価値税額に比例とするのが最も整合的だ。第二に、投資支出額が小さく付加価値税返還額も少なくなる小コミューンに対する平衡化の措置として、財源として新たに加えられた新・既建築土地税（Taxe foncière sur les propriétés baties：旧四税の一つで、48 年以降、地方税になっていた旧税が 74 年に刷新されたもの［42 頁註 21 と 112 頁を参照]）の超過容積率割増分の税収は全く別の配分方法、即ち、VRTS の一部を構成する「地方行動基金」（FAL）の管理委員会（Comité de gestion du Fonds d'action locale：地方公選職が多数を占める）が独自の基準と判断で各県議会に配分し、各県議会も独自の基準と判断で小コミューンに配分する方式を採る。つまり、自動的配分方式を採る本体部分に、完全な政治的裁量に基づく配分の付加部分が接木されることになる。政治的裁量の排除を求めていたブケら内相官房も、1 年後に迫ったコミューン選挙を乗り切るための内相の決断を前に沈黙するしかなかった[70]。

　これに対して大蔵省は、大統領選挙前のマルスランに対してと同じ理由、即ち、他の付加価値税の返還要求を引き起こすとして、この案を断固として拒絶したが、内務省のブケらも、地方公選職には、大蔵省案のような「テクノクラティックに複雑な」（d'une complexité technocratique）配分方式への「アレ

---

[68]　70 年代半ば、選挙で敗戦が続くと、知事が公共投資の配分・実施において野党の便宜を図っているせいだという不満が特に独立共和派から噴出した。例えば、s.a., "Note sur les enseignements des élections cantonales et législatives [de mars 1977]", s.d., AN 5AG3/1614.

[69]　AMF は 11 月 5 日に全国的な動員の再開を決定していた。Le Lidec, "Les maires", p. 464. 以下は、Lettre de Poniatowski à Chirac, 9/12/75, FNSP, PB16 Dr.3 による。

[70]　Notes de Bouquet à Poniatowski, 4/12/75, AN 19780341–8 Dr.5. 自動的配分に県毎の交渉による配分を組み合わせる混在方式は、地方公共団体総局長ボロットが総局や知事団の意向を踏まえて繰り返し進言していたものだった。AN 19780341–8、特に註 109 所掲の資料を参照。

ルギー」があると主張し、地方側の求め通り、付加価値税額比例方式とすることを譲らなかった[71]。そのため最終的な配分基準は、議会が付した期限である75年末を過ぎ、76年に入っても決着しなかった。やむなく、当初、75年度分のFECL計上額（10億フラン）の配分に限って使用されることになっていた暫定的な方式、即ち、FAL配分のための諸指標を使い、全コミュンを対象に自動的配分を行う方式が76年（計上額5億フラン）、次いで77年（同10億フラン）にも延長して使用されることになった[72]。

　その後、FECL（本体部分）の最終的な配分基準については、76年10月になって、内務省が付加価値税額比例基準を断念して、大蔵省の主張する投資支出とFALの配分基準を8：2程度で組み合わせるという方式で合意した[73]。但し、この方式が実施される前に、77年末、痺れを切らせた議会によって、FECLはその名も「付加価値税補償基金」（FCTVA）に置き換えられ、純粋に各地方自治体の付加価値税支払い分に比例した自動的配分方式となった。いずれにせよ、包括化と結びついた自動的配分方式、これは82-3年のミッテラン政権によるDGEと同じで、実質的な財政的地方分権化である。以後、個別補助金は急激に削減されてFCTVAに置き換えられていくことになる[74]（図3参照）。

　結局、当時の政権全体としては、内務省官房のブケラの判断に沿って動いたと言える。地域圏や県の知事らが裁量的配分を通じて、地方公選職に対する統制力を回復するのを期待するより、逆に地方公選職の不満が政府・与党に向かったり、野党を利することになるリスクの方を重く見たのである。補助金を包括化して自動的配分方式に置き換えることで、公的資金の配分に伴う裁量をなく

---

[71] Bouquet, "Note à l'attention de Monsieur Aurillac, directeur du cabinet", 29/1/76 ; Bouquet, "Note relative au projet de loi relatif aux critères de répartition du F.E.C.L.", 5/2/76, AN 19780341-8 Dr.5.

[72] Note du Bouquet à Poniatowski, 17/3/76, AN 19780341-8 Dr.5. FAL の指標については、Flecher et Fort, *Les finances locales*, pp. 148-150.

[73] Notes d'Étienne Pflimlin, conseiller technique du cabinet du minstre, à Poniatowski, 2/11 et 5/12/76, FNSP PB16 Dr.3. 但し、必要な準備期間を考慮し、77年度は全額についてFAL配分基準の暫定適用が延長された。

[74] Fréville, "Les relations", pp. 189-191. Cf. Blanc et Rémond, *Les collectivités locales*, pp. 535-9.

第 2 章　高度成長期における官僚統制の後退　　　141

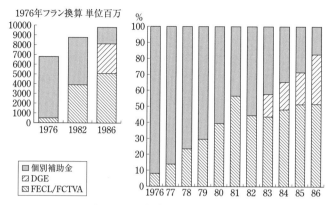

図 3　国の投資補助金の包括化
出典：CDC, *Tableau de bord*, p. 101.［一部改変］

し、知事や中央省庁の地方への統制力を放棄するのと引き換えに、このリスクを避け、ギシャール委員会報告（339 頁参照）の示すような漸進的な地方分権化の推進と併せて、AMF など地方公選職から超党派的な信認の回復を図ろうとするのが以後のジスカール政権の基本方針となったといえよう。

しかし、77 年のコミュン選挙を控えて、財政危機に煽られた地方公選職団体の圧力を収めるには、このような緩慢な分権化策を提示するだけでは十分ではなかった。76 年 1 月 8 日と 2 月 18 日の一連のデクレによって、初等学校建設、県・コミュン道整備、スポーツ・文化関係施設整備、農村「公共サーヴィス」関連（上下水道整備、ゴミ処理ほか）など、既に地域県知事に分散化されていた補助金を県間に配分する権限が地域圏議会に移譲され、初等学校建設、県・コミュン道整備については県内での配分は県議会に移譲された[75]。これも、地域圏議会議長の要求に応えて、地域圏への権限移譲を検討していた国務院のオベール（Jacques Aubert：知事団出身。以後もジスカール政権の分権化検討において重要な役割を果たす）を長とする委員会の答申に従ったものだった[76]。数年

---

[75] René Dosière et François Giquel, *La commune, son budget, ses comptes*, Éditions ouvrières, 1982, pp. 179–180.

[76] CGP, "Note sur les problèmes de la décentralisation et de la déconcentration", 18/9/75, AN 5AG3/826. Pierre Bolotte, "Note à l'attention de M. le Ministre

後、内務省内では、公的投資、特に農村コミュンに関する部門で知事の権限は大きく制約され、実質的に地方議会が国の金（manne）の支出権者（dispensateurs）となった、地方分散化は、コミュンに対する財政的統制の強化を狙った64年デクレとは全く異なった状況に立ち至ったとの慨嘆が聞かれ始めた[77]。

6) **大都市コミュンに対する資金配分統制の継続**　しかし、この、より直截な分権化の対象になった補助金種目は、農村コミュンが主たる関心事項とするものばかりだったことに注意しよう。投資包括補助金やFECLについても、配分対象を絞らないと各コミュンへの配分額が極めて小さくなり、政治的にむしろ野党に攻撃材料を与えかねない、という懸念が強かった[78]にもかかわらず、全コミュン、つまり投資実績の小さい農村コミュンも配分対象とする方式が選択されたことなどを勘案すれば、政権が補助金配分権限の移譲によって慰撫しようとしていたのは、地方公選職、AMFの中でも圧倒的多数を占める農村コミュンの首長だったと言えよう。

これとは対照的に、大都市を中心とする都市開発事業に対する補助金については、県知事を中心とする出先官僚制が少なくとも当面の間、配分権限を独占する制度が採用された。76年8月24日アレテで創設された「都市整備基金」（FAU）である。設備省や内務省が管轄していた都市インフラ整備・住宅改善（amélioration）関連の個別補助金を一つの基金にまとめることで、省庁の縦割りを打破し都市整備事業を総合的に支援するのを謳い文句としていた。しかし、中央での助成案件の審査や資金配分は、設備省の高級技官（後に所管大臣）を長とし、各省の局長が列席する省際委員会で行われ、次いで77年春以降、地方分散の受け皿として、各県にも知事を長とし各出先機関の長で構成する「県行政グループ」（Groupe administratif départemental）が順次設置され、配分と審査を担った[79]。この分野だけが包括化を免れ、県や地域圏の議会への諮問

---

d'État", 21/2/75, FNSP PB15 Dr.5.

[77]　Sous-direction de l'administration territoriale, "Note relative à la répartititon des crédits déconcentrés", 12/11/79, AN 19950278–1.

[78]　Bouquet, "Note pour M. Bolotte", 23/12/75, 19780341–8 Dr.5. DGCL, sous-direction de l'équipement et du développement, Bureau du plan et des études, "Note sur la globalisation des subventions d'équipement", 18/9/78, AN 19840084–1.

[79]　Michel d'Ornano, ministre de l'Environnement et du Cadre de vie, "Bilan et

すら義務化されないという、この時期としては特異な配分態勢が取られたのは、この基金が主たる補助対象とする都市「再生」（réhabilitation）こそ、76年以降、第2部で見るように、大都市コミュンの主要な公的投資事業になりつつあったからである。

70年代半ば以降、それまで都市整備事業の中核であった大規模団地（ZUP、ZACなど）や市中心部の大規模再開発（rénovation urbaine）の問題点が次々に明らかになり、既存の都市区画（「旧街区」quartiers anciens）の「再生」事業に取って代わられることになる。市域ないし都市圏の周縁部に造成された大規模団地は、多くの場合、インフラ整備が不十分だった上に維持管理が怠られた結果、劣悪な居住環境となり、住民が下の社会階層（移民系の比重が増していく）に偏っていく「社会的隔離」（ségrégation sociale）が顕著になっていった。政府は70年代初めから大規模団地建設の抑制に転じ、遂に73年、時の国土整備・設備相ギシャールの名前で、2000戸以上の集合社会住宅の建設を禁じ、ZACや既存のZUPの住戸数にも上限を設ける通達が発せられた[80]。ZACなどの開発に必要な資金は中央のGIFの高級官僚たちが配分を握っている以上、大規模団地の時代は「上から」終結を迎えることになった。市中心部についても、60年代は老朽化した街区を取り壊して撤去した上で全く新しい街区を作り直す「再開発」（rénovation）事業が主流だったが、パリのレアル（Les Halles）地区など、当初の見積もりを遥かに越えて、事業の完了までに余りにも多額の追加の補助金支給を要する例が相次いだことなどから、60年代末、ド・ゴール派の政権の時代から「再開発」を厳しく抑制する方針に転じていた[81]。70年代に入ると、旧街区の取り壊しで立ち退きを迫られる住民の多くが貧しく、賃料の安い周辺部の大規模団地への転居を迫られることが「社会的隔離」を深刻化させていることを問題視して、全面的な取り壊しを行わず、既存の街

---

perspectives du Fonds d'aménagement urbain", s.d. [1979], AN 19950344–1. FAU 創設の経緯などについては、AN 5AG3/2241 を参照。

[80] 檜谷「フランスの住宅政策」206–210頁。

[81] "Dîner-débat du 13/11/72 sur la politique du logement : fiche sur la rénovation", AN 5AG3/2241. 同じメカニズムによる政策転換は、第3章第1節で見るロワール県でも見られた。Archives départementales de la Loire［以下 AD Loire と略記］687Vt/74 を参照。

区とその建築物を維持しつつその機能性を回復・改善する「再生」事業が推奨された。76 年の FAU 創設は、時のジスカール = バール（Raymond Barre：76–81 年の首相）政権が「再生」事業への転換を公式に宣言したことを意味する。

　77 年コミュン選挙での左翼連合の勝利も相俟って、第 2 部で見る各都市においてもこの後、一斉に「再生」事業を都市開発事業の中心に据えていくことになる。FAU はこうした事業を支える柱となって、その資金量は 76 年の創設時で既に 3 億 3 千万フランに達し、70 年代末以降、都市コミュンの財政において大きな比重を占めるに至る。その FAU について、中央でも地方でも、各省の高級官僚のみからなる委員会に配分権限を与えたことは、時の政権が、農村コミュンとは違って、大都市コミュンに対しては、投資補助金による統制を維持・強化する姿勢を示したと解釈すべきであろう。農村コミュンが相手であれば、仮に投資補助金の配分を県議会などに握られたとしても、事業の立案・実施に関わる専門能力を出先官僚制や SCET に依存しなければならない以上、なお中央の統制は効く。しかし第 2 部で見るような大規模都市・準大規模都市の中には、70 年代初めまでに事業立案・遂行の専門能力を蓄えたところも少なくない。そのため、都市開発事業向けの補助金だけは配分権限を中央官僚制に留保しなければならなかったのである。60 年代末まで GIF が ZAC や ZI の開発資金配分を通じて果たしていた大都市コミュンに対する選別的統制の役割をFAU が引き継いだものといえる。実際、GIF 同様、FAU は中央でも地方でも、各省を代表する高級官僚の合議体が配分を担っていた。知事団を中心に高級官僚の党派化が進み、公的資金にも党派的配分が目立つようになってきたこの時代にあって、これは、配分の党派化を防ぐ最も堅固な壁であった[82]。

　後に FAU となる基金を創設し、その配分は政府が投資包括補助金に対して導入を決めた自動的配分方式から外し、知事を中心とする省際委員会に委ねることは、75 年 3 月の関係閣僚会議で、FECL の原型になる投資包括補助金制

---

[82]　イレヴィレンヌ県については、Archives départementales de l'Ille-et-Vilaine［以下 ADIIV と略記］1205W41, 1694W85、イゼール県については、Archives départementales de l'Isère［以下 AD Isère と略記］6481W8, 54 を参照。

度と同時に決定されている[83]。農村を中心とする中小コミュンの財源移転の要求に応えつつ、引き換えに、地方統制の要となる大都市コミュンに関しては資金配分統制を強化するという関係になっていたことが示されている。

(2) 市場化の進展と公的融資の変容

このように 70 年代半ば、地方自治体に対する公的資金の配分のうち、省庁の投資補助金については、政権与党から配分の政治化への圧力が強くなるのと並行して、包括化と配分の自動化によって資金配分による統制力自体の前提を掘り崩す動きが出てくる。似たようなダイナミズムの交錯は公的融資についても見られた。公的融資の場合、資金の流れ方を変える原動力になったのは、金融市場の自由化（銀行の規制緩和）である。民間金融機関との競合によって、貯蓄金庫の預金が減少したため、CDC は地方自治体投資への融資に占める比重を下げ、CAECL や農業信用金庫がこれを代替した (115–6 頁)。CDC 自身も、民間金融機関との競合に対応するには、内部で地域代表や貯蓄金庫への権限の分散化を進めねばならない。その結果、地方自治体向け融資全体で見ると、下からの政治的介入の余地が高まった。しかし CDC グループは、並行して地方自治体融資の「包括化」を進めつつ、より市場原理に従った融資配分（自治体の信用力などが基本）に移行したため、政治化の圧力は抑え込まれた。

1) **金融市場改革と配分経路の拡散** 66–67 年に一連の金融市場改革を進めたのは、リュエフらの影響を受けた蔵相ドブレである[84]。その狙いは、プランの目指す産業力強化政策を金融面で支えることであり、①より多くの貯蓄が産業に供給されるよう金融回路に手を加え、同時に、②非優先的な部門への信用供与

---

[83] Bouquet, Cabinet du Ministre de l'Intérieur, "Note à l'attention de M. le Ministre d'État", 26/3/75, FNSP, PB15 Dr.5. Groupe sur la déconcentration (Mission présidée par M. le préfet Pual Masson), "Propositions relatives à la répartititon des moyens fincanciers des administrations", 19/2/76, AN 19810507–1.

[84] 権上「戦後フランス」。同「フランスにおける新自由主義と信用改革 (1961–73 年)」『エコノミア』54 巻 2 号 (2003 年)。Michel Margairaz, "Les deux septennats à la tête de la Caisse des dépôts et consignations (1953–67)", in Margairaz (dir.), *François Bloch-Lainé*, pp. 121–3. Debré, *Gouverner autrement,* pp. 103–8. Margairaz, "La faute à 68?", pp. 59–61. Loriaux, *France*, pp. 168–178.

を削減して、インフレ体質を是正することを目指した。具体的には、規制緩和
（預金銀行と事業銀行の垣根の撤廃など）と、国債や公的金融機関の特権の削
減[85] によって、金融機関間の競争を強化することが眼目となり、例えば、民間
銀行は 65 年以降の改革の結果、金融当局の許可なしに支店を開設できる自由
を手にし、「住宅貯蓄」（épargne logement）口座の創設などを通じて、貯蓄金
庫など公的金融機関に対抗できるようになった。逆に言えば、規制された金融
市場で特権的に預金を集めてきた公的金融機関は、その役割を縮小されること
になり、CDC の低利長期融資に依存してきた地方自治体の公共投資は大きな
皺寄せを受けよう。言い換えれば、ド・ゴール政権は、金融市場改革を通じて、
産業力強化という優先目標のために地方公共投資を犠牲にすることを意識的に
選択したのである[86]。66 年の CAECL 創設は、その（来るべき）犠牲への埋め
合わせという性格を併せ持っていた[87]。

　実際、69 年以降、貯蓄金庫の預入高は目立って低調となった。CDC は A 通
帳預金の広告に予算を割いたが、預入れは復調しなかった[88]。民間銀行に比べ
て金利が低い上に、小切手決済などの利便性を欠く貯蓄金庫預金は、急速な預
金者離れに見舞われていた。元々、CDC が地方自治体に回せる低利融資は「予
算外化」分の負担などのために制約を受けていたが、原資の減少で一層の圧縮
を迫られ、その分、CAECL や農業信用金庫[89]への肩代わりが進んだ。これに
71 年、72 年末—74 年と殆ど恒常化した政府の緊縮策が追い討ちを掛ける。
CDC 監査委員会議長パケらは、条件の悪い融資への振り替えを避けるため予
算外化分の削減等を要求したが、流れは止められなかった[90]。他方、貯蓄金庫

---

[85]　但し、貯蓄金庫預金の免税特権（A 通帳口座に限る）は維持された。

[86]　Lettre de Michel Debré, Ministre des Finances à Aimé Paquet, 22/3/66, CAEF
B28464.

[87]　ドブレ回顧録（*Gouverner autrement*, pp. 101, 104–6）は、後年の CAECL の躍進ばか
り強調し、地方融資枠の削減には触れない。

[88]　例えば、ACDC PVCS 1969 tome B, 28/3/69, pp. 67–68.

[89]　CAEF B28465.

[90]　ACDC PVCS 1970 tome C, 10/7/70, pp. 186–7. Lettre de Paquet à Giscard d'Es-
taing, 11/5/70 et 18/7/71, AN 500AJ/12. Lettre de Paquet à Giscard d'Estaing,
16/1/71 ; Lettres de Christian Bonnet, président de la Commission des Finances de
l'Assemblée Nationale à Giscard d'Estaing, 8 et 30/7/71 ; Lettre du Ministre de

の預入高の低下と並行して、CAECLの起債額は71-72年から増加に転じ、自治体の遊休資金の預入れも60年代末から増えた[91]。マルスランが内相に就任すると、CAECLの資金量についても、議員や地方からの多数の陳情を背景に、大蔵省への圧力を強め、一定の譲歩を得た[92]。その結果、地方自治体向け融資に占めるCAECLの割合は2割弱で安定した（115頁表1参照）。

CDC中央からの地方公共投資向け融資が次々に削減されたとしても、貯蓄金庫が地元向け融資に留保できるマンジョズ枠（この時点で、CDCグループの地方自治体向け融資の3分の1、CDCの全融資の4分の1を占めていた）を拡充すれば、削減に歯止めを掛けることができる。先に見たマルスラン内相による地方財政救済キャンペーンでも、マンジョズ枠の拡充は重点要求となっていた。確実に地元に還元できる融資枠が増えれば増えるだけ、預入れの増加が期待できるという貯蓄金庫側の古典的な議論も、この状況下で説得力を増した[93]。結局、マンジョズ枠の拡充は既に見た70年12月3日の関係閣僚会議で認められ、71年4月7日デクレによって実現した。融資名義の変更（CDCではなく貯蓄金庫の名義での融資契約に）、マンジョズ県委員会に知事代表を加えるなどの制度改革に加え、①マンジョズ枠融資の償還資金をCDCではなく貯蓄金庫に回す、②マンジョズ枠の10%を「完全自由枠」(contingent libre)として、CDC本体は勿論、県委員会の承認も不要とする（貯蓄金庫自身がプランの優先順位の拘束を受けずに自由に配分可能となる）という改革が行われた[94]。

このように公的融資の配分権限は、CDCからCAECLや農業信用金庫等の

---

l'Intérieur au Ministre des Finances, 6/3/72, CAEF B28465.

[91] Ministère des Finances, "Les finances locales : présentation générale", s.d., AN 500AJ/262.

[92] 例えば、71年分として、ジスカールは2億フランの増枠をマルスランに認めた。Présidence de la République, Secrétariat général, "Note à l'attention du Président de la République", 1/12/70, AN 5AG2/137.

[93] DGCL, "Note sur les modifications susceptibles d'être apportées au régime actuel d'octroi des prêts Minjoz", 11/8/70, AN 19880063-3, liasse 3.

[94] Allocution de Maurice Pérouse, Directeur général de la CDC, "La réforme de la loi Minjoz", s.d., ACDC 920071-0005. 改正案の検討からCDCは排除されていた。CtD-CDC 8/9, 14/9, 1/10, 12/10/70, ACDC 890115-004. 監査委員会ではパケ以下、反対論が相次いだが、貯蓄金庫側の意向を政府が支持している以上、抵抗の術はなかった。ACDC PVCS 12/2/71, pp. 39-40.

迂回路や末端の貯蓄金庫へと移っていったが、こうした機関はCDCより政治的圧力に脆弱であり、その分、中央官僚制の統制は利き難くなる。

2) CDC 内部の地方分散化と政治化リスク　民間銀行との競合の激化は、単に預金集めの局面に限られなかった。一時的に「金余り」が顕著になった72年秋には、民間大銀行の一つソシエテ・ジェネラル（Société Générale）が鉄鋼で知られる東部ロレーヌ地方のポンタムソン（Pont-à-Mousson）市に長期融資の提供を申し出て、地元の貯蓄金庫を震撼させた[95]。更には、ロワール県で県知事カムー（Paul Camous）が音頭を取り、23のコミュンにBNP（パリ国立銀行：1966年に合併で発足）やソシエテ・ジェネラルの集合的融資（emprunts groupés）を県が斡旋する事件が起きた。市中金利より若干低い利率が提示され、第四共和制の大立者ピネ（Antoine Pinay［第3章第1節 (1) を参照］）が県首長会長として契約書に署名した。ピネの地元サン・シャモン（Saint-Chamond）の他、県都サンテティエンヌを除く県の主要都市が含まれていた。報告したサン・シャモンの貯蓄金庫理事長は、民間銀行は、CDCグループの融資に比べて手続きが容易・迅速であるため、1％前後の金利の違い（図4参照）は歯止めにならず、顧客を奪われるのではないかと脅威感をCDC中央に訴えた。

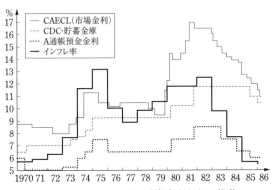

図4　CDCグループの融資金利などの推移
出典：CDC, *Tableau de bord*, p. 69.

---

[95] Lettre du Président du Groupement technique des Caisses d'épargne de Lorraine à Pérouse, Directeur général de la CDC, 9/8/72, ACDC 920071–010.

第 2 章　高度成長期における官僚統制の後退　　　　149

しかし CDC 首脳陣は、一時的なブームに終わるとごく冷静だった[96]。

　とはいえ、CDC の融資の原資となる貯蓄金庫の預入が長期低落を続ける以上、CDC グループは従来のような優遇金利で長期融資を提供し続けることは困難になる。金利で差がつけられなくなれば、激化する市場競争に対応すべく、CDC グループの業務形態を根本的に再編成することは避けられない。実は、上に見た 71 年のマンジョズ枠改革もこの文脈で理解する必要がある。この改革は結果として、民間金融機関との競合に曝された貯蓄金庫により大きな自律性を与え、地元顧客への浸透を深めさせるという懸案に応えるものとなった。完全自由枠以外のマンジョズ枠についても、県委員会（新たな県委員会の人選は CDC の地域代表に一任された）の承認を得れば、CDC 本体に拒否権はなくなり、貯蓄金庫は融資の予測可能性・手続きの迅速性の面で民間金融機関に対するハンデを縮めることができる。貯蓄金庫は「一人前の」金融機関の体裁を整えつつあった[97]。

　更に、CDC は CDC 本体の内部構造についても見直しに着手した。72–73 年、地域代表らを対象に詳細なアンケート調査を実施し、報告書の提出を求めたり、各地で地域代表を集めた会議を開くなどして、地方での融資業務の現場から改革の提案を募った[98]。その結果、地域代表が現場に近いところで指揮する形にしても、まだ手続きや中央統制が重すぎ、小回りの効く民間銀行の支店に対して不利になっていること、「バイブル」（Bible）と呼ばれる貯蓄金庫融資に関する基準・規則集が細かすぎ拘束力が強すぎる（定型を外れた案件は全て上部に照会が必要になる）こと、補助金・融資連結原則に従う限り、総事業費のうち補助金の付く（subventionnable）部分にしか融資を付けられず、地方自治体に別の融資を探す手間を強いること、同じく補助金・融資連結原則によって、省庁の定めた事業プログラムに融資財源の過半を占められてしまい、独自の判断での融資ができなくなっていることなどが問題点として挙げられた。対

---

[96]　Lettre du Directeur de la Caisse d'épargne de Saint-Chamond à Pérouse, 8/7/72 ; Réponse de Pérouse, 4/9/72, ACDC 920071–010.

[97]　ACDC 920071–005 を参照。

[98]　中央の貸出局（Département des prêts）がその結果を集約して長文の報告書を作成している。以下の分析は、これらの文書を収めた ACDC 00187–0001 Dr.1–1 による。

策としては、形骸化しているマンジョズ県委員会の廃止や、地域代表への更な
る分散化と同時に、バイブルや連結原則を緩和ないし廃止し、自治体の財務状
況を軸に地域代表に融資判断を委ねることを求める声が多かったが、この時点
ではまだペルーズやルロワら CDC 首脳は、バイブルや連結原則の廃止までは
危険として緩和・簡素化に留める立場だった[99]。

　しかし、CDC 内部で権限の地方分散化を進めれば、内務省の知事同様、出
先機関（地域代表）が現場で下からの政治化の圧力に曝されることになろう。
72–73 年の CDC の調査は、地域代表に地方公選職との間の関係についても報
告を求めている。補助金・融資連結原則のために、CDC は中央官庁の付属物
にすぎないというイメージが地方公選職の間には染み付いており、これを改善
する必要があるという声が強い反面、地域代表ら CDC の側にも、議員、政党
や地方公選職への警戒心・猜疑心が強く見られた。報告書では、監督権を持つ
大蔵省の統制に対抗するため、CDC 本体の分散化を進める必要があるとする[100]
一方で、知事・内務省を通して議員らの政治的要求が地域代表に媒介されてく
ることで、地方政治の急速な政治化・党派化が CDC に伝染してくることを強
く警戒していた[101]。

　他方、CAECL については、逆に構造が過度に集権的で、常任委員会など中
央機関の影響力が強すぎ、あるいは大蔵省の統制の手段となり、あるいは内務
省や議員らが資金配分に政治的／党派的に介入するチャネルになっていること
が CDC 内部では問題視されていた[102]。そこで、CAECL についても、内部構
造の分散化が強く提起された。但し、与党議員団が CAECL の地域支社を設
置することを求めていたのに対し、地域代表らは、その案では地域圏知事や（野
党を含む）議員の影響力拡大と政治化を招くと強く拒絶し、代わって CDC の
地域代表に資金配分権限を委任するよう求めている。

---

[99]　Pérouse, "Directives concernant la politique de l'Établissement à l'égard des collectivités locales", 6/3/73, ACDC 00187–0001.

[100]　CDC, Département des prêts, "Formes nouvelles de prêts", 14/12/72, 00187–0001.

[101]　CDC, Département des prêts, "Rapport sur la Bible et les relations Direction générale-Délégation régionale", 14/12/72, ACDC 00187–0001.

[102]　CDC, Département des prêts, "Rapport sur la réforme de la CAECL", 20/11/72, ACDC 00187–0001.

73 年に実現した CAECL の地方分散化は、まさにこの地域代表らの提案の通りであり、この改革によって各地域代表は、CDC 本体と CAECL、更に貯蓄金庫のマンジョズ枠も含めて、CDC グループ全ての資金の配分権限を掌握した[103]。CAECL 中央で融資案件の審査をしていた常任委員会は、以後形骸化し[104]、これまでのように、常任委員会の有力国会議員が上から配分を政治化するチャネルも封じられた。反面、現地での党派的な圧力も地域代表が一手に引き受けねばならない。既に見たル・パプらの事例 (121 頁註 119) は、要となる CDC 地域代表自体が党派化するという事態が決して杞憂でないことを示していた[105]。

　3) 融資の包括化と市場化　分散化や貯蓄金庫の自律化などの機構改革では解決できず残るのは、融資の配分基準、就中、補助金・融資連結原則や、省庁策定の事業プログラム、貯蓄金庫の「バイブル」の取り扱いである。先に見た、都市コミュンを対象とする「融資プログラム」は、連結原則や省庁の事業プログラムの縛りを緩める効果を持っていたが、単年度である上に、融資の約束に過ぎず、融資契約はやはり個別案件毎に結ばねばならず、その時点で結局、連結原則などの縛りがかかる、という限界があった[106]。60 年代に入ると、省庁の側が連結原則を逆手に取り、非常に低い補助率の「例外補助金」なる制度さえ作られた。限られた予算で出来る限り多数の案件に補助金を付けて CDC の融資を確保するため、少額の補助金を乱発する手法（「まぶし」saupoudrage と呼ばれる）である[107]。

　投資補助金の包括化の動きは、CDC が 20 年近く悩まされてきたこの宿痾を解消する道を開いた。補助金に併せて融資も包括化すれば、自治体毎に財務状

---

[103]　71 年のマンジョズ枠改革後は、地域代表がマンジョズ県委員会を主催するため、マンジョズ枠の配分も地域代表が主導すると想定されていた。CtD-CDC 2/3/71, pp. 75-6, ACDC 890115-005.

[104]　Faucher-Degeilh, *La Caisse*, p. 105.

[105]　例えば、Délégué régional de Paris, "La caisse des dépôts, la CAECL, et les collectivités locales", 16/4/72, ACDC 020250-0002.

[106]　「融資プログラム」の実態については、ACDC 020250-0001, Dr.1-3 et 1-4 参照。

[107]　内務省の事例は ACDC 920071-0017 を参照。CDC は融資を拒否しようとして果たせなかった。

況から返済可能性を基準に融資額を決め、補助金や融資を使って実行する事業は当事者の地方自治体と協議して決めるという CDC にとって望ましい形態に移行することができる。CDC 内部では、既に 68 年の段階で、都市向けの「融資プログラム」の適用対象を拡大すると共に、融資の約束に留まらず、融資自体を複数の投資事業を対象にした「包括融資」（prêts globaux）に切り替える構想が出ていた[108]。72 年 3 月 10 日デクレによる投資包括補助金の創設と頓挫を経て、75 年秋、FECL の実施が決まると、CDC のみならず、大統領府や内務省でも、融資の包括化の実施に向けて制度設計が始まる[109]。

　注目すべきは、包括化と並んで、この機会に CDC など公的金融機関の優遇金利を廃止して市場金利並みとする選択肢（公的融資の「陳腐化」banalisation）が検討されていたことである。大蔵省は 70 年代初頭から、地方自治体の借入増をインフレの元凶と見てこれを抑制するべく、「陳腐化」によって地方自治体の借入コストを引き上げるよう主張していた[110]。しかしこれには内相官房のブ

表 2　CDC グループの融資の包括化

	1976	1977	1978	1979	1980	1981	1982	1983	1984	1985
包括融資	1755	5399	9185	12060	15725	18282	23545	24410	25765	27762
投資向け当座融資	0	0	0	552	933	935	997	1348	1520	1206
個別融資	21471	19154	16294	13886	15028	16922	19605	19778	21832	20500
合　計	23226	24553	25479	26498	31686	36139	44147	45536	49117	49468

単位：100 万フラン
出典：CDC, *Tableau de bord*, p. 67.

---

[108]　CDC, Département des prêts, "Le programmes annuels de prêts aux villes", 1/3/68, ACDC 020250–0001.

[109]　Bolotte, Directeur général des collectivités locales, "Note à l'attention de Monsieur le Ministre d'État", 8/1/76, AN 19780341–8. Notes sur les problèmes de prêts aux collectivités locales, 11/5/75, AN 5AG3/826. DGCL, "Rapport du groupe de travail «réformes des ressources externes des collectivités locales» (subventions et emprunts)", décembre 1975, AN 19780341–8.

[110]　s.a., "La politique du crédit aux collectivités locales : proposition de réforme", s.d., AN 19780341–9.

ケが断固反対したため[111]、76 年以降、低利融資の包括化だけが実験的に実行に移された[112]（表 2 参照）。

　包括化された場合、CDC グループの融資供与は、地域代表の裁量にほぼ完全に委ねられることになる。包括補助金同様、この裁量の行使の仕方によっては、地方自治体に対する強力な統制力を手にすることになりかねない。その上で、地域代表が党派的な浸透を受ければ、公的融資の配分が党派的な統制の手段となる事態も視野に入る。

　しかし包括融資の実験結果を見る限り、そうした可能性が現実化することはなかった。包括融資を巡る協議は、主として地域代表と自治体首長との間で行われた。内務省地方公共団体総局は、包括融資の導入に際して、協議には知事か副知事（sous-préfet）が密接に参与できる制度を採るよう要請し、実際、知事とは年に少なくとも一回は協議が行われることになり、統括出納役にも発言権が確保されたが、実験実施後の地域代表の報告によれば、知事や統括出納役が介入してきたケースは稀であった。包括融資が自治体統制の手段となっていなかったことを暗示している。

　実際、現場で実務に当たった地域代表らは、優遇金利の付いた限定された量の融資を配分するという点を除けば、各自治体の財政状況・返済余力を調査・評価し、過剰融資にならないよう与信限度を設定・管理していくという作業であり、ほぼ民間の金融機関の融資業務と変わらないと考えていた[113]。地方投資事業の必要性を、公共サーヴィス供給に関する何らかの基準（内務省の均霑論理であれ、MRU や計画庁のテクノクラティックな国土整備の論理であれ）から評価して優先順位を付け、資金を配分していたこれまでとは、明確に質的な断絶が見られる。金融自由化が進み、貯蓄金庫の低利預金が枯渇していく中で、CDC の地方自治体向けの融資は急速に市場の論理に洗われていったのである。

　この市場化こそが融資配分の政治化に対する最大の防壁でもあったと考えら

---

[111]　Bouquet, "Note à l'attention de Monsieur Aurillac, directeur du cabinet", 12/1/76, AN 19780341-8.

[112]　包括化開始に至る経緯は、ACDC 020250-0001 Dr.1-3. なおプランの枠内で、先行的に都市共同体や一部都市コミュン（contrat de villes moyennes）を対象に包括化が既に実施されていた。

[113]　以下、包括化実験の実態については、ACDC 00187-0001, Dr.1-4 による。

れる。CAECL などでは、政治的要請で行われる一部の例外的な融資に関しては、引き続き、党派的な考慮に基づく配分が行われていた[114]が、首長らとの融資協議を主導した CDC の地域代表は、急激に党派化し左右陣営間の対立が激化する 70 年代フランスの地方政治の只中に身を曝したことになるが、彼ら自身が党派化する事例が増えることはなかった[115]。

　当初少数だった包括化の対象コミュンは、78 年に 1 万人以上の全コミュンに、84 年に 5 千人以上に拡大される。76 年に CDC グループの融資の 8% に過ぎなかった包括融資は、80 年に過半を越え、85 年には 56% に達する[116]（表2）。80 年以降、市場金利に準拠する CAECL の貸出金利は急騰し、CDC 本体や貯蓄金庫の優遇金利との間に大きな乖離を生じた（図 4 参照）。ミッテラン政権による分権化を経た 83 年以降、その CAECL の融資が地方自治体の借入に占める割合が急増し、86 年には CDC 本体や貯蓄金庫を上回る[117]。CAECLとその後継機関は、市中起債で調達した資金を地方自治体に供給する業務に特化し、蓄積されたノウハウとネットワークで地方自治体融資のシェアを維持し続けた[118]。ここに公的金融機関の融資の「陳腐化」、つまり市場化は完成した。これまで補助金同様、国家機関が何らかの政治的基準で配分していた地方自治体向けの融資は、今やまず第一に市場の需給関係に従うようになったのである。これに伴って、SCET やその傘下の SEM は、CDC の低利長期融資の特権的な配分経路という地位を失い、70 年代末には抜本的な役割の見直しや再編整理が検討され始めた[119]。

　70 年代末から 80 年代前半の左右の政権交代をはさむ時期、かつて中央から

---

[114]　例えば、76 年 2 月、膨張を続ける地方直接税の負担を軽減するために、CAECL から特別融資が配分された時には、またもや内相官房ブケが配分先への政治的・党派的効果（当時は県議会選挙の最中だった）を入念に計算し、与野党間や、ボルドーなどを含む主要都市の間で「政治的に均衡の取れた」配分結果になるよう配分基準を慎重に設定している。Lettres de Bouquet à Aurillac, directeur du cabinet, 3, 6, 11/2/76, AN 19780341–9 Dr.3.

[115]　東部の地域代表（1970–78 年）を務めた Paul Samuel 氏のインタビュー（2009 年 2 月 9日、パリ市内の CDC 歴史研究部 Mission historique 会議室にて実施）における証言。

[116]　CDC, *Tableau de bord*, p. 66.

[117]　CDC, "1816–1986", p. 234. CDC, *Tableau de bord*, pp. 60–63.

[118]　Éveno, *Le Crédit*, p. 30.

[119]　AN 5AG3/2473 を参照。

地方へ配分される公的投資資金を構成していた2つの柱のうち、省庁予算で賄われる補助金については、自動的配分方式の包括補助金の導入によって、中央の統制を伴わなくなる方向に舵を切った。ほぼ時を同じくして、公的金融機関の融資も、地方に配分される資金は市場で調達されるようになり、もはや中央政府が掌握する「公的資金」ではなくなっていく。この転換を完成させたのが82-3年の分権改革であり、以後も地方自治体に向かって資金は流れ続けるが、中央政府が個別の地方自治体を統制する手段とはなりえない[120]。

　かくして、地方インフラ整備事業を巡る中央の統制手段のうち、公的資金については、70年代半ばの段階で、中央政府はその配分を通じた地方統制を段階的に緩和していった。しかし、都市開発向けについては、大型事業に対する低利融資配分のGIFへの集権化、次いでFAUへの集約などを通じて、官僚制による配分統制がなお強力に残されていた。加えて、もう一方の統制手段である設備省やOREAMを通じた都市計画に対する介入については、67年以降、逆に強化されていたのは既に見た通りである。都市コミュンがこうした中央統制のいわば最後の関門を乗り越えて行くには、開発事業の遂行を巡る専門能力を蓄積し強化する他はない。そうした能力は自律的な事業遂行を通じて獲得する他はないため、70年代後半時点における各都市コミュンの専門能力の水準は、高度成長期を通じてどれだけ出先官僚制やSCETの支配に抗して自律的な事業遂行を行いえたかに大きく規定されるはずである。

　従って、70年代後半、大都市コミュンが中央政府への依存を脱し、ディレンマを感じることなく分権化を要求できるようになるかどうかは、60-70年代に地方インフラ整備や都市開発の事業に関して、どのくらい自律性を確保できていたかによって決まってくることになろう。都市圏毎に高度成長期の事業遂行の自律性に大きな違いがあったとすれば、それはいかなる要因によって規定されていたのか。第2部では、サンテティエンヌ、グルノーブル、レンヌなど、複数の都市圏の事例を比較することでこの問いに答えていきたい。

---

[120]　残るのは、主として、中央地方間の財政調整の制度設計や運営（金井利之『財政調整の一般理論』東京大学出版会、1999年）を通じて、いわばマクロ・レベルで地方自治体に影響力を行使することだけになる。

157

第 2 部　都市開発における自律性の条件：地方都市の事例分析

はじめに

　戦後の高度成長が都市への急激な人口集中を齎したのは先進国に共通しているが、19 世紀後半以降、都市化が相対的に遅れていたフランスでこそ、そのインパクトは巨大なものとなった。近代以降、数次にわたって合併を進めてきた他の先進国（北欧、日本など）に比べて、極端に断片化し、業務処理能力が極めて限られた都市コミュンが、短期間のうちに膨大な都市インフラを整備するという過重な任務を課せられたからである。公的金融機関である CDC が地方インフラ整備の事業遂行を直接掌握するところまで肥大化するという、他国からみれば異様な事態も、文字通り前世紀的な地方政府の態勢のまま、高度成長期の都市化に相対したが故の産物と言えるだろう。

　しかし、高度成長期の都市コミュンのインフラ整備事業の自律性を拘束したのは、CDC グループだけではない。1970 年代に入るまで、公的資金の配分は、建設／設備省や、その背後の大蔵省や計画庁などにとって、都市開発事業を担う地方自治体を統制し、「プラン」などに定めた中央政府の政策目標を実現するために最も効率的な手段であった。

　この状況下で、地方の都市コミュンが少しでも自律的な事業遂行を目指すとすれば、どのような方策をとりうるか。有力なノタブル型政治家に頼り、中央政府の有力者や高級官僚に「口利き」を行うのがこの時期の常道だったが、実際には身近に大物国会議員がいるとは限らない。政治家の影響力には盛衰が避けられず、補助金配分の地方分散化などの制度変更にも脆かったからだ。

(1) 主要な変数：県議会と広域化

　だとすれば、インフラ整備事業の遂行に関して、都市コミュンが加勢を期待

できるのは県議会しかない。確かに県議会には農村が過剰代表されており、公的資金の配分などを巡って、県や地域の中心都市とはほぼ常に利害が対立する関係にある。しかし、県内における公的資金の配分やプランの策定などに関して、県議会が知事や出先官僚制に対抗できる影響力を持てば、知事やその背後の中央省庁の意向は少なくとも相対化されよう。県議会で党派対立が強まり、その統御に政党の力を借りることが必要になれば、与野党共に、知事や出先官僚制に対して発言権を強める。都市開発への中央の統制力は全般に低下し、県の中心都市もその恩恵に浴することになる。他方、知事が県内のコミューンへの公的資金の配分を牛耳るなどして、県議会が知事の指導の下、超党派的コンセンサスに基いて運営されている場合には、このような力関係の多元化は期待できなくなる。分権改革前のフランスの県議会は権限も小さく、政治的に無意味な存在と片付けられがちだったが、実際には、県議会の運営パターンや政策的選択（中央省庁の投資補助金を補完する県補助金の制度化など）を通じて、県レベルのみならず、国政にも大きな、そして長期的なインパクトを与えていた[1]。

　県議会が配分に関与し関心を持つのは、主に農村向けの投資資金であるため、本書の主題との関係で県議会の関与が最も大きな意味を持つのは、寧ろSCET＝CDC系の開発SEMの制御に関してである。多くの場合、SEMは県毎に設立されるため、主要都市と並んで県が最大の株主であり、理事会には県議会から代表が送られていた。県議会代表が出先官僚制から自律的に意思決定を行い、SEMを制御しようとし始めれば、SCET地域代表部、県知事や県建設／設備局、統括出納役などがSEMを支配しようとするのを抑え、地方自治体の利益により配慮した運営に導くことが期待できる。

　他方、大規模な都市インフラの整備や都市計画の作成に際しては、郊外コミューンとの間の協力関係が不可欠となる。コミューンの面積の大小にもよるが、都市化が中心コミューンの市域を越えて広がった段階で、そこから先の都市開発には、周辺部のコミューンを巻き込んだ、何らかの広域の枠組みが不可欠となる。しかも、戦間期以後の農村インフラ整備と異なり、複数の事業分野を密接に連携させながら進める必要があるため、単一目的のコミューン組合では足りず、広い権

---

[1] 筆者前稿Ⅰ第3章は、戦間期の農村電化事業について、県補助金の水準や事業遂行の県レベルへの集権化の度合いなどの観点から8つの県を比較することで、この点を実証した。

限と独自の財源を持つコミューン連合体が必要となる。そのため、戦後60年代に入ると、広域化の形態には、戦間期に多用された単一目的のコミューン組合に加えて、SIVOM（多目的コミューン組合：59年1月に創設）や「広域区」（同）、「都市共同体」（66年12月に創設）など、複数の選択肢が与えられた（第2章第2節128頁参照）。自律性を損なう広域化に対して、コミューンや首長の抵抗はなお極めて強かったため、内務省や知事は、まずSIVOMを結成させ、段階的に、より強い権限の連合体への移行やコミューン合併を促した。

しかし、中心コミューンと郊外コミューンとでは、財源負担も都市計画上の役割分担も非対称になるため、利害調整の複雑さは、例えば農村の電化組合とは比較にならない。まして、コミューンの権限を拘束する度合いも範囲も広がる新しい形式のコミューン連合体を、関係コミューン間の自主的な協議だけで実現するの

図5　3つの主要事例と参考事例

は困難を極める。先行して周辺コミュンとの間に自発的な協力関係が築かれていれば、こうした困難を克服する途も開けよう。しかしそうでない場合は、知事を初めとする出先官僚制の力を借りて周辺コミュンを協力の枠組に追い込んでいく方向に流れやすい。そうなると、都市計画機関の設置の段階から官僚制に主導権を握られることになり、SDAU（都市整備基本計画［第2章第1節 (2) 3) 参照]）作成などにおいても OREAM（中核都市圏計画作成地域機関［同上]）を通した中央からの統制に抗し難くなろう。

　以上の考察を踏まえて、以下では、①公的資金配分を巡る首長や国会議員の「口利き」、つまり政治的介入の能力に留意しつつも、②県議会の資金配分などに対する発言権と知事からの自律の度合い、③郊外コミュンとの協力関係、特に組合などのコミュン連合体の発達度合い、という、より構造的な要因にも注目しながら、グルノーブル（イゼール県）、サンテティエンヌ（ロワール県）、レンヌ（イレヴィレンヌ県）の3つの都市圏の事例を叙述し比較分析を行う。

(2) 事例選択

　グルノーブル、サンテティエンヌ、レンヌはいずれも、他の地方都市とは次元の異なる重要性を持つが、全国指折りの「大規模都市」には入らない、いわば「準大規模都市」に位置付けることができる。既に見たように［第2章第1節 (2) 3)]、63年にパリ一極集中を是正するために「均衡中核都市」の制度が置かれ、リヨン、マルセイユ、リール、ボルドーなど8都市が指定された。これらは本書でいう「大規模都市」に概ね相当し[2]、市長の殆どはノタブルにふさわしい全国的影響力を持っていた。このうち、マルセイユ市長のドフェールがミッテラン政権の内相として分権化を実施したことから、中央の権力を握ったノタブルが地元の大都市を中央統制から解放するために分権化が行われたという解釈が人口に膾炙することになった。本書はこの解釈を是正し、82–3年の分権化は、地方インフラ整備事業に対する中央の統制力が減退するという、一握りの大規模都市に限られない、つまり中央地方関係の全般的な構造変化から生じたという新しい見方を提示する。既に第1部で中央政府の側から見て、統制力が

---

[2] ナントなどは、本書では「準大規模都市」に分類されるが、近隣の有力都市と組み合わせて「均衡中核都市」に指定されていた。

いかに減退したかを主に公的資金の配分パターンの変化を通じて明らかにして
きた。都市計画など事業遂行に関する専門能力についても、分権化に関する本
書の見方を説得的に示すために、第2部では、「大規模都市」より下のレベル
の地方都市でも分権化に向けた自律への動きがあったことを事例研究で実証し
ていきたい [序章第1節 (2) 4) 参照]。

　73年に8大都市に準ずる扱いを受ける5都市が指定された際、レンヌがこ
れに含まれていた。サンテティエンヌとグルノーブルは、順次 (65年と68年
に) リヨンの中核都市圏に組み込まれることになるが、60年代にはこの5都市
と同格の扱いを受けていた[3]。これらは本書で言う「準大規模都市」に相当し、
本書第2部の事例研究はそこから3都市を選んだ形となる。選択の理由は、「準
大規模都市」のうち、ルーアンやストラスブールなどでは有力なノタブルが市
長を務めていたのに対し、グルノーブルとレンヌの市長 (デュブドゥ Hubert
Dubedout とフレヴィル Henri Fréville) は、国会議員を兼任していたものの、
中央政界では陣笠議員に近い扱いを受けていたからである。これらの都市で都
市開発が自律的に遂行されていたことを示せれば、分権化に向けた都市コミュ
ンの自律化 (中央から見ると統制力の減退) は、大規模都市でなくても、ノタブ
ルがいなくても進行していた、と示すことができる。豊富な財源と層の厚い職
員組織を武器に、早くから自律化へ向かっていた大規模都市に加えて、これら
の準大規模都市が中央の統制から脱していくことで、分権化を要求する隊列が
勢いを増す。これまで、中央集権に安住しつつ更なる中央の介入を要求する姿
勢が支配的だった地方公選職全体の趨勢を覆し、いわば天秤の針を「下からの
分権化」の方へ傾ける役割をこれらの準大規模都市が果たしたと考えられる。

　これに対して、サンテティエンヌが選ばれたのは、サンテティエンヌは戦後、
一貫して国 (中央政府) の影響力が強い中で産業再構築や都市整備が行われてき
たと理解されてきたからである[4]。グルノーブルは対照的に60年代半ば以降、

---

[3] 例えば GCPU の都市計画に関する調査対象に含まれることになった。

[4] 　Béal Vincent, "L'évolution du gouvernement municipal dans une ville indus-
trielle : le cas de Saint-Étienne", *Pôle Sud* no. 25 (2006). Béal Vincent, Rémi Dor-
mois et Gilles Pinson, "Relancer Saint-Étienne. Conditions institutionnelles et ca-
pacité d'action collective dans une ville en déclin", *Métropoles* no. 8 (2010).

新左翼が市政[5]を握り、独自の理念に基いて、国の統制を退けながら自律的に都市開発を行ってきたことで知られている。第3章では、対照的な結果となったこの2つの準大規模都市の事例を比較することで、地方の都市コミューンがインフラ整備事業を自律的に遂行するのに必要な条件を炙り出し、まず仮説として提示する。本項の冒頭に示した3つの要因のうち、②県議会の出先官僚制からの自律性、③コミューン連合体が「下から」自律的に形成されたかどうか、という構造的要因こそが決定的であったというのがその仮説である。第三の事例であるレンヌについては、史料状況が良好で、市政内部の決定過程を最も詳細に跡付けることができるため、この事例の綿密な分析を通じて、第3章で提示された仮説が、異なる環境要因の組み合せの下でも妥当するかどうか、を吟味するのが第4章の役割となる。

　実際、この3つの事例の間には、上記の説明の図式で用いられた要因（有力政治家の「口利き」、県議会、広域化）以外の点でも、多くの重要な差異が存在する。その中でも以下の2つの点は、都市開発を巡る中央統制の効き方、つまり都市コミューンの自律性に特に大きな影響を与えることが想定される。

　第一に、中央政府は全ての都市圏の開発に斉しく注意を傾けるわけではない。人口や産業・経済の規模、地政学的な重要性などが大きい都市圏には、積極的に介入してより多くの資金や労力を注ぎ込もうとする代わりに、中央の意志を実現すべく統制しようとする意欲も高くなる。第二に、人口増加のペースが速いほど、また中心コミューンの市域（面積）が狭いほど、都市化が市域を越えて広がり、より早い段階で高次のコミューン間協力を必要とするようになり、それだけ中央の介入と統制を受ける危険性が高くなる。

　この2点から3つの都市圏と県をごく簡単に見ておくと、イゼール県はリヨンの東に当たり、戦後は、電力・化学などの新しい成長産業が立地した。県都グルノーブルの都市圏は、ローヌ系の2つの河川に挟まれた河谷の狭隘な地形（「グルノーブルのY」と呼ばれる）も相俟って、当時全国最高レベルの人口増加を経験した（1954年から75年の間の市の人口増加率43.1%、36年から75年の間の県の人口増加率50.3%）。しかも、68年冬季オリンピックの招致に成

5　本書では「市政」をフランス語の "municipalité"（首長と助役などからなるコミューンの執行部）の訳として用いる。

功するなどして、中央政府でも最重点の開発地区と看做されるようになった。

　これに対し、リヨンを挟んで対称の位置にあるロワール県は、主力産業だっ
た石炭・鉄鋼・兵器（南部のサンテティエンヌ地区）や繊維（北部のロアンヌ
Roanne 地区）がいずれも 50 年代から 70 年代にかけて順次斜陽化していった
ため、中央政府では当初、都市開発や国土整備より、寧ろ「産業転換」(recon-
version industrielle) 政策によるテコ入れの対象と看做されていた。経済の減
速を反映して、県都サンテティエンヌも県全体も人口増加（同 21.5% と 10.2%）
はグルノーブルやイゼール県より遥かに緩やかであった。しかも、サンテティ
エンヌの市域（面積）が主要都市の中でも広い部類に属する（80 km^2：但し
69–73 年の 3 コミュン合併後）のに対して、グルノーブルは群を抜いて狭く
（18.4 km^2）、より多くの郊外コミュンを早くから巻き込んで広域化を進めなけ
ればならない。

　他方、レンヌ都市圏は、イレヴィレンヌの県都である前に、経済的には後進
地域でありながらも、当時、文化的独自性に覚醒しつつあった西部ブルターニュ
地方の中心都市であった。ブルターニュの産業発展が政権の政治的な至上命令
となる中で、レンヌ都市圏は 50 年代半ば以降、中央政府の産業分散 (décon-
centration/décentralisation industrielle) 政策の恩恵を受けて自動車や電機
などの大企業が多数進出し、グルノーブルに比肩する成長を実現した[6]。市域は
50 km^2 余りと上記両市の中間に来るが、元々レンヌ市は、特段の産業を持た
ず、大学・県庁・裁判所・軍など官庁の街でしかなかったため、急激な産業発
展の中でも、暫くの間は余裕があった。

　この 2 つの要因だけを見れば、本書で取り上げる 3 つの事例は、いずれも異
なった環境におかれていたことになる。中央からの介入と統制に最も強く曝さ
れるのはグルノーブルであり、サンテティエンヌがその対極で、レンヌはその
中間となるであろう。現実の都市開発の過程でもその通りになったが、事業遂
行における地方自治体側の自律性の度合いを見れば、順番はこれとは逆になっ
ている。都市コミュンの自律性を規定するのは、中央政府の側の姿勢ではなく、
あくまで地元の側の政治的要因であることが示唆されている。

---

[6]　市の面積に大きな違いがあり単純な比較はできないが、1936–75 年の人口増加率は、グル
　ノーブルが 72.9%、サンテティエンヌ 15.7%、そしてレンヌ 59.7% である。

第3章　グルノーブルとサンテティエンヌの比較：
　　　　仮説の提示

　グルノーブルとサンテティエンヌの両都市圏はいずれもローヌ・アルプ地域圏 (当時) に属し、リヨンの東西にほぼ対称の位置関係にある。但し、上に見たように、都市開発事業を規定する 2 つの環境要因で見れば両者は全く対照的である。

第1節　サンテティエンヌ都市圏における官僚支配

　サンテティエンヌは、ジスカール・デスタン与党 UDF (フランス民主連合) の重鎮で、中道右派ノタブルの典型に数えられるデュラフール (Michel Du-rafour) の地元であり、大物政治家の影響力が知事など出先官僚制をも呑み込んでいたと想像されがちだが、70 年代前半までの県内の都市開発事業の実態を分析すると、実像は正反対であったことが分かる。本節では、その原因が、①県議会が県知事の支配に服していたこと、②都市インフラの整備に必要な広域化も自主的な枠組形成が難航したことにあったことを明らかにしていく。

(1) 公的資金配分における出先官僚制の優位

　1) 第四共和制と国会議員の「口利き」　53 年に再開された地方公共投資について、当初、第四共和制下では、政党や有力国会議員らが資金配分などに影響力を振るっていた。当時のロワール県には各党の全国レベルの有力者が揃っており、閣僚や中央省庁、更には CDC にも直接「口利き」を行った。代表的なのは、ピネ (県都の東の鉄鋼の街サン・シャモン市長) である。1930 年代に急進党支配に対抗する右派の旗頭として県政に登場したピネは、戦後は県内の保守派を率い、首相 (52 年) などを歴任した後、58 年のド・ゴール政権でも蔵相 (―60 年) を務めた。キリスト教民主主義陣営にも大物が多く、県の MRP (人

民共和運動）を率いたのは、外相や首相を歴任し、第四共和制で最も著名な政治家の一人であったビドー（Georges Bidault）である。外交が主要な関心だったはずだが、上水道敷設や農村電化の案件が持ち込まれると、同じ MRP のフリムラン（Pierre Pflimlin：農相や蔵相などを歴任）らの閣僚に対して、無数の「口利き」を行っている[1]。しかも、県内の出先官僚制を統制する上で、ビドーの中央政府での影響力は絶大な効果を発揮した。例えば、55 年 8 月、県の上水事業計画と資金配分について、農村土木技師は、配下のモン（Claude Mont：46–51 年代議士、55–92 年上院議員）を通じてビドーと協議した上で決定を行っている。

　知名度は及ばないが、ピネの側近で、上院議員（1948〜59 年、63〜65 年）のフレッシェ（Max Fléchet）は、第四共和制後半に CDC 監査委員会の上院代表を務め、農村コミュン向けの融資枠の拡大などに貢献した。地元の個別案件についても CDC 監査委員の地位を活用し、例えば、57 年 1 月 25 日には、サンテティエンヌの上水施設工事への融資（6600 万フラン）を「全くの例外として」CDC 監査委員会に承認させた[2]。

　2) 官僚制の裁量的配分へ　しかし第五共和制への移行は、政官間の力関係を一気に逆転させた。既に見たように［第 2 章第 1 節 (1) 1)］、59 年以降、地方公共投資向けの公的資金の配分から議会・地方公選職の影響力が排除されただけでなく、ロワール県では、62 年に至る政治的動乱の中で第四共和制の大物国会議員が次々と退場した。ちょうどそこへ地方分散化により、出先官僚制に公的資金の配分権限が与えられたため、政治家の掣肘を受けなくなった知事らのコミュンに対する統制力は絶大なものとなった。

　前者から見ると、まずピネが 60 年の蔵相辞任後、再出馬しないまま国会議員を引退し（地方レベルでは活動を続け、市長は 77 年まで、県議会議長は 79 年まで在任）、ビドーも 58 年に MRP を離党した後、アルジェリア独立に反対する活動で訴追され亡命した（62–3 年）。59 年の上院改選で落選したフレッ

---

[1]　以下はAD Loire, Papiers Georges Bidault（correspondance parlementaire）, 57J47 et 50 による。なお、ロワール県文書館のピネの個人文書（193J）には「口利き」文書は含まれていない。

[2]　ACDC PVCS 25/1/57, pp. 23–4；22/3/57, p. 114.

第3章　グルノーブルとサンテティエンヌの比較　　　167

シェは 63 年の補選で返り咲いたが、65 年の改選で再度敗れて引退に追い込ま
れた。第五共和制への移行後、特に 62 年夏の MRP など既成政党の下野後は、
中央政府とのコネを持つ国会議員はいなくなったため、上水道敷設工事の資金
調達などに関する陳情は、知事に集中した。例えば、62 年 7 月には、サンテ
ティエンヌ市の上水施設の拡充工事などの資金調達について、当時の市長ド・
フレシネット（Alexandre de Fraissinette：上院議員 48–52 年、代議士 62–64
年＝没）や、県選出の代議士クロディウス・プチ（Eugène Claudius-Petit：
以下プチと表記）[3]から知事に依頼があった[4]。
　農村の上水道敷設事業の場合、59 年の改革以後、農業省の補助金は「複数年
計画」で毎年の県毎の配分枠が設定される形となったが、その配分を巡って、
与党ド・ゴール派議員を含めて、知事への「口利き」が殺到した。63 年の配分
権限の知事への「分散化」［第 2 章第 1 節 (3) 3)］以前から、配分に対して知事が
決定的な影響力を持っていたことが示されている。64 年の改革以後は、地域圏
知事が第一段階の配分を受け、「地域圏行政会合」において各県への第二段階の
配分が行われることになる。政党の側では、残された県選出国会議員の中で最
も有力だったモンが、60 年代を通して県内コミュンの公共投資事業の世話役の
中心となったが、陣笠議員の影響力は限られており、中央省庁はおろか、リヨ
ンの地域圏知事への「口利き」すら一蹴されている[5]。県内の首長らにとっては
県知事がリヨンやパリと談判して県へのパイの配分を増やしてくれることに期
待する他はなく、県政界は県知事への依存を深めた[6]。この時期、CDC の融資
常設委員会などにおける融資審査においても、国会議員の「口利き」がいよ

---

[3]　Claudius はレジスタンス活動中の通名。第四共和制では UDSR（Union démocratique
　　et socialiste de la Résistance）所属で、48〜53 年に復興都市計画相。退任後、県第三の都
　　市フィルミニ（Firminy：県都の西の炭鉱と鉄鋼の工業都市）の市長（53〜71 年）を兼ね、地
　　元の公共住宅建設や都市開発の分野で強い影響力を発揮した。Benoît Pouvreau, *Un poli-*
　　tique en architecture : Eugène Claudius-Petit, 1907–1989, Moniteur, 2004.
[4]　Lettre du préfet Grimaud, 7/11/62, AD Loire Vt693/149.
[5]　Lettre de Mont au préfet Graëve, 26/10/65, AD Loire Vt542/1.
[6]　以上、註記の他は、AD Loire Vt542/1 による。地域圏改革直後は、ロワール県知事も、
　　県選出国会議員の口利き先がリヨンの地域圏知事に移ると予想していた。Lettre du préfet
　　Graëve au préfet de région, 2/11/65, AD Loire Vt542/1.

よ白眼視される反面、県知事の懇請があれば例外が認められることがあった[7]。

また、59 年以後、国の農村上水道敷設補助金が大幅に削減されたのを受けて、他の多くの県同様、ロワールでも国の補助金枠の不足分を県独自の補助金で穴埋めする「県プログラム」が 60 年度以降、実施された[8]。農業省の要請を受けて、CDC も方針を変更して、国の補助金と「同程度の」補助率の補助金を県が出すことを条件に融資に応じるようになった[9]。CDC は、年度毎に上水県プログラム向けの融資総枠を定めた上で各県議会と協議し、事前に県毎の融資枠と県補助金に求められる補助率が決定される。この協議結果と、県議会が定める県補助金の総額次第で、その年の県プログラムの事業枠が決まる[10]。しかるに、この時期のロワール県では、コミュンや上水組合からの申請を集約・審査して採用すべき案件を選別し、県補助金などの配分リストを作成して「県委員会」（commission départementale：県議会の事実上の執行機関に当たる）に提案する作業は、知事と県庁部局が行っていた[11]。実際、モンやフレッシェも県プログラム入りを求めて知事に「口利き」を行っている[12]。他方、都市コ

---

[7] Procès-verbal du Comité permanent de prêts de la CDC [1965], ACDC 920071–028.

[8] 戦間期以来の県の追加補助金（農業省の補助金に上乗せして補うもの）も存続したが、ロワール県の場合、県プログラムで採用された案件には与えられないことになっていた。

[9] 第 2 章冒頭（第 1 節註 5）で紹介した 63 年時点の CDC の融資原則一覧にも明記されている。57 年に農業省から同旨の要請があった際は監査委員会は拒否した。ACDC PVCS 22/2/57.

[10] CDC の求める平均補助率は年々引き上げられた。ロワール県の場合、初年度には 20–25% だったが、翌 61 年度には 33%、62 年度には 40% を求められた。Procès-verbaux du Conseil général de la Loire [以下 PVCG Loire と略記] 1961, 1ère session ordinaire [以下 I と略記], Délibérations [以下 D と略記] 21/4/61, pp. 233–4；2e session ordinaire [以下 II と略記] D 5/12/61, pp. 342–7.

[11] 上水県プログラムの採用事業リストの決定過程については、例えば、PVCG Loire 1964 II D 13/1/65, pp. 355–361. 66 年からは郡（arrondissement）単位で県議会議員も交えた首長らの協議を行い、事前に案件を整理した上で県庁に提出させ、審査と選抜を行っている。PVCG Loire 1967 Session extraordinaire [以下 Extra と略記], décembre 1967 [以下 12/67 と略記], Rapports du préfet [以下 R と略記], pp. 115–6. Lettre du préfet Graëve à Mont, 29/11/66, AD Loire Vt542/1. しかしこの手続きは 70 年に廃止された。PVCG Loire 1970 II D 14/1/71, pp. 471–8.

[12] Lettres de Fléchet au préfet, 2/4/62 et du préfet Graëve à Mont, 29/11/66, AD Loire Vt542/1.

ミュンの上水工事も、総事業費 1 億旧フラン以下（57 年時点）の場合は、内務省補助金の配分は早くから分散化されていた。加えて、補助金を受けない事業も、同省が各（地域圏）知事の提出するリストに基いて作成する年度プログラム（同様に CDC が融資総枠を毎年設定）に採択されねば CDC の融資は得られなくなった[13]。かくして資金配分のあらゆる側面で知事の権限と裁量が大きくなったにも拘らず、これまでのように大物政治家の支援を受けられなくなったロワール県の地方公選職は、知事らの便宜を求めて県庁に群がることになる。

　3) HLM 建設枠の配分　上水道敷設以上に知事が資金配分を掌握し、中央の統制力強化に貢献したのが HLM 建設事業だった。56 年、需要の少ない農村部モンブリゾン（Montbrison）郡の HLM 公社の統廃合が問題になった際、県知事はこの機会を利用して、遅れていた県公社の設立に踏み切り、HLM 建設における県の役割を強化したい意向を明言したが、ロアンヌ市長ピレ（Paul Pillet：プチに近い、キリスト教民主主義系の代議士：58–67 年・上院議員：74–83 年）が強く反対し、サンテティエンヌ市議会も反対を表明していたため、結局、同郡公社は、サンテティエンヌ郡公社への統合で一旦、決着した[14]。

　このように、各コミュンが県官僚制の介入に警戒感を持っていただけでなく、ロワール県では、キリスト教民主主義系を中心に、民間の HLM 事業機関が数多く活発に活動していた。そのため、50 年代の段階では、HLM 事業遂行に関する調整は、民間の機関を中心とした「後援委員会」（Comité de patronage：郡毎に設置）が担っていた。

　これに対して、56 年 11 月、新たな都市計画法（Code d'urbanisme）の規定を受け、HLM 事業を統括する県の機関として県 HLM 委員会が設置された。委員の 3 分の 1 は県議会が指名し、これに HLM 機関など各種団体の代表などを加えた構成となっていたが、60 年代に入ると、徐々に知事（数名の専門家を委員として指名）や建設省の県出先機関（県建設局長）らがこの委員会を牛耳り始めた。そして、64 年 4 月 23 日付の県建設局長バンセ（Bancet）宛書

---

[13]　補助金については Jean Singer, *Les subventions de l'État et les prêts pour l'équipement des collectivites locales*, Éditions du Moniteur des Travaux Publics, 1957, pp. 165, 171. プログラム作成の過程については AD Loire Vt693/150 参照。

[14]　PVCG Loire 1956 II D 27/11/56, pp. 348–350. 県公社は翌年 7 月に設立された。

簡では、知事グレーヴ（Francis Graëve：在任 63 年 1 月—69 年 2 月）は、県
HLM 公社の役割など、知事ら県官僚制の方針に県 HLM 委員会で異を唱え
てきた、労組やサンテティエンヌ市議会の代表などを「完全に沈黙に追い込ん
だ」と述べるに至った。県内の首長層との信頼関係を活用したのが成功の秘訣
だと解説している[15]。

　実際、60 年代に県内の HLM 事業の遂行態勢は急速に県官僚制主導になっ
ていった。この時期の住宅建設に関する中央からの公的融資の配分のシステム
[第 2 章第 1 節 (1) 2)] は、上水道敷設向けの農業省補助金などとほぼ同様、地域
圏知事を介した二段階方式であり、知事が建設枠や資金の配分について幅広い
裁量を持つ[16]。加えて、HLM の建築規格など技術的な側面については、県建
設局長 (66 年からは設備局長) の監督・許認可権限が決定的だったため、HLM
公社を持つコミューンの首長らにとって、有力な国会議員の後援が期待できない
中で、県官僚制の意向に逆らうのは大きな危険を伴った[17]。

　4) プラン選定による統制　加えて、GIF など、大規模事業への資金配分の統制
強化に伴い、プランの拘束力が高まったことが知事の影響力を更に強めた。
64–65 年、第四次プランの執行中から知事は、各郡の副知事を使って、地元コ
ミューンのインフラ整備事業の執行状況を管理し、更に第五次プラン準備のため、
県議会議員らも使ってインフラ整備の要望を吸い上げることに意を用いた[18]。後
に見るイゼール県とは異なり、プランの作成に県議会が殆ど影響力を持たなかっ
たため、後に見る、サンテティエンヌ市都心部の再開発や、モンレイノー
(Montreynaud：市北辺) など同市周辺部の ZUP 開発、あるいはピネの宿願
だったサン・シャモン郊外の ZUP 建設など、各コミューンが熱望していた大規
模プロジェクトをプランに入れることができるのは知事だったのである。

　69 年以降、第六次プランの作成準備が始まると、プランの事業選定を通じた

---

[15]　AD Loire Vt542/7.

[16]　県知事と地域圏知事の交渉など、配分手続きの実態は AD Loire Vt542/7 に詳細がある。

[17]　但し知事と建設 (設備) 局も紛争を繰り返していた。例えば Lettre de Graëve à Georges
Pébereau, Directeur de l'Aménagement foncier et de l'Urbanisme, Ministère de
l'Équipement, 18/2/67, AD Loire Vt542/7.

[18]　Lettre de Graëve aux sous-préfets de Montbrison et de Roanne, 30/1/64, AD Loire
Vt624/22. Lettre de Graëve au Ministre de l'Intérieur, 5/11/68, AN 198000273–170.

県知事の都市コミュン統制はより体系化された。70年1月13日デクレ以降、プラン作成などについて県議会への諮問を義務付けられた（119頁参照）のを逆手に取り、知事は県内の首長を「人口5千人以上のコミュン」や「サンテティエンヌ地区」といったグループ別の会合に招集し、コミュンの投資計画の要望を取り纏め始めたのである[19]。

(2) 都市開発の停滞

　このように、農村・都市を問わず、地方自治体向けの公的資金の配分を掌握することで、県知事などの出先官僚制は県内のコミュンに対して圧倒的な影響力を獲得し、県議会はこれに対抗する術を持たなかった。県都サンテティエンヌの都市開発事業にも、この官僚制優位の力関係が直接的に反映されることになる。しかも、60年代半ば以降は、リヨンの「中核都市圏」に編入されたため、リヨンの地域圏の出先官僚制の統制にも服するようになった。いわば二層の出先官僚制が競いながら都市圏の開発を統制しようとしたのである。

　1) 周縁的位置付け　サンテティエンヌ都市圏は、県内では圧倒的な比重を誇っていたものの、全国的には、既に見たように、計画庁や建設／設備省などから殆ど注目を集めておらず、中央の介入は弱い代わりに、資金の配分も低い水準に留まっていた。既に触れたように、都市開発や国土整備より「産業転換」政策の対象と看做されており、54年9月11日のデクレなどに基づいて56年8月に設置された「県経済発展委員会」（Comité départemantal de l'expansion économique）も、実質的には新産業の誘致による「産業転換」の実現が主要な使命となっていた[20]。産業転換に必要な資金調達の支援を目的に、SODE DIL（Société départementale de développement industriel de la Loire：ロワール県産業発展協会）が創設された。しかしこれらの機関は、商業会議所など産業界の意向を重視し、地方自治体や首長の求めるインフラ開発に

---

[19]　AD Loire 3156W41. 役割を奪われた県議会には、知事から協議結果が報告されるだけで、審議されることすらなくなった。PVCG Loire 1970 I R 3/70, pp. 118–123 ; 1970 Extra D 27/5/70, pp. 244–253 ; 1970 II R 1/71, pp. 275–6 ; D 14/1/71, p. 412 ; 1971 II R 1/72, pp. 108–112 ; D 14/1/72, pp. 517–522 ; 1972 Extra D 7/3/72, pp. 23, 44–69.

[20]　Compte-rendu de l'Assemblée générale du Comité d'expansion du département de la Loire du 30/9/57, pp. 39–45, AD Loire 301W116.

は関心を持たなかったため、当初、県議会では予算審議の度に、多額の県の補助金や出資金に見合った成果が上がっていないなどと不満が表明された[21]。

尤も「産業転換」と並行して、他県同様、都市開発の舞台装置も徐々に整えられつつあった。1956年に創設された「ロワール県設備会社」(SEDL) は、SCET＝CDCが全国に展開した都市開発のSEMとしては、最も早い事例の一つである。SCET幹部のパルフェ (François Parfait：副総裁 directeur général adjoint などを歴任) が現地に乗り込んで設立の指揮を執るなど、SCET＝CDC側はかなりの熱意を示しており、何より、地元県知事らも、これまでの「産業転換」政策とは一線を画し、住宅建設を中心とした都市開発を主たる任務とすることを明言していた[22]。

しかし、SEDLにはいくつもの制約が課せられていた。まず、県議会は、創設当初のSEDLの権限を都市部の不衛生区画 (îlot insalubre) の再開発に限定し、他県のような大規模な都市開発は担当させないという意志を明確にしていた[23]。初代理事長に就任したピレ (ロアンヌ市長) や知事は権限の拡大を県議会に求めていたが、都市開発については、やや遅れて創設された県HLM公社も活動範囲を拡大しつつあり、両者の競合関係が県議会内や県官僚制内部の政治的対立[24]に発展して、円滑には進まなかった。そもそも60年代初めまでの段階では、県に配分される投資資金は大部分が炭鉱・鉄鋼・繊維などの斜陽産業のテコ入れに吸収されてしまっていた[25]。ZUPのような周辺部の大規模開発に比べて、都市再開発 (rénovation urbaine) 事業は利潤率が低い上に、受託事業量が伸びなかった結果、SEDLは、早くも60年に深刻な財務危機を迎え、県議会が急遽補助金支出を決定してようやく救われることになった。その後、権限拡大が認められ、事業主自治体が支払う委託報酬 (rémunération) を引き

---

[21] 以上PVCG Loire 1961 II D 7/12/61, pp. 540–9, 8/12/61, pp. 576–7.

[22] Procès-verbal du Conseil d'Administration, 29/5/57, pp. 1–5, AD Loire 301W/116.

[23] PVCG Loire 1956 II D 29/11/56, pp. 468–470.

[24] 地元での投資を目論むピレに対して、フォール (Pétrus Faure：鉄鋼・金属産業の街 Chambon-Feugerolles の首長。1925–71年在任) らはサンテティエンヌ地区の住宅ストックの更新に資金を集中すべく、HLM県公社を後押しした。PVCG Loire 1961 II D 6/12/61, pp. 451–7.

[25] 註20所掲文書 (pp. 43–44) 参照。

第 3 章　グルノーブルとサンテティエンヌの比較　　　173

上げる（事業総経費の 3% に）ことで採算性を回復していったが、60 年代前半
までは、イゼールなど他の県の SCET＝CDC 系の開発 SEM に比べて、受
託した事業量や収益は低迷していた[26]。

　伸び悩む SEDL に代わって、この間、サンテティエンヌ市内の都市開発事
業を担ったのは、フランス最大の民間（貯蓄）銀行の一つであるパリバ（当時の
正式名称はパリ・オランダ銀行 Banque de Paris et des Pays-Bas）を後ろ盾
に設立されたサンテティエンヌ市固有の SEM であった。市内最初の大規模団
地群となった南部ボーリュー（Beaulieu）地区は、51 年以降、特に住宅危機が
深刻になった「産業地区」（secteur industrialisé）を対象とした MRU の大規
模住宅建設計画の一環として立案されたが、CDC の自治体向けの公的融資の
再開以前であったため、事業の実施を担った市 HLM 公社は開発計画の前半で
資金が枯渇した。これを補うべく、パリバ銀行の不動産開発子会社 SACI (So-
ciété auxiliaire de construction immobilière) などと共に、58 年、市の不動
産開発 SEM として CIVSE（サンテティエンヌ市不動産会社）が設立され、
ボーリューの南にあたるラ・メタール（La Métare）の居住区域（ZH）の開発
を担当することになった[27]。後に、60–70 年代のサンテティエンヌの大規模開
発を象徴する事業となる市北辺モンレイノーの ZUP（66 年 3 月に政府認可）な
どを担う SEMASET（サンテティエンヌ市整備混合経済会社：63 年創設）も、
同じようにして設立されたパリバ銀行系の市開発 SEM である（以上、180 頁図

---

[26]　Lettres du préfet de la Loire au préfet des Ardennes (25/8/64) et au préfet de
l'Aveyron, 27/10/62 ; s.a. [Préfecture], Note au chef de cabinet du préfet, 28/2/64,
AD Loire Vt644/31. PVCG Loire 1969 II D 15/1/70, pp. 350–1. 70 年代初頭の事業
拡大と苦境については、Procès-verbaux du Conseil d'Administration de la SEDL,
2/3/73, pp. 6–8, Archvies Municipales de Saint-Étienne［以下 AMSE と略記］
6035W109.

[27]　André Vant, Les grands ensembles du sud-est de Saint-Étienne, Université de Saint-
Étienne, 1975, pp. 1–20. André Vant, Imagerie et urbanisation : recherches sur
l'exemple stéphanois, Saint-Étienne : Centre d'études foréziennes, 1981, pp. 254–5,
266, 381–2. François Tomas, "La naissance d'un grand ensemble : Beaulieu-Le
Rond-Point", in Tomas, Jean-Noël Blanc et Mario Bonilla, Les grands ensembles.
Une histoire qui continue..., Publications de l'Université de Saint-Étienne, 2003,
pp. 150–1. パリバ銀行がサンテティエンヌの都市開発に進出したのは、当時の市長ド・フレ
シネットの選挙上の支援者を通じた個人的なコネによると言われている。

6 参照)。

このように、サンテティエンヌの都市開発においては、主な事業毎に SEM が並立しただけではなく、他の主要都市と異なり、SCET グループ以外の複数の官民の資本系列が入り乱れていたことが大きな特徴となる[28]。60 年代に入って県議会が知事に制圧されると、県議会は SEDL に対しても影響力を低下させ、SEDL は知事ら出先機関が支配するところとなった[29]。その SEDL の比重が低く抑えられれば、サンテティエンヌなど地元自治体の側の自律性は高まることになるが、反面、パリバ銀行の融資は CDC に比べて遥かに高利で SEM の経営や市財政の重荷となった上に、審査が厳しく融資を渋ったため、資金不足が 60 年代前半の市内開発事業の停滞の一因となった[30]。

2) 出先機関主導の計画立案　第 2 章 [第 1 節 (1) 2)] で見たように、1959 年 6 月、建設省から全国の主要都市圏に対して都市計画作成の号令が出されると、サンテティエンヌ地区でも「都市計画グループ」が設定され、「基本都市計画」の検討が開始された。並行して、計画庁による第五次プランの策定準備も開始され、地方自治体の公共投資を計画化に組み込むため、地域毎に「近代化設備投資計画」(プランの正式名称) を作成するよう知事に指示が出され、サンテティエンヌ地区については、42 コミュン (総人口 41 万 3 千) からなる都市圏を設定して 62 年末までに「プラン」を作成した[31]。

この間、中央から計画庁のロール (André Laure) らが度々派遣され、地元側と協議して計画作成を推進したが、サンテティエンヌを含めて首長らの関心は低かった。60 年 5 月の最初の会合こそ、県議会副議長だったフレッシェを筆頭に地方公選職も参加したが、以後は出先機関の代表しか出席しなくなった[32]。

---

[28]　Marc Bonneville, "Politiques et pratiques d'intervention publique dans les vieux quartiers de Grenoble, Lyon et Saint-Étienne", *Revue de géographie de Lyon*, vol. 60–3 (1985), p. 269.

[29]　AD Loire Vt644/31 ; Vt638/19 を参照。知事や官房長が SEDL の執行役 (Directeur) に直接、「第二都心」などの事業遂行について詳細な指示を出している。

[30]　Vant, *Imagerie*, pp. 382–3.

[31]　Association des maires de l'arrondissement de Saint-Étienne, Assemblée générale du 30/10/65, Rapport sur Groupements d'urbanisme de la région stéphanoise par Chabrol, maire de Sorbiers, p. 2, AMSE 14D20.

[32]　AD Loire 3156W132 所収の会合の議事録を参照。

第 3 章　グルノーブルとサンテティエンヌの比較　　　175

　61 年 12 月の県議会でも、ロールの推すパリのコンサルタント会社への「プラン」作成の委託費用 4 万新フランの支出を認めたものの、これ以上、計画化過程に関与することは控えるよう求める声が強かった[33]。

　従って、本格的な都市開発計画の主導権をとったのは、国の出先機関であった。既に「基本都市計画」の検討の中で、都心部の再開発や北部モンレイノーなど、70 年代までの市の主要な開発事業の殆どが俎上に乗せられていたが、計画の作成から推進まで先頭を切っていたのは、県建設局のバンセ局長 [前出 (1) 3)] だった。都心部の再開発については、建設省中央から 63 年 8 月、計画庁の掲げる「都市構造の再構築」(restrcuturation du tissu urbain) の路線に合致した再開発事業を立案するよう指示を受けたのが始まりだった[34]。「再構築」素案を自ら執筆したバンセは、同年 11 月に計画庁で開催された中央省庁間の検討会議で承認を得ると、翌 64 年 5 月にこれをサンテティエンヌ市などに提示した。その核になるのが、旧都心の南にある刑務所移転跡地を利用した「第二都心」(Centre Deux) 地区の開発であり[35]、県庁など、都心機能の少なくとも一部を「第二都心」に移すことが計画されていた[36] (図 6 参照)。

　同様に、モンレイノーを含む北への都市域拡大は、「基本都市計画」検討の中では、スラム化の進んだ炭鉱街というサンテティエンヌに対するイメージを一新する上で不可欠とされた。計画を推進する県建設局は、早期に ZUP 設定の申請を政府に提出するよう市に求めていたが、市側は、ボーリューやラ・メタールの団地開発に予定した以上の支出を迫られたのに懲りて、新規事業には極めて消極的だった[37]。「第二都心」計画についても同様だったが、建設省中央は介

---

[33]　PVCG Loire 1961 II D 8/12/61, pp. 577–582.

[34]　Circulaire du directeur de l'aménagement foncier et de l'urbanisme, 22/8/63, AD Loire Vt638/2.

[35]　Commissariat Général du Plan, "Compte-rendu de la réunion restreinte du 14/11/63 : premier examen du programme de modernisation et d'équipement"; Direction départementale de la Construction, "Restructuration de Saint-Étienne", 8/5/64, AD Loire Vt638/2. André Vant, "La politique urbaine stéphanoise", *Revue de géographie de Lyon*, vol. 51–1 (1976), pp. 56–7 も参照。

[36]　Préfecture de la Loire, Service de la coordination et de l'action économique, "Regroupement des services administratifs", 1/2/68, AD Loire Vt638/2.

[37]　Vant, *Imagerie*, pp. 283–5, 288. 市 HLM 公社が開発を進めるボーリューの団地は、中間層より上向けで、建設局が想定する入居者層には家賃が高すぎるとされた。

入を強め、62年には、地元経営者団体の作ったCIL（業種横断住宅委員会［252頁を参照]）が「第二都心」事業の受託に名乗りを上げたのを退け、知事ら出先機関の影響力の強いSEDLに委託するよう求めてきた。当時、まだSEDLの株主ではなかったサンテティエンヌ市は、SEDLを通じて出先機関に事業遂行を牛耳られるのを避けるべく、パリバ系の市SEMであるCIVSEを使いたい意向を示していた。知事らは、サンテティエンヌ市にSEDLへの出資と引換えに理事会に議席を与えることで妥協に持ち込んだ[38]が、64年秋になっても市は「第二都心」計画に承認を出すのを渋っていた[39]。

(3) デュラフール市長の登場

1) リヨンとの連合　膠着状態を一変させたのは、64年末のド・フレシネット市長の急死を受けた市長選挙で、大方の予想を覆し、急進党所属のデュラフール（上院議員65–67年、代議士67–81年、74–6年労相など）が当選したことである。以後10年余りのサンテティエンヌの都市開発の展開は、新市長の個性を抜きに語ることはできない。デュラフールは、戦間期の市長・代議士（Antoine）の子として生まれたが、市長に立候補した時には、前市長の助役の経歴しかなく、かつて父が指揮した県急進党にも戦間期の政権党の面影はなかった。

デュラフールは市役所に入るとほぼ同時に、前任者の方針を転換し、県建設局が推進する「第二都心」とモンレイノーの開発計画にゴーサインを出した。デュラフールは、大規模な都市開発事業を市中心部と市周辺部・郊外で同時に展開することで、「鉄と石炭の町」（Pays noir）という市の代名詞を返上して近代的なイメージに一新を図り、それによって石炭・鉄鋼に代わる新産業、特に第三次産業（tertiaire）を大々的に誘致するという野望を持っていた。そのため、できる限り「インパクト」（choc）があり、「行き過ぎなくらい近代的な」（abusivement moderne）大規模な開発事業を求めていた[40]。第三次産業の集

---

[38]　Vant, *Imagerie*, p. 266.

[39]　Prefecture de la Loire, Service de la coordination et de l'action économique, "Note sur les plans d'urbanisme intéressant Saint-Étienne", s.d., AD Loire Vt638/2.

[40]　Vant, *Imagerie*, p. 392. s.a. [Préfecture de la Loire], "Note sur la restructuration", 3/6/65, AD Loire Vt638/2.

第3章　グルノーブルとサンテティエンヌの比較　　　177

積地となる「第二都心」や、集まってくる労働者を収容するモンレイノーなど、
バンセら県建設局が進める大規模事業計画は、新市長にとってまさに渡りに船
だった。

　かくして、デュラフール市長の下で、これまで県建設局が進めてきた大規模
開発事業がようやく実現へ向けて進展を見ることになった。モンレイノーにつ
いては、県建設局とサンテティエンヌ市役所の担当部局が共同で計画案の検討
を進め、65年の秋には政府へのZUP申請が完了し、67年6月にはFDES
（経済社会開発基金）に計画が受理（prise en consideration）され（94頁参照）、
同年12月に正式にパリバ系の市SEMであるSEMASETへの事業委託が行
われるに至る[41]。「第二都心」開発を含む都市「再構築」計画については、バン
セが市部局と協力して計画案の改訂版を作成し[42]、66年4月に発表した。そこ
には、ランドマークになるような目立つ高級（de standing）建築や広大な第三
次産業セクターの集積地区が織り込まれ、デュラフールの開発路線が色濃く反
映された。核となるのは、市域全体を南北に貫く、基軸道路（南北縦貫道：axe
Nord-Sud）を切り開いた上で、旧都心と「第二都心」の間に序列付けられた
分業を導入し、全体として都心部の機能強化を図るという構想であった[43]。

　しかしいかに野心的な開発計画を立てようと、必要な資金に事欠くこれまで
の状況が続くなら、単なる画餅に終わってしまう。実はデュラフールの市長就
任とほぼ同時に、この点でも大きな状況の変化が起こっていた。65年2月、国
土整備省際委員会（CIAT）の決定によって、広大なリヨンの「中核都市圏」か
ら南東のグルノーブル地区が切り離され、南西に位置するサンテティエンヌが
リヨンを補完する形で、中核都市圏全体の発展を図る開発計画（PADOG：
Plan d'aménagement et d'organisation générale）が立案・実施されていく
ことになった。これまで中央にとって産業転換政策の対象でしかなかったサン
テティエンヌ地区が、リヨン中核都市圏の開発の成否を左右する重要な極と位

---

[41]　Vant, *Imagerie*, pp. 285–6. Compte-rendu de la réunion du 15/9/65 sur le plan
　　d'urbanisme de la ville de Saint-Étienne, s.d., AD Loire Vt638/2.

[42]　s.a., "Note à l'attention de Monsieur Rey", 19/1/65, AD Loire Vt638/2.

[43]　Vant, "La politique", p. 57. Direction départementale de la Construction (sic),
　　"Restructuration de Saint-Étienne", 14/3/66, AD Loire Vt638/2.

置付け直されたのである。

2) リヨンによる拘束　リヨンの地域圏知事や中核都市圏の開発計画を立案する OREAM（リヨンでは 66 年創設）がサンテティエンヌに最も期待したのは、リヨン都市圏の人口膨張の圧力を吸収する役割であった。そのため OREAM は、都市開発計画の大前提となるサンテティエンヌ都市圏の将来の人口予測をなるべく高めに設定しようとする。デュラフールや、知事など県の出先機関はこれに便乗し、更に人口予測を引き上げることで、地域の住宅やインフラ整備事業に対する公的資金の配分を増やそうとした。65 年 6 月にロワール県庁でサンテティエンヌの都市計画作成に関する知事主催の会議が始まると、最大の論点になったのはまさにこの人口予測の数字であった[44]。中央の大蔵省傘下の統計機関 INSEE がサンテティエンヌ市について 1985 年に 25 万という想定値を出してきたのに対し、デュラフールは「リヨン＝サンテティエンヌを地域の均衡中核都市にするという公にされた意志」を無視するものだと批判し、県庁事務総長も地元のシンクタンクを使ってこれに加勢した。

実は、こうした投資枠目当ての人口予測の水増しは、当時、後に見るレンヌを含む、全国の多くの都市圏で行われていたが、中央との間に入った形のリヨンとの間で、都市計画を巡る複雑な綱引きが展開された点にサンテティエンヌの特徴がある。つまり、リヨン中核都市圏に組み込まれて公的資金調達の可能性を手にした代償として、サンテティエンヌ地区の都市計画は、これまでより遥かに強い（後に見るグルノーブルやレンヌと同様の）中央からの介入に曝されたのみならず、リヨンの地域圏知事や OREAM のより密接な介入や統制に対抗しなければならなくなったのである。サンテティエンヌ側は、市当局も知事ら出先機関も、中央から計画の承認と資金の割当てを引き出すには、自らが進める地元の開発計画がいかにリヨン中核都市圏の開発・発展に資するかを弁証しなければならなかった。県内では、公的資金の配分などを通じて知事ら県の出先機関の指導に服しているため、デュラフールらの側から見れば、サンテティエンヌの都市開発に関する「官僚制主導」は二重構造になっていたのである。

---

[44]　以下この小項は、特記しない限り、Compte-rendu de la réunion du 22/6, 6/7, 15/9/65 sur le plan d'urbanisme de la ville de Saint-Étienne, s.d., AD Loire Vt638/2.

第 3 章　グルノーブルとサンテティエンヌの比較　　　179

　サンテティエンヌの都心「再構築」計画についても、65 年 2 月の CIAT 決定では、中核都市圏内のリヨンとの分業関係の中で割り振られた都市インフラ機能をよりよく果たすために必要な事業だと位置付けが明記されていた[45]。そのため、「再構築」計画は、中核都市圏全体に関する PADOG の作成の遅れに足を引っ張られることになった。64 年夏以降、中央の建設省や計画庁に対して、「第二都心」計画などを含むサンテティエンヌ全体の都市再構築計画を承認するよう繰り返し求めたが、PADOG の作成・承認が先だとして、その度に撥ね付けられ、「第二都心」計画の承認と着工は 67 年までずれ込むことになった[46]。

　しかも、検討がサンテティエンヌ地区の開発計画の詳細に及ぶや、都市計画上のひとつひとつの選択についてリヨンから強力な介入を受けた。65–6 年のサンテティエンヌの都市計画作成に関する知事主催の会議では、リヨン側は、サンテティエンヌ市内に ZUP や ZH を新設して市内の人口を増やすことよりも、都心部の再開発によって都市インフラを強化してリヨンの負担を減らすことを最優先とする立場を採った。サンテティエンヌの中心都市としての吸引力を強化し、サンテティエンヌ地区全体としての人口増は郊外、特に市の北西部、フォレ平原（Plaine du Forez）南部に県が計画していたブテオン（Bouthéon-Andrézieux）の大規模開発によって達成すればよいとの考え方である。その結果、バンセとデュラフール市政が共同で ZUP 申請を準備していたモンレイノーに対して極めて冷淡であっただけでなく、「第二都心」地区の開発計画についても、第三次産業の集積地を作るというデュラフールにとって核心的な部分に真っ向から反対した。バンセは地元の計画を認めるよう激しく抗議したが、県知事は最初から、リヨン側に立たざるを得ないという態度を取った。

　サンテティエンヌ市長としては、サンテティエンヌ地区全体で最大限の人口を受け入れるというリヨンの官僚制の要求には積極的に応えつつ、その人口予測を通じて地区に割り当てられた投資資金は、できる限り、OREAM などが

---

[45]　s.a., "Décision intéressant le département de la Loire prise par le CIAT, le 12/2/65"; Lettre d'Olivier Guichard, chargé de misson du Premier ministre, au Ministre de la Construction, 5/5/65, AD Loire Vt638/2. Vant, "La politique", p. 57.

[46]　註 44 所掲に加えて、AD Loire Vt638/2 所収の県庁から計画庁、建設省あての一連の書簡を参照。

求めるブテオン地区の大規模開発にではなく、サンテティエンヌ市内ないしその近隣の開発事業に優先して配分されるよう県の出先官僚制と力を合わせねばならない。65–66 年の県庁での会議においても、デュラフールは、時には県建設（設備）局とタッグを組み、時にはリヨンに迎合するといった形で、出先機関間の綱引きが市にとって最善の帰結を生むよう苦心の立ち回りを強いられた。

　リヨンからの干渉は、都心部の「再構築」計画の細部にまで及び、「第二都心」地区と旧都心の機能的な分業関係、更には「第二都心」地区の中の北地区と南地区の関係についても、特定の選択肢を押し付けようとした。サンテティエンヌの都市機能の強化を何より重視するリヨン側は、「第二都心」より旧都心の再開発に重点を置き、「指揮 (directionnel) 機能」を分散させないよう強く求めた。デュラフール、県建設局など地元側は、全く反対に、古いイメージのこびりついた旧都心を捨て、「第二都心」地区に官庁など指揮機能を移して「近代化」されたサンテティエンヌの新たな顔にすることを目論んでいたため、鋭

図 6　1975 年以前に開始されたサンテティ
　　　エンヌ市内の主要な都市開発事業
出典：Tomas, "Quartiers anciens", p. 175.［後掲註 110］

い対立が繰り広げられた。県建設局（66年から設備局）は、「第二都心」の南地区を重視するデュラフールの意向を体する形で最後まで抵抗した[47]が、結局のところ、事業の採算と資金調達が困難であることを理由に、資金と権限を握るリヨンが押し切った。68年2月、設備省本省で開催された検討会合において、「第二都心」開発は着手済みの第一期分だけで打ち切られることが決定された[48]。

（4）コミュン間協力の挫折と官僚制主導の都市計画公社

1)「首長会」の試み　65年夏以降、二層の出先官僚制を相手に苦闘が続く最中、デュラフールはサンテティエンヌ地区の近隣のコミュンを組合に結集する作業に取り掛かった。サンテティエンヌ市を超えて地区全体の広域の都市計画が検討される中で、コミュン間の協力態勢を組織してサンテティエンヌ市が地元の政治的コンセンサスを代表する形を作り出せれば、官僚制に対抗する際の拠り所になると考えたのであろう。市都市計画作成を巡る県庁の会議でも、出先機関の官僚たちにその進展振りを誇示している[49]。この広域化の試みに際して、デュラフールが恃みとしたのは、戦間期の父の代からの伝統を持つ、サンテティエンヌ郡の首長会（Association des maires de l'arrondissement de Saint-Étienne）である。

65年6月19日の首長会の再開第一回の会合では、サンテティエンヌ市の上水道施設拡張が議題とされた[50]。デュラフールは、市の水道料金が内務省の基準を下回るため、都市上水道工事向けの補助なしプログラムから外れ、CDCなどの低利融資を受けることができないことを説明した上で、拡張工事の経費は、水道料金の値上げで周辺コミュンに転嫁するのではなく、上水組合を結成して出資を求める方式を取りたいと強く要請した。同じ会合では都市計画の作成も取り上げられ、10月30日、郡首長会が正式に設立された後の会合で、デュ

---

[47]　Comptes-rendus des réunions des 17/11/65, 31/1/66, 26/2/66 sur le plan d'urbanisme de la ville de Saint-Étienne, s.d., AD Loire Vt638/3.

[48]　Compte-rendu de la réunion du 5/2/68 sur les problèmes de Saint-Étienne, AD Loire Vt638/2.

[49]　Compte-rendu de la réunion du 13/10/65 sur les plan d'urbanisme de la ville de Saint-Étienne, AD Loire Vt638/2.

[50]　以下、全て当該日付の郡首長会の議事録（註54所掲）による。

ラフールは、リヨン＝サンテティエンヌ中核都市圏での開発計画策定が本格化
したため、周辺コミュンと共に都市計画公社（atelier d'urbanisme）を設立し
たいという意向を明らかにした。

　上水にしろ都市計画にしろ、サンテティエンヌ市長は、郡首長会をコミュン
連合体結成を促す場とするか、あるいは郡首長会にその機能を代替させること
を意図していたといえよう。しかし、結局、郡首長会の枠組みでは都市計画に
関する合意の形成は殆ど進まず、デュラフールが繰り返しSIVOMなどの結
成を呼びかけても反応は乏しかった[51]。首長らは都市計画や地域版プランの作
成は飽くまで国の事業と考え、受身の立場に留まっていた[52]。

　2）コミュン間協力の伝統の欠如　対照的に、次節で見るグルノーブル都市圏で
は、65年の市政交代を契機に、郊外コミュンとの自律的なコミュン間協力
（SIVOM）が急速に発展し、自律的な都市計画作成や事業遂行の基盤となって
いった。なぜサンテティエンヌではデュラフールの試みは挫折に終わったのだ
ろうか。これには、コミュン間協力の伝統に関わる構造的な原因と、地区の都
市計画作成に関わるデュラフールの選択の2つが関係している。

　まず前者から見ておこう。イゼール、ロワール両県におけるコミュン間協力
の発展を比較すると、60年代に入って対照が明確になってきていた。イゼール
では、後述するように、60年代初頭に県庁の音頭取りに従って、北西部ヴィエ
ンヌ（Vienne）の広域区をはじめ、全県的にSIVOMなどコミュン連合体の結
成が進んだのに対して、ロワール県では60年代に入ってもSIVOMの結成は
低調だった。但し、県都周辺に限れば、両県とも都市開発のSIVOM結成は
極めて低調で、大差なかったが、単一目的の、例えば、上水組合を見ると、イ
ゼールでは、県都を取り囲む「グルノーブル地域上水組合」［第2節 (1) 1) 参照］
など多数が結成されていたのに対して、ロワールでは殆ど発達していなかった[53]。

---

[51]　Lettre de Graëve, préfet au Ministre de l'Intérieur, 18/11/67, AD Loire
1837W125.

[52]　プチらは、そのような態度を批判しデュラフールに同調したが、そうした声は少数に留まっ
た。Lettre de Claudius-Petit à Pinay, 13/12/66, AN 538AP/104. 註31所掲も参照。

[53]　74年時点の全国調査の統計でも、県内のSIVOM数（15）、加入しているコミュン数の比
率（37.51%）のいずれでもロワールは下位に位置している。AN 19770375–74. 60年時点
の両県内のSIVOMの分布はAN19880211–6を、上水組合についてはAD Isère 3291W125

では、なぜ両県の間では、コミュン間協力の水準にこのような差異が生じたのか。複数の要因が考えられるが、最も重要と思われるのは、戦間期の農村電化以来のインフラ整備事業の遂行態勢の違いである。筆者前稿 I（第3章第4節）で詳説したように、イゼール県では、県の出先官僚制（土木技師団や農村土木技師団）が関与することもなく、コミュンや組合のイニシアティヴに任せた、極めて分散的な態勢のもとに実施された。これに対して、ロワール県では農村電化事業は、県の土木技師団が主導する「県電力公社」（Office départemental de l'énergie électrique）が全県を一元的に網羅した計画を立て工事を実施する極めて集権的な方式が取られた。ロワールでは、県レベルに集権化された事業遂行の態勢は戦後にも継続し、この点でのイゼールとの相違は寧ろ強化された。例えば電化では、戦間期の公社の役割こそ後退したものの、1950年に権限が強化された県電化組合が一括してCDCから融資を得てコミュンや電化組合に配分する仕組みとなっていた[54]。コミュン組合、特にSIVOMは国の補助金の割増しだけでなく、中央省庁の補助金や公的金融機関の融資審査においても評価が高くなるため、拘束を嫌う首長らも、事業の成功のためにSIVOM結成に踏み切ることが多かった。ところがロワール県では、SIVOMどころか、組合すら結成しなくても、県の庇護の下に補助金や融資が獲得できる制度になったため、組合結成や、SIVOMのようなコミュン間の結束力がより強い組合形態に移行する動機を失わせたと考えられる。

このように、事業遂行の県レベルへの集権化がコミュン連合体を代替しその発達を遅らせるという現象は、例えば、村道の維持・補修契約についても確認できる。ロワール県では、61年に県が一括して業者への発注・契約を代行する制度が導入され、コミュンは代金を県に支払うだけとなった。農村部の首長を代弁する殆どの県議会議員は、組合結成を避けることができるとしてこの県庁の提案を歓迎した[55]。その結果、イゼール県では、道路整備事業に関して

と AD Loire Vt542/1, 1333W199 を参照。

[54] PVCG Loire 1961 II D, 5/12/61, pp. 347–8. Procès-verbal de la réunion du 5/11/66 de l'Association des maires de l'Arrondissement de Saint-Étienne, pp. 4–8, AMSE 14D20.

[55] PVCG Loire 1961 II D 7/12/61, pp. 528–534.

SIVOM などのコミュン間協力が 60 年代に発展した (後述 238 頁) のに対して、ロワール県では低調に留まったのである。

3) SDAU をめぐる競合　更に「首長会」の試みが 70 年代に入っても結実しなかったもう一つの原因は、サンテティエンヌ地区の都市計画上の選択をめぐって、デュラフールらサンテティエンヌ市と、周辺の主要な都市コミュンが鋭く対立する結果になったことである。

実際、65 年夏にデュラフールが「首長会」を再始動させた時には、市都市計画検討会議では、フィルミニ (サンテティエンヌの西のオンデーヌ Ondaine 河谷の中心都市) やサン・シャモン (東側のジェール Gier 河谷の中心都市) についても開発を進め、リヨン側や県知事が開発を推進するブテオン地区をこれと同程度の規模に抑えるという選択肢をデュラフールは推していた。都市圏を構成する東西の主要都市にも投資資金を配分すると同時に、サンテティエンヌのフラン (Furan) 河谷を含めて、伝統的な産業地域である河谷地帯の再開発をブテオンなど平原南部に優先させる方針を採ることで、斜陽の鉱工業に代わる産業誘致をサンテティエンヌ以上に焦っていた首長連 (フィルミニはプチ、サン・シャモンはピネが引き続き市長を務めていた) の合意を取り付けられると見込

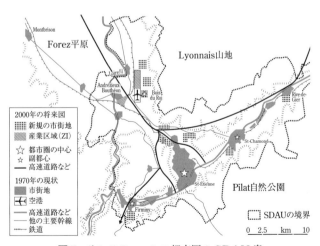

図 7　サンテティエンヌ都市圏の SDAU 案
(「リヨン中核都市圏整備基本計画」による 2000 年のサンテティエンヌ都市圏)
出典: Tomas, "L'Urbanisme à Saint-Étienne", p. 133. [後掲註 64]

んでいたのである[56]。しかし、その後の検討の結果、結局、次項で見るように、67年以降に作成が進んだサンテティエンヌ地区のSDAU（都市整備基本計画）草案（図7参照）では、全く反対にブテオンの住宅・産業開発に重点が置かれることになった。河谷地帯の人口収容力には限界があり、2000年で80万と設定されたサンテティエンヌ地区全体の人口予測を実現するには、ブテオンなどフォレ平原南部に20–30万の人口を配置しなければならない、というリヨン側の主張が通った結果であった。サンテティエンヌ地区全体に対する投資資金の配分枠を減らさないためには、リヨンのOREAMなどが設定した人口予測をデュラフールも受け入れざるを得ず、それは、少なくとも形の上では、ブテオン開発優先の方針を承認することになる[57]。その上でデュラフールは、河谷地帯に残された財源をできる限りサンテティエンヌに引き付ける姿勢を取らざるを得ない。

　つまり、官僚制主導の都市開発の立案・遂行態勢が、都市圏のコミュン間に資金配分を巡る対立を引き起こすような都市計画上の選択を押し付け、それがコミュン間協力の形成を阻害し、結果としてサンテティエンヌ市の出先機関への依存を更に深めることになったと言えよう。

4) 県設備局によるEPURESの設立　デュラフールの広域化の試みが停滞している間に、県都の都市計画作成への介入を目論む知事や県設備局が主導権を奪おうと乗り出してきた。66年10月3日、知事が関連の首長や出先機関を県庁に招集し、サンテティエンヌ市が構想していた都市計画公社に国が出資し、知事の指揮の下に都市圏のコミュンを統合するという提案を行った。実は、この提案は、郡内の有力首長らに根回しをした上で行われた、周到なものだった。第四共和制の大物国会議員の生き残り（62–67年は代議士落選中）であるプチに宛てた手紙で、グレーヴ知事は、県都とその周辺の一部コミュン（デュラフー

---

[56]　註49所掲を参照。

[57]　François Tomas, "De l'urbanisme sous la Ve République ou les avatars d'un S.D.A.U.", in *Mélanges en l'honneur de Étienne Fournial*, Publications de l'Université de Saint-Étienne, 1978, pp. 321–2. 著者トマは、77年のコミュン選挙でデュラフールに勝利した左翼連合の市政において都市計画担当の助役に就任することになるが、デュラフール市政の時代には、都市計画専門家（urbaniste）・コンサルタント機関の代表として、サンテティエンヌの都市計画作成に関与していた。

ルの説明では 13) だけで都市計画公社を作っても、都市圏全体の中では不協和
の源にしかならない、作るならリヨン＝サンテティエンヌ中核都市圏の中のサ
ンテティエンヌ地区全体を包括しなければならない、まず関連コミュン（知事
は当初 35 コミュンを予定）の首長が 1901 年法の結社の通常の形式で都市計画
公社の準備機関を設置するのだと提案の趣旨を説明している[58]。

　ただ、67 年 1 月に知事が打診した 36 のコミュンのうち、4 月半ば迄に参加
を表明したのは、プチのフィルミニを含め半数の 18 に留まった[59]。特にデュラ
フールは警戒感を露にし、66 年 11 月 5 日の郡首長会の会合で、この提案の是
非を諮る一方で、都市計画公社の執行役（Directeur）をパリが指名するという
提案は拒否したと明らかにした[60]。しかし実際には、設立された「サンテティ
エンヌ地区都市計画検討協会」（EPURES と略称される。37 の首長が加入し
た）は、知事や県設備局長、更に設備省本省の意向に沿って運営されることに
なった。肝心の公社執行役人事も、EPURES 内で首長連が合意できずにいる[61]
うちに、県設備局所属の土木技師が押し付けられた[62]。この技師は、設備局で
県内の都市計画作成を担当するワーキング・グループである GEP（都市計画調
査・作成グループ［第 2 章第 1 節 (2) 3) 参照]）の座長であり、以後、分権化後の
83 年まで、公社執行役は代々、GEP 座長を兼任する土木技師が占め続けるこ
とになる。当面、公社（以後、EPURES と言えば公社のことを指すようになっ
た。本書でもこれに倣う）は設備局の GEP の入る建物に間借りし、GEP や設
備局の資材や人員を流用することで運営され、当然、その業務も GEP のそれ
と渾然一体となっていた[63]。EPURES が設備局による都市計画作成への介入
を制度化する回路になっていたことは一目瞭然であろう[64]。

---

[58]　Lettre de Graëve, préfet à Claudius-Petit, 22/9/66, AN 538AP/104.

[59]　Lettre du préfet à Claudius-Petit, 19/4/67, AN 538AP/104.

[60]　当該日付首長会の議事録（註 54：AMSE 14D20 所収）を参照。

[61]　Lettre de Claudius-Petit à Graëve, 4/4/67, AN 538AP/104.

[62]　Procès-verbal du Conseil d'Administration de l'EPURES, 2/5/67, AN 538AP/104.

[63]　Éric Damien Biyoghe Bi Ella, "Histoire d'une agence d'urbanisme : le cas
d'EPURES dans l'agglomération stéphanoise", thèse de doctorat, Université Jean
Monnet (Saint-Étienne), 2006, pp. 208–210.

[64]　Cf. François Tomas, "L'urbanisme à Saint Étienne depuis le schéma d'aménage-
ment de la métropole d'équilibre", *Revue de géographie de Lyon*, vol. 57-2 (1982),

EPURES の規模は、都市圏単位の都市計画公社としては大きい方に属する。75 年時点の職員数は 30 名強で、グルノーブルの 47 名には及ばないものの、リヨンに比肩し、レンヌの 17 名の倍近い[65]。サンテティエンヌ地区では、県都を含め、コミューンが出先機関に依存したままで専門能力を伸ばすことがなかったため、その分、都市開発業務を代行してきた県設備（建設）局から分岐する形で比較的規模の大きい都市計画公社が発達してきたと見ることができよう。

(5) 官僚制主導の確立

1) SDAU の作成　以後の「基本都市計画」（68 年以降は SDAU）の作成作業では、リヨン中核都市圏全体の開発計画との整合性を最優先した方針を押し付けようとする地域圏設備局や OREAM と、これに抗おうとするサンテティエンヌ以下の地元コミューン・首長らが対峙する形になった。間に入った EPURES やその背後の GEP や県設備局は、できる限りサンテティエンヌ市などの意向を取り入れようとしたが、リヨンからの圧力に負けて、結局は、地元コミューンの側に立ち続けることができなかった[66]。

その結果、71 年初めに EPURES が公表した SDAU の原案には、リヨンの OREAM やこれに追随する県庁の方針が色濃く反映された[67]。第一に、既に見た（185 頁）ように、鉱工業の斜陽化に苦しむ河谷地帯の再活性化よりも、北西のブテオン地区の開発（中央やリヨンの意向もあり SEDL が受託した）が明確に優先された。サンテティエンヌ市や周辺の伝統的な産業都市にとっては、雇用創出の要望を蔑ろにされただけではない。ブテオンへの企業と雇用の流出を招くとの懸念は、その後、フォレ平原の産業地区が稼動し始めるや、現実のものとなったのである[68]。第二に、サンテティエンヌ都心部の再開発について

---

p. 134. なお、Vant, "La politique", p. 58 は、EPURES は中央やリヨンの介入から身を守るために、地元でコミューン側と出先機関の間で妥協が成立することで設立され、GEP との一体化がその妥協の基礎にあったと述べる。

[65]　Yves Maxime Danan, *Les agences d'urbanisme d'agglomération*, Centre de recherches d'urbanisme, 1976, p. 33.

[66]　Vant, "La politique", pp. 58–9.

[67]　AN 538AP/104 所収の EPURES 理事会の議事録（2/5 et 25/9/67）とプチの手書きの議事メモ（68 年 3–4 月分）による。PVCG Loire 1970 I D 28/5/70, pp. 315–328 も参照。

188 第 2 部 都市開発における自律性の条件

も、市や県設備局が最も重視していた南北縦貫道 (177 頁) よりも、リヨン方面とをつなぐ (東西方向の) 高速道路 (65 年 2 月の CIAT 決定で明示的に要求されていた) が優先された[69] ことが示すように、南の「第二都心」地区を「再構築」の核とする市の方針は否定されていた[70]。

しかし、デュラフールはそれでも SDAU 案を受け入れ、あくまでリヨンに楯突かずにサンテティエンヌ市内の開発事業に実現の可能性を残す道を選んだ。SDAU の作成過程においては再び人口予測の数字が大きな争点となった。既に見たように、OREAM は 2000 年に 80 万という過大な数字を主張し、フォレ平原南部のブテオンにはニュータウン (villes nouvelles) に匹敵する大規模開発を予定しただけでなく、東隣のボワ・デュ・ロワ (Bois du Roi) 地区にも ZAD (長期整備区域 zone d'aménagement différé：設定した自治体などに先買権 [207 頁参照] を与える土地政策の手段) を設定して将来の大規模団地に備える青写真を描いた[71] (図 7)。河谷地帯の伝統的産業都市にとってこれは到底受け入れられず、出先機関が作成する SDAU 案について諮問を受ける SDAU 地方委員会 (Commission locale) でも人口予測の引き下げが強く要求された[72]。しかしデュラフールはこの時、リヨンの側に付いた。ボワ・デュ・ロワなどの新しい事業を盛り込むことで 80 万の人口予測に説得力を与えておけば、サンテティエンヌ市内のモンレイノーの ZUP にも公的資金の割り当てが期待できると考えたからである。しかもデュラフールは、モンレイノーだけではなく、後に見るように、市周辺部に新たな ZH ないし ZAC (協調開発区域) や産業区域 (ZI) を立案していた[73]。リヨン側の過大な開発計画に自らも過大な計画をぶつけて公的資金を横取りしようというデュラフールのやり方は、後に市内・市

---

[68]   Tomas, "De l'urbanisme", pp. 322–3. Tomas, "L'urbanisme", p. 135.

[69]   実際、南北縦貫道は、67 年になっても国道としての事業認可をなかなか得られず、68 年の国道整備プログラムからも漏れて資金の手当てを受けられなかった。Lettres du préfet au DATAR et au Ministre de l'Équipement, 4/4/67, 22/2/68, 18/3/68, 6/5/69.

[70]   Vant, *Imagerie*, pp. 270–3. Tomas, "L'urbanisme", pp. 134–5. Vant, "La politique", p. 59.

[71]   Compte-rendu de la réunion du 5/2/68 sur les problèmes de Saint-Étienne ; s.a., "Note à l'attention de Monsieur le Préfet", 9/4/68, AD Loire 638Vt2.

[72]   Tomas, "L'urbanisme", p. 135.

[73]   Tomas, "De l'urbanisme", p. 323.

周辺でも、フォレ平原南部でも惨憺たる結果を招いただけでなく、自らの都市圏でコミュン間協力を立ち上げる道をほぼ塞いでしまうことになった。河谷地帯の他の主なコミュンはSDAU案に対して断固反対の立場をとったため、デュラフールはEPURES同様、リヨンとの間で板挟みとなって、周辺コミュンから不信の目を向けられたからである[74]。

2) CDCグループの進出とカムー知事の赴任　モンレイノーのZUPは67年6月にようやくFDESの承認を得、69年以降、モンレイノー事業は、FNAFU＝CDC前貸し（96頁）を得られるようになって資金不足や高金利から解放された[75]。またSDAU案がリヨンや中央の承認を得たことで、長らく停滞してきた「第二都心」計画にもゴーサインが出され、SEDLが初めて担当する大規模開発となって、CDC＝SCETグループから潤沢な低利融資の供給を受け始めた[76]。

他方、65年頃から県建設局が計画していた市内南西部のラ・コトンヌ（La Cotonne）にZACを造成する計画（図6参照）は、当初、デュラフールすら関心を持たず、頓挫しかかっていた。しかし、69年2月、CDCの不動産子会社SCICが地域別に分割されたSCICローヌ・アルプがCDC系のSEDLが手がける「第二都心」計画への参加を通じて、サンテティエンヌ都市圏の開発全体に関心を持ったことで事態は急変した。70年6月にSCIC系の市SEMを設立して、ラ・コトンヌのZACに予定された住宅建設の40％を引き受けることになったのである[77]。かくして市内の主要な開発事業は、いずれもCDCグループ系のSEMを通じてこれまでになく順調に進展し始めた。

この頃から、知事と県庁スタッフがサンテティエンヌの都市開発事業の実務を直接指揮・管理する傾向が顕著になる。69年2月、CDCグループのサンテティエンヌ進出とほぼ時を同じくして知事が交代し、中央で国土整備行政の中枢を担ってきたカムー（DATAR長官ギシャールの補佐官 chargé de mission

---

[74]　Biyoghe Bi Ella, "Histoire", pp. 278–280.
[75]　69年を境にモンレイノー事業の財務構造は一変した。AMSE 4221W2, 4を参照。
[76]　内相マルスランから、69年度分の市の融資枠は大幅増とし、地域圏の割当ての47％を傾注したと通知があった。Lettre de Marcellin à Durafour, 24/11/69, AN 19800273–145.
[77]　Vant, *Imagerie*, pp. 287–9, 385. Vant, "La politique", p. 64.

を経て、計画・国土整備担当相ギシャールの官房長から転任)が赴任してきた。デュラフールは、この「偉大なる土建官僚」("grand aménageur")に接近し、その中央における影響力を利用する道を選んだ。特に71年以降は、頻繁に知事を訪ね、長時間、膝詰めでZACやZIの事業について事細かく指示を受けている。知事が直接、隣接コミュンなどとの調整に乗り出す場面も見られ、モンレイノーを受託するSEMASETの財務状況が悪くなると、官民の金融機関に資金繰りの折衝まで自ら行った。知事官房の側近と市役所事務長 (secrétaire général) の間にも密接な連携が見られた[78]。

3) デュラフールの戦略転換　知事・県庁に全面的に依存した事業遂行の態勢が固まるのとほぼ並行して、デュラフールは戦略を大きく転換させた。それまでは、二層の出先機関に対して交渉上の立場を強めるため、河谷地帯のコミュンを組合にまとめようと試みてきたが、SDAU草案の作成過程で、ブテオンやボワ・デュ・ロワの開発にコミットして河谷地帯の近隣のコミュンとの溝が深まった。これを見てデュラフールは組合結成を諦め、近隣コミュンの合併へと切り替えた。元々比較的広い市域を合併で更に拡大していけば、野心的な都市開発事業に必要な土地を近隣コミュンとの協議や組合設立の手間を掛けずに手に入れることができよう。69年に西郊のサン・ヴィクトール (Saint Victor-sur-Loire) を合併した (飛び地となるが市の面積は倍増した) のを皮切りに、70年に南東のTerrenoireを合併し、73年に更にその南のRochetailléを連結コミュン (commune associée)[79] として傘下に収めたのである。

　広域化の停滞に危機感を覚えた内務省は、1971年7月16日法 (マルスラン法) を制定してコミュンの合併を強力に推進したが、全国の知事・県庁を動員した一大キャンペーンは大山鳴動に終わった。その中で、一定の成果を上げたのがロワール県である。合併の件数自体ではロワールを上回る県もあったが、殆どの県では農村の零細コミュンの整理統合に終始した[80] のに対し、ロワール

---

[78]　AD Loire Vt638/3, Dr.1 "problèmes de la ville de Saint-Étienne, 1970–73" による。

[79]　下記のマルスラン法で規定されたコミュン合併の一形式。首長や役場に合併後のコミュンで一定の役割を確保することで、吸収されるコミュンが一定の独自性を残すことができる。

[80]　AN 19800273–157；19770375–74 Dr.2.

第3章　グルノーブルとサンテティエンヌの比較　　　191

の場合はサン・シャモン、サンテティエンヌなど、主要な都市コミュンが周囲
の小コミュンを併合して市域を拡大するものだった。他県では困難なタイプの
合併がロワールで実現したのは、60年代半ば以降、県知事が県内の補助金配分
を実質的に掌握していたからである。実際、合併が実現したケースでは、知事
が住宅建設や都市インフラ整備の約束で周辺コミュンを説得している[81]。

　サンテティエンヌは、恐らくは64年のサン・シャモンにおける成功（「大サ
ン・シャモン」の成立：3コミュンを併合して人口は倍増、面積は30倍以上と
なった）に触発され、66年から合併案の検討を開始している。郡首長会を通じ
たコミュン連合体の結成と両睨みの構えをとっていたことになる[82]。

　こうしたサンテティエンヌの戦略転換を見て、河谷地帯の周辺コミュンは警
戒感を強めた。斜陽の産業都市にフォレ平原南部の新規開発地区との過酷な競
争を強いるリヨンの都市計画を推進してきた県知事の力を借りて、デュラフー
ルは今度は周辺コミュンを飲み込もうとしているのではないか[83]。最初の
SDAU草案が72年に対象各コミュンにおける審議の結果、規定数を超えるコ
ミュン議会で否決されたのは、河谷地帯の意向に反するその内容に加えて、サ
ンテティエンヌに対する不信感も大きな原動力になっていたことは間違いない。

　都市開発に関わるあらゆる側面において、過剰なまでに知事に依存しようと
するデュラフールの姿勢は、国政において70年頃を境に、これまでの中道野
党の立場を捨て、徐々にド・ゴール派政権の与党に接近していった、いわゆる
「ラリマン」（ralliement）の動きと決して無関係ではないだろう。元々デュラ
フールは急進党系だったが、60年代半ばからは、同じロワール県のプチ、第4章
で主役の一人となるプレヴァンら、キリスト教民主主義系のノタブルと行動を
共にしており、このラリマンの過程においても連携していたものと見られる[84]。

---

[81]　AD Loire 1333W6, 7.

[82]　県庁では、67–68年に、内務省の直接の指示に従い、サンテティエンヌに13コミュンか
　　らなる都市共同体を設立する案も検討された。AD Loire 1837W125 Dr.2.

[83]　Biyoghe Bi Ella, "Histoire", p. 293。

[84]　デュラフールのラリマンの契機となったのは、次のコミュン（市長）選挙を翌年に控えた
　　1970年6月に勃発したサンテティエンヌ市政の内紛「メルラトン事件」（Affaire Merlaton：
　　助役の一人がデュラフールの「不正」を告発した）の収拾過程で、内相マルスランとの間に
　　成立した暗黙の政治的取引だったと思われる。AD Loire 1059W224.

(6) 政治的力関係の逆転

1) 経済環境の変化と知事の変心　しかし人口や需要の過大な見積もりに基づいて進められたサンテティエンヌ地区の都市インフラ開発は、73 年の石油危機を待たずに、事業が本格的に進展し始めた直後から変調が明らかになっていた。69 年以降、CDC などからの市の負債が積み上がっていた[85]だけではなく、モンレイノーに関しては SEMASET が出した赤字を市が補助金の形で埋めねばならなかった。72 年には SEMASET と CIVSE の財務危機が深刻となり、市が農業信用金庫から 2500 万フランに上る巨額の起債を行って、全額をこの 2 つの市 SEM の赤字の穴埋めに充てる事態となった[86]。73 年に石油危機が始まると、新築住戸の販売率が 4–5 割にまで落ち込み、特に深刻なモンレイノーとラ・コトンヌでは売れ残り住戸が数百に上った。こうした状況を前にして、市財政に監督責任を負う県知事は、安易にリヨンに迎合するこれまでの態度を修正せざるを得なくなる。

　70 年代に入ると、首長たちの関心は、地区で獲得した投資枠をいかにしてブテオンやボワ・デュ・ロワの大規模開発から河谷地帯の既存の都市部に奪い返し、地元の雇用を確保するかに移っていた。フォレ平原南部の大規模開発は、あくまで河谷地帯から人口や工場が溢れた分 (trop-plein) の受け皿であり、当面は伝統的産業都市の再開発が優先されねばならない[87]。こうした主張をEPURES 理事長ピネが取りまとめると、知事や県庁は一転してフォレ平原南部の開発計画を過大なものと認め、ブテオンには ZH や ZI を想定すれば足りるし、ボワ・デュ・ロワは ZAD の設定自体を見送ってもよいと主張し始めた[88]。その結果、SDAU 草案の人口予測や実施する開発事業のリストに変更はないものの、ブテオンやボワ・デュ・ロワの位置付けや比重を押し下げるべき

---

[85]　詳細は Vant, *Imagerie*, p. 390 を参照。

[86]　Vant, *Imagerie*, pp. 382–4. Tomas, "L'urbanisme", p. 137.

[87]　Préfecture, Service de la coordination et de l'action économique, "Note à l'attention de Monsieur le préfet à propos du Conseil d'Administration de l'EPURES du 19/6/72", AD Loire Vt687/63. 註 90 所掲も参照。

[88]　Notes de la Préfecture du 1/9/72 sur le SDAU et du 3/5/73 sur l'Assemblée générale de l'EPURES du 28/4/73, AD Loire Vt687/63.

第 3 章　グルノーブルとサンテティエンヌの比較　　　193

との決定を SDAU 地方委員会が下し[89]、ブテオンはニュータウンにはならな
いとの言質を EPURES 執行役から引き出すことにも成功した[90]。

　県知事など出先機関が、ようやく公的資金獲得のための大規模開発計画の積
み増し競争から引き返すことを考え始めた時、ひとりこの流れに逆らったのが
デュラフールである。ブテオンの縮小やボワ・デュ・ロワの棚上げを認めるど
ころか、73 年春には、首相への書簡や『ル・モンド』への寄稿において、サン
テティエンヌ地区の人口予測の更なる引き上げを要求し始めた。カムー知事は
今の 80 万さえ維持することは難しいと説得したが、市内各地の ZAC 開発や
「第二都心」への高級ホテルの誘致を焦るデュラフールを押し留めるのはだんだ
ん難しくなってきていた[91]。

　2）デュラフールのノタブル化と EPURES の 73-4 年危機　ボワ・デュ・ロワにつ
いては、EPURES も当初から計画の妥当性に疑問を持っていた上に、ZAD
の予定地内に入っていた農村コミュンの首長が農地の維持を求める農民の声を
受けて ZAD 設定に強く抵抗していた[92]ため、73 年末のカムー知事離任を機に
一旦棚上げされることになる[93]。実はデュラフールは、ボワ・デュ・ロワによ
く似た開発計画をサンテティエンヌの市域の中で計画していた。69 年に併合し
て市西方の飛び地になっていたサン・ヴィクトールに設定したコンダミーヌ
（Condamines）の ZAC である。市側は 2 千戸もの住宅建設を予定していた
が、デュラフールに計画作成を押し付けられた EPURES では、計画が過大す
ぎるとの声が強かった[94]が、デュラフールは容易に諦めようとしなかった。

　予定地の農民が反対運動を起こしたのもボワ・デュ・ロワと同じだったが、

---

[89]　Compte-rendu de la Commission locale du SDAU, 5/11/71, AD Loire Vt687/63.

[90]　Compte-rendu du Conseil d'administration de l'EPURES, 28/4/73, AD Loire Vt687/63.

[91]　"Compte-rendu de la visite de M. Durafour au préfet le 18/4/73 à 15 h" ; "Note à l'attention de M. le préfet a.s. visite de M. Durafour le 18/4 à 15 h", AD Loire Vt638/3.

[92]　Compte-rendu du Conseil d'administration de l'EPURES du 3/12/73, AD Loire Vt687/63.

[93]　Biyoghe Bi Ella, "Histoire", pp. 297–303.

[94]　Ibid., pp. 294–6. Tomas, "L'urbanisme", p. 137.

県農民組合青年部（CDJA：Centre départemental des jeunes agriculteurs）のリーダーと EPURES の専門職員（社会学者と建築技師）が無断で接触したことが、サンテティエンヌ都市圏全体を揺るがす騒動の発端となった。そこで手に入れた情報を元に、74 年 1 月、農民らがサン・ヴィクトールの市役所支所に抗議に押しかけたのを見て、デュラフールは EPURES が裏でコンダミーヌ開発を頓挫させる工作をしていると激怒し、74 年 1 月 18 日付でEPURES 理事長ピネにサンテティエンヌ市の脱退を通告する書簡を送った[95]。都市計画公社の専門家にはキリスト教民主主義左派に近い人物が多く、CDJAとの接触もそこから生じてきており、デュラフールが、次節で見るグルノーブルの事例を念頭に、公社の左翼インテリが市の都市計画を乗っ取るという懸念に駆られていたのは事実であろう。しかし、EPURES がコンダミーヌに消極的な姿勢を隠そうともしなかったのは、ボワ・デュ・ロワと競合関係にあり、SDAU とも矛盾するこの無謀な計画にカムー知事が反対していたからである。従ってデュラフールの脱退宣言は、これまで EPURES を制御下においてサンテティエンヌ以下の主要コミュンの都市計画に自在に介入してきた知事や県設備局に対する挑戦だった[96]。

　結局、理事長ピネが仲裁に入り、騒動の原因となった職員のうち社会学者を解雇し、創設以来、執行役を務めてきた土木技師も更迭することで手打ちが成立し脱退は撤回された[97]。

　都市開発事業の日々の運営からコミュン合併の後押しまで、全てを知事や出先機関に依存していながら、EPURES を叩くことで知事のコミュンに対する統制力に挑戦するという、一見矛盾したデュラフールの行動はどのように理解すればよいだろうか。背景には、70 年代初め、ジスカール・デスタン率いる与党の一角・中道右派グループ入りしたデュラフールが、ポンピドゥー大統領の病臥に伴って、ジスカールが政権内で影響力を増すのに伴って、急速に中央政

---

[95]　Lettre de Durafour à Pinay, 18/1/74, AD Loire 687Vt63.

[96]　Biyoghe Bi Ella, "Histoire", p. 295 もカムーの EPURES に対する「行き過ぎた監督 tutelle」が紛争の原因の一つだと述べる。

[97]　以上は、Vant, *Imagerie*, pp. 273–4. Tomas, "L'urbanisme", pp. 134–5. Biyoghe Bi Ella, "Histoire", pp. 292–7.

界でその地位と威信を上げつつあったことが指摘できよう。事件直前の73年末に大物知事カムーが去ったことで、県内における知事とサンテティエンヌ市長との政治的力関係は一気に逆転していたのである。74年5月、ジスカールの大統領就任と共にデュラフールは閣僚の座に上り詰める。ロワール県は、出先官僚制の支配する60年代を経て、再び中央の大物政治家が党派的な資源配分を行いうる時代へと戻りつつあった。

しかしこれは、サンテティエンヌ市が自律的な都市開発事業を行えるようになったことを決して意味しない。デュラフールは、知事や県設備局長、EPURES執行役といった出先機関の幹部に対して、人事をテコに影響力を行使することはできるものの、あくまで事業の立案・実施は出先機関に依存しなければならなかったからである。

都市計画に関して言えば、デュラフール市政の下で、地元のコミュン間協力の組織化が進むどころか、周辺コミュンとの関係はこの上なく悪化しており、サンテティエンヌなど地元コミュン側が自律的にEPURESを運営できる状況には全くなかった。知事側との手打ちの結果、デュラフールの要求に従って、地元首長、特にサンテティエンヌ市長の影響力を増す形でEPURESの改組が行われた[98]ものの、県設備局に殆どの資源を依存したEPURESの性格には変化がなく、むしろ改組を通じて、育ち始めていた県設備局に対する公社の自律性の基礎が破壊されたと見てよいだろう。

第一に、加盟コミュン首長による1901年法結社としてのEPURESを正式なコミュン組合に再編するという改組案が却下された。グルノーブルやレンヌと違って、都市計画公社を背後から支えるコミュン連合体を欠いていることが、公社としてのEPURESの機能を大きく阻害してきたことは同時代から強く指摘されており[99]、改組案はこの宿痾を剔抉しようとするものだったが、コミュン組合形式にすると理事会に出先機関の代表が入らなくなり、国からの財政支

---

[98] 以下、特記しない限り、Compte-rendu du Conseil d'administration de l'EPURES du 16/4/74, AD Loire 687Vt63 による。Vant, *Imagerie*, p. 278 も紛争後、EPURESへのサンテティエンヌ市の支配が強まったとする。

[99] Biyoghe Bi Ella, "Histoire", pp. 281–4.

196 第2部 都市開発における自律性の条件

援が継続される保証を失うとして首長たちはこれを退けた[100]。第二に、都市計画の専門家への不信を強めたデュラフールの要求に従って、EPURES 固有の専門スタッフの数が減らされた。県の出先機関やコミュンの職員で代替すべきだというのである[101]。第三に、後任の執行役には、引き続き県設備局が指名する土木技師が就任し、GEP 座長との兼任も続くなど、EPURES に対する県設備局の支配は少しも揺るがなかった。

　大幅に修正された規約の冒頭には、EPURES が都市計画を担当するのは、リヨンの中核都市圏の一部としてのサンテティエンヌ地区であることが明記されている。SDAU に関しては、一旦は河谷地帯の首長たちの要求に従って、74年7月の総会では、人口予測を70万に引き下げる提案がなされたものの、審議の結果、否決され、80万が維持された[102]。デュラフールは騒動の収拾過程で、人口予測、つまり地区の投資枠を維持したまま、河谷地帯側に投資配分の比重を移すよう要求し、ピネを通じて知事もこれを受け入れたのである[103]。

(7) サンテティエンヌにおける左翼連合政権

　デュラフール市政が野放図な投資資金獲得競争に嵌まり込み、無謀な大規模開発計画を積み重ねた結果、70年代後半、サンテティエンヌ周辺には放棄されたZAC や ZAD が散在することになった。曲がりなりにも完成を見た、例えば、モンレイノーの ZUP 開発も最終的に惨憺たる失敗に終わって[104]、後年、「近代化を目指す市長の主意主義でしか説明が付かない」事業と評された[105]。

---

[100]　Préfecture, Service de la coordination et de l'action économique, Note sur l'Assemblée générale de l'EPURES, réunion du 23/4/74 ; "Communication téléphonique de M. Fournel, directeur départemental de l'Équipement du 21 mars 1974", AD Loire 687Vt63.

[101]　Note de Fournel, "La visite de M. Durafour accompagné de M. Dubanchet à M. le préfet, le 19 février 1974", AD Loire 687Vt63.

[102]　Compte-rendu d'activités 1974 de l'EPURES ; Rapport à l'Assemblée générale de l'EPURES du 23/7/74 ; Compte-rendu de l'Assemblée générale du 23/7/74, AD Loire 687Vt63.

[103]　Note de François Dubanchet, premier adjoint, aux fonctionnaires de la mairie de Saint-Étienne, 9/7/74, AMSE 3474W29.

[104]　Tomas, "L'urbanisme", p. 137.

ZUP開発を自前で担おうとした市の技術部局は深い傷を負うことになった[106]。市部局や市SEMを通じて自ら手がけた事業がいずれも惨憺たる失敗に終わった結果、中からも外からも、サンテティエンヌ市は開発事業の立案・実施に必要な専門能力を持っているとは看做されなくなったのである。市SEMの財務状況は極端に悪化し[107]、巨額の負債を抱え込んだ市の財政危機に拍車を掛けた。現職閣僚（労相）だったデュラフールは77年のコミューン選挙で共産党のサングドルス（Joseph Sanguedolce：炭鉱夫組合幹部出身）率いる左翼連合に敗れ、デュラフールが2期12年の間に残した負の遺産、即ち、徹底した出先官僚制への依存、コミューン間協力の欠如と周辺コミューンの不信感、そして危機的な財政状況は左翼市政に引き継がれることになった。

　実は、左翼市政は都市開発政策の実態面では、デュラフール市政の末期と比べて大きな転換を実現したわけではない。左翼市政で都市計画担当助役を務めたトマが自ら認めるように、石油危機後の74-77年に既に大きな断絶が起きていたからである[108]。他方、都市開発事業の自律的な立案・実施の能力という面では、82-3年の分権化を迎えるまでの間に、デュラフールが去った後の荒廃した状況を部分的に改善することには成功したと評価することができる。

　1) **旧街区再生事業**　左翼市政固有の政策の第一の柱として打ち出されたのが、「旧街区」の「再生」政策である。左翼連合は、60年代の「再開発」事業は、大資本の利益のために市中心部の民衆層を追い立て郊外の大規模団地での「社会的隔離」に追いやったと訴え、「再生」事業を自らの都市開発政策の柱に据えたが、既に見たように（143-4頁参照）、政策転換自体は中央の保守政権が既に号令を下していた。ただ、77年6月創設の「住宅改善プログラム事業」（OPAH：

---

[105]　François Tomas, "La création de la ZUP de Montreynaud (1965-77) (chronique d'un échec)", in Tomas, Blanc et Bonilla (dir.), *Les grands ensembles*, p. 202.

[106]　77年以降、左翼市政がモンレイノーZUPの「再構築」を試みた際には、パリの都市計画専門家グループAUA（次節で見るグルノーブル左翼市政を支えた：240頁参照）に外注された。Éric Thomas, "Politiques urbaines et transformations socio-spatiales. L'exemple stéphanois, 1977-1991", thèse de doctorat, Université de Lyon II, pp. 59-62.

[107]　CIVSEについてはAMSE 3471W12、SEMASETについてはAMSE 3474W27を参照。

[108]　Tomas, "L'urbanisme", p. 142. SDAUについては、後述200頁参照。

Opération programmée d'amélioration de l'habitat) 制度[109]によって、街区
単位での「再生」事業に対する公的資金の供給が確保されたことで、体系的に
事業を展開する手段を与えられたのが、成立したばかりの全国の左翼連合市政
だったのである[110]。

　サンテティエンヌの場合、旧街区の老朽化が特に著しかった上に、共産党の
選挙基盤だった分、左翼市政の都市開発政策に占める「再生」事業の比重は高
くなった[111]。しかもグルノーブルやレンヌとは異なり、市中心部の旧街区の商
業的価値が低く、民間の開発業者が担うことを想定した OPAH の手続きだけ
では事業の成功は望み得ず、市当局や SEM の関与が不可欠であった[112]。そこ
で「再生」事業を管轄する市直属の新たな専門機関として、ARQASE (サン
テティエンヌ市旧街区再活性化協会 Association pour la Réanimation des
Quartiers Anciens de Saint-Étienne) が 80 年 4 月に立ち上げられた[113]。

　この機関は、デュラフール市政の下で市 SEM が事実上、市当局の統御を離
れ、知事や設備局、あるいは親会社の CDC ＝ SCET グループなどの影響力
下に入って事業を遂行していたのを是正し、「再生」事業に対する市の統制力を
回復することを目指していたとされる。但し、グルノーブルで同じ「再生」事
業を管轄した「旧市街課」や「土地不動産公社」(後述 252–3 頁参照) のような
大きな規模の組織は敢えて忌避され、設立時の常勤職員の数は 3 名で、83 年に
政権交代で廃止されるまで、最大でも 7 名にしか達しなかった。EPURES の

---

[109] 70 年末創設の ANAH (「住宅改善全国事業団」：Agence nationale pour l'amélioration
de l'habitat) が、国や自治体などとの協定に基づいて住宅改善向け補助金をまとめて供給す
る制度。檜谷「フランスの住宅政策」214 頁。Heugas-Darraspen, *Le financement,* pp.
154–8.

[110] 左翼市政の都市計画担当助役のトマ [François Tomas, "Quartiers anciens et stratégies
urbaines, d'une crise à l'autre, vus de Saint-Étienne", *Revue de géographie de Lyon*,
vol. 60–3 (1985), pp. 186–196] だけでなく、サンテティエンヌ左翼市政の都市開発に関す
る唯一の包括的研究である Thomas, "Politiques" (pp. 47–56) も、デュラフール市政下の
「再生」事業と、左翼市政の「再活性化」(réanimation) の違いを強調する。

[111] Thomas, "Politiques", p. 47.

[112] Bonneville, "Politiques", pp. 267–9.

[113] Procès-verbaux du Conseil d'administration de l'ARQASE, 24/2/80, AMSE
6035W98.

事務所に間借りし、職員の給与もEPURESから支払われるなど、事実上、EPURESの分室のような存在で、グルノーブルの似た機関のように、直接、事業を受託したり施主になることは、元々想定されていなかった[114]。

この機関の原型となる提案をしたSEDLの構想では、借家人・地主から開発業者、市役所部局や市政に至るまで、「再生」事業に関わる多数の関係者・機関を繋ぐ調整統合役（groupe de pilotage）と位置付けられていた[115]。都市計画担当助役のトマが直接指揮を執り、開発業者の動きを逐一把握しようとした。街区毎に設置されたワーキング・グループにも助役や市議会議員が参加して、住民団体や結社との協議を制度化し進化させる役割が期待されていた[116]。しかし余りにも組織が小さく、情報収集が精一杯で開発業者らを統制するところまでは到底及ばなかったいう評価もされている[117]。

2）EPURES の掌握と SDAU 第四次案　従って、左翼市政の都市開発を支えたのは、ARQASEではなく、その母体ともなったEPURESであった。79年、74年紛争の後に任命された執行役を差し替え、後任となった土木技師との間に都市計画担当助役のトマが個人的関係を築いて、EPURESに対してサンテティエンヌ市政の意向が浸透する態勢を作り上げたといわれている[118]。実際、デュラフール時代と異なり、サンテティエンヌ市政とEPURESの間に紛争が起こることはなくなった。旧街区の再生事業に関して立案・実施を担当したのもEPURESであった。トマとの信頼関係を通じてサンテティエンヌから出資が増えて、公社の資金も以前より潤沢になったとされる。市政の重点政策に特化して能力を増したEPURESを制御下に置くことで、サンテティエンヌ市が自律的に都市開発を立案・遂行する能力は、デュラフール時代に比べてかなり改

---

[114]　Bonneville, "Politiques", p. 270. Procès-verbaux du Conseil d'administration de l'ARQASE, 29/4/80, AMSE 6035W98.

[115]　SEDL, "Action d'amélioration de l'habitat de Saint-Étienne. Proposition d'intervention de la SEDL", 8/6/78 ; Compte-rendu de la réunion d'information du mercredi 20/12/78 sur la réanimation des quartiers anciens, s.d., AMSE 6035W98.

[116]　Tomas, "Quartiers anciens", p. 188. Compte-rendu du Bureau du l'ARQASE, 21/3/80, AMSE 6035W98.

[117]　Bonneville, "Politiques", pp. 269–271.

[118]　以下、特記しない限り、Biyoghe Bi Ella, "Histoire", pp. 332–348 ; Tomas, "De l'urbanisme", p. 324 による。

善され始めたと言っていいだろう。

　過去 10 年にデュラフールらがなしえなかったことが可能になったのは、同じ 77 年コミュン選挙で、サン・シャモン以下、サンテティエンヌ地区の主要都市の殆どで左翼連合が勝利し、EPURES 理事会が同じ陣営に属する市長たちの支配下におかれたためである。サン・シャモン市長に理事長を譲ることで周辺コミュンの同意を取り付けつつ、トマは副理事長として実務を取り仕切った。引き続き、地区内ではコミュン間協力のレベルは低いままであったが、サンテティエンヌ市がデュラフール時代のいわば"帝国主義"を取り下げたことによって、コミュン組合が存在しない空白を社共連合の規律が部分的に代替できるようになったと言えるだろう。

　しかし、EPURES がサンテティエンヌ市政の意向に沿った都市計画の立案に専念し始めれば、同じ左翼支配とはいえ、他の主要コミュンとの利益対立は避けがたくなろう。デュラフール時代に深刻化した河谷地帯のコミュン間の対立を修復し、その再発を当面防ぐことができたのは、SDAU がデュラフール時代とは性格を一変させたことが大きい。72 年に否決された SDAU 第一次案や、73–4 年紛争後に作成された第二次案は、リヨンに押し付けられた開発目標を達成することを謳って中央から投資資金枠を引き出した上で、地区内部での資金配分を決定するという役割を担っていた。当然、SDAU とこれを作成する EPURES こそが地区のコミュン間の対立の焦点になってしまう。左翼市政下に第四次案が作成された際、トマはかつてのようにコミュン間の競争と対立を煽ることのないよう求め、実際、各コミュンの掲げる計画や目標を積み上げる形で作成されたため、人口予測も 2000 年で 54 万にまで引き下げられた。但しこうした SDAU の変化はいずれも 74 年以降、デュラフール市政の末期の第三次案で実現しており、左翼市政はその果実を受け取ったに過ぎないことに注意が必要である。

　また、左翼市政の都市開発政策のもう一つの柱であった交通政策、特に路面電車やバスなど公共交通の再構築や道路網の再編の事業を通じて、郊外やオンデーヌ河谷のコミュンとの間に SIVOM が設立され、これまでコミュン間協力と無縁だったサンテティエンヌ市の姿勢が変わり始めたことも指摘しておく必要がある[119]。

しかし、都市開発政策の立案・実施に関わる能力という観点から見れば、左翼市政の成果はなお限定的だったことも否定できない。EPURES を制御下においたとはいえ、その EPURES が執行役以下、人員や予算などにおいて県設備局に大きく依存している状況に変わりはなかった。県議会では 76 年以降、左翼が議席を伸ばした（39 議席中、73 年の 3 議席から 76 年の 10 議席へ）ものの、なおその勢力は小さく、70 年代に入ってデュラフールがノタブル化すると、ド・ゴール派の勢力は更に弱体化したため、第 4 章で見るイレヴィレンヌ県（レンヌ）のような右派内部での抗争も殆ど見られなかった。SEDL の制御や出先機関との力比べにおいて、サンテティエンヌ市が県議会から支援が期待できる状況ではなかったのである。

---

[119] Tomas, "L'urbanisme", p. 141. 大規模団地や旧街区の民衆階層を支持基盤にしていた左翼、特に共産党にとって、路面電車やバスの公共交通網の抜本的改善は選挙戦略上も重要だった。Thomas, "Politiques", p. 45.

第2節　グルノーブル都市圏における自律の基礎

　イゼールの県都グルノーブルでは、1965年のコミュン選挙で、社会党SFIO
やPSU（統一社会党）に支持されたデュブドゥが市長に当選した。のみならず、
67年総選挙ではPSUのマンデス・フランス（Pierre Mendès France）がド・
ゴール派の現職に勝利するなど、70年代にかけて、地方の利益配分政治から距
離を置く新左翼が台頭する根拠地として全国に知られるようになった[1]。それだ
けに留まらず、グルノーブルは、周辺コミュンを緩やかなコミュン連合体に纏
めつつ、独自の都市計画機関（AUAG：グルノーブル都市圏都市計画公社）を
中心に、中央の押し付けた青写真を拒絶して、革新的な都市計画を構想し実施
したことでも知られ、60年代フランス左翼の「実験都市」（ville-test）とも呼
ばれる所以のひとつになっている。何故このようなことが可能だったのだろう
か。

　デュブドゥはGAM（市政行動グループ）と呼ばれる住民運動を母体にして
市長に当選した。GAMは68年以降の参加民主主義の運動の起源のひとつと
も位置付けられるが、政治運動としては、グルノーブルではデュブドゥの当選
後は、PSU、次いで新社会党（Parti socialiste：1969年〜）の浸透を受け[2]、
市政運営にも主導的役割は果していない。そもそも都市開発に関する中央の統
制は、住民・有権者の支持だけでは跳ね返せないだろう。

　本節では、これまで余り注目されてこなかった政治的な要因に注目してグル
ノーブルの「成功」を説明する。即ち、①グルノーブル市が、60年代前半まで
の県内のコミュン組合形成の伝統を活かし、下からの広域化に成功したこと、
②県選出のジスカール派の大物代議士パケ（109頁以下参照）の活躍（独立共和派

---

[1]　Cf. Bernard Bruneteau, "Le «mythe de Grenoble» des années 1960 et 1970. Un
usage politique de la modernité", *Vingtième siècle*, no. 58 (1998).

[2]　Michèle Sellier, "Les groupes d'action municipale", thèse de doctorat, Université
de Paris I, 1975, pp. 280–6, 350–369. Jonathan Lipkin, "From delegation to partici-
pation : citizen politics in Grenoble and Toulouse, 1958–1981", D.Phil thesis, Uni-
versity of Oxford, 1999.

のネットワークを活かして中央の資金配分に影響力を強め、更に冬季五輪など
を利用して県政の一翼を担う地位を確立）によって、県議会が資金配分やプラ
ンの策定に発言権を持つようになったこと。60年代後半以降、グルノーブル都
市圏に対する中央の統制が効きにくくなり、自律的な都市開発を進めることが
できたのはこの2点が決定的であったことを、サンテティエンヌとの比較を交
えながら示していきたい。

(1) 広域化の停滞と中央の介入

　1) 上水不足と広域化の停滞　極端に狭い市域と、早期の産業発展のため、グル
ノーブルは地方都市としては逸早く、既に戦間期のミストラル市長（Paul Mis-
tral：1919–32年在任。社会党 SFIO の代議士を兼職＝10–32年）の時代には
都市化に伴う広域化の試みが始まっていた。戦後、グルノーブルがまず直面し
たのは上水の供給不足問題である。既に第一次大戦後から市内では上層階での
水圧不足が顕在化していた。グルノーブル周辺では戦間期から上水組合の結成
が始まっていたが、グルノーブル市は加入せず、単独での直営（régie）方式が
続いた[3]。しかし、戦後間もなく、周辺のコミュンが都市化を見据えて大規模な
水源開発を目指して「グルノーブル地域上水組合」（Syndicat des eaux de la
région grenobloise）を結成すると、グルノーブル市も一旦はこれに参加した。
中央省庁の補助金などの審査においてはより広範囲な組合が優遇され、単独で
の事業継続は不利になることを知っていたからである。農村部のコミュンを含
めれば、内務省だけでなく農業省の補助金もアテにできることも念頭にあった[4]。
　しかし、組合理事長ポストこそとらなかったものの、グルノーブル市の組合
支配の意図は露骨だった。社会党のマルタン市長（Léon Martin：在任 1932–
5, 45–7, 49–59年。代議士＝36–42年）は市議会の趣旨説明で他の加盟コミュ

---

[3]　Jean-François Parent, *30 ans d'intercommunalité : histoire de la coopération inter-
communale dans l'agglomération grenobloise*, Grenoble : Pensée sauvage, 2003, pp. 36–
45. Parent et Jean-Louis Schwartzbrod, *Deux hommes, une ville : Paul Mistral et
Hubert Dubedout*, Grenoble : Pensée sauvage, 1995, pp. 58–67.

[4]　Extrait du régistre des délibérations du Conseil municipale de Grenoble du
16/7/47, p. 3, AD Isère 3218W76.

ンを「衛星コミューン」と公言して憚らず[5]、組合に対して、市水道局が組合の工事に必要な技術を提供し工事費も半額以上を市が負う代わりに、組合の全ての工事案件に市が実質的な監督権を持つことを要求した[6]。周辺コミューンはこの要求を呑んだ（24/1/48）が、実際の事業計画の策定では、多数を占める理事会（Comité：各コミューン 2 名の代議員からなる）で、グルノーブル市の取水計画と相容れない工事計画を採択して市に所定の出資を求めた。市はこれに反発して、理事会を大幅増員して自らに過半数を割り当てるよう要求したが、拒否されたため、48 年 5 月、組合脱退を決定し、代わりに市が周辺コミューンに給水する契約を結んだ（24/6/48）。かくしてグルノーブル市は、そのいわば"帝国主義"の故に、狭隘な市域にも拘らず、主要な「公共サーヴィス」に関して何の組合にも参加しないまま、戦後の急速な都市化を迎えることになった。

他方、「グルノーブル地域上水組合」の方は、グルノーブル市の脱退によって、郊外の大規模コミューンたるフォンテーヌ（Fontaine）やサン・マルタン・デール（Saint-Martin-d'Hères）、エシロール（Échirolles）などの共産党首長（206 頁図 8 参照）が持分でも多数を占め、実権を掌握した。顧問技師もフォンテーヌ市の上水技師が指名され（25/9/48）、49 年 10 月にはサン・マルタン・デール市長が組合理事長に就任した。当初は、共産党系主導の運営に県知事から横槍を入れられ（3/6/49）、また 53 年 12 月までは補助金が得られず、予定した水利事業は殆ど進展しなかった。共産党首長らは、農村土木技師や知事に、次いで全党派の国会議員に中央への「口利き」を依頼し[7]、漸く 54 年 2 月、CDCから融資を得て着工に漕ぎ着けた（17/6/54）。58 年 6 月以降、事業は円滑に進展し始め、60 年代末に掛けてダムなどの設備を次々に完成させ、調達できる水量を増やした[8]。54 年以降、ヴィジル（Vizille）など南郊の農村部のコミューンが

---

[5]　Ibid., p. 4.

[6]　Délibérations du comité du Syndicat des eaux de la région grenobloise, réunion du 5/12/47, AD Isère 3218W76. 以下の記述も同じ組合議事録による。日付を本文中に付記する。

[7]　AD Isère 3218W76 所収の一連の書簡（53 年 7–12 月）を参照。

[8]　AD Isère, Fonds Jean Berthoin 84J126. 後述するベルトワンは内務・農業両省の補助金の他、CDC や FNAT からの融資取付けにも力を発揮した。Lettre de Doublet à Berthoin, 16/7/62, AD Isère 4332W91 なども参照。

次々に加盟し、規模も大きくなったことも、農業省から資金配分において厚遇される契機となった[9]。まさに同時期に、孤立したグルノーブルでは上水不足が嵩じ、政治危機に発展したのとは対照的である。

近郊に事業別のコミュン組合が結成されたにも拘わらず、肝心の中心都市グルノーブルが孤立した状態のまま、都市圏は50年代後半以降の爆発的な都市化を迎えた。グルノーブルでも、一定の広域化を前提にした都市計画は、戦後はMRUなどの主導で何度か試みられたが、いずれも周辺コミュンの反対で日の目を見ずに終わっていた。無秩序に拡大した主として南と西の地区では、上下水道や学校などのインフラが著しく不足し土地投機が横行した[10]。

2) 中央の直接介入による都市計画の試み　第五共和制への移行後、既に見たように、新たな集権的な都市計画法制に基いて、中央政府が地方の主要都市の都市計画作成に対する介入を開始した。グルノーブルは、この時点で既に都市化が中心コミュンの市域を越えて深刻な問題を引き起こしていた稀なケースである。実際、中央の対応はサンテティエンヌよりはるかに熱のこもったものだった[11]。

単に「都市計画グループ」を設定し「基本都市計画」の作成を促しただけではなく、59年7月、知事は都市圏選出の国会議員と4人の県議会議員を集め、「グルノーブル地区都市計画グループ諮問委員会」なる機関を立ち上げたのである。しかもその設立会合には、各省の県の出先のみならず、中央から計画庁のロールに加えて、建設省国土整備局長ランデ（Pierre Randet）までが出席した。他方、委員会については、知事ラウル（Francis Raoul：55年7月—61年5月）が、純粋に諮問的なもので、法的性格・権限を持たないと繰り返しており、このイニシアティヴには上から押し付ける性格が濃厚だった。実際、計画化や都市開発の受け皿として、ランデはグルノーブルの「都市計画グループ」

---

[9]　例えばLettre du Ministre de l'Agriculture（Directeur du génie rural）au préfet de l'Isère, 15/12/61；Lettre de l'Ingénieur en chef du génie rural au préfet, 28/2/64, AD Isère 4332W91.

[10]　とりあえず、Parent et Schwartzbrod, *Deux hommes*, pp. 70–72；Parent, *30 ans*, pp. 47–52.

[11]　以下については、Parent et Schwartzbrod, *Deux hommes*, pp. 72–3；Parent, *30 ans*, pp. 52–60 などにも概説がある。

を広域区に纏めるよう提案し、知事もこれを強力に推進する構えを示した[12]。これに対して委員会の側は、県選出の上院議員で、後に見るように県議会でも幅広い影響力を持っていたベルトワン（Jean Berthoin）以下、慎重な姿勢を示した。しかし、直前4月のコミュン選挙でグルノーブル市長にド・ゴール派のミシャロン（Dr. Albert Michallon：県議会議員を兼任＝58–64年）が当選したことは知事らにとって追い風になるはずだった。

58年末、ZUPが制度化されると、早速グルノーブルと、南に隣接するエシロールが申請して翌年政府の認可を受けた（図8参照）。コミュンの境界を越えて事実上一体となるZUPの開発を2つのコミュンが分担して進めるためにも、広域の都市計画の策定とその受け皿になるコミュン連合体の結成は猶更急務となる。早速、「基本都市計画」作成の調査分析業務が、59年末、ロールの推輓

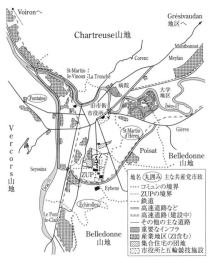

図8　1970年代半ばのグルノーブル都市圏

出典：Vital Chomel (dir.), *Histoire de Grenoble*, 1976, Privat, p. 437.

---

[12] Compte-rendu du Comité consultatif du Groupement d'urbanisme de la région grenobloise, 3 et 4/7/59, AD Isère 3218W65.

で、CDC 系を含む、パリのコンサルタント会社 2 社に委託された[13]。ところが、知事が交代した後の 61 年秋になっても、コミュン連合体の結成や都市計画策定の作業は殆ど進展せず、ZUP の開発も停滞した。

10 月、建設大臣シュドローは知事宛てに、ZUP 域内の先買権に基づく用地買収などの遅れを厳しく咎める書簡を発し、知事の権限を使って協議を進めさせよと強力に圧力を掛けた[14]。弁明の返信の中で知事は、作業難航に 3 つの理由を挙げている[15]。一つは、戦間期にグルノーブル市の南郊に建設された飛行場 (aérodrome) の移転問題である。ZUP の予定区域内にあるため、移転の是非や移転先などを巡って、県議会でも紛争が深まっていた。

3) 県・市の対抗関係と中央の圧力強化　しかし、都市圏の開発事業にとってより根本的な問題は、グルノーブル市が ZUP の担当区域の造成事業の委託先をいつまで経っても指名しようとしないこと、そして、懸案である都市圏の広域化を巡って合意ができないことの 2 つにあった。後者は、グルノーブル市と周辺コミュン、特に共産党市政との間の周知の対抗関係が背景にはなっていたものの、この時点では、この 2 つの問題の直接の原因は、実はグルノーブル市と県の対立であり、特にミシャロン市長が県庁の進める路線に反発し対抗しようとするという、中央や知事の側が予期しない要因が合意形成を阻害していた。

ZUP に関して、共産党首長が治めるエシロール市は、既に SCET 系の県開発 SEM である SADI (イゼール県整備会社) を委託先に指名していたが、グルノーブル市は度重なる知事の督促にも拘わらず、SADI の指名に踏み切らず、県と共に SADI を設立した SCET のパルフェ (当時副総裁 Directeur général adjoint) がパリから来訪して条件を提示しても首を縦に振らなかった。それどころかミシャロンは市独自の SEM (非 SCET 系) を設立し、しかもこの SEM への SADI の参与を認めず、あくまで県と張り合う姿勢を見せていた[16]。後に見るように、SADI は、ロワールの SEDL に比べれば遥かに SCET への従属度が低く、逆に県議会の制御が効いていた [後述 (5) 3) 参照] が、ド・ゴール

---

[13]　Lettre du maire de Grenoble au préfet, 21/9/61, AD Isère 4332W184.

[14]　Lettre de Sudreau au préfet, 20/10/61, AD Isère 4322W269.

[15]　Réponse, 6/11/61, AD Isère 4322W269.

[16]　Note du secrétaire général pour le préfet, 27/10/61, AD Isère 4322W269.

208　　第 2 部　都市開発における自律性の条件

派は県議会に数議席しか持たないため、ミシャロンが県議会に対しても敵対意識を持っても不思議はない[17]。

　これに対して、自派で固めた中央政府の意向を受けた県知事の方針にミシャロンが反発したのは、建設省や知事が進める広域区方式が、グルノーブル市に周辺コミューンのインフラ整備の経費を過度に負担させるものだという不信感を早くから抱いていたからである。61 年 1 月、この点で強く反発するミシャロン市長に対して、ロールは広域区結成を重ねて求めたが、ミシャロンは、サン・マルタン・デール以下の共産党市政を含む以上、広域区のような折衷策（solution batarde）では何も解決しないと難色を示し、寧ろ（後のサンテティエンヌの如く）飛び地でもよいから合併で市域を拡大する方が遥かに好ましいと言い放った[18]。グルノーブル市長は、郊外、特に共産党市政の求める手厚いインフラ整備に伴う経費負担を忌避し、知事や中央が説く、都市圏内の平衡化の枠組みとしての広域区を拒否し続けたのである。ZUP 事業を SADI = SCET に委託することを拒否したのも、このような平衡化を巡る基本的対立を抱える中央政府や県庁からできる限りフリーハンドを維持しようとしたためとも言える。

　中央政府は 61 年、"豪腕"で知られるドゥブレ（Maurice Doublet）[19] をイゼール県知事として送り込み、知事は中央省庁の資源を総動員して上から広域区を押し付け、都市開発を強行しようとした。ここまでは、次章で見るイレヴィレンヌのレンヌ都市圏と似ているが、その帰結は全く異なったものとなった。

　ZUP 事業などの障害になっている上記 3 つの問題を解決するため、61 年 9 月、ドゥブレ知事はシュドロー建設相に依頼して、ランデ国土整備局長を再度グルノーブルに招いた。今回は計画庁のロールに加えて、内務省地方公共団体総局長のパレズ［第 2 章第 1 節 (2) 2］まで同道させ、広域区の開発計画が作成さ

[17]　SADI にはグルノーブル市も資本参加していたが、59 年の SEM への改組［後述 (5) 3）参照］時点で資本金 5 千万フランのうち、県と SCET が 1750 万ずつ、グルノーブルは 800 万だった。Note de la préfecture, "Renseignements sur la SADI", 2/6/61, AD Isère 4332W204.

[18]　Procès-verbaux de la Réunion du 16/1/61 à la préfecture de l'Isère sur le développement de l'agglomération grenobloise dans le cadre de la préparation du 4ème Plan de modernisation et d'équipement, p. 5, AD Isère 3218W65.

[19]　66 年までイゼール県知事を務め、66–75 年にパリ首都圏知事、パリ市長の官房長を歴任。

れれば FDES が確実に資金の手当てをすると保証して、広域区の結成を強く
促したが、ミシャロンは態度を明確にせず、中央の局長級を総動員した説得は
失敗に終わった[20]。

　最後の切り札として、62 年 1 月中旬、シュドロー建設相が自らグルノーブル
に乗り込んで来ることとなった。その準備のために 1 月 8 日に県庁と市役所の
幹部を集めて開催された会合では、ミシャロンは、病院新設など、郊外コミュ
ンのインフラ整備への出資で市の投資負担が倍になると苦情を繰り返した上で、
グルノーブル市の「優越的地位」(position prépondérante) を考慮しないコ
ミュン連合体の結成には全く反対だと繰り返した。知事が重ねて翻意を求める
と、グルノーブルの「都市計画グループ」のコミュン（当初 14）全てを対象と
しないのであれば受け入れてもよいと漸く譲歩の姿勢を見せた[21]。

(2) 上からの都市開発の挫折と上水危機

　1) 共産党系市政と農村議員　2 年かかって漸く知事と市長の間に妥協点が見え
始め、当初予想していた共通の敵・郊外の共産党市政との綱引きに入ることに
なる。62 年 6 月 18 日、今度は中央の代表も、ベルトワンら県政の大物も欠席
のまま、共産党市政を含む郊外コミュンの首長を招集して、再度、グルノーブ
ル地区のプログラム作成を討議する会合が開催された。席上、あくまで広域区
に反対する共産党首長に対して、ミシャロンは最初、知事と共に広域区結成を
迫ったが、どうしても広域区に反対ならば SIVOM（多目的コミュン組合）で
も構わないと水を向けた[22]。エシロール市長キウル (Georges Kioulou) やフォ
ンテーヌ市長メゾナ (Louis Maisonnat：後に代議士 67–68、73–86 年) らは、
これに応じ、結成する組合を目的別に細分化し、かつなるべく小規模に留めよ
うとした。しかしドゥブレ知事はこれを一喝し、都市計画グループの全てのコ
ミュンに適用されるインフラ整備の共通の政策を定められる枠組みでなければ

---

[20]　"Programme général de modernisation et d'équipement de l'agglomération greno-
bloise. Réunion du groupe de travail du 15/9/61", AD Isère 4332W184.

[21]　"Programme général de modernisation et d'équipement de l'agglomération greno-
bloise. Réunion du groupe de travail restreint du 8/1/62", AD Isère 3218W65.

[22]　会議後の書簡のやり取りでも同じ立場を繰り返している。Lettre de Michallon au préfet,
17/8/62, AD Isère 4332W184.

210 第 2 部 都市開発における自律性の条件

意味がない、共同のインフラを整備する以上、財政的平衡化の仕組みも不可欠である、もしグルノーブル地区のコミュンがそのような広域化を実現できないのであれば、「遠からず国は一部の大規模工事をコミュンに代わって実施することになるだろう。勿論経費はコミュン負担のままだ」と言い放って共産党首長を恫喝せねばならなかった[23]。

しかも、この日の会議では、もう一つ、プログラム策定を遅らせる、厄介な紛争の原因が姿を現していた。グルノーブル都市圏の都市インフラ整備に国の補助金・低利融資の枠や県の予算を奪われて農村の取り分が減ることを恐れる県議会から強く反発する発言が相次いだのである。後に見るように、県議会幹部は、農村部のインフラ整備事業に対する県補助金などの配分に大きな影響力を持ち、知事もこれを無視することはできなかった。当日は欠席したが、県議会を背後で支えるパケやベルトワンも既に、グルノーブル都市圏が人口 40 万に達することを前提にするインフラ整備プログラムに強い反発を示していた[24]。

しかし現行の資金計画 (この会合の直後に FDES の認可を得た) に対しては、当日出席の共産党系を中心とするグルノーブル郊外のコミュンからも、プログラムに盛り込まれた郊外への住宅建設などの割り当てやインフラ予算が少なすぎ、その割りにコミュンの負担が重すぎる、県と国の負担を増やせという要求が上がっていた。ところが知事は、背後の計画庁からは、FDES での審議を踏まえ、国から配分可能な資金の枠内でプログラムを実行できるよう、地元、特にコミュンの出資分を増やすよう厳しく締め付けられていた[25]。そこで県の出資を増やそうとすると、県議会の農村部選出議員の反発と介入を招く。県議会幹部として唯一出席していた第一副議長 (45 年—) のビュイッソン (Antoine Buisson：MRP。67 年からは議長) は、後日、農村部へのツケ回しにきつく釘を刺した[26]。63 年になると知事は計画庁のロールに対して、このままではこ

---

[23] "Programme général de modernisation et d'équipement de l'agglomération grenobloise. Réunion du 18/6/62", AD Isère 4332W184.

[24] Lettre de Paquet au préfet, 2/1/62, AD Isère 4332W184.

[25] Comité spécialisé no. 2ter du FDES, procès-verbal de la réunion du 29/6/62 ; Lettre de Pierre Massé, Commissaire général du Plan, au préfet Doublet, 17/9/62, AD Isère 4332W184.

[26] Procès-verbal de la CDE du 19/9/62, AD Isère 4332W269.

れまで作り上げてきた県内や都市圏内の妥協が崩壊してしまう、配分予算を増やして欲しいと泣き付いている[27]。

2）ベルナール・プランの頓挫　63年に入ると、知事は工程を一歩前に進め、パリの「ラジオ館」（Maison de la Radio）を設計した建築技師ベルナール（Henry Bernard）をグルノーブル「都市計画グループ」（この時点で21コミュンに拡大）の計画作成責任者（urbaniste en chef）に登用した（任命は建設相）。実はこの建築技師は、先にグルノーブル市の都市計画作成責任者に任じられていた。ベルナールは早くも10月には素案を提示し、「都市計画グループ」の構成コミュンからの意見や要望の聴取を開始した[28]。翌64年12月には「グループ」の「基本都市計画」が完成して公表された[29]。しかし、こうした意見集約の手続きを踏んだにも拘わらず、この通称「ベルナール・プラン」には、ミシャロン市長以下、グルノーブル市側の選好が強く反映されており、住宅・商業地区として市内を発展させる[30]ために、「周辺コミュンを、工業や社会住宅などの好ましくない機能の受け入れ先として利用する」[31]という意図が明白だった。

　ベルナール・プランが郊外コミュンを道具化しようとするグルノーブルの"帝国主義"の反映に過ぎなければ、その受け皿となる広域区などの広域化構想に対する反発や拒否も強くならざるを得ない。既に63年5月、知事は内相（地方公共団体総局気付）宛の上申書の中で、共産党市政など、郊外コミュンはインフラ整備に十分な資金を得られないのではないかと懸念を深めていることを説明した上で、広域区などのコミュン連合体の結成に参加したコミュンに対する、補助金など上積みの誘引を大幅に強化し、同時に、「参加を拒否するコミュンに対しては国の資金援助は極限の場合（cas extrêmes）を除いて与え」られない

---

[27]　Lettre de Laure au préfet, 25/6/63 ; Réponse du préfet à Laure, 17/7/63, AD Isère 4332W184.

[28]　知事から送られた各コミュンの要望リストに対するコメントを知事に回答している。Lettre de Bernard au préfet 24/10/63 ; Liste du préfet, 14/10/63, AD Isère 4332W184.

[29]　B. Delbard et al., *L'adolescence d'un nouveau pouvoir communal. Grenoble, 1965–1976*, Grenoble : Université des sciences sociales, UER Urbanisation-aménagement, 1978, pp. 83–5.

[30]　ミシャロンは早くからこの選好を明確にしていた。例えば、註18所掲 (p. 4) を参照。

[31]　Parent et Schwartzbrod, *Deux hommes*, p. 73.

ような思い切った措置を取るほかはないと述べている[32]。県事務総長は、郊外にベッドタウンの多いグルノーブルでは広域区でも問題解決にはならないとして、知事が提唱したような形の補助金上積みの誘引を用いて、「多少とも強制的な方法」でコミュン合併を推進するよう主張した[33]。「基本都市計画」への反対は共産党市政に限らず、多くの郊外コミュンにも広がった。この動きを県議会で先導したのは、64年の改選でミシャロンを破ってグルノーブル南・カントンの議員となったマルタン（Dr. Georges Martin：社会党。前グルノーブル市長の子）だった。64年末の本会議では、ベルナール・プランを撤回して作成し直すよう求めるマルタンらに対して知事は、関係コミュンの賛否に関わらず、「基本都市計画」は速やかにパリに提出すると述べるに至った[34]。この時点でベルナール・プランは、最早実施の見込みの立たない、中央に対する知事のアリバイ作りの文書でしかなくなった。

　要するに、グルノーブル市は、周辺地域では人口や財政力で圧倒的な比重を占め、しかも国や県の資金を吸い上げようとしているにも拘らず、周辺部のインフラ投資の負担を引き受けようとせず、寧ろ自らの選好を周辺部に押し付けようとしたために、中央省庁や知事の懸命の努力も実らず、上からの計画化・都市整備の試みは暗礁に乗り上げたのである。結局、中央からの強権的な介入は二重三重に絡み合った地元の対立を掻き立てるだけに終わったといえる。

3）上水危機とグルノーブルにおける市政交代　　社会党の前市長から引き継がれた"グルノーブル帝国主義"は、中央政府の都市開発の意図を挫いただけでなく、県内では貴重なド・ゴール派の拠点となっていたミシャロンのグルノーブル市政をも揺るがせることになった。グルノーブル市内の上水供給不足の深刻化である。とはいえ、59年の市政交代後、市や県が事態を放置していたわけではない。61年11月、市の取水工事計画の第一期分について、ドゥブレ知事は内相に61年度分の内務省の補助金なし優先プログラムに入れるよう繰り返し「口

---

[32]　Lettre du préfet Doublet au Ministre de l'Intérieur (DGCL), 24/5/63 ; Cabinet du préfet, "Note sur l'agglomération grenobloise", s.d., AD Isère 4332W266.

[33]　Note du secrétaire général pour le préfet, 11/6/63, AD Isère 4332W267.

[34]　Procès-verbaux du Conseil général de l'Isère［以下 PVCG Isère と略記］1964 II D, 10/12/64, pp. 592–5.

第 3 章　グルノーブルとサンテティエンヌの比較　　　　213

利き」を行い、首尾よく応諾を得て、CDC・貯蓄金庫グループの低利融資を
確保している[35]。しかし、市内の人口増加と需要増はこうした給水能力の増強
努力を遥かに上回り、62 年夏以降、市内の水道はほぼ恒常的に深刻な水圧不足
に見舞われるようになった[36]。渇水期には午後になるとアパルトマンの 4〜5
階では殆ど水が出ない状態となっていた。しかも皮肉なことに、市内でも水不
足の打撃が最も大きかったのは、ブルジョワの比率が高く、政府やド・ゴール
派市政に対する支持が最も厚い地区だった[37]。

　市が追加の取水工事を行えずにいたのは、市の水道料金が内務省の定めた基
準（立米当たり 40 旧フラン）を下回っているために、63 年に申請した第二期
工事が同省の補助金なし優先プログラム入りを拒絶され、その結果、CDC グ
ループからの低利長期融資 600 万旧フランが受けられなくなったためだった。
この規制は 62 年、第四次プランの策定過程で、中央政府だけではプラン向け
の投資資金が不足する分を地方の財源の動員・組み込みによって補う措置の一
環として採用された[38]。グルノーブル市の上水道は市単独の直営方式を取り、近
年は、「グルノーブル地域上水組合」のような大規模な投資を行う必要がなかっ
たため、周辺コミュンに比べて格段に安い（立米当たり 30 旧フラン以下）料金
に据え置くことができた。郊外コミュンのインフラ整備に対する平衡化の負担
を免れることで市民に恩典を齎してきたといえるが、今やその代償として中央
政府から財政支援を拒まれることになった。上水危機は代々の市長や市の官僚
制が積み重ねてきた政治的選択の帰結だった。

　市側は、水道料金を急激に引き上げることも検討したが、中央政府の「安定
化プラン」（63 年 9 月開始［108 頁］）に伴って公共料金引き上げ抑制の指示が出
ていたこともさることながら、グルノーブルの場合、市内で強力な勢力を持つ
共産党の反対キャンペーンを警戒しなければならず、与党（ド・ゴール派、

---

[35]　Lettre de Reymond, Directeur général des collectivités locales à Doublet, 17/11/61, AD Isère 4332W95.

[36]　Rapport des Renseignements généraux, 29/2/64, AD Isère 4332W95.

[37]　Lettre du préfet au Ministre de l'Intérieur, 20/1/64, AD Isère 4332W95.

[38]　註 25 所掲文書による。

MRP、独立派）が牛耳る市議会は強く抵抗した[39]。政治的リスクを避けるため、ミシャロン市長は知事に泣き付き、内相に例外を認めてもらうよう「口利き」を求めた。知事は市の案件を県知事の提案リストの上位に入れることを確約した上で[40]、繰り返し内相に再考を促した[41]が、63年末になってもプログラム入りは叶わなかった[42]。慌てたドゥブレ知事は、12月、CDC総裁ブロック・レネのグルノーブル訪問を利用して陳情を行ったが、1月初めに届いた回答はニベもないものだった[43]。そこで知事は、再度内務省に対して、今度は旧知のパレズ総局長や大臣官房にこの件の「政治的側面」を強調して再考を求めた[44]が、功を奏さなかったようである。局面打開のため、ドゥブレは首相直属のDATAR長官ギシャール［RPF（フランス人民連合 Rassemblement du peuple français）時代のド・ゴールの側近、後に産業相、計画・国土整備担当相。ド・ゴール派の大物 barons の一人］に支援を求めた[45]。ギシャールが建設省本省から技師を派遣してくれるのに合わせて、知事は64年2月、県の出先機関などを集めて対応策を協議したが、ミシャロンを問い質すうちに、市の取水工事計画には近郊コミュンから異議が出ており、しかも完成には6–7年で1億フランという巨額の経費が予想されることが明らかになった[46]。ギシャールにも匙を投げられた[47]ため、3月中旬、知事と市長は、当面の危機を凌ぐために、とりあえず緊急引水工事（canalisation de secours）の実施を目指すこと

---

[39] 結局、64年1月1日に30フラン、65年1月1日に40フランに上げるという二段階方式が採られた。ミシャロンはこの妥協策でCDCの地域代表と交渉しようと考えていた。以上、Compte-rendu de la réunion du 4/2/64 sur l'alimentation en eau de Grenoble, AD Isère 4332W95. 独立派（Indépendants）は伝統的保守派「モデレ」（modérés）。

[40] Lettre de Michallon à Doublet, 3/4/63 ; Réponse, 8/4, AD Isère 4332W95.

[41] Lettre de Doublet au Ministre de l'Intérieur, 26/11/63, AD Isère 4332W95.

[42] Lettre de Michallon à Doublet, 12/12/63, AD Isère 4332W95.

[43] Lettre de Doublet à Bloch-Lainé, 20/12/63 ; Lettre de Doublet au Ministre de l'Intérieur, 20/1/64 ; Lettres de Doublet à Michallon, 20/12/63 et 4/1/64, AD Isère 4332W95.

[44] Lettres du préfet Doublet au Ministre de l'Intérieur (DGCL), 15 et 20/1/64 ; Lettre de Doublet à Pallez, 24/1/64, AD Isère 4332W95.

[45] Note du cabinet du préfet pour le préfet, 4/1/64, AD Isère 4332W95.

[46] 註39所掲文書による。

[47] Lettre de Guichard au préfet, 10/3/64, AD Isère 4332W95.

第 3 章　グルノーブルとサンテティエンヌの比較　　215

で合意し[48]、64 年 1 月にグルノーブル市が 68 年の冬季五輪開催地決定を勝ち
取ったことなども強調して、内相らに何らかの救済措置を求めた[49]。

　この時、市長に対して、緊急引水工事では問題の解決にはならないと抜本的
な対策の変更を訴え、協力を申し出て面会を求めたのが、「グルノーブル市水道
事業利用者組合」(Syndicat des usagers du service des eaux de la ville de
Grenoble) を結成したデュブドゥである[50]。誠意のないミシャロンの回答を見
るや、知事に市長の無能を告発し、これ以上遅れれば市民の不満が秩序を脅か
しかねないと迫って[51]面会を得た。非政治的な技術者と名乗って建設的な助言
に徹したデュブドゥは知事の信頼を得、度々協議して様々な解決策を巡って市
民と当局の間を橋渡しする役割を果たした[52]。デュブドゥは 64 年秋、市長立候
補を決意し、12 月に GAM を立ち上げ、翌年 3 月のコミュン選挙では社会党
SFIO、PSU と連合を組み、現職を破って市長に就任した。ミシャロンの落選
によって、成長著しい都市圏の都市開発を中央政府の直接の指揮命令の下に推
進しようという計画庁や県知事の狙いは、地元での受け皿を失った。

　ミシャロンや市長側近の独善的でスタンドプレーに走る性癖や、行政手腕を
問題視する声は、当時の市議会与党内部[53]や中央政府[54]からさえ強く、65 年コ
ミュン選挙での敗因を上水危機だけに絞ることはできない。

　しかし、上水危機がなければ敗戦は考えにくかったのも事実である。市内で
の過去の各種選挙の結果分析を踏まえれば[55]、第一回投票で共産党が社会党候

---

[48]　Note du préfet, 13/3/64, AD Isère 4332W95.

[49]　Lettre du préfet Doublet au Ministre de l'Intérieur (DGCL), 28/3/64, AD Isère
4332W95.

[50]　Lettre de Dubedout à Michallon, 30/3/64, AD Isère 4332W95.

[51]　Lettre manuscrite de Dubedout au préfet, s.d., AD Isère 4332W95.

[52]　Lettres de Dubedout au préfet, 11/2 et 13/6/64 ; Réponses du préfet, 17/2 et
13/3/64, AD Isère 4332W95.

[53]　Compte-rendu des réunions de la section MRP de Grenoble, 28/10 et 21/11/64,
Archives du MRP Isère, AD Isère 59J24. Lettre du Centre National des Indépen-
dants et Paysans de l'Isère au secrétaire fédéral MRP, 18/2/65, AD Isère 59J25.

[54]　Pierre Frappat, *Grenoble*, Alain Moreau, 1979, p. 196. ミシャロンだけに任せて冬季
五輪の準備ができるか危ぶまれていた。

[55]　Christiane Marie, *Grenoble, 1871-1965*, Armand Colin, 1966, pp. 173–9, 207–217.

補に遅れを取らない限り、第二回投票では共産党候補を忌避する票が大量にミシャロンに流れ、再選はほぼ確実だった。しかるに、59年コミュン選挙の第一回投票で社会党SFIOは共産党に得票率で7%以上の差を付けられており、デュブドゥという清新かつダイナミックなリーダーを得なければ、逆転は覚束なかった。つまり上水危機がなければ、ミシャロンの落選によって、成長著しい都市圏の都市開発を中央政府の直接の指揮命令の下に推進しようという計画庁や県知事の目論見が前提から崩れることもなかっただろう。そしてグルノーブルで上水不足がかくも深刻化し、市長のみならず、大物知事までもが収拾に失敗し続けて政治危機に発展したのは、背後に都市開発を巡るグルノーブル地区のコミュン間協力を巡る構造的な問題があったからこそである。

(3) パケの台頭と県議会の変容

　県都が予期しない市政交代へと向かうのと並行して、県議会を舞台に県政の構造が一変する事態が起こっていた。超党派的合意に基いて知事の統率の下に運営されていた県議会が、左右対立を繰り返しながら、公的資金の配分やプランの作成などに発言権を獲得していったのである。この県議会の覚醒こそ、60年代後半以後、グルノーブルが都市開発事業を自律的に進めることを可能にした第一の条件であった。

　1) 戦後県政における影響力の交錯　これまで、戦後のイゼール県議会は、超党派的な合意に基いて運営される、非政治的な県議会の典型として描かれてきた[56]。51年の改選以後、まずMRP、ついでモデレ（伝統的保守派）が勢力を伸ばして、戦前の県議会を支配した急進党と社会党の多数派は失われ、県議会は、共産党とド・ゴール派を除く、国政の主要勢力に概ね均等に分割される形となった。これを受けて県議会の運営のスタイルも変化し、共産党[57]を除く主要会派のコンセンサスで運営されるようになったのである。

　戦後、第四共和制下には、戦前の県急進党のボスだったペリエ（Léon Per-

---

[56]　Michel Longepierre, *Les conseillers généraux dans le système administratif français*, Cujas, 1971, pp. 128–130, 196.

[57]　共産党は49年以降、県議会の執行部（Bureau）から排除され続けた。Longepierre は協調的な議事運営が求める暗黙のルールを守らないことへの懲罰だという。

rier：10–19 年代議士、20–41 年上院議員）のような有力議員は出ず、県政を
緩やかに束ねた上院議員ベルトワン[58]も、ペリエのように首長・県議会議員ら
をピラミッド構造に束ねて君臨することは決してなかった。公的資金の配分を
中心とする「口利き」要請に丹念に応えることが己の役割と心得[59]、あくまで
首長・県議会議員に仕えるという態度に徹していたのである。上院の財政委員
会総括報告者や閣僚を歴任したベルトワンは、パリの各省庁からグルノーブル
の出先機関（特に農村土木技師や知事）に及ぶ官僚制への太いパイプを持ち、
CDC など公的金融機関の融資案件についても「口利き」をこなした[60]。急進
党に属してはいたものの、地元の首長らの持ち込む陳情には全く党派の分け隔
てなく応じた。共産党の首長らに対しては若干の距離を置いていた様子が窺え
るものの[61]、県都周辺のコミュンをまとめた「グルノーブル地域上水組合」［(1)
1) 参照］に対しては、グルノーブル郊外の共産党首長が主導していたにも拘わ
らず、50 年代末以降、数次に亘る大規模な施設整備に必要な資金調達などの
「口利き」を一手に引き受け、組合の事業が軌道に乗るのを手助けした。

　ただ、地域的には、農村部の県議会議員や首長を明らかに優先しており、グ
ルノーブルなどの都市部に対しては関心も影響力も弱かった。その結果、学校
建設や県道以下の道路整備のほか、農村電化や上水道敷設などに強みを発揮し
た反面、60 年代の県政の焦点となった大規模団地を含む都市開発については、
ベルトワンが介在する場面は限られた。

　その農村コミュン向けの投資資金に関しては、パリへの「口利き」はベルト
ワンが取り仕切ったが、県内では農業省を中心とする出先官僚制が配分を行っ
ていた。当初は、県農業局の設置した農業投資委員会（Comité des investis-
sements agricoles）が農村設備投資の各種目について年次（時に複数年）プロ

---

[58]　戦間期の内務省の高級官僚（知事団）出身であり、30 年代に警察の最高幹部などを歴任し
　た。レジスタンスを経て、戦後まもなく 48 年の上院選挙で政界に転進した。
[59]　AD Isère 84J104–134. 膨大な「口利き文書」をコミュン別に整理した執務用資料。
[60]　例えば、県北西部の中心コミュンの下水道整備事業に関して CDC に「口利き」し、「補
　助金・融資連結」［第 1 章第 4 節 (2) 2)］の例外として、特別に融資を得ることに成功して
　いる。Lettre de Berthoin à Dr. Blein, maire de la Verpillière, 12/6/61, AD Isère
　84J108.
[61]　Dossiers de Vizille et d'Échirolles, AD Isère 84J119.

グラムを策定した[62]。63 年に農村電化や上水道敷設の補助金配分が農相から知事に授権されると、61 年に内務省主導で創設された県設備投資委員会（CDE [第 2 章第 1 節 (2) 1)]）がこの役割を引き継いだ。CDE には、県議会代表や主要都市の首長、国会議員も含まれていたが、設立後間もなく政治家は殆ど出席しなくなり、実質的に知事・県庁と各出先機関の間の調整・協議の場となった。

　これに対して、県議会が設立した（通称）「農業設備投資委員会」（Commission d'équipement agricole）は、知事から提示された配分案に関して県議会内部の調整を図る役割を担った。県議会議長のユッセル（Lucien Hussel：社会党、45〜67 年＝死去。元代議士＝ 1932–42・46–51 年、59 年に落選するまでヴィエンヌ市長を兼任＝31–40・44–59 年）が自ら委員長を務めた[63]。予算委員長を兼任した第一副議長のビュイッソンは政治家で唯一、CDE に熱心に出席し続けた。この両名が、農村選出議員のインフラ投資に関する利害を超党派的に調整し、知事らに橋渡しする、いわば"下請け"の役割を果たしていたといえる。

　ベルトワンの中央官僚制に対する非党派的な影響力は、ロワールの大物議員たちの場合とは異なり、第五共和制移行と共に激減することはなかった。とはいえ、その後、配分権限の知事や地域圏知事への地方分散化が進むにつれて、中央への直接の「口利き」が効果を上げる場面は徐々に減り、県知事らに対する交渉地位は低下していった。60 年代半ばになると、ベルトワンの「口利き」の大半は、プログラム作成中の知事や官房から各コミュンや組合の案件の順位を聞き出し、その引き上げを陳情するだけになっていった。

　このように、60 年代前半には、農村インフラ投資に関しては知事ら出先官僚制が資金配分を握り、県議会はこれに従属する役回りを果たすようになっていたが、都市向けの投資資金に関しては様相が異なった。典型的なのは、HLMなど住宅建設枠の配分過程である。ロワールでは県 HLM 委員会は早々に知事の制御下に入ったが、イゼール県では、県議会議長ユッセル、ミストラル（Paul Mistral：社会党の上院議員＝1955〜81 年、県議会議員。同名の父は戦間期の

---

[62]　PVCG Isère 1959 II R 1/60, pp. 243–6；D 6/1/60, pp. 453–4.

[63]　PVCG Isère 1964 I R 3/64, pp. 7, 120–1. 正式名称は Commission pour étude des projets d'adduction d'eau (fonds de péréquation)。

第3章　グルノーブルとサンテティエンヌの比較　　　219

グルノーブル市長・代議士［203頁］）ら国会議員、県議会議員が陣取る県HLM
委員会は、知事や県建設局から実質的な独立性を維持していた[64]。知事が再三
最優先と指定した案件ですら、委員会を通らなければ、県建設局長も如何とも
し難い[65]。建設局長は、委員会の配分結果に基づいて、管轄する県HLM公社
の事業計画を見直さざるを得ないのが実情だった[66]。1950年に設立された県
HLM公社の他に、48年に県の経営者団体が創設した県HLM会社（Société
départemental de l'HLM）が雇用者の拠出金（「住宅の1%」）[67]の運用を託さ
れて有力となっており、出先機関の影響力はこの面でも限られていた。HLM
に関してはベルトワンが関心や影響力を持たないため、地域圏知事に県への配
分枠を掛け合えるのは県知事だけだったが、リヨンから配分されるHLM枠は
（ロワールよりは多かったものの）グルノーブル都市圏を中心に急増する需要に
は到底追いつかなかった。60–61年度の場合、需要の5分の1しか充たすこと
ができず、県HLM委員会や県議会で渦巻く不満の処理に知事らは手を焼い
た[68]。建設省中央に対して増枠を要請し、実際に認められた例もあるが、その
増枠の配分を巡っては、再び県HLM委員会に委ねざるを得なかった[69]。

　このように、50年代末までの県政では、公的資金の配分を握った知事が県議
会を影響下においていたものの、本書にとって肝心な都市インフラに関しては
影響力の交錯が見られた。

　2) 冬季五輪とパケの台頭　ベルトワンの非党派的な「口利き」活動が精彩を失
うのと入れ替わるように台頭したのが、独立共和派の人脈を駆使したパケの党

---

[64]　例えば、中央からの予算枠削減の指示を受けて、案件の統廃合を委員会で協議・決定して
いる。Compte-rendu, 12/5/62 ; Note de la préfecture pour le préfet, 2/6/62, AD
Isère 4332W193.

[65]　Lettre du préfet Doublet au Directeur départemental de la Construction, 27/1/64 ;
Réponse, 1/2/64, AD Isère 4332W193.

[66]　Note du cabinet pour le préfet, 8/4/64 ; Note de la préfecture pour le préfet,
2/6/64, AD Isère 4332W193.

[67]　53年8月9日デクレで、企業経営者に給与支払い総額の1%を住宅建設用の基金に積み立
てることが義務付けられた。

[68]　Note de la préfecture, "Insuffisance des crédits HLM", s.d., AD Isère 4332W193.

[69]　例えば、Lettre du préfet au Ministre de la Construction (cabinet), 30/11/61 ;
Lettre du préfet à Tézier, maire socialiste de Voiron, 2/2/62, AD Isère 4332W193.

派的な基盤培養である。

　第2章で見たように、パケは下院財政委員会や CDC の監査委員会議長の要職にあって、農村を中心とする地方自治体の投資向け資金の確保に奔走する傍ら、ジスカール・デスタンら政権内の独立共和派の閣僚らとのパイプを最大限に活用し、選挙区であるグルノーブル郡北東部を中心に、地元イゼール県の地方自治体の投資案件などに関する「口利き」を極めて精力的に行った。60年代初めの段階では、県議会の伝統的保守派（モデレ）や、無党派を名乗る首長らの間ではド・ゴール政権への反発はなお強く、政権与党に回ったジスカール派は少数派で、県議会ではパケを含め 3-4 議席に留まっていた。パケはジスカール・デスタン本人やマルスラン（62年―保健人口相、66年―産業相）に対して絶えず地元案件の「口利き」を行った[70]。注目すべきことに、独立共和派の創設幹部（初代書記長 Secrétaire général、66年から副総裁）で、後に下院議員団長（69-73年）も務めたパケは、ベルトワンと異なり、閣僚らに「口利き」を取り次ぐ際に、独立共和派に属さないまでも、政府支持の側に立つことを条件としていた[71]。こうした選別的な「口利き」の拡大と並行するかのように、県議会議事録で見る限り、60年代半ば以降、パケの主張に従った投票行動を示す保守派議員が増えた。狭義の独立共和派自体も、67年の県議会改選で 2 議席を増やして勢いを見せ[72]、パケは県議会における保守派のリーダーとなっていった。

　64年1月、冬季五輪の開催地が決定すると、知事は、停滞している都市圏の開発や ZUP 造成と並んで、新たに重い課題を抱え込むことになった。周辺の山岳部を含むグルノーブル地区に、スポーツ施設から道路に至るまで莫大な投資を行わねばならないが、国の政策や決定に基づく事業でありながら、ニュータウンなどとは異なり、地元自治体が施主（maître d'ouvrage）となる。多大な財政支出も求められるため、地元自治体の同意を得て、事業を遂行する枠組

---

[70]　例えば、72年度の県の道路予算に関して、ジスカールに約束の履行を迫る。Lettre de Paquet à Giscard, 27/9/71, AN 500AJ/12. マルスランには、例えばヴィエンヌ市内の屠殺場建設問題を 69 年 10 月から 3 ヵ月に亘って依頼し続けた。AN 19800273–144.

[71]　多くの書簡には、依頼主の首長は「我らが良き友」（un de nos bons amis）だ、などと明記されている。例えば、Lettre de Paquet à Marcellin, 9/1/69, AN 19800273–144.

[72]　AN 19900059–10.

を築かねばならない。この受け皿の形成に辣腕を振るったのがパケであり、その指導の下、県議会と県政は変貌していった。

パケは、手中に収めた十数票を駆使して、県議会で知事の必要とする案件を通す"応援団"の役割を果たし始めた。5月の特別会で、早くも五輪開催に関連して、農村議員から五輪用のスキー場整備のせいで農村コミュンのスポーツ施設整備が犠牲にされないようにという請願が提出された。この請願の報告者を買って出たパケは農村議員を宥めつつ、心配ならば国に補助金やCDC融資枠の増額を求める圧力を高めようと自らの「口利き」に頼るよう誘導した[73]。

しかし、12月の第二常会で本格的な五輪関係の投資予算が審議入りすると、知事は各方面からの異論に直面した。知事の内相宛報告によれば、共産党議員が国の補助金が付くと分かるまで一切予算には賛成しないと息巻くと、通常は議長ユッセルの下で知事と協力関係にある社会党議員もこれに同調した[74]。この左からの揺さぶりに、件の農村の保守派議員からの異論が加わる。これではグルノーブル地区に予算が集中してしまうと、ZUPなどの際と同様の苦情が相次いだのである。ここで、窮地に立つ知事を猛然と援護射撃したのもパケだった[75]。

最終的に、五輪関連投資に関する委員会報告の中で、五輪に向けた県道の整備に関しては、中央政府に対して資金面で、①国の補助金には特別の補助率として61%以上を確保すること、②CDC融資の償還期限は通常より長い25–30年とすること、という2つの条件が突き付けられた。知事はこれを呑んだ上で、事業遂行は飽くまで地元の権限であり、国はカネは出しても口は出さないと約束することで、県道整備事業の予算が（一部削減されたものの）、共産党を含む全会一致で承認された。前記の知事報告によれば、実はこの2条件は、パケ一派が舞台裏の折衝で落とし所として導き出したものだった。最も慎重だった議

---

[73]　PVCG Isère 1964 Extra D 13/5/64, pp. 322–4.

[74]　公安報告はグルノーブルでのミシャロン市政との対立に起因するものと推定している。Rapport des Renseignements généraux, 14/12/64, AD Isère 4332W257.

[75]　Rapport confidentiel du préfet pour le Premier ministre (cabinet), 15/12/64, AD Isère 4332W257.

員もパケの説得を受け容れて賛成に転じると表明した[76]。

第二常会のもう一つの重要議題であるグルノーブル飛行場の移転問題でも、パケは議事の命運を握っていた。商業空港機能の移転先に擬されていた Saint-Étienne-de-Saint-Geoirs の首長・県議会議員（MRP）が農民には不利益しか齎さないと述べ、地元民の意向を錦の御旗に知事の提案に反対を表明した。これに賛同する者が会派の枠を超えて続出し、本会議は大混乱に陥った。ここでもパケは知事提案の擁護に回り、空港移転なくして五輪なしと力説し、結局、大論戦の末、15 対 10 で辛うじて可決に持ち込むことができた[77]。

知事に恩を売るだけでなく、五輪関連事業の推進は、グルノーブル近郊の山岳部を選挙区に含むパケにとっては直ちに地元への大規模な"利益誘導"にもなっていた。セット・ロー（Sept-Laux）のスキー場整備（開発の受け皿になる SIVOM の長をパケが務める）や、Le Touvet（グルノーブル北東、パケが首長のコミュン）とグルノーブルを繋ぐ快速道路（voie express）の建設などを、自ら県議会で五輪関連の主要な案件として推進し、後者は、県やコミュンなどの地元負担が極めて軽い、例外的に有利な条件（補助率 95%）で実施されることとなった[78]。

3) 県議会の党派化　このように、パケは、五輪関連事業の遂行を通じて、政府の意向を受けた知事が提出する重要提案を県議会で通す一方で、地元向けの投資案件について有利な条件を引き出すという手法を覚え、五輪後も繰り返した。例えば、70 年には、設備相から、県内の三級国道（route nationale de 3ᵉ

---

[76]　PVCG Isère 1964 II D 11/12/64, pp. 732–744. Rapport du préfet au Ministre de l'Intérieur, 20/5/64, AD Isère 4332W257. 財政 2 条件は、他の五輪関連事業に関しても採用された。

[77]　PVCG Isère 1964 II D 11/12/64, pp. 744–753. 空港問題の歴史的経緯は Parent, *30 ans*, pp. 42–3.

[78]　PVCG Isère 1966 II D 6/1/67, pp. 796–800. 他方、セット・ローのスキー場は、結局、五輪関連案件とはならなかったが、68 年初めの SADI への委託以後、事業は本格化した。Compte-rendu de la réunion du Conseil d'administration de la SADI, 15/1/68, p. 7；28/3/69, p. 10；11/2/70, pp. 22–23；26/10/70, pp. 17–18, AD Isère 5000W1. 71 年、開業に漕ぎ着けるまでの間にも、パケの強力な後押しで国・県から多額の補助を得、「パケ事業」（Opération Paquet）などと揶揄された。Compte-rendu de la session plénière du Conseil général du 28/5/70, p. 28；Rapport des Renseignements généraux, 27/4/68, AD Isère 4332W260.

第 3 章　グルノーブルとサンテティエンヌの比較　　　223

ordre) の整備事業について、県が協力基金に同額を出資するのを条件に国も予
算を付けるとの譲歩案が提示された。元々三級国道は 35 年の国と地方自治体
の間の事務分担の変更で一部の県道が国道に編入されたもので、戦後、国はこ
の三級国道の整備を理由に FSIR（道路投資特別基金）での国の取り分を法定
よりも増やしてきた[79]。これに手をつけないまま県に協力基金への出資を求め
るのは、当時進められていた地方に投資負担を押し付ける路線の一環に他なら
ない［第 2 章第 2 節 (1) 1)]。この点を批判して拒絶を主張する共産党に社会党が
同調した。パケも中央政界では国の対応を批判し地方自治体財政の危機を訴え
ていた［第 2 章第 1 節 (3)］ものの、県議会では「現実主義」を訴えて、票決 (18
対 12) を経て受入れに持ち込んだ[80]。引き換えに、郡の南部炭鉱地区の「産業
転換」やシャムルス（Chamrousse）スキー場の追加整備（上水道敷設）等の事
業を全力で主導した[81]。

　パケが中央政府直結の党派的な「口利き」を展開しつつ、県知事と結託して
中央が持ち込む大型案件を擁護していくうちに、これまで共産党を除く諸党派
のコンセンサスで運営されてきた県議会が大きく変容していった。票決に訴え
る議事は以前にもしばしば見られたが、パケが議事を取り仕切るようになると、
執行部選挙以外では左右対決の図式がほぼ固定された。地域開発への介入や財
政負担の押し付けに関する中央への反発は、元々陣営を超えた広がりを持つは
ずが、保守派を率いるパケが悉く知事の側に付くことで、左右の対立へと切り
替わっていった。全国的には社会党 SFIO 内の反共路線が揺るがない中、イ
ゼール県では、個別の政策争点で連携を繰り返すうちに社共両党を隔てていた
敷居は下がり始め、社会党は 60 年代後半、県政でも半野党の立場に移行した[82]。

---

[79]　例えば PVCG Isère 1964 II D 9/12/64, pp. 514–6. この時も更なるコミュン取り分の
　　削減に県議会の不満が爆発した。

[80]　PVCG Isère 1970 I D 29/5/70, pp. 386–398. cf. PVCG Isère 1970 II D 13/1/71,
　　pp. 623–8.

[81]　PVCG Isère 1970 II D 18/1/71, pp. 803–5, 19/1/71, pp. 866–871.

[82]　県議会の執行部選挙では、社会党は MRP ないし保守派と提携して議長ないし第一副議長
　　を確保し続けた。例えば、PVCG Isère 1964 I D 18/3/64, pp. 19–21. Rapports du
　　préfet au Ministre de l'Intérieur, 18 et 20/3/64, AD Isère 4332W257. PVCG Isère
　　1967 II D 20/11/67, pp. 13–20. しかし県委員会選挙では 64 年以降、社会党は一部の保守
　　派候補に代えて、共産党の候補 1 名（落選）に票を投じ始めた。これに対応して保守派も一

パケの活動を通じて県議会に左右両陣営に分かれての党派対立が戻りつつあった。後に70年代半ばに全国の県議会に広がる二極化と党派化の現象が、イゼール県では10年近く先行して起こっていたのである。中央の政党政治と連動し始めた県議会は、もはや知事の統率の下、コンセンサスに基いて運営されることはありえない。

4）県議会による資金配分やプランへの統制　国家的な大型事業の遂行を巡ってパケらと知事との間に一種の交換関係が成立し、継続的に作動した結果、パケらの背後に控えていた県議会と、知事ら出先官僚制との間の関係も大きく変わることになった。その変化は、2つの領域で明瞭に見ることができる。

第一は、農村を中心とした県内のインフラ投資の資金配分である。60年代半ば以降、特に66年秋のドゥブレ知事の転出を契機に、県議会は明らかに県出先官僚制に対して地歩を回復した。パケが五輪など大規模事業を巡るパリを交えた交渉を取り仕切ったのに対して、より日常的なコミュンの投資事業への資金配分を県議会で取り纏めていたのは、既に見たように、予算委員長を兼任するMRPのビュイッソン第一副議長である[83]。66年2月、県委員会の席上、FSIRの予算はカントン毎の需要に応じてより公平に配分すべきで、土木技師は地元の県議会議員と協議の上で配分を決めるべきだと主張し、協議の結果、ドゥブレ知事と技師はビュイッソンの提案した配分方式を受け容れた[84]。次いで、67年1月の本会議では、初等学校建設の県プログラムの配分がグルノーブル郊外の都市部偏重に過ぎ、農村コミュンの需要が軽視されていると抗議した。その上で、国民教育省出先作成のリストは地元県議会議員と協議した上で作成・修正すべきと要求した。66年秋に赴任したばかりの知事ヴェルジェ（Louis Verger）は、前任者とは対照的な低姿勢で、この要求にあっさりと応じた[85]。こ

　部の社会党候補に入れなくなった。結局、共産党が議席を増した70年代初頭になって初めて共産党は県委員会入りを果たす。

[83]　農村部の首長や助役などの地方公選職の獲得を巡って、パケ率いる独立共和派との陣取り合戦に血道を上げていた。Compte-rendu du Comité directeur fédéral, 21/11/64, AD Isère 59J24.

[84]　Compte-rendu de la Commission départementale, 16/2/66, AD Isère 4332W205.

[85]　PVCG Isère 1966 II D 5/1/67, pp. 651–3. ドゥブレはセーヌ県の分割・解体の大仕事のため、パリに呼び戻された。

のように、分散化によって知事ら官僚制に与えられた配分権限を県議会が奪い取ることで、出先官僚制のコミュンのインフラ整備事業に対する統制力は緩められた。

県議会と知事ら出先官僚制の関係が変化した第二の領域は、第五次プラン以降、全盛を迎えていた地方（地域圏・県など）レベルのプランの作成［第2章第1節 (3) 3)］である。第六次プランからは地域版プラン（PRDE : Programme régional de développement et d'équipement）の作成において県議会への諮問が義務化され[86]、70年以降、ロワール県でも、本会議で知事が提出するプラン原案が討議されている。しかし、ロワールではこうした討議も、知事ら出先官僚制が、委員会報告などを媒体に県議会に対してプランの内容を説明し周知するという色彩が強い[87]。実際の案件の取捨選択においては、知事らの側が主導権を握り、首長や県議会議員らを統制する手段に使っていたことは前節［(1) 4)］で既に見た通りである。これとは対照的に、イゼール県では、諮問が義務化される遥か前、第五次プランの段階から、県議会はプランの案件選別に実質的な発言権を与えるよう知事らに要求を突きつけた。

67年1月の県議会本会議で県経済発展委員会への補助金支出議案の審議に際して、ビュイッソン第一副議長は、同委員会や CODER（Commission de développement économique régional : 地域経済開発委員会）、県設備投資委員会（CDE）などの経済関連の諮問機関には県議会も代表を送っているが、いつも既成事実を突きつけられるばかりだ、県議会が代表に具体的な指示を与え、計画作成などに関して県議会が実質的に参加し発言権を持てるようにすべきだと要求した。これに対して知事は、とりあえず県議会の本会議一日分をプランの審議に充てることを約束した[88]。同年4月26日に行われた審議では、知事の第五次プラン（地域圏・県レベル）に関する長文の報告の後、社会党のマルタン（子）が口火を切り、CODER や CDE の審議は形骸化しており、県議会などの代表は「政府の代表が有無を言わさず議事を仕切る中、服従を旨とする多数の役人ども（administratifs）に圧倒されている」、案件選択に関する各地域か

---

[86] 70年1月13日デクレによる。Lefebvre, *Villes*, p. 37. 120頁を参照。

[87] 171頁註19を参照。

[88] PVCG Isère 1966 II D 5/1/67, pp. 687–9.

らの推薦（recommandations）は一貫して無視されていると糾弾の声を上げた。マルタンの場合、プランの資金配分に対する最大の不満は、選挙区であるグルノーブル南郊地域のHLMや学校建設の予算の不足であり、難航しているZUPの資金調達についても抜本的改革を求めた。多くの議員が各々の不満を訴えつつ計画化過程の改革を要求したが、中でもビュイッソンは、県議会こそ県の経済発展や設備投資を指導すべきと主張し、①地域毎に県議会議員が先頭に立って、グルノーブル地区のような都市計画組合や公社（次項参照）を作り、そこから積み上げ方式での計画化を行うこと、②投資資金配分の原案は全て県議会の委員会で審議すること、③SADI（自身が理事会の議長だった）も県議会の方針に従って運営されるべきと主張した[89]。

　勿論、プランに関しては国に策定権限があり、県議会の発言権はなお限られていたものの[90]、投資資金全般の配分に関して県議会が知事や出先官僚制を相手に公然と権限や影響力を争うようになったのは、60年代初めまでと比べれば格段の差がある。中でも、県議会の利害を集約して知事などに伝達する「下請け」の役割を果たしてきたビュイッソンは、この時期に出先官僚制との力関係を逆転させ、完全に面目を一新した。

(4) デュブドゥ市政の始動と都市計画公社の設立

　このことは、グルノーブルの都市開発事業に対する出先官僚制や中央の統制を緩める上で決定的な影響を齎すことになる。デュブドゥ率いる左翼市政は、67年に県議会議長となるビュイッソンを取り込み、SADIや都市計画公社の運営において県議会を県都の都市開発の後ろ盾とすることで、市当局の選択に出先官僚制が容易に容喙できない態勢を築いていったからだ。

　1) GAMからPSUへ　それまで政治にも政党にもほぼ無縁だったデュブドゥを支えたのはGAMであり、GAMが瞬く間にグルノーブル近郊や全国に飛び

---

[89]　PVCG Isère 1967 I D 26/4/67, pp. 258–285. cf. PVCG Isère 1970 II D 11/1/71, pp. 549–553.

[90]　例えば、72年2月の本会議では、知事から示された第六次プランの地域版原案に関する報告者は、コミューンからの積み上げ額の半分しか取り入れられておらず、県議会との協議も極めて不十分であるなどと不満を漏らしている。PVCG Isère 1972 Extra D, 25/2/72, pp. 30–43.

火し、1960 年代の非共産左翼刷新を支える主要な潮流の一つとなったことは
夙に知られている。他の多くの都市同様、GAM の母体になったのは街区会
(unions de quartier) である。グルノーブルでは 20 年代後半、新たに開けた
南側や西側の街区にまず誕生した。戦後、市中心部の旧市街にも拡大し、60 年
代には市の全域をカバーするに至った[91]。上水危機に直面して GAM が短期間
に盛り上がりを見せたのは、先端産業を軸にした高度成長により、技術者、研
究者、教員、企業の中堅幹部 (cadres moyens) 等が急増し、街区会を担って
いたためである。実際、GAM と街区会のメンバーには重複が多く、カトリッ
クの比重が高い点なども含め、社会学的構成も近似している。ミシャロンは台
頭する街区会を完全に無視していたため、デュブドゥはこれを逆手に取って街
区会との対話を選挙戦の目玉に打ち出し、「街区会連絡委員会」(Comité de
liaison des unions de quartier) の委員長も務めていたオラール (François
Hollard) を通じて提携を強化した[92]。GAM メンバーは、選挙や市政で提携し
た PSU などに接近し、特に 71 年以降は、デュブドゥ自身を先頭に多数が新社
会党に入党した[93]。

　しかし GAM の盛り上がりは一過性のものだった。71 年のデュブドゥが再
選を目指す選挙の際には既にごく少数の活動家の集団になっていた。また、市
政を握ったデュブドゥが、当面は中央政府や県庁の要請に従い、冬季五輪準備
事業を忠実に遂行する方針を採った結果、街区会との関係も希薄となり、五輪
終了後も寧ろ険悪化した[94]。デュブドゥ市政は左派カトリック系労組 CFDT と
も当初は緊密に提携していたが、関係は数年で急速に冷え込んだ[95]。

　従って、デュブドゥ市政の自律的な都市開発を支えたのは GAM ではない。

---

[91]　P. Bolle et al., "La participation des citoyens au développement urbain", in Bolle
(dir.), *L'information, l'éducation et la participation des citoyens dans le processus du
développement urbain*, Ministère de l'Équipement et du Logement, 1968, pp. 7–16.

[92]　以上、Sellier, "Les groupes", pp. 268–9.

[93]　註 2 所掲の他、Frappat, *Grenoble*, pp. 211–222, 229–230 参照。

[94]　上記の他、Bolle et al., "La participation", pp. 57–58. 新市政発足後、数年で是々非々
の関係となり、68 年に市当局が計画化過程への参加を要請した際には街区会側が拒否してい
る。Sellier, "Les groupes", pp. 270–4.

[95]　AD Isère 51J48. 当初は市の予算案や、公共投資のプログラムとその資金計画などを詳細
に説明していた。

実際、市庁舎に入ったデュブドゥは都市開発関係のポストを、緊密に協力してきた PSU の活動家に委ねていた。PSU は、60 年代前半から全国各地で、都市問題とその解決のための都市開発・計画に深い関心を示しており[96]、グルノーブルでも、前出のオラールは PSU 党員でありながら、県経済発展委員会の事務局長（Secrétaire général）を務めていた。テーマ別の専門部会が設置されると、参加した学者・労組活動家などにも PSU に近い人物が少なくなかったという[97]。この専門性と党派性を併せ持ったネットワークを統括したのが、デュブドゥの市長就任と同時に都市計画担当助役に任ぜられたヴェルアック（Jean Verlhac）である。ヴェルアックは、カトリック左翼知識人で PSU の創設幹部の一人であったが、64 年に高校教員として偶然グルノーブルに赴任し、デュブドゥ旋風に遭遇する。以後、83 年のデュブドゥ市政終焉まで、市 PSU の実質的なトップにして、市長の右腕・実質的なナンバー 2 としてグルノーブル都市圏の自律的な都市開発を指揮していくことになる[98]。

　2）**五輪事業遂行と上水問題**　ド・ゴール派の現職を退けて新左翼の市政が誕生したにも拘らず、中央省庁とグルノーブル市との関係はむしろ大きく改善した。これはデュブドゥが 68 年冬季五輪の準備事業を忠実に実行する意向を示し、何よりそれに耐える実務能力をパリの高級官僚に認めさせたからである。市長当選後 10 日に満たない 65 年 3 月 31 日、デュブドゥは県知事ドゥブレと共に内務省本省に召喚され、パレズ地方公共団体総局長の執務室で、五輪を所管する青年・スポーツ閣外相（secrétaire d'État à la Jeunesse et aux Sports）エルゾーグ（Maurice Herzog）や、建設省国土整備局長から冬季五輪政府委員（Commissaire général pour les Jeux Olympiques d'hiver de Grenoble）に転じていたランデらを交えて、五輪準備事業の実施について協議した。エルゾーグから五輪向けのインフラ整備事業については 80% を政府負担とするという確約がなされただけでなく、パレズからは、市にとって当面の死活的問題で

---

[96]　AN, Fonds PSU, 581AP/63 et 238. 主要な都市コミューンではいずれも中心的争点に掲げている。

[97]　Frappat, *Grenoble*, pp. 192–203, 214–7. Frappat は自身、デュブドゥ二期目で助役を務めた。

[98]　Frappat, *Grenoble*, pp. 291–4. 77 年まで、表向きの助役としての序列は 8 位だった。

ある上水道工事についても、席上、間もなく5月に65年の内務省の優先プログラムに入れてCDCの融資枠を確保する旨が伝えられた。パレズは、停滞していたZUP開発の資金の手当てについても言及し、市役所の建替えについてはCDCへの「口利き」まで請合った。前任者への冷淡な態度とは対照的であり、国家的事業である五輪準備を円滑に実施してもらうため、中央政府が新左翼の新市長に過剰なまでの気遣いを示したことが看て取れる[99]。これにデュブドゥ市政は組織立った積極的な対応で応え、67年に五輪インフラの整備が概ね終わるまでこれを最優先する姿勢を示した。

　五輪準備の事業計画の策定に際しては、五輪政府委員や青年・スポーツ省を通して中央が実質的な決定を行った。にも拘らず市側が主体的に取り組んだのは、パケが県レベルで行ったように、市の都市開発に必要なインフラ整備を五輪事業に潜り込ませることができたからである。「自由放任」的な態度を取ったミシャロン市政下で、グルノーブル都市圏のインフラ整備は大きな遅れを取っており、冬季五輪への立候補自体、知事ドゥブレがこの遅れを一挙に取り戻す手段として提案したとさえ言われていた。実際、五輪総事業費11億フランのうち、4割を越える4.65億が道路などグルノーブル盆地の交通・通信インフラの改善に使われ、五輪案件に組み込まれたことで国の負担率は平均で75%に上ったという[100]。この時期、県内のスポーツ・文化施設などの建設案件は、直接の関連性が薄くても五輪関連として極めて高い補助率を与えられ[101]、同様に、学校建設や県道整備に関しても、通常とは別枠の予算措置がなされた[102]。もちろん集中的なインフラ投資によって自己負担分の負債も積み上がったが、中央の指揮に従って忠実に整備事業を遂行する見返りは十分確保されていたと言えよう。

---

[99]　以上は、s.a. [Mairie], "Compte-rendu du voyage à Paris du 31 mars 1965", Archives municipales de Grenoble [以下AMGと略記], 4R5.

[100]　Pierre Frappat, "Les Jeux olympiques à Grenoble : une ville industrielle saisie par le sport", *Revue géographique alpine*, vol. 79-3 (1991), pp. 51, 56.

[101]　スキー場などは補助率が8割に上った。PVCG Isère 1967 I R 4/67, pp. 109-110. この時期に整備された県内のスポーツ施設のうち、五輪に直接関連していたのは4分の1に過ぎないと見積もられている。Parent et Schwartzbrod, *Deux hommes*, p. 75.

[102]　PVCG Isère 1966 I D 28/4/66, pp. 329-348.

尤も、五輪整備事業を通じてグルノーブル地区の都市開発を進めることは中央の側でも当初から織り込まれていた。冬季五輪政府委員として、グルノーブル都市圏の開発に直接関わってきたランデが送り込まれたのには、この機会に上からの介入で都市開発を進捗させようという狙いすら窺われる。実際、ランデは、グルノーブルの市政交代前から、五輪準備に関する会合で、ZUP 開発事業の委託先など、五輪に直接関係しない都市開発の諸課題について頻繁に発言していた[103]。しかしデュブドゥ市政にとって幸いなことに、ランデは五輪を所管する青年・スポーツ省と権限争いを起こして 66 年 3 月に辞職に追い込まれ[104]、脅威は去った。

五輪インフラ整備事業は予定された 67 年の秋までに概ね完了した。中央の青写真に従いつつも、デュブドゥ市政は事業実施に確かな能力を示すことで、目標の達成を何より重視する中央の高級官僚の信頼を獲得した。投資資金の配分において優遇を引き出すと共に、開発事業の立案や実施においても一定の発言権を認められるようになったのである[105]。市政交代の最大の契機となった上水危機を解決できたのも、内務省の補助金なしプログラム入りの前提でありながら、ミシャロン前市政が踏み切れなかった水道料金の値上げ（立米当たり 0.60 フランにほぼ倍増）の速やかな実施をデュブドゥが約束したからに他ならない。かくして獲得した CDC の 500 万フランの融資を用いて大規模な取水・引水工事に着手し、67 年末までに上水危機は解消に向かった[106]。

3) 都市開発 SIVOM と都市計画公社　五輪準備事業と並行して、デュブドゥは就任直後から、グルノーブル地区の都市開発の態勢整備に乗り出す。「ベルナール・プラン」は、選挙前に市や政府からも「グルノーブル都市計画グループ」

---

[103] Cabinet du préfet, "Les implantations olympiques dans l'agglomération grenobloise. Réunion d'information du 8/12/64", p. 3 ; id., "Jeux olympiques. Séance de travail du 21/4/65", p. 7, AMG 4R4.

[104] Lettre de Randet à Maurice Blanc, conseiller municipal de Grenoble et membre du Conseil d'Administration du COJO, 11/3/66, AMG 4R5.

[105] Cf. Jacques Joly, "Aspects de la politique urbaine à Grenoble", *Revue de Géographie alpine*, vol. 70–1/2, p. 9.

[106] Communiqué de la ville de Grenoble, s.d. ; *Le Dauphinois libéré*, 17/4/66, 10/12/67, AMG 149W9.

の「基本都市計画」として承認されていたが、旧市街を打ち棄てて ZUP に新都心を作り、住宅偏重で産業を市域外に押し出す、階層別に居住地域を分化させる（高級住宅地から HLM を遠ざけるなど）など、デュブドゥらの基本方針とは多くの点で相容れず、選挙中から繰り返し批判されていた。但し 65 年 5 月、懸案だった ZUP のグルノーブル側の事業委託先として SADI を指名した際に、ベルナール・プランとの整合性を考え、ZUP の主任建築技師に一旦ベルナールを指名した[107]。しかしその後、デュブドゥは 8 月 10 日付でベルナールに書簡を送り、就任後 4 ヵ月を掛けた検討の結論として、現状のベルナール・プランは受け入れられず、その転換（reconversion）が不可欠だと指摘し、事実上の訣別を宣言した。書簡で最も厳しく批判されていたのは、上記のような都市計画上の方針の相違ではなく、細部に至るまで全ての方針が一意的に定められており、市政の側に選択の余地が全く残されていない点にあった。都市計画専門家（urbaniste）の役割は、技術的な検討を通じて複数の選択肢を提示することに過ぎず、選択は公選職（élus）が行うべきだ[108]。以後デュブドゥ市政は、都市計画の策定に関して一貫してこの姿勢を徹底していくことになる。一部の大規模都市以外では職員組織に専門能力が乏しく、ベルナールのような「建築技師独裁」（dictature d'un architecte）が寧ろ通例だった当時としては極めて革新的な発想であった。

　但し、実際には、こうした発想に基くベルナール・プラン修正（実質的には廃棄）の動きは、この書簡よりずっと前に開始されていた。65 年 6 月 29 日、ベルナールとの初会見に臨むより先に、デュブドゥは「都市計画グループ」の構成コミューンを集めて、ベルナール・プラン修正の検討に着手した[109]。関係コミューン間の協議と合意を通じてベルナール・プランの修正を目指すというデュブドゥの方針は、エシロール市のキュルらの賛同を得て承認された。これに必要なコミューン間協力についても、法的形式に囚われず、なるべく柔軟で実践的な、つまり、拘束の度合いが低い形態を模索するという方向で幅広い合意が形

---

[107]　Jacques Joly et Jean-François Parent, *Paysage et politique de la ville : Grenoble, 1965–85*, Presses universitaires de Grenoble, 1988, pp. 18–21 も参照。

[108]　Lettre de Dubedout à Bernard, 10/8/65, AMG 404W38.

[109]　Lettre de Dubedout à Doublet, 8/7/65 ; *Le Progrès*, 21/7/65, AD Isère 4332W185.

成された。関係コミュンの首長や選出の県議会議員ら、出席者の多くはミシャロン市政下の広域区構想の苦い記憶を共有しており、郊外コミュンの不信感を拭うために、こうした姿勢をデュブドゥらグルノーブル側が率先して取る必要があった。同様に、過去の都市圏開発を巡る共通の経験から、コミュン間で自発的な合意ができなければ、国（Administration）、つまり出先機関や中央官僚制の介入によって、上から一方的に解決策が押し付けられかねないというデュブドゥの警告は、すぐに会合出席者の合言葉となった。「建築技師独裁」ではなく、公選職の選択を通じて都市計画を作成していくには自前の都市計画公社が不可欠だ、というデュブドゥの提案にも再びキウルらが賛同し、早くもこの時点で、今後の都市圏開発に向けて目指すべき基本態勢が定まった。

　しかし、デュブドゥ市政による広域化と都市計画公社設立を目指す動きがここまで順調な滑り出しを迎えたのは、広域区構想など、ミシャロン時代の負の遺産のお陰だけではなかった。県議会副議長のビュイッソンを会合の招集者・議長として担ぎ出し、しかも都市圏選出の県議会議員を全員参加させたことが決定的だった[110]。これによって、中心都市たるグルノーブル市と郊外コミュンの間の妥協を担保し、後者の警戒感を和らげることができると同時に、既に見たように、知事らに対して発言権を強めつつあった県議会を後見役とすることで出先官僚制を牽制することが期待された。

　ビュイッソンの推輓により、5月の県議会第一常会で県内コミュンの設立する都市計画公社への出資金として5万フランの予算が割り当てられた。これを受けて、65年10月18日に再度、グルノーブル都市圏のコミュン首長と県議会議員の総会を開催し、国の主導で都市計画機関が作られてしまう前に、今すぐ自前の都市計画公社を設立してベルナール・プランを修正（ないし廃棄）することが確認され、更に、都市計画公社の受け皿として、都市計画関連に権限を限定したコミュン組合（SIVOM）を先に結成する二段階方式をとることが決定された。この時も、デュブドゥの主張に郊外3市の共産党系首長が賛同して

---

[110]　以上は "Compte-rendu de la réunion des conseillers généraux et des maires de la région grenobloise, tenue le 29/6/65", AMG 404W38.

第 3 章　グルノーブルとサンテティエンヌの比較　　　233

流れを作り、ビュイッソンが議論を取り纏めるという図式が繰り返された[111]。

　国の介入の脅威は決して郊外コミューンを誘導するためのこけおどしではなかった。この時点で、建設省がグルノーブルの都市計画公社設立の動きに反応して出資を決めたのに続いて、県建設局が出先官僚制とコミューンが共存する形で都市圏の都市計画公社を設立することを提案していた。県知事だけでなく、建設省本省のマセ土地整備・都市計画局長（100 頁参照）もこの案を支持して、デュブドゥに対して直々に働き掛けてきていた[112]。この頃、建設／設備省本省（土地整備都市計画局）は、60 年代初めの「基本都市計画」が地元自治体との協議が不十分のまま、国主導で作られた結果として、多くが実施されずに終わったことを反省し、地方自治体主導で都市計画機関が作られるのであれば、これに反対しない代わりに出先機関を参与させる方針を取っていたという[113]。

　コミューン間の合意形成を待っていては、上から官製機関を押し付けられると危機感を強めたグルノーブル側は、既に 10 月に、都市計画に関するコミューン組合の設立を待たずに、グルノーブル市単独の都市計画公社（atelier）を創設する方針を市議会で決定した。同市には既にベルナール指揮下の都市計画チーム（atelier）が置かれていたが、年末にベルナールとの契約が切れるのに合わせて、これに代わる機関が設置された。12 月 17 日に三たび招集された関係コミューンの会合では、コミューン組合の理事会における議席配分を巡って、当初、ヴェルアックがグルノーブル市に他のコミューンの 3 倍に当たる 6 議席を要求した。共産党系首長らの反発で撤回したが、「建設省本省のマセ局長は数ヵ月しか待たないと言っているぞ」と危機感を煽り、今度は経費負担方式などで妥協を引き出そうとした[114]。

　その後、半年間の交渉を経て、66 年夏、都市計画の調査検討だけを目的とする多目的組合 SIEPURG（グルノーブル都市圏都市計画問題検討コミューン組

---

[111]　"Compte-rendu de la réunion plénière des conseillers généraux et des maires de la région grenobloise qui s'est tenue le lundi 18/10/65", AMG 404W38.

[112]　Lettre de Doublet à Dubedout, 26/10/65, AMG 404W38.

[113]　Jacques Joly, *Formes urbaines et pouvoir local : Le cas de Grenoble des années 60 et 70*, Presses universitaires du Mirail, 1995, pp. 54-5.

[114]　Compte-rendu de la réunion plénière des conseillers généraux et des maires de la région grenobloise du lundi 17/12/65, AMG 404W38.

合）を、ベルナール・プランの対象となった 21 コミュンの間で結成することが正式に決まった[115]。交渉の過程ではグルノーブル側が大きく譲歩し、66 年末、知事交代後に知事の認可を得て正式に発足した組合では、組合の経費の 8 割をグルノーブルが負担する一方で、理事会（Comité syndical）での投票権は他コミュンと同じ票しか持たず（人口に関係なく 2 名ずつ）、しかも理事長ポストを取らないこととしたのである[116]。

　これに伴って、66 年 2 月に設置された新たなグルノーブル市の都市計画公社は、当初の計画通り、グルノーブル都市圏（SIEPURG）全域を管轄する公社へと改組されるはずだったが、これには更に半年を要した（合意成立は 67 年 1 月、県知事のアレテは 4 月）。先に見た県建設局（この時点で既に設備局に改組）の提案に従って、後者の運営にどこまで出先官僚制が関与するかを巡って綱引きが行われていたのである。県設備局は、国が公社にグルノーブル市と同額を出資した上で、GEP の長を務める所属の土木技師が公社執行役（Directeur）の地位を占めることで、国の影響力を残そうとした[117]。しかし、公社の理事会（Conseil de direction des études）では公選職が 3 分の 2 の絶対多数を確保（18 対 7）し、全ての公社人事には理事会の承認が必要とされた。執行役には予め自由になる予算は与えられず、国（県設備局）か自治体（組合）のどちらかから出資を得ねばならないこととなった[118]。加えて、デュブドゥらは、県設備局の土木技師を執行役として受け入れる見返りとして、知事ら出先官僚制に対して、公社の運営のみならず、都市計画作成全般において公選職が優位に立ち、公選職の選択を都市計画作成の基礎に据えるというグルノーブル市政が掲げる基本原則を公の発言で認めるよう要求したようである[119]。66 年秋に県

---

[115] 以下は、註記の他、Parent, *30 ans*, pp. 65–72 ; Parent et Schwartzbrod, *Deux hommes*, p. 75 ; Delbard et al., *L'adolescence*, pp. 86–91 による。

[116] Extrait du régistre des délibérations du Comité syndical, 10/2/67, AD Isère 4620W16.

[117] Rapports de l'Ingénieur en chef des Ponts et Chaussées au Ministre de l'Équipement, 16/11/66 et 14/4/67 ; AUAG, Compte-rendu du Conseil de Direction des études, 21/6/67, AD Isère 4620W10. Frappat, *Grenoble*, pp. 278–281 も参照。

[118] AUAG, "Schéma d'organisation", 14/1/67, AD Isère 4620W16.

[119] Lettre de Dubedout au préfet Verger, 24/5/67, AMG 3D47.

知事に着任したヴェルジェは、前任のドゥブレより融和的であり、これを受け入れることで両者間の妥協が成立したと考えられる。66年12月のSIEPURGの理事会や、67年1月の公社に関する説明会の席上、知事は、公社自体は事業遂行に関する一切の決定権限を持たないと確認し、組合（各部会）の代表や県議会議員らがコミュンの意志を公社の活動に反映していく役割を負うべきだと述べた[120]。7月のAUAG理事会の創立会合でも知事は都市計画作成における公選職の優位を無条件に支持する発言を行った[121]。

サンテティエンヌ都市圏のEPURESが県設備局など出先官僚制の主導下に置かれたのとは全く対照的である。AUAGでグルノーブル以下のコミュンの首長らが出先官僚制に対してここまで優位に立つことができた理由の一つは、理事会の構成にある。SIEPURGの結成に至るコミュン間協議の際と同じように、AUAGが管轄する地域の選出県議会議員を全員、理事会メンバーとし、理事長に再びビュイッソンを据えたのである（詳細は後述246頁）。再び県議会の政治的庇護を確保し、しかも今度は公式に制度化したことによって、コミュンや地区間の対立を調停しつつ、出先官僚制の介入を退ける効果を期待することができた。デュブドゥ自身も、後に見るSDAU作成・審議に関連して、県議会の権威こそが問題解決に決定的役割を果たしたと明言している[122]。AUAGの活動が軌道に乗るにつれて、公選職の優位を認めることは知事や県設備局の技師にとって単なるリップサーヴィスではなく、グルノーブル都市圏での都市計画実務を円滑に進めるために不可欠な、組織運営の大前提となった。

4）下からの広域化はなぜ成功したか？　このように県議会の支援に恵まれたとは言え、グルノーブルが都市計画公社を駆使して自律的な都市開発を進めることができたのは、中央や出先機関の介入なしに、自発的に都市開発のためのコミュン連合体を結成することができたからである。サンテティエンヌやレンヌと違

---

[120]　以上、AUAG, Compte-rendu de la réunion d'information du 24/1/67, AD Isère 4620W16.

[121]　Procès-verbal du Conseil de direction des études［以下PVCDEと略記］, 21/6/67, Archives de l'Agence d'urbanisme de la région grenobloise［以下AAURGと略記］2–166. 似た発言は以後の理事会でも繰り返された。例えば、ibid., 24/10/67.

[122]　Compte-rendu de la réunion DAFU［設備省土地整備都市計画局］du 28/10/70 ("Présentation du SDAU de la Région urbaine grenobloise"), p. 19, AMG 49W6.

い、グルノーブルが下からの広域化に成功した理由は、いくつか考えられる。

　第一は、広域化を郊外コミュンにとって受け入れやすくするために、グルノーブル市側があらゆる配慮を惜しまなかったことである。SIEPURG の結成に際して、グルノーブル市は、既に見たように、議決権の配分でも費用負担の面でも、都市圏の中心コミュンとしては大幅な譲歩を行って「帝国主義」に対する郊外コミュンの猜疑心を抑えることに成功した。都市計画公社がベルナール・プランの「修正」（実質的には差し替え）を終えたのを受けて、68 年 3 月、SIEPURG に対応する都市整備事業の実施組合（SIRG：Syndicat inter-communal de réalisations de la région grenobloise）の設置が合意された。新たに 4 コミュンが加わったが、各コミュン同数で理事会を構成するという組織原則は引き継がれた[123]。経費は原則として人口とサンチーム価比例による分担とされ、グルノーブルの負担割合は 65% に低下した。しかし、実際の事業運営では、例えば、71 年末に合意された都市圏南部の下水道整備事業の場合、県に組合への補助金を求めるのと引き換えに、グルノーブルが県からの補助金やCDC の融資枠を放棄することを提案しており[124]、グルノーブルが郊外コミュンのインフラ整備のコストを負担する平衡化の原則が随所で追求されていた。

　郊外コミュンの組合加盟への不安を乗り越えるもう一つの知恵は、広域区や都市共同体など、コミュンへの拘束度の強い方式[125]を取らず、コミュン連合体の中でも最も緩やかな SIVOM の形式を取ったことである。それどころか、SIEPURG や SIRG は、SIVOM としても極めて拘束力の弱い形態が選択されていた。下水道、ゴミ収集、学校・文化・スポーツ・社会施設、運輸公共交通など複数の公共サーヴィスを事業対象としているものの、都市計画公社の場合同様、加盟コミュンは組合の全ての事業に参加を義務付けられるわけではなく、個別の事業毎に委員会が設立され、関心のあるコミュンだけが参加すれば

---

[123]　以下は、Parent, *30 ans*, pp. 72–75 ; Parent et Schwartzbrod, *Deux hommes*, p. 76による。

[124]　Lettre du président de la section assainissement du SIRG au préfet, 27/12/71, AD Isère 4620W16.

[125]　例えば、広域区では、住宅と消防は義務的に権限がコミュンから委譲され、権限の拡大や独自の徴税を特定多数決で実施することができた。Blanc et Rémond, *Les collectivités locales*, pp. 206–214.

よい、いわば"アラカルト"方式であった。事業内容に不満があればいつでも撤退が可能で、首長らにとっては「コミュンの自律」が完全に守られる安心感があったが、反面、合意が形成できなければ事業自体が実施できない危険と背中合わせである。都市開発において決定的重要性を持つ住宅建設と用地取得が権限外とされたことも、SIVOM の拘束を緩くした。事業案の検討・協議自体も事業分野毎の「部会」（Section）で検討され、SIVOM といっても部会を束ねる役割に過ぎなかった。いずれも事業推進の効率性よりも組合や事業の立ち上げが優先された結果であり、まずは組合を自主的に結成し、知事ら官僚制の上からの介入の機先を制するというデュブドゥらの政治的意志を読み取ることができる。第4章第4節で見るように、レンヌ市政のフレヴィルらには、こうした意志は全く欠如していた。

　グルノーブルで下からの広域化が可能になった第二の理由は、グルノーブルを含むイゼール県では、レンヌのイレヴィレンヌ県やサンテティエンヌのロワール県に比べて、自発的に結成された SIVOM のネットワークがより広く根を張っていたことにある。イゼールにおけるコミュン連合体の形成は、戦間期にはロワール県同様、低調だったが、60年代に入ると SIVOM が叢生し、広域区も5つが創設され、既に見たロワール県における広域化の停滞とは好対照をなした。しかしコミュンの自律に固執する首長らの戦間期以来の心性に目立った変化があったわけではない。63年春に内務省に提出された報告書で県知事は、組合結成の更なる進展を図るには、組合結成や合併に伴う財政的誘引（補助率の上乗せなど）を積み増すと共に、SIVOM より更に拘束力が緩く、設立手続きも簡易な制度を導入する必要があると説いている[126]。

　従って組合結成がイゼールで進展したのは、コミュンが政府・知事や県の提供する財政的誘引にロワールの場合より強く反応したからだと言える。これにも複数の原因が考えられるが、ここでは、前節（183–4頁）で指摘した通り、インフラ事業遂行の県レベルへの集権化の度合いの違いに注目したい。ロワールなどで既に戦間期に設立されていた電化全県組合は、イゼールでは62年になっ

---

[126] "Note au sujet des regroupements de communes dans le Département de l'Isère", s.d., AD Isère 4332W267. この知事報告は La-Tour-du-Pin 副知事の63年4月30日付報告に主に依拠している。

238 第 2 部 都市開発における自律性の条件

ても未だ存在せず、FNCCR から、断片化していると EDF との事業委託契約
の更新の際に不利になるからと強く勧告を受けて、漸く 65–66 年に設立された
に過ぎなかった[127]。当然、ロワールのように、CDC から県組合が一括して融
資を調達するような集権的な事業遂行の態勢は、上水道敷設を含め、取られて
いなかった。これは道路整備事業に関しても同様である。ロワールのような、
コミュンから業者への発注・契約を県が一括代行する制度はなかったため、建
設ラッシュで業者が多忙化するとコミュン毎の細切れの発注には応札が得られ
なくなり、組合結成による集約が促進された。更にこの動きを知事が補助金
(FSIR) の上積みで奨励した[128]結果、イゼールでは、60 年代前半に多数の道
路整備の単一目的組合が結成された。重要なことは、この道路整備組合が
SIVOM へと発展する事例が、グルノーブル南郊の有力コミュン・ヴィジル[129]
等、県内各地で相次いだことである[130]。かくしてイゼールではロワールとは対
照的に、県レベルへの集権化を欠いていたが故に、断片化した多数のコミュン
連合体が下から自発的に形成された[131]。

このように下から形成された 60 年代前半のイゼールのコミュン連合体形成
に共通の特徴として、中心コミュンが財政的にも政治的にも大きな譲歩をする
ことで周辺コミュンを取り込んでいる点が重要である。県の全ての広域区と主
要な SIVOM では、産業区域 (ZI) 整備など、組合や広域区の事業経費の大半
を中心コミュンが負担する一方で、組合や広域区の理事会 (Comité ないし
Conseil) では過半数を押さえておらず、他のコミュンと同等の議席に甘んじて

---

[127] Lettre de la FNCCR au préfet de l'Isère, 18/10/62, AD Isère 4332W92.

[128] Réponse du Directeur général des collectivités locales à Doublet, préfet de l'Isère, 28/11/61 ; Note de la préfecture pour le préfet, 2/7/63, AD Isère 4332W205. FSIR の配分については Singer, *Les subventions*, pp. 154–163. A. J. Escudier, *Le Conseil gé-néral*, Berger-Levrault, 1974, pp. 78–81.

[129] s.a., "Note de synthèse au sujet du Syndicat intercommunal de Vizille", s.d., AD Isère 4332W268.

[130] 以上、道路整備問題については、註 126 所掲による。これに対して、上水道敷設や電化の単一組合を SIVOM に発展させるのは難しいという報告が多くの知事から上がっていた。Note de Laforest pour le Ministre (Cabinet : Doublet), 28/6/60, AN 19880211–6.

[131] 74 年の調査では、38 ある SIVOM の平均の加盟コミュン数は 7 余り。AN 19770375–74.

いる例も多い[132]。

　このように、グルノーブル都市圏では、サンテティエンヌやレンヌの場合とは異なり、郊外では広くコミュン連合体の伝統が根付いていた。従って、デュブドゥが前任者マルタン（父）、ミシャロンの失敗に学び、"帝国主義"を放棄して組合への支配を断念し、逆に郊外コミュンのインフラ整備経費の負担を広く引き受ける路線へと舵を切るだけで、デュラフールの轍を避けることができた。シュドロー以降の中央からの介入の脅威を目前にして、県内のヴィエンヌなどにおける組合・広域区形成の身近な実例に倣うことは寧ろ自然な解だったはずである。

(5) 自律的な都市開発の推進

　1) AUAG の役割　66 年 2 月に創設された市都市計画公社は、SIEPURG の設立を待たずに、まず、都市圏（都市計画グループ）全体に関するベルナール・プランの修正（ないし差し替え）に着手し、忌避されがちになっていた HLM の役割を再評価する、中心部の再開発を市当局主導に戻す、工業の郊外移転推進を取り止め、市内に雇用を維持するなどの重要な変更が行われた[133]。次いで、67 年にかけて AUAG は、ZUP の基本構造や事業実施案の決定を主導した。開発が既に着手されていた ZUP の基本計画の差し替えは、中央政府や CDC との対立を惹起したが、新規に開発される住宅地の生活インフラ整備により多くの資源を投入するなどの方針転換が実行された[134]。

　ベルナール・プランの差し替えによって、ZUP に作られる新都心はグルノーブルの旧市街に取って代わるのではなく、これを補完する副都心に過ぎなくなるなど、両者は密接に関連しているため、ZUP 計画の改訂はベルナール・プランの差し替えと一体の作業であった。この作業、つまり、デュブドゥ市政に

---

[132]　註 129 所掲に加えて、s.a., "Le districts ruraux dans le département de l'Isère"；"Fiches analytiques par district", s.d., AD Isère 4332W268 による。

[133]　s.a., "Le plan directeur revise son but et son utilisation", s.d. [1/7/69], AAURG 2–167. Frappat, *Grenoble*, pp. 279–282 も参照。改訂作業が完了したのは 69 年に入ってからである。Procès-verbal du Bureau permanent du Conseil de direction des études de l'AUAG, 25/9/69, AAURG 2–167.

[134]　Joly, *Formes urbaines*, pp. 59, 77, 83, 126；Parent, *30 ans*, p. 64.

よる都市開発の第一段階の計画作成を AUAG で主に担ったのは、パリの専門家集団 AUA（都市計画・建築事務所 Atelier d'urbanisme et d'architecture）所属の都市計画専門家パーラン（Jean-François Parent）だった。同時代の通常の ZUP 開発に比べて、開発 SEM である SADI やその背後の SCET の役割が大幅に縮小されていたことになる[135]。

　パーランは、SADI が受託した ZUP の事業実施にも他の AUA メンバーと共に深く関与し、71 年からは SADI に移籍することになる。パーランに限らず、AUAG では、以後も AUA 出身の建築技師が大きな役割を果たしたが、それは AUA が従来の建築技師と違って「独裁者」を志向せず、政治家の指揮を受けながら、他の分野の専門家と協働するスタイルに慣れており、グルノーブル流の都市計画作成に馴染みやすかったからである。実際、AUAG は、社会学者、経済学者、人口学者など他の多くの分野の専門家を擁した点で、同時期の他の都市計画機関と隔絶しており、当初 66 年末のメンバー 25 名のうち建築技師は 2 名しかいなかったという[136]。

　このように都市計画公社 AUAG は、デュブドゥ率いるグルノーブルや郊外の共産党市政が、中央の方針とは異なる、独自の構想に基く都市圏の開発を立案・実施する上で、中核的な役割を果たした。小コミュンに配慮した水平的な構造を持つ組合に比べて、公社は寡頭的性格が強く、グルノーブル市の他、郊外の共産党市政の中でも、エシロールやフォンテーヌなど、都市計画担当の助役・市議会議員や市部局の層の厚いコミュンが大きな影響を持った。中でも、グルノーブル市を統括するヴェルアックらが属する PSU など新左翼系のイデオロギーが公社の政策的理念を規定していたとされる[137]。

　2) SDAU 作成と OREAM　次いで AUAG は広域の SDAU（都市整備基本計画）の作成に着手する。実は、SDAU 作成を義務付けた 67 年末の土地基本法の成立に先立って、66 年 5 月、AUAG 設立を巡る応酬の中で、設備省はイ

---

[135]　Joly, *Formes urbaines*, p. 76；Joly et Parent, *Paysage*, pp. 23–29.

[136]　Joly, *Formes urbaines*, pp. 55–6, 83, 126.

[137]　Sylvie Biarez et al., "Les élus locaux et l'aménagement urbain dans l'agglomération grenobloise", rapport de recherches présenté au Ministère de l'Équipement et du Logement, 1970, pp. 94, 109. Frappat, *Grenoble*, pp. 291–304. Jacques Joly et al., *Grenoble et son agglomération*, La Documentation francaise, 1985, p. 85.

第 3 章　グルノーブルとサンテティエンヌの比較　　　　241

ゼール県知事に対して、グルノーブルでは「都市計画グループ」より遥かに広い領域で計画を作成するよう強く求めていた。これを受けて知事は、AUAG 設立を承認するアレテにおいて、AUAG はグルノーブル地区、つまりグルノーブルの都市計画グループだけではなく、農村部を含む周辺の 3 つの都市計画グループも併せて管轄とすると規定した。その結果、グルノーブルの SDAU はこの広大な領域（当初 101 コミュンからなった。最終的に 114 に）を対象に作成されることとなったのである[138]。

　AUAG は 68 年中に SDAU 作成の叩き台となる『灰書』（Livre gris）、ついで『白書』（Livre blanc）を公表し、対象コミュン全てと懇切な協議（consultation）を繰り返すことでほぼ 3 年の歳月を費やし、70 年秋にようやく SDAU の仮案を取り纏めた[139]。しかし順調に進んできた AUAG の自律的な都市計画作成にここで陰りが差し始める。公社理事会の内部で後に見る地区間の利害対立が表面化してきたのに加えて、外部からもリヨンの OREAM がグルノーブルの SDAU への介入に乗り出そうとしていたのである。AUAG の創立時には、デュブドゥらは、他地域では OREAM がやっている都市計画立案作業を AUAG が代行するのだと明言していた[140]。実際にも、グルノーブル都市圏は 65 年に設定されたリヨンの「中核都市圏」から外れたため、当初の AUAG の計画作成作業は、前節で見たサンテティエンヌの SDAU などとは違って、リヨンの OREAM の干渉・介入をほぼ免れていた。しかし 68 年 2 月の CIAT 決定により、グルノーブルはリヨンの「中核都市圏」に再び編入されることになった[141]。OREAM の作成する「中核都市圏整備基本計画」（Schéma directeur d'aménagement de l'aire métropolitaine：PADOG の後継にあたる）にもグルノーブル都市圏が含まれることになり、グルノーブル側では知事や県設備局が危機感を強めた。「純粋にテクノクラティックな機関である」OREAM が AUAG への統制を強化すれば、地元に怒号が飛び交うことになろうという

---

[138]　"Exposé de Monsieur le Préfet à la réunion du Conseil de direction des études de l'AUAG", 21/6/67, pp. 2–3, AUAG 2–166. Parent, *30 ans*, p. 68.

[139]　PVCDE 10/1/68, 4/12/68 (AAURG 2–166), 29/9/70 (AAURG 2–167). Parent, *30 ans*, pp. 71–2 も参照。

[140]　PVCDE 21/6/67, p. 6, AAURG 2–166.

[141]　s.a., Note "L'OREAM", juin 1971, AD Isère 6146W37.

のだ。県庁側は、OREAM への地方公選職の参加拡大を要望する[142] と共に、地元の公選職を宥めるため、少なくとも OREAM が直接イゼール県議会に対して「基本計画」の説明を行うよう求めた。これに応えて、OREAM の主任（Directeur）を務める地域圏設備局（県設備局の上位機関）の土木技師がグルノーブルの県議会を訪れて説明を行ったが、OREAM の方法（méthodes）はテクノクラティック過ぎると逆に激しく批判される結果に終わった[143]。

OREAM の本来の任務である「中核都市圏整備基本計画」の作成作業は 70 年初めには一段落となったが、リヨン側は OREAM を地域圏の都市計画機関に横滑りさせて恒久化する心積もりだった。70 年 2 月、GCPU［第 2 章第 1 節(2) 3) 参照］は「中核都市圏」を構成する 3 県の知事をパリに召喚して、「基本計画」と各都市圏の都市開発計画の摺り合わせの会合を開催した。席上、リヨンの OREAM 側は、「基本計画」の作成終了を以て任務終了では決してなく、今後はその実施にあたる主体、つまり中核都市圏内の大都市とその都市計画公社をサポート（accompagnement）することが新たな任務となる、各地域の公社に取って代わるのではなく対象領域の拡大や相互間の整合性を強化するなどして貢献したいと述べた。グルノーブル側にとっては、OREAM が今後、自ら作成した「基本計画」の大枠で締め付けてくることを宣言したも同然であった。これに対して、イゼール県知事ヴォードヴィル（Jean Vaudeville）が公然と異論を唱えた。そのような介入をすれば OREAM は地元世論と切り離されたテクノクラートの機関と看做されようと厳しく警告し、AUAG はそれとは正反対の方法、つまり住民の同意取付けと見解の聴取を重視してやってきたと「グルノーブル流」を尊重するよう求めた[144]。

しかしグルノーブル側が OREAM の介入を斥けることができたのには、比較的早期に整合性の高い SDAU 案をまとめて幅広い地元コミュンの合意を取り付けたことで、中央省庁で都市計画を所管する高官から高い評価と信頼を獲

---

[142]　以上、s.a., "Note relative aux problèmes posés par l'OREAM", s.d. ; "Note relative à un projet de lettre au sujet de l'OREAM", 12/11/69, AD Isère 6146W37.

[143]　Lettre de Vaudeville, préfet de l'Isère au préfet de la Région, 12/11/69, AD Isère 6146W37.

[144]　註 142 所掲に加えて、s.a., "Réunion du 6/2/70 à Paris du Groupe Central de Planification Urbaine", AD Isère 6146W37.

得したことも大きく寄与した。リヨンを中心とした開発計画との競合を警戒して、OREAMや地域圏知事が、AUAGがSDAUの核に据えた空港の整備や北西部でのニュータウン建設に難癖を付けようとしたのに対し、上に見たパリGCPUでの会合の直後の70年2月14日、今度は自らグルノーブルを訪問・視察したGCPU議長のゲーツ（49–56年の大蔵省予算局長、58年のド・ゴール首相官房メンバー［88–9頁参照］）は、AUAGの上げた成果に大いに満足し、SDAU案を修正するつもりはないと新聞記者に明言した[145]。同年10月28日、パリの設備省で同省幹部にSDAU案を提示したところ、全く同様に強力な支持が得られ、土地整備・都市計画局長らは、空港問題などに関するリヨン側の異議を悉く根拠のないものと退けた[146]。五輪インフラ整備事業の際と同様に、AUAGやコミュン組合を率いるグルノーブルのデュブドゥ市政は、高い事業遂行能力を通じて、中央省庁の支持を取り付けることで、都市開発に対する出先官僚制の容喙を跳ね除けていったのである。

3）**自律的な県開発SEM**　しかし都市計画はあくまで青写真であり、事業実施詳細の策定や実施過程を開発SEMやSCETに掌握されてしまえば、実質的な自律性は大幅に低下してしまう。この点でも、グルノーブルのデュブドゥ市政以下、都市圏の主たるコミュンは、県議会の出先官僚制に対する自律化や力関係の強化から大きな恩恵を受けることになった。60年代を通じて、ZUP開発など、グルノーブル市の開発事業の多くを直接間接に請け負った県の開発SEM・SADIが、例えばロワール県のSEDLに比べると、60年代半ば以降、県議会の影響力が強くなり、CDC＝SCETに対する従属を脱していったことが決定的であった。

　SADIは通常の株式会社（société anonyme）として57年に設立され、第五共和制移行後の59年5月にCDC＝SCETの出資を伴うSEMに改組された[147]。執行役（Directeur）のデュッソル（J. Dussol：70年にSCETの地域

---

[145]　*Le Dauphine libéré* 14/2/70, AD Isère 6164W37.

[146]　註122所掲による。

[147]　Note de la préfecture, "Renseignements sur la SADI", 2/6/61, AD Isère 4332W204.

代表部次長へ転任）以下、幹部職員は殆どSCET出身である[148]。事業遂行に当たってはBETURE（100–1頁参照）などCDC系のコンサルタント会社が頻繁に使われ、デュッソルがCDCの融資の可否について保証してみせる[149]など、CDCの子会社として行動する点ではロワールのSEDLとも大きな違いはない。しかし理事会の議事録からは、SADIがSEDLに比べて、SCETなどに対して自律性を維持しているのが見て取れる。例えば、SCETによる技術監督・事業管理などに対する業務委託報酬（rémunération）の支払いについては、SEDL理事会では一度も議論の対象になったことがないのに対して、SADI理事会ではSCETによる利益の"ピンはね"への反発が強く、繰り返し引下げが要求された。同様に、SADIがSCETの提供する短期融資に安易に頼り、高い利払い（SCETの手数料を含む［98頁参照］）を施主の自治体にそっくり転嫁する財務方式に批判が高まり、一定額を超える場合には理事会の許可を要することとされた[150]。また、SADIが一度受託して調査などを開始した案件でも、条件などで施主の組合やコミュンと折り合わず、決裂して放棄（他の開発会社に委託）される事例が目に付く[151]。一旦委託した案件を引き上げることができるのは、取りも直さず、コミュンや組合側が県開発SEMに対してロワール県よりも有利な力関係にあることを示している。

　理事会を仕切る理事長はここでも県議会副議長（後に議長）のビュイッソンであり、残されている理事会議事録がAUAGほど詳細でないため、明確には確認できないが、SADIにおいても、執行役こそ出先官僚制やSCETが押えているものの、県議会を背景にしたビュイッソンがグルノーブル市などの代表と連合を組んで、設備局など、県出先官僚制に対して優位に立ってSADIを牛

---

[148]　Rapport du Conseil d'administration à l'Assemblée générale pour l'année 1970 [26/6/70], p. 2, AD Isère 5000W3.

[149]　s.a., Note au sujet de Gresse-en-Vercors, s.d., AD Isère 4332W205.

[150]　Compte-rendu de la réunion du Conseil d'administration de la SADI, 21/6/62, 24/6/63, AD Isère 4332W204.

[151]　例えば、セット・ローのスキー場開発も60年代前半にSADIに計画が委託されたが、途中で一旦決裂した。Projet de rapport du Conseil d'Administration à l'Assemblée générale ordinaire de 1964, 12/6/64, p. 4; Lettre de Dussol à Paquet, 27/5/62, AD Isère 4332W204. この他、ヴィエンヌのZIの事例については、筆者前稿Ⅰ第6回143頁を参照。

第3章　グルノーブルとサンテティエンヌの比較　　　245

耳っていたと理解して間違いないであろう。既に見たように、AUAG で ZUP
の開発計画やベルナール・プランの差し替えに重要な役割を果たした技師パー
ランが SADI と密接な協力関係にあり、SADI に移籍した後も、グルノーブ
ル市の自律的な都市開発を支え続けたことは、CDC = SCET が設置した県開
発 SEM が、60 年代半ば以降、都市計画公社を通じて、コミュン側の圏域に引
き込まれるに至っていたことを如実に示している。

(6) 急進化と脆弱化

　65 年の市政交代以来、順調に歩を進めてきたグルノーブル市の自律的な都市
開発は、しかし 70 年代に入るころから様々な障害に突き当たり、当初は恵ま
れていた環境も徐々に厳しいものに変わり始める。

　1）コミュン間協調の限界　躓きの石となったのは、広大な領域を対象とする
SDAU の策定過程において、近隣地区、特に北西部のヴォワロネ丘陵（colline
du Voironnais）地区（ヴォワロン Voiron 市が中心［206 頁の図 8 参照］）との間
の利害調整が膠着状態に陥り、SDAU の採択・承認手続きが 2 年余り停滞す
るという事態になったことである。

　68 年に作成した『白書』の段階から、グルノーブル市は、当面はグルノーブ
ル都市圏（「都市計画グループ」に相当）にインフラ整備などの投資を集中させ
る方針を強く主張し、AUAG の執行役など、県設備局の技師らもこの方針に
賛同していた。AUAG は北西隣のヴォワロネ丘陵地区や北東隣のグレジヴォ
ダン（Grésivaudan）渓谷地区にも投資を行う選択肢も一応提示してはいたが、
無駄を生むだけとしてデュブドゥらの主張を全面的に支持する立場を取った。
開発が本格化した ZUP 内に作られる住宅への入居を完了させ投下した資金を
回収するには、ZUP の膨大なインフラ投資を優先する必要があったのである。
エシロールなど郊外の共産党市政も当然この方針を支持した[152]。

　そのため、隣接地区からの不満も、当初出てきたのは、ZI 造成を通じて早期
の地区開発を望む北東隣のグレジヴォダン渓谷地区や、道路など生活インフラ
を求める南部の農村部（開発を当面凍結する計画になっていた）からのものが主

---

[152]　PVCDE 10/1/68, pp. 38–9, 4/12/68, pp. 28–31, 42–3, AAURG 2–166.

であった。しかし開発を望むこれらの地区については、当面、応分の投資を約束しつつ、次のプランでの本格的な開発を約束するなどの形で、概ね妥協が形成可能だった[153]。AUAGの理事会には、グルノーブル都市圏だけではなく、AUAGが管轄する全ての隣接地区の選出県議会議員が議席を与えられていたため、こうした投資資金の配分に関する地区間の合意形成は、県議会で農村インフラ投資の配分を行うことで権勢を築いてきた議長ビュイッソンにとってまさにお手の物であった。

ただ、65年以前と比べて「大きな一歩が踏み出された」のは、これまでは専ら農村利益を代表してきたのに対し、デュブドゥと手を組み、13人の県議会議員と共にAUAGの理事会に入ることで、県都グルノーブルとその都市圏の発展が農村部にとっても利益になることを、農村代表が圧倒的優位を占める県議会に認めさせることに尽力し始めたことだ、と自ら述べている[154]。実際、ビュイッソンは、当面グルノーブル都市圏に投資を集中するというSDAUの選択を容認するよう隣接地区の説得と妥協の形成に尽力した[155]。この時期、次章で見るレンヌも含め、多くの県都が、投資資金を独り占めして過剰な都市化を進めていると農村部から敵視されるようになっていた。デュブドゥ市政にとってビュイッソンとの提携は、そうした都市農村間対立を克服し出先機関の介入に対抗しやすくなることを意味していた。

他方、ビュイッソンやグルノーブル都市圏側が最も対処に窮したのは、北西隣のヴォワロネ丘陵地区との対立である。この対立が表面化したのは、70年秋になって、グルノーブル都市圏の人口増加率が予想に反して、68年以降も低下せず、このままでは狭小な都市圏の収容力を超えてしまう見通しとなったことによる。十分な生活インフラを整備して下の階層にも良好な住環境を確保することを都市計画の理念としてきたグルノーブルのデュブドゥ市政や、郊外の共産党市政にとって、これは全ての前提を覆す事態である。グルノーブル市は都市圏の人口上限を50万と定め、これを超える分を隣接地区、特に北西のヴォ

---

[153] PVCDE 4/12/68, pp. 45–6, AAURG 2–166 ; 29/9/70, pp. 22–3, 1/7/71, p. 26, 16/12/71, pp. 5–6 (rapport de Mas), 41–3, AAURG 2–167.

[154] 註122所掲（pp. 17–20）による。

[155] PVCDE 4/12/68, pp. 47–9, AAURG 2–166 ; 16/12/71, p. 44, AAURG 2–167.

ワロネ丘陵地区に分散（desserrement）させるべく、同地区に関するこれまでの方針を一変させ、直ちに住宅整備に着手するよう求め始めた。ニュータウンを作ろうとまで言い出したグルノーブルや共産党首長に対して、ヴォワロネ地区では、グルノーブル都市圏から緑を求めて移住した新住民が地元農民と手を携え、これを真っ向から拒否した。急激な都市化やグルノーブルのベッドタウン化を拒否する強硬な姿勢を貫いたのである。70年10月に地区毎にSDAUの仮案を審議する協議（consultation）集会が開催され、双方の地区で首長だけでなく住民にも危機感が共有され対立は深刻化した[156]。

　両者を辛うじて妥協・協調させる手段は、隣接地区を含むグルノーブル地域全域を対象に、用地取得の権限を持ち大規模な用地ストック（réserves foncières）を形成する権限を持った土地公社（agence foncière）を創設し、グルノーブル都市圏のこれ以上の膨張を阻止しつつ、ヴォワロネ地区の住宅開発をできる限り秩序ある形で進めることだと考えられた。

　AUAGに対応する土地公社を創設する構想は、69年夏ごろから具体化しており、当初は、グルノーブル都市圏において民間の乱開発を防ぎ、インフラ整備を円滑に行うことを主たる目的としていた。グルノーブルと共産党市政が主導してSIEPURGが要求し、ビュイッソンの支持も得てAUAGの総意として設立への支援を国（設備省）に要請した[157]。

　しかし、70年秋になってもグルノーブルの人口増が止まっていないことが明らかになって、急遽、隣接するヴォワロネ地区の開発に転用されることになった。しかし問題は用地取得に必要な資金である。デュブドゥやビュイッソンは、前に見た、設備省幹部にSDAUを提示する10月28日の会合において県知事の口を通じて、土地公社創設に必要な財源の手当てを強く求めた。土地整備・都市計画局長は、土地公社の創設については、都市計画を机上の存在で終わら

---

[156]　Procès-verbaux des réunions de présentation du SDAU d'octobre 1970, AAURG 2–89. PVCDE 29/9/70［註153に既出］.

[157]　PVCDE 1/7/69, pp. 16–8, 25/9/69, pp. 4–5, 28–9 ; s.a., "Les voies et moyens pour mettre en œuvre le plan directeur revisé du G. U. Grenoble et tous les documents d'urbanisme établis ou à établir dans le périmètre d'action de l'Agence", s.d. [1/7/69], AAURG 2–167. Frappat, *Grenoble*, pp. 282–290 ; Delbard et al., *L'adolescence*, pp. 92–101 も参照。

せないために不可欠だと述べて、諸手を挙げて賛成したものの、財源問題に関しては具体的な言質は得られなかった[158]。

ビュイッソンが事態打開のために、県議会が創設した基金を使い、SADIに用地ストック形成に当たらせる案を出したが、これも日の目を見ず、結局、土地公社構想に実現の目途が立たないまま、71年7月のSDAU案（第一次）の公表を迎えることとなった。事ここに至って、ヴェルアックは、ヴォワロネ地区が住宅整備を受け入れず、グルノーブル都市圏の人口増を抑制する手段が明示されないのなら、グルノーブル市はSDAU案を承認しないと明言するに至った[159]。コミュン間の調整が暗礁に乗り上げたのを見て、出先機関がすかさず上からの介入を試みる。10月に県知事がAUAG理事会などに諮ることなく、ヴォワロネとグレジヴォダンの両地区にZADの暫定版であるプレZAD[160]を設定したのである[161]。

10月28日にSDAU全領域を対象にした最後の協議が開かれた後、知事が各コミュンにSDAUを承認するか否かの態度表明を求める手続きに入った。12月半ばの段階で114コミュンのうち92が回答し、そのうち無条件賛成は19コミュン（総人口の12%）、留保付き賛成は37コミュン（人口比35.4%）に留まっていた。コミュン数か人口の25%以上が反対すると発効に国務院の認可（approbation）が必要になり、中央の介入を招く危険が高まる。これを避けるには、条件付き賛成以上のコミュンが86以上必要だが、現状では56しかない。足を引っ張っていたのは、まず北西部のヴォワロネ地区であり、地区の17コミュンが協議の上、連帯して、SDAUの原則には反対ではないが現状では拒否するという同一の回答を行った。反対票を投じるが、それは自らの地区の用途指定（zoning）、つまり住宅建設と都市化を推進する方針に反対するだけで、計画全体には賛成という意味で、「否しかし」（non mais）の立場と分類される。しかし、これに劣らず大きかったのは、22の未回答コミュンの中に、人口の

---

[158] 註122所掲（pp. 20–5）による。

[159] PVCDE 1/7/71, p. 24 ; Compte-rendu du Bureau permanent du Conseil de direction des études de l'AUAG, 22/10/71, pp. 4–10, AAURG 2–167.

[160] これらの制度については、原田他編『現代の都市法』228–230頁。

[161] PVCDE 22/10/71［註159に既出］, pp. 1, 11. ビュイッソンは激怒し、AUAGの理事長を辞任すると脅迫した。

第 3 章　グルノーブルとサンテティエンヌの比較　　249

36.9％ を抱えるグルノーブルが含まれていたことだ[162]。

　12 月 19 日の AUAG 理事会では、デュブドゥやヴェルアックが口を揃えて、グルノーブルは 50 万以上の都市圏人口は決して受け入れない、ヴォワロネ地区への人口分散は先送りできず、直ちに住宅建設に着手すべきと強硬に主張する一方で、打開策としては、用地ストック形成の具体策を財源措置付きで第六次プランに組み込むよう国に改めて要求すると述べるに留まっていた。ヴォワロネ地区代表は、グルノーブルがそういう態度なら我々は荷物をまとめて出て行くだけだと応じた。双方が相手の裏切りを恐れて妥協に踏み込めずにいる[163]ところへ割って入ったのは、やはり理事長のビュイッソンであった。先に述べた知事によるプレ ZAD の一件を念頭に、コミュン間の合意で SDAU が制定できなければ、再び国や出先機関が上から圧力を掛けてくるだけだと警告を発し、グルノーブル都市圏の人口抑制に手を尽くしつつ、ヴォワロネ地区への人口分散については両地区間で直接の協議を行って打開策を見出すよう説得することに成功した[164]。AUAG がヴォワロネ地区だけについて、地区の首長らの要求を取り入れた SDAU の改訂版を作成し、同地区の 29 のコミュンについて再度、協議を実施した。並行してグルノーブルとヴォワロネ地区の間で協議が行われ、土地公社構想が最終的に実現せずに終わった[165]ことを受けて、ヴォワロネにおける都市化の速度を当初の想定よりも緩めることで妥協が成立した[166]。かくして、72 年 7 月に知事が招集した SDAU 地方委員会では、全会一致で SDAU の承認が決定された[167]。

---

[162]　AUAG, "SDAU. Résultats de la consultation des services publics et des collectivités locales (4 mai–4 novembre 1971)", 15/12/71, AMG 49W6.

[163]　"Aide-mémoire en vue de la réunion SIEPURG-Syndicat des Collines du Voironnais, à propos du SDAU de la région grenobloise", 14/2/72, AMG 49W6.

[164]　PVCDE 16/12/71, AAURG 2–167.

[165]　Parent, 30 ans, pp. 75, 118.

[166]　Compte-rendu du Bureau permanent du Conseil de direction des études de l'AUAG, 4/5/72, p. 8 ; s.a., "Préparation du Bureau permanent de l'AUAG du 30/10/72", p. 2.

[167]　Compte-rendu de la Commisson locale du SDAU de la région grenobloise, 12/7/72, AMG 49W6. 各コミュンにおける審議では、人口の 93％ を占める 89 のコミュンが賛成した。

とはいえ、ヴォワロネ地区との妥協は SDAU の否決という最悪の事態を回避したに過ぎず、グルノーブル都市圏の人口過剰という深刻なリスクに実効的な解決策を何ら齎すものではなかった。それどころか、問題解決の主導権をプレ ZAD を設定した知事に奪われたまま取り返すことができなかったという点で、自律的な都市開発を目指すグルノーブルのデュブドゥ市政にとっては大きな蹉跌となった。実際、知事はヴォワロネ地区内の対立（農村の小コミュン対ヴォワロン、など）を巧みに利用し、地元でも強かった反発を乗り越えて、74年に正式の ZAD を設定せしめた。しかも先買権（188 頁）は、同時に結成された地区の組合（18 コミュン）にではなく、県に与えられたため、県知事に上からの介入の余地を残すものとなった[168]。

2) 開発戦略の急進化　SDAU 作成の躓きと ZAD 騒動を契機に、これまでグルノーブルの左翼市政に率いられた地方公選職主導の都市計画にひたすら従順だった出先機関の態度が少しずつ変わり始める。財政状況の悪化も国との力関係を不利に変えていたと言えるだろう。五輪関連事業や第四・五次プランの投資計画を忠実に執行した結果、グルノーブル市は多額の累積債務を抱えることとなった。デュブドゥ市政は債務返済のため、65 年から 69 年にかけて 114%にも上る増税を行わざるを得ず[169]、野党からの激しい攻撃を招き、71 年のコミュン選挙で再選を目指したデュブドゥを大いに苦しめた[170]。フォンテーヌやエシロールなどの郊外の共産党市政も、既に 66 年には借入が財政的限界に達していると見られていた[171]。同時代にエシロール側の ZUP の主任建築技師としてグルノーブル市政を間近で観察していたジョリも、デュブドゥの 1 期目と

---

[168]　Samuel Martin, "Ni avec toi ni sans toi. Les intercommunalités dans la région urbaine grenobloise", *Revue de géographie alpine*, vol. 85-4 (1997), pp. 61-3 ; Jacques Brunet-Manquat, "Un exemple d'aménagement «volontaire» : le Syndicat Mixte d'Aménagement du Voironnais", mémoire de l'IEP de Grenoble, 1976, pp. 48-9.

[169]　Frappat, *Grenoble*, pp. 237-9, 264-5.

[170]　71 年選挙にはパケの推す大学教授カバネル（Guy Cabanel）が中道・右派の統一候補として立ち、PSU の市政乗っ取りで大幅増税、という非難キャンペーンを打った。AD Isère, Archives de l'Union départementale CFDT de l'Isère, 51J57 所収の選挙ビラなど参照。

[171]　Lettre du préfet au président du Groupe central de la planification urbaine, 3/12/66, p. 4, AD Isère 4497W13.

第 3 章　グルノーブルとサンテティエンヌの比較　　251

2 期目の最初のころまでは中央がグルノーブル市政に対して融和的だったが、72 年以降、一転して国からの統制が強められたと述べている[172]。

　中央や出先機関との緊張が高まるのと並行して、グルノーブル市のコミュン組合など広域化に対する姿勢にも変化が見え始める。デュブドゥ市政は、内部を見れば、当初から新左翼（PSU）のネットワークに依拠していたにも拘わらず、コミュン間の協議においては超党派的な態度を貫き、ビュイッソンら中道の県議会幹部との協力関係を武器にして下からの広域化に成功してきた。しかし 70 年代に入ると、この点に変化が見え始める。これまでは、できる限り拘束力の弱い SIVOM の積み重ねで都市開発事業を推進してきたが、AUAG 理事会などにおいて主導権を握る、グルノーブルや、郊外の共産党市政のうち、広域でのインフラ整備に積極的なフォンテーヌ市などもコミュン組合の構造強化を追求し始めた[173]。しかしこれに抵抗するコミュンも多く、妥協の結果、73 年 1 月、義務的な事業として SDAU 作成、都市快速道路（voies urbaines rapides）、公共交通、消防など 5 つを明記した SIVOM として、SIEPARG（Syndicat intercommunal d'études et de programmation pour l'aménagement de la région grenobloise）への再編が合意された。分野毎の運営（部会を委員会に改称）や、希望する事業だけに参加という原則も維持された反面、理事会や執行部（Bureau）の構成には初めて大規模コミュンにより多くの議席を配分するルールを導入し、65 議席中、グルノーブルは 13 議席を確保し、郊外の共産党市政と併せると、社共両党が理事会・執行部でも、分野毎の「委員会」の過半（10 のうち 6）でも多数派を確保した[174]。73 年に本格化する社共を中心とする「左翼連合」（Union de la gauche）への戦略転換の影響も看て取れよう。県議会でも 73 年の改選で社共の左翼が多数派を占め、議長ポストを奪うに至っており、グルノーブル都市圏でのコミュン連合体の運営も社共の提携に基く党派路線へと移行していったのである。

　党派的な急進化とほぼ時を同じくして、都市開発の事業実施の形態にも自律

---

[172]　Joly, *Formes urbaines*, p. 50.

[173]　Biarez et al., "Les élus locaux", pp. 71–4.

[174]　以上、Parent, *30 ans*, pp. 79–93 ; Parent et Schwartzbrod, *Deux hommes*, pp. 76–82 による。

性を追求するデュブドゥ市政の方針がより先鋭な形で現れるようになってきた。ZUP 開発を委託した SCET 系の SADI に対する統制を強化するだけでは飽き足らず、時と共により多くの分野において、市の公社や直営の公営企業を設立し、あるいは市役所の担当部課を組織的に強化することによって、事業委託を避け、市の自前の機関を使って直接事業を実施する態勢に移行していったのである。重要な分野に絞って実態を見ておこう。

まず ZUP などにおける住宅開発事業については、市は HLM 公社を持っていたものの、その経営陣の指名については知事が実権を握っており、理事長は県 HLM 会社や職種横断住宅委員会［CIL：経営者が拠出するいわゆる「住宅の 1%」（219 頁註 67）の徴収・運用機関で、傘下や系列に HLM 機関を持つことが多い］の理事長なども兼任する地元の経営者団体の幹部であった。市公社は県庁と地元土建業界に牛耳られているなどといわれ[175]、市政の意思のままには動かなかった。72 年末、賃借人の家賃ストなど、相次ぐ紛争の末に理事長が辞任に追い込まれた機会を捉え、デュブドゥ市政は市議会議員らを送り込んで市公社の経営を掌握することに成功した。以後、市公社は市の住宅建設の根幹を担い、73-83 年に 2 千戸を建設したとされる。また市は、建設などの施工を担う直属ないし外郭団体の建築公社 (atelier municipal d'architecture) を 9 つも設立し、市 HLM 公社の住宅建設を引き受けたり、次に見る旧市街課 (Service des Vieux Quartiers：旧市街再開発の担当) に直属して旧街区の再生事業を担ったりした。これによって市の HLM 建設や再開発事業はいずれも市役所に属する機関で自足し、市が一連の決定過程を完全に掌握・制御することになった。

その再開発事業では、担い手が初期の民間資本 (パリバ系やロートシルト系の企業) から旧市街課に変わると共に、再開発の方式も一変したことが指摘されている。60 年代中頃まで、ミシャロン市政下で立案・着手された旧市街再開発事業はいずれも、既存の市街地を一度全て破壊して更地に戻してから街区を作り直す方式 (rénovation lourde) が取られており、既存の都市景観から住民

---

[175] Frappat, *Grenoble*, pp. 226–7 ; Delbard et al., *L'adolescence*, pp. 105–112. CIL については、Heugas-Darraspen, *Le financement*, pp. 18, 153. 檜谷「フランスの住宅政策」196–8 頁。

層や社会構造まで全てを入れ替えてしまうものだった。旧街区に住む民衆階層を郊外の HLM に追放することを意味するこの再開発方式をデュブドゥ市政は厳しく批判しており、71 年以降、市の開発事業の力点が ZUP から市中心部の再開発へ移ったのを契機に、既存の街区とその住民をできる限り保存し、住民の意向を綿密に汲み上げながら進める再生方式へと徐々に移行していった。以後、83 年の市長選挙で敗れてデュブドゥ市政が終焉するまで、グルノーブルの都心再開発の基本方針は堅持され、市当局の決定と財政資金のみに依存して遂行された点で他の大都市に例を見ない。事業計画の立案から住民との対話を通じた意向の集約、施工を担当する土地不動産公社（Régie fonciere et immo-biliere）や上記の建築公社など、他部局との調整までを一手に担う旧市街課の人員数は、70 年末の 27 人から 83 年末の 50 人へとほぼ倍増した[176]。

　他の事業分野でも、都市整備事業課（Service des Opérations d'Aménage-ment Urbain）などの市役所の部署や、専門の議会委員会を拡充するなどして、自前で事業を実施する方針を意識的に採った。こうして増殖し膨張した市系の様々な機関が市の開発事業を担うことを通じて、都市開発に必要な専門能力が地方自治体の中に蓄積され、OREAM を含む出先官僚制や SCET などに対抗し、自律的な事業の遂行に耐えるだけの"実力"が身に付いていったと見ることができる。従ってグルノーブルにおける下からの分権化の道は、この"自前主義"とでも呼ぶべき方針を徹底したことによって拓かれたと言えよう。反面、自前主義を徹底した結果、コストが掛かりすぎる問題点が否定できなくなった。のみならず、民間企業を排斥しこれと競合する点で、民間企業と共存する前提に立つ中央省庁の注目ないし敵意を集めやすくなる。83 年の市政交代と共に、デュブドゥ時代の事業遂行の態勢は「万事市営」（tout municipal）方式と批判され、やがて土地不動産公社や旧市街課も廃止されることになる。

　このように、70 年代初頭以降、デュブドゥ市政は、コミュン連合体の運営においても、市内の開発事業の遂行においても、より先鋭な形態へと移行していった。こうした急進化は、官僚制からの拘束が厳しくなる中でも、市の都市開発が自律性を維持することを可能にしたが、反面、高いコストが市民の税負担に

---

[176]　以上、Joly, *Formes urbaines*, chapitres 7, 8.

跳ね返る上に、党派的な攻撃に弱くなった結果、まさにミッテラン政権による分権化が進む最中の83年にデュブドゥ市政の幕が引かれることになった。

とは言え、グルノーブル市が本書の想定する「下からの分権化」への道を典型的に実現していることに変わりはない。グルノーブルの“成功”の基礎にあったのは、下からの広域化であった。デュブドゥ市政が戦略を転換し、まずグルノーブルが郊外コミュンに大きく譲歩することで、都市圏を自律性を持ったSIVOMに纏め、中央からの官僚統制に基く都市計画を退けることができた。これを背後から支えたのが、パケの台頭以後、知事など出先官僚制に対して自律性を増していた県議会であった。ビュイッソンを仲介役に県議会の政治的後見をAUAGやSADIに埋め込むことによって、グルノーブル市政は出先官僚制やSCETの介入を退け、都市開発事業の自律性を維持することができたのである。そしてAUAGやこれをモデルにした各種の“自前”の機関を通じて自ら都市開発を立案・実施する中で、専門能力の蓄積へ向かう好循環が始まることになる。

グルノーブル都市圏の“成功”をこのように理解するならば、次章で見るレンヌ都市圏が、当初、環境条件に恵まれて、専門能力の蓄積に向けてグルノーブルと同じ道を歩みながら、60年代末の時点でその道を外れていった理由が理解できるはずである。

第4章　ブルターニュ開発の中のレンヌ都市圏：仮説の吟味

　レンヌ市は、戦後の高度成長の恩恵を受けて人口が急増したこと、政府の重点政策（グルノーブルの冬季五輪、レンヌの産業地方分散化 déconcentration industrielle）の受け入れ先となったことで、都市インフラ整備への資金配分などで優遇を受けたこと、などの点では、前章で見たグルノーブル市に類似している。しかし、ブルターニュ地域圏の中心都市であったために、他の事例に見られない特殊性を帯びることになった。そうした事例にも、前章の比較で確認された仮説が妥当するかどうかを、都市開発を巡る政治過程を詳細に追跡することで吟味するのが本章の目的である。

第1節　恵まれた初期条件

　既に見たように、第二次大戦直後まで行政都市の色彩が強かったレンヌが目覚しい産業発展を遂げたのは、中央政府が1950年代以降に本格化させた製造業の地方分散化政策によって、自動車のシトロエン（Citroën）が既に過密となっていたパリ首都圏を押し出され、51年と58年の二度にわたって新規の工場をレンヌ（市西部の Barre-Thomas 工場。53年操業開始）とその南郊の小コミュン（Chartres-de-Bretagne の La Janais 工場。62年操業開始）に立地させたことが起点となった。今日、レンヌは、電機・通信を軸にしたハイテク先端産業の一大集積地として、ヨーロッパでも指折りの地位を占める。これには、67年12月から69年10月に至る政府の決定によって、関連の国立の専門教育機関（大学校 grandes écoles）や研究機関が70年代前半に相次いで移転されたことが決定的な契機となった。

(1) 地域圏首都の特権と陥穽

前章で見たグルノーブル都市圏の場合も、同じ分散化政策により原子力関連の研究所が移転されたことが先端産業の発展を促した面はある。しかし豊富な水力発電などを活かして古くから産業が立地していたグルノーブルと比べれば、レンヌは、国家主導 (dirigiste) で中央集権的な戦後の産業政策の恩恵を受けた地域発展の典型例といえよう。レンヌ市当局が進めたダムと上水道設備、住宅、道路などのインフラ整備も、産業や学校・政府機関の移転を新たに受け入れる度に大々的に加速された。

このように、中央政府の選択に大きく依存しつつ産業発展を遂げた以上、公的資金の流れは中央や出先の官僚制の裁量によるところが極めて大きく、従って都市開発事業に関する市の自律性は極めて低かったと想像される。ところが実際には、少なくとも 60 年代半ばまでは、企業等の進出先に選ばれるために中央政府の意向に率先して迎合することを強いられるような立場には必ずしもなかった。

1) ブルターニュの恩恵　これには 2 つの理由がある。第一に、パリ都市圏への過度の産業集中とこれに伴う環境悪化、地理学者グラヴィエの著書の秀抜なタイトル『パリとフランス砂漠』[1] と共に人口に膾炙した顕著な地域間の発展の不均衡は、50 年代にはいずれも深刻な政治争点化しており、その解決は以後の歴代政権にとって喫緊の政策課題であった[2]。しかもブルターニュが他の地域と異なるのは、産業地方分散化政策の開始当初、地域全体として産業化の条件が余りにも欠けており、民間企業を引き付けるには、当面は中心都市であるレンヌに産業移転を集中させ、これを一大産業センターに仕立て上げるしかなかったことである。少なくとも、55 年 9 月に計画庁における「ブルターニュ地域振興プログラム」(Programme d'action régionale pour la Bretagne［後述 (3)］) の検討会合に集まった高級官僚らはそのように結論付けていた[3]。ブルターニュ

---

[1]　Jean-François Gravier, *Paris et le désert français*, Flammarion, 1947.

[2]　Pierre Randet, *L'aménagement du territoire : genèse et étapes d'un grand dessein*, La Documentation Française, 1998, pp. 59–82.

[3]　Compte-rendu, Groupe de synthèse, Comité interministériel d'orientation économique, 15/9/55, AN 19930278–19.

第4章 ブルターニュ開発の中のレンヌ都市圏　　　257

に経済成長の果実を配分するにはレンヌ都市圏を迂回できないのであれば、レ
ンヌ市は中央政府に対して一定の交渉力を持ちうることになろう。

　60年代に入ると、コト・デュ・ノール県のラニョン（Lannion）市やフィニ
ステール県のブレスト（Brest）市に電機産業が、モルビアン県のヴァンヌ
（Vannes：マルスランが65–77年に市長を務めた）市にはタイヤ製造のミシュ
ランがそれぞれ進出し、66年にルノーが同県のロリアン市に鋳造子会社を移転
させるなど、レンヌ都市圏以外への産業分散の大型案件が増え始める。しかし
その中でもレンヌ市はブルターニュ産業振興の中核と看做され続けた。例えば、
62年以降、「電機産業こそブルターニュの使命」（vocation électronique de la
Bretagne）のスローガンの下、中央政府を挙げて電機をブルターニュの中核産
業に育てる政策が推進された。レンヌ市は、先行するラニョン、ブレストと並
んでブルターニュの「電機産業トライアングル」（triangle de l'électronique）
の一角に位置付けられ、その後、実際に複数の電機企業の誘致に成功すること
になる[4]。

　第二に、レンヌ市は決して単独で中央政府に対峙していたわけではなかった。
後進地域であるだけでなく、ブルトン語などの文化的独自性を持つブルターニュ
では、中央政府に対して地域主義的な要求を行う運動が繰り返し勃興してきた
が、戦後は高度成長のパイの配分に焦点を絞ったCELIB（ブルターニュ振興
研究連絡委員会）の経済主義的な運動が一世を風靡した。1950年7月にブル
ターニュ地域主義のジャーナリストや学者らが中心となり、首相に就任したば
かりのプレヴァンを会長に担いで創設されたCELIBは、ブルターニュ各県の
「名望家」（notables）、特に主要都市の市長や県議会幹部、そして国会議員など
を幅広く結集し、地域の経済振興のために超党派的に結束し中央政府に対する
圧力活動を展開した。本節（3）で見るように、以後CELIBの政府に対する発
言権は、時の政府の置かれた政治的環境次第で大きく変化し、これに伴って各
都市の産業振興に対する支援も大きくその形を変えた。しかし前記のように、
少なくとも50年代末まではレンヌは産業誘致を目指すブルターニュのショー

---

[4]　Fabrice Marzin, "Le rôle des politiques et des planificateurs dans le développe-
ment industriel de la Bretagne", in P.-N. Favennec (dir.), *Communications et terri-
toires*, Lavoisier, 2006, pp. 110–8.

ウインドーと考えられていたため、地域の大小の名望家層が一体となった CELIB の圧力活動の恩恵を一身に受けることになった[5]。

2) 県議会の不在　このようにレンヌはイレヴィレンヌの県都であるよりも、ブルターニュという地域のいわば"首都"と看做されることによって、公的資金の配分や産業移転の面では多大な恩恵を受けてきた。反面、本書が注目する都市開発事業の自律性に目を向ければ、この特権は諸刃の剣であったことがわかる。他の事例では、県議会が知事など出先官僚制の影響力を殺ぐことこそ、中心都市に対する中央の統制を緩める上で最も高い効果が期待できた。つまり県の都市コミュンにとって最大の"援軍"になりうるのは県議会だったのだが、レンヌの場合、これは初めから期待できなかった。これにも理由は2つある。

　まず第一に、レンヌ市の都市開発事業の大半を引き受けることになる、CDC 系の開発 SEM は SEMAEB（ブルターニュ設備整備混合経済会社）である。ブルターニュでは、施主である自治体に CDC = SCET の資金（低利融資）を提供しつつ、都市開発やインフラ整備の事業を受託し遂行する SEM が、他の地域のように県単位ではなく、ブルターニュ全域を対象に作られたのである。その結果、他の県では県議会の代表が理事会を左右する発言権を持ちうるのに対して、SEMAEB の場合は、イレヴィレンヌ県議会は、他の5つの県議会と横並びの立場に過ぎず、かといって、82年の分権改革までは、地域圏を代表する公選の議会は存在しなかった。その結果、イゼール県のように、SEM の理事会において、県議会が CDC = SCET や中央省庁の出先官僚制の影響力を抑えることは遥かにハードルが高くなった。60年代末までの SEMAEB では、CDC = SCET を通じた中央の統制に対抗するには、ブルターニュ全体をたとえ緩やかにでも束ねる力を持つ大物政治家に頼る他にないのが実情だった。この役割を果たしうる"大物"といえば、この時期ならプレヴァンかマルスラン（いずれも第2章で既出）になるが、思惑は時に大きく食い違って"援軍"として必ずしも頼りにできるわけではなかった。この状況は、70年代半ば以降、6つの

---

[5]　シトロエンの第二（La Janais）工場の誘致にはプレヴァンら CELIB 幹部の同社経営陣に対する熱心なロビイングの貢献も大きいという分析もある。Philippe Ramadier, "Étude sur l'implantation de Citroën Rennes-La Janais", mémoire de maîtrise, Université de Haute-Bretagne, 1992, pp. 73–4.

県議会を束ねうる新たな勢力として、新社会党など左翼政党がブルターニュで勢力を伸ばしてくるまで続くことになる。

　第二に、イゼール県とは異なり、イレヴィレンヌ県では県知事が地域圏知事を兼ねていた。しかもブルターニュは、その向背が政権の安定を左右する戦略的に重要な地域であるため、ブルターニュ地域圏知事には、第五共和制に入って以降、代々政権中枢の意向を受けた、いわゆる大物知事が配されてきた[6]。通常の知事にとっては、県の統治の成功が第一目標であり、そのためには県議会を円滑に統御することが最優先となる。だからこそ県議会が知事に対して一定の影響力を持ちうる状況（いわゆる「共犯関係」［27 頁参照］）が生まれる。これに対して、この時期にレンヌに配された大物知事たちにとって最優先の課題は、地域全体の産業発展を通じてブルターニュの政治的支持を政権多数派に引き寄せることだった。実際、残された史料を見る限り、この時期の県知事の中央政府への働き掛けは、レンヌを中心とする都市部のインフラ整備や産業移転にほぼ限られていた。その実現に比べれば、レンヌを除けば、産業発展の見込みの小さい中小都市[7]と生産性の低い農村しか見当たらないイレヴィレンヌ県の首長の陳情に対応することは遥かに重要性が低かったのである。この状況で県議会が知事を掣肘するには、知事が県内で企図する、レンヌなどへの産業誘致や都市開発事業に切り込むしかないが、この後で見るように、60 年代末まで、県議会の大勢の関心は農村インフラ整備にほぼ集中していた。つまり、レンヌ市から見れば、イレヴィレンヌ県議会が知事の統制力を抑える対抗力として働く

---

[6]　例えば、67 年 7 月から 72 年 10 月まで在任したペリッシエ（Jacques Pélissier）は、74 年以降シラクの側近として重用される人物であり、レンヌに来るまでに既にオード県、ついでエロー（Hérault）県・ラングドック・ルシヨン地域圏知事として手腕を発揮していた。中山洋平「フランス第五共和制初期における社会党の県政支配の興亡」『国家学会雑誌』124 巻 9・10 号（2011 年）78 頁参照。

[7]　産業分散化による企業進出や、工業用地整備から住宅建設にまで至るインフラ整備に関わる公的資金の配分は、県内ではレンヌ都市圏に集中した。SEMAEB もサンマロ以下の中小都市には関心を示さず、70 年代半ばまで殆ど事業受託の実績がなかった。Simone Noël, "Rôle d'une S.E.M. d'équipement dans le développement régional : La SEMAEB", thèse de 3ᵉ cycle, Université de Haute-Bretagne, 1974, pp. 22, 114, 133–4, 171bis, 293, 307. SCET, Direction administrative et financière, Service des études, "Détermination d'objectifs de développement pour les S.E.M. de la Bretagne", février 1968, p. 2, ADIlV 199W23. 筆者前稿 II 第 4 節を参照。

ことは、60 年代末までに限れば、二重の意味で期待し難かった。

3) 県議会との分断　60 年代末までのこの時期に、イレヴィレンヌ県議会が県内のコミュンへの公的資金の配分を巡って、どのような役割を果たしていたかは、別稿で既に詳細に検討した[8]。ここではその概略を紹介するに留める。結論から言えば、農村インフラの整備が非常に遅れていた結果、県議会にはレンヌへの公的資金の集中に対する不満が渦巻いており、レンヌが県議会を味方に付けるのは当面、困難だった。

但し、県議会やその背後の首長たちが公的資金の配分を巡って知事に依存するというロワール県のような状況は決して見られなかった。例えば HLM 予算は、県内の HLM 機関の代表者を含めた県 HLM 委員会で配分が行われたが、そのメンバーには県議会議員や関係者が多く、設置者・任命権者は知事であるにも拘らず、県議会の自律的な配分のルールが持ち込まれていた[9]。イレヴィレンヌ県では、戦間期の農村電化以来、県の投資補助金など、県内の投資資金の配分は、知事や技師など官僚制には委ねず、県議会が自律的に行っていた。投資委員会、次いで本会議で、配分の要件や優先順位決定の基準を決めた後、具体的な配分リストの作成は県委員会に授権されるのが通例だった。但しこれも、60 年代以降については、先に述べたように、地域圏知事を兼ねる県知事が、県内の少額の農村向けの資金配分には殆ど関心を持っていなかったことと裏腹の関係にある。

いずれにせよ、県議会がいかに知事に対して自律性を維持していようと、その内部が都市対農村の激しい対立で二分され、レンヌ自身が農村議員の怨嗟の対象となっていては、都市開発の場面で県議会の加勢を期待することはできない。戦後の県議会では都市・農村間の対立はどの県でも通奏低音の一つとなっていた。しかしイレヴィレンヌ県で特に激化した原因は、全国的に見ても顕著な農村インフラの整備の遅れにある。イレヴィレンヌ県では、戦後になっても、電化や上下水道などの整備は全国でも最も遅れたグループに入り、ブルターニュ

---

[8]　筆者前稿 II 第 2 節。

[9]　ADIIV 1694W74. 例えば 71 年の委員 17 名中 6 名は県議会議員で、元職を合わせると、半分近くを占めた。審議では毎回、官僚制の作成した配分案が委員間の協議や取引を通じて大きく変更されている。

第 4 章　ブルターニュ開発の中のレンヌ都市圏　　　　261

の中ですら最下位に甘んじていた[10]。これには、散村構造ゆえの高コストも災いしていたが、最大の原因は、戦間期以来、県議会に、税負担の増加を回避しながらインフラ整備を進めようという志向が深く根付いていたことである。

但し、イレヴィレンヌ県議会がコミュンのインフラ整備事業に無関心だったわけでは決してない。むしろコミュン間の平等の維持（「均霑」）に殊のほか熱心であり、戦間期の農村電化に関しては、県議会が主導して全県一斉の電化を目指す野心的な構想を打ち出し、その後も県レベルに集権化された形で電化事業を遂行しようとした[11]。また財政面でも、電化に続いて、戦後、上下水道、住宅と新たな「公共サーヴィス」が認定される度に県議会は新たな県補助金の制度を創設し、コミュン間の「平衡化」に意を用いている。ただ、戦間期の農村電化については、電気料金への上乗せ分を県補助金の財源に充てる方法を採り、大きな増税をせずに県主導の事業遂行を実現してしまったため、このいわば"成功体験"が県議会幹部に引き継がれていくことになった。

戦後も、上記の志向性が県議会で中枢を占める財政委員会などを通じて、県の投資予算の編成過程に強固にビルトインされた結果、県の投資補助金の伸びには厳しい枠が嵌められた。60 年代末から 70 年代初めに掛けて、社会保障費や教育費（農村部の義務教育児童の送迎 ramassage scolaire など）の大幅な伸びにも拘らず、サンチーム数、つまり県財政を支える県の直接税の税収の伸びは概ね抑制されていた[12]。73 年に県議会の求めで県庁が行った県の財政状況の比較分析によれば、県の投資支出は人口規模が同程度（50–90 万）の 11 県の中

---

[10]　電化については、Lettre de l'ingénieur en chef adjoint du Génie rural au Directeur du Gaz et de l'électricité du Ministère de l'Industrie et du Commerce, 10/6/50, ADIlV 56W20. 上水道については、Trésorier-payeur général de la Région de Bretagne, "L'adduction d'eau en milieu rural", 23/11/71, Archives de Rennes［以下 AMR と略記］1048W25. 74 年になっても、都市部こそ普及率 100% だが、農村の周辺集落は 54% で、県平均は 74% に留まった。Procès-verbaux du Conseil général de l'Ille-et-Vilaine［以下 PVCG IIV と略記］1974 I D 21/6/74, pp. 657–665.

[11]　ADIlV 8S79.

[12]　PVCG IlV 1971 II D 11/12/71, pp. 357–361. 県予算は 72 年に急激に規模が膨張する（69 年比で 32% 増）が、それでもサンチーム数の伸びは抑制されていた（72 年に 69 年比で 7.65% 増）。

の最下位であり、県の負債や課税の水準も同様だった[13]。県の財政負担の拡大を嫌うにも拘らず、農村を中心とする新たな分野のインフラ整備には積極的に関与しコミュンに補助を与えようとする県議会の姿勢が変わらなかったため、戦後、県補助金の制度がより多くの分野に及ぶにつれて、「広く薄く」給付を行うという特徴が強まる。薄い県補助金では条件の悪い僻村へのインフラ普及には時間がかかり、やがて玉突き式にあらゆる分野での農村インフラ整備の遅れを招くことになる。かくして高度成長から取り残された農村コミュンの憤懣が、莫大な公的資金を吸い込んで急成長を続ける県都に向かうことは避けられなかった。

しかも60年代後半、農村ではなお上水道整備が遅れているにも拘らず、県議会議長として、上水道向けの県補助金を削減して"次"の下水道に重点を移す政策転換を推し進め[14]、分譲地開発（戸建て向け）など、新設された農村向けの投資補助金を無駄と断じて削減（ないし新設を阻止）しようとして[15]、切り捨てられる農村コミュンの恨みを一身に受けていたのは、レンヌ市長フレヴィルその人だったのである。

60年代のフレヴィルは、国政で中道野党の立場を取っていただけではなく、県議会でも、中等学校（CES collège d'enseignement secondaire と CEG collège d'enseignement général：政府の公約した国有化が遅れていた）や三級国道［第3章第2節 (3) 3) 参照］といった、国と県の間の経費分担問題に関して県側の不満が高まると、先頭に立って、地方自治体に負担を押し付ける政府を激しく批判した。フレヴィルにとってはこの問題は、都市開発を巡る知事や出先官僚制との力比べの一環だった。65年第一常会の学校建設予算審議に際して、国が老朽化した学校施設の修繕費用の分担を中止したため、その皺寄せ分を県の学校建設予算で埋めねばならなくなったことを厳しく非難した[16]。しか

---

[13]　PVCG IIV 1973 II R 10/73, pp. 127–130.

[14]　PVCG IIV 1966 II R12/66, pp. 24–25 ［66 年度当初予算報告］；II D 3/12/66, pp. 308–310.

[15]　PVCG IIV 1966 II D 3/12/66, pp. 311–2. 66 年から 67 年の 1 年で 33% も急増している。PVCG IIV 1966 I D 2/5/66, pp. 345–9.

[16]　フレヴィルは既に県議会に先立って下院でこの問題を取り上げて激しく政府を攻撃していた。PVCG IIV 1965 I D 10/5/65, pp. 299–315.

第 4 章　ブルターニュ開発の中のレンヌ都市圏　　　263

し県議会の大多数を占める農村議員の不満は、むしろ農村インフラ整備に対する国の補助金枠の不足に向けられており[17]、当面、都市インフラを巡る国や出先機関との力比べに県議会の加勢を得る見通しは立たなかった。

(2) 市長フレヴィルの役割

1) レンヌ・フレヴィル市政の「変質」?　フレヴィルは、53 年から 77 年まで、つまり高度成長期の全期間にわたって市長を務め、官庁の街でしかなかったレンヌ市に次々と先端産業の企業を誘致し、急激な産業発展を受け入れるのに必要な、上下水道整備や集合住宅建設などの都市開発を指揮した。そのフレヴィル市政に対して、レンヌ大学地理学教授のフリポノー（Michel Phlipponneau）は、コミュン選挙前の 76 年に公刊したレンヌ市政分析の書の中で、フレヴィル市政は右傾して中央政府の言いなりとなり、画一化された都市開発事業を展開したと厳しく批判していた[18]。MRP（人民共和運動）と社会党 SFIO の中道左派連合に基いて成立した第一期のフレヴィル市政は、基盤とする民衆階層を戦後の深刻な住宅危機から救済すべく、大規模な HLM 建設を精力的に進めたと高く評価する一方で、59 年選挙で社会党と袂を分かって以降は、外部企業の誘致による経済成長第一（à tout prix）路線を突き進み、賃貸 HLM よりも高級分譲住宅を、団地住民向けの公共施設よりも都心再開発による商業センターを優先する、特権層の利益に寄り添う姿勢に堕していったと糾弾する[19]。

フリポノーが裏切りや変節を非難するのは、フレヴィルが単なる能吏型の公選行政官ではなく、同時に MRP やその後身のキリスト教民主主義勢力に属する政党政治家、「信念固き（convaincu）ミリタン（活動家）」でもあったからだ[20]。

---

[17]　例えば、1962–4 年の農村道路「近代化」計画の資金配分を巡る論戦を見よ。PVCG IlV 1962 I D 14/5/62, pp. 481–490. PVCG IlV 1962 II R1/63, pp. 126–139 ; D 9/1/63, pp. 623–633. PVCG IlV 1964 II D 14/1/65, pp. 438–440, 496–509.

[18]　Phlipponneau, *Changer la vie, changer la ville : Rennes 1977*, La Baule : Breiz, 1976, pp. 113–4, 156–9.

[19]　Phlipponneau, *Changer*, pp. 77–81, 87, 159–161, 164–9, 176–8, 184–5.

[20]　北部出身で、高校教員を経て戦後はレンヌ大学文学部の歴史学教授となる傍ら、戦前からサンニエ（Marc Sangnier）率いる「青年共和国」（Jeune République）のミリタンとして活動した。レジスタンスを経て戦後は MRP 創設に参加し、47 年レンヌのコミュン選挙に

60 年代末までは、①MRP やキリスト教民主主義の信条や組織への忠誠は極めて堅く、②ド・ゴール派政権に対しては極めて厳しい態度を維持した[21]。与党ド・ゴール派との間に第五共和制の憲法の統治制度などを巡って越えがたい深い溝を見る、キリスト教民主主義勢力の基本原則にあくまで忠実だったのである。しかも、レンヌ市庁舎内で MRP のミリタンであったのはフレヴィルだけではなかった。市政は連立（59 年までは社会党、65 年以降はモデレとの提携）だったが、フレヴィルの長年の盟友・相棒にして、本章の主役の一人である都市計画（というよりインフラ整備）担当（53 年―）から筆頭助役となった（62–71年）グラフ（Georges Graff）をはじめ、住宅建設担当で市 HLM 公社理事長も務めたウイスト（Guy Houist：59–73 年）、社会政策担当のグリモー（Léon Grimault：53–62 年）やプレヴェール（Renée Prévert：62–77 年）、ジャントン（Victor Janton：53–77 年。グラフ辞任後は筆頭助役となった）など、市の重要政策を所管する助役は MRP 党員、しかも筋金入りのキリスト教民主主義のミリタンで固められていた。

　フリポノーは CELIB の幹部の一人（副会長などを歴任）であり、専門を活かす形でブルターニュの産業振興を目指して活動したが、後述するように、62年以後、プレヴァン以下の CELIB の「名望家」（特に国会議員や大都市首長）が、政府との対決を諦めて実利を確保する路線に舵を切ると、これを不満として左傾し社会主義へ接近した。フレヴィルが引退した 77 年のコミュン選挙に左翼連合リストから出馬して、筆頭助役となったフリポノーの主張には選挙宣伝が混じっているし、フレヴィルやその市政が「右傾」したかどうかについては先行研究にも争いがある[22]。

　　出馬し RPF（ド・ゴール派）の市長を支える与党の一角として助役を務めた。現職が引退した 53 年の改選で MRP リストを率いて勝利し市長に就任すると、58 年春の改選で県議会に議席を確保し、秋の総選挙にも勝って名望家の仲間入りをした。

[21]　66 年、内相宛に作成した県議会議員の一覧表の中で、県知事はフレヴィルについて、「第五共和制の制度に好意的な立場を見せたことが一度もない。今日、政権への敵意をますます激しく表明するようになっており、県内で最も腹の据わった（décidés）野党のスポークスマンの一人である」と評している。ADIIV 1002W21.

[22]　Jacqueline Sainclivier, *L'Ille-et-Vilaine, 1918–1958*, Presses Universitaires de Rennes, 1996, pp. 317, 327, 359. Patrick Le Galès, *Politique urbaine et développement local*, l'Harmattan, 1993, p. 164.

第 4 章　ブルターニュ開発の中のレンヌ都市圏　　265

しかし、フレヴィルらの堅固な党派的姿勢にも拘らず、前章で見たサンテティエンヌやグルノーブルの事例に比べると、都市開発を巡る基本方針において、中央政府や出先官僚制との間に際立った対立や齟齬が見られなかったのは事実である。フレヴィル市政の都市開発事業が、当初のHLM最優先から商業的な価値重視に転じたのも、国の政策の展開に乗ったものに過ぎないと見ていいだろう[23]。しかし、開発政策の大枠に齟齬がないからといって、レンヌ市政の都市開発事業が直ちに中央に対して自律性を欠いていたということにはならない。本書では、大都市コミュンが分権化を要求するようになる前提として、自律的にインフラ整備事業を遂行する能力を持つかどうかを問題にしているのであり、独自の政策路線を採用することは自律性の帰結のひとつに過ぎないからだ。但し、基本路線の対立が見られない場合、都市コミュンの自律性の有無は判別し

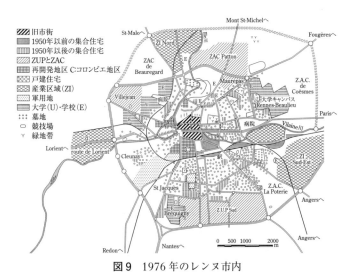

図 9　1976 年のレンヌ市内
出典：Phlipponneau, *Changer*, p. 155.

---

[23]　77年コミュン選挙後に刊行されたフレヴィルの回顧録は、HLMの規格やZUPの公共施設への財源配分などに関する、厳しく、時に不合理な国の規制や方針によって、至るところで不本意な計画変更を強いられたと嘆く一方で、住宅建設や都市再開発、用地ストック形成などの市の政策は在任中、「一貫して実効的」であったと強調している。Henri Fréville, *Un acte de foi*, Rennes : SEPES, tome I, pp. 77, 189–193, 223–7, 234.

にくくなり、事業遂行過程を詳細に追跡する必要がある。前章の事例より密度の濃い記述が行われるのはそのためである。

2) 初期の都市開発とフレヴィルの「口利き」 レンヌ都市圏では、戦後、他に先駆けて大規模な公共投資が始まっていた。53 年に CDC に大量の余剰資金が発生し、地方自治体のインフラ投資へと流れ出すのとほぼ同時に、大型の都市開発事業が次々と実施に移された (図 9 参照)。主なものに限っても、53 年冬の住宅危機に対応して、54 年以降、市内 Cleunay などに「緊急団地」(Cité d'urgence)[24] の建設を進めたのに続き、市北東部のモールパ (Maurepas) に HLM など社会住宅 2 千戸を整備する計画を政府に認めさせ、56 年に着工した。間髪を入れず市西部のヴィルジャン (Villejean) 地区に居住区造成を決定し、計画策定中の 58 年末に ZUP 制度が創設されると、南部ブローヌ (Blosne) 地区と並んで、全国でも最初の ZUP に認定され、財政計画も政府 (FDES) から所要の承認を得た (94 頁参照)。

こうした住宅整備は、当初こそ民衆の住宅難を解消する目的に発していたが、政府の産業地方分散化政策に従って移転先を探していたシトロエンが、レンヌの商業会議所が市西端のロリアン街道 (Route de Lorient) に造成を始めていた ZI (産業区域) に白羽の矢を立てるや、周辺の農村コミュンから流入する多数の労働者に住居を提供する、いわば産業政策の側面が強くなった。都市再開発事業は、56 年の市公社設立によって始動した。狭義の産業振興事業も強力に推進された。相次ぐ ZI 造成に加え、58 年にシトロエンが第二工場としてレンヌ南郊を選ぶ際には、必要な量の上水供給をレンヌ市が確約することを進出決定の条件として突き付けられた[25] ため、「レンヌ第三」(Rennes III) と呼ばれる市の上水供給能力の増強計画 (第一次大戦前から数えると 30 年代に続いて 3 度目の水源確保の工事に当たるためこう呼ばれる) に乗り出し、63 年に稼動を開始した。

---

[24] ホームレス救済運動を受けて、国が急遽設けた制度だった。檜谷「フランスの住宅政策」199 頁参照。

[25] Citroën, "Alimentation en eau de l'usine dont la création est envisagée par la Société A. Citroën sur la commune de Chartres de Bretagne", 1/10/58, ADIlV 52J105. Fréville, *Un acte*, tome I, p. 329.

第4章　ブルターニュ開発の中のレンヌ都市圏　　　267

　50年代末以前については利用可能な史料が極めて限られているが、フレヴィルの回顧録などを手掛かりとすれば、この時期の都市開発事業に関しては、資金配分を通じた中央の統制は相対的に強くなかったことが推定される。

　まず、第1章第4節で詳述したように、第四共和制下での公的資金の配分はなお官僚統制が緩く、むしろ閣僚を筆頭とする政党政治家の党派的な配分の余地が大きく残されていた。フレヴィルの属するMRPが野党だったのは、54年後半と56–57年の2年余りに過ぎない。フレヴィルは党閣僚（例えばフリムランは55年2月—56年2月、57年11月—58年5月の蔵相）や、同じキリスト教民主主義勢力に属し、CELIB会長でもあるプレヴァン（52年3月—54年6月の国防相）に陳情することで効率的に資金の獲得を図ることができた[26]。第五共和制に入っても、MRPは62年5月まで与党であり、フリムランらが閣内に留まったため、フレヴィルも、親交の厚かったフォンタネ（Joseph Fontanet：サヴォワ県選出代議士、60–62年に商工閣外相、次いで保健人口相）ら党閣僚を通じて、有利な取り扱いを引き出すことができた[27]。

　しかし、こうした党の"利益誘導"に頼り切りになるのではなく、フレヴィルは、知事団出身の閣僚シュドローや、会計検査院出身でDATAR（国土整備・地域行動庁）高官となったモノー（Jérôme Monod）といった有力な高級官僚に幅広い個人的なコネを持っていた。MRU（後の建設省、設備省）の国土整備局の高官（58–63年に局長）であったランデ（205頁参照）もルイ大王高校時代の同級生であり、シトロエンの地方進出計画から都市再開発事業に至るまで、熱心な支援を受けた旨が回顧録に記されている。国民教育省高等教育総局長（1953–60年）として、大学施設整備や移転計画に関する調整に奔走してくれたベルジェ（Gaston Berger）は、レジスタンス参加を経て、解放時のマルセイユで、レンヌのフレヴィルと同じ情報局長を務めた縁から親交があった[28]。

　とはいえ、フレヴィルの交渉の相手は個人的な親交のある人物には決して限られなかった。回顧録の中で信頼を得て優遇されたとして特筆されているのは、

---

[26]　Lettre de Fréville à Graff, 19/3/58, AMR 31W14.

[27]　ADIlV 52J204, Dr. Fontanet. 病院や学校など所管事項について多数の案件処理を依頼している。

[28]　Fréville, *Un acte*, tome I, pp. 254–5, 328.

268 第2部 都市開発における自律性の条件

CDCのブロック・レネら、複数の公的金融機関の経営陣である。グルノーブルの上水危機の際のブロック・レネの対応（214頁）が示すように、彼らの選別の基準は、融資対象となるインフラ整備事業の価値と、これを実施する地方自治体の能力に限られていた。フレヴィルの在任中の起債の全てをCDCに引き受けて貰えた[29]とすれば、それは何よりも、フレヴィル市政が極めて高い事業遂行能力を持つことを、シトロエンの第一工場の受入れや「緊急団地」の建設を通じて強く印象付けた結果であった。

　シトロエン第二工場の誘致の際は、レンヌは設備投資特別補助金（次頁）の率が低いため、他の地域に攫われそうになる危ない場面もあったが、フレヴィルがシュドロー建設相に依頼して蔵相に補助率の引上げを掛け合ってもらうなどの支援を受けて乗り切ったという。シトロエン進出に伴う住宅建設の加速やバイパス道路（rocade）の整備にも、ビュロン（Robert Buron）らMRP閣僚に加えて、閣内のシュドローの助けが大きかったという[30]。フレヴィルが建設相の信頼を勝ち得ていたのは、シトロエン第一工場の受け入れに加えて、59年にシュドローが指示した都市圏の開発計画も手際よく作成した［後述第3節(1) 1)参照］点でもレンヌ市政の能力が印象付けられていたからであろう。この計画作成を担当した計画庁のロールも、レンヌのインフラ整備事業が優先的に資金の手当てを受けるのは、今のレンヌ市政がインフラ整備問題を長期的に考える必要を理解しており、特に有能で信頼できるパートナーだからだと述べている[31]。同じことは、上に見たランデにも概ね当てはまる。フレヴィルの吹聴する同級生云々の付き合いだけでは、国土整備局長が相手にする無数の地方都市の中にレンヌも埋没していただろう[32]。

---

[29]　Fréville, *Un acte*, tome I, pp. 57, 190.

[30]　Procès-verbaux de la municipalité de Rennes, 6/2/59, ADIlV 52J105. Fréville, *Un acte*, tome I, pp. 330–1.

[31]　Procès-verbaux du Comité 2ter de la FDES, 7/6/62, AN 19770773–11.

[32]　局長就任の59年から61年までのランデの発信書簡を参照。Fonds Pierre Randet 344AA, B012, Centre d'archives d'architecture du XXᵉ siècle. 統制色の強い（dirigiste）段階の国土整備政策を担ったランデは、50–60年代のフランスに典型的なテクノクラートと形容できる人物であった。

(3) CELIB の役割とその変化

しかし公的金融機関や所管省庁の求める技術的合理性にひたすら順応するのが習い性となれば、都市開発の自律性は失われていくであろう。この時期のフレヴィル市政がこの途を辿らずに済んだ理由の一つは、本章の冒頭 [(1) 1)] で述べたように、ブルターニュの産業開発を目指す CELIB の圧力活動の恩恵を受けたことにある。

但し CELIB の活動は、フリポノーが「名望家の裏切り」と呼ぶ、62 年の戦略転換の前後で、大きくその形態と役割を変えたことに注意が必要である。一言で言えば、62 年以前には、CELIB がブルターニュ全体の開発を要求する結果、その恩恵がレンヌ市に集まる形となり、中央からの統制をかわしやすくなっていた。これに対して、62 年以後、CELIB の活動は、産業振興を目指すブルターニュの個々の都市を、産業地方分散化や国土整備を所管する中央省庁に仲介することが主となり、いわば中央の統制強化の水先案内人の役割を果たすようになったのである[33]。

55 年のフォール (Edgar Faure) 政権が産業分散化を促進する一連の政令を出し、斜陽産業の衰退に見舞われた「危機地区」(zones critiques) に指定されると、進出した企業に「設備投資特別補助金」(prime spéciale d'équipement) が交付されるといった制度が制定され、地方の産業振興を軸とする国土整備政策が本格化する。政策遂行の地方における受け皿として、政府は 55 年 10 月に CELIB を、当時各地に叢生しつつあった大小の地元経済振興運動と共に、「地域経済成長委員会」(Comité régional d'expansion économique) の一つとして公認し、翌 56 年 7 月には、52–53 年に CELIB が作成した「ブルターニュ版プラン」(Plan d'aménagement, de modernisation et d'équipement de la Bretagne) に促される形で、CELIB と共同で「ブルターニュ地域振興プロ

---

[33] 以下、CELIB の運動戦略とその転換については、下記による。Christian Bougeard, *René Pleven*, Presses universitaires de Rennes, 1994, pp. 351–362. Joseph Martray, *Vingt ans qui transformèrent la Bretagne*, France-Empire, 1983, pp. 83–188. Michel Phlipponneau, *Debout Bretagne!*, Saint-Brieuc : Presses universitaires de Bretagne, 1970, pp. 26–96. Phlipponneau, *Géopolitique de la Bretagne*, Rennes : Ouest-France, 1986, pp. 55–61, 67–79. Yann Fournis, *Les régionalismes en Bretagne*, P.I.E.-Peter Lang, 2006, pp. 111–125.

グラム」（256頁）を制定した。

　このようにこの時期のCELIBはブルターニュ全体の開発を目指す計画の採択と実施を政府に迫る方針で圧力活動を展開していた。レンヌこそブルターニュを産業化するには避けて通れない入り口である限り、レンヌ都市圏は、CELIBの“集合行為”の果実を真っ先に手にできるという、極めて恵まれた立場にあったのである。

　第五共和制への移行後、暫くしても「ブルターニュ版プラン」は政権の国土整備政策に一向に取り入れられなかった。59年12月、ブルターニュへのインフラ整備計画を採用しなかった60年予算案に対して、CELIB所属の全議員が（与党ド・ゴール派も含めて）反対投票して政権に圧力をかけた。当時、ド・ゴール派は単独では過半数議席に遠く及ばず（465議席中198）、既成政党の支持で漸く政権を維持していたため、党派を超えた地域ぐるみの脅迫の効果は大きかった。ドブレ首相は、プレヴァン以下のブルターニュ議員の代表団と面会し、年明け1月下旬にレンヌに来訪してCELIB主催の会議に参加するなど、極力宥和的な姿勢を見せた。61年にはアルジェリアでの軍部の叛乱などを背景に、政権の態度は更に宥和的となった。62年6月、下院の第四次プラン審議の中でプレヴァンは、持論である「ブルターニュ基本法」の制定を定める修正案を多くのブルターニュ議員の署名を得て提出した。ドブレを引き継いだポンピドゥー首相は、第四次プラン法案を修正してブルターニュ向けの公共投資計画の立法化を約束するなどした。

　しかし首相交代に加えて、憲法改正案承認の国民投票勝利の余勢を駆ってド・ゴール派が62年11月の総選挙で圧勝し、ジスカール派を合わせて過半数を確保すると、CELIBの圧力は一挙に効果を失った。ブルターニュ議員に譲歩する必要を感じなくなった政権はブルターニュ基本法案を2年にわたって店晒しにした挙句、64年6月、漸く閣議に提出された法案は、大統領ド・ゴールによって、「一地域を特別扱いして国を二分するつもりか」と一蹴されたのである。この破局に先立って、既に64年1月の段階で、会長プレヴァンはブレストで開かれたCELIB大会で運動が袋小路に陥ったことを認めざるを得なかった。以後、CELIBは、政権への政治的な圧力行使や異議申し立て運動によって地域全体の一挙的な産業振興を目指すという「ブルターニュ版プラン」や「基

第4章 ブルターニュ開発の中のレンヌ都市圏 271

本法」が前提としてきた発想を放棄する。「非政治主義」を掲げつつも実際には政権に接近し、個別の案件毎に「口利き」によって具体的な利益を引き出す路線に転じたのである。この転換は後にフリポノーら CELIB 内の急進派によって「名望家／政権追随主義者 (inconditionnels du pouvoir) の裏切り」と糾弾された。

　CELIB の活動形態には 62 年頃を境に決定的な変化が起きた。政治の表舞台で異議申し立てや圧力行使をする代わりに、舞台裏に回ってブルターニュ進出を計画する企業と受入れを希望する地方自治体を結び付けるのが主たる役割となったのである。

　この活動はその大前提として、数あるフランスの地域の中からブルターニュを移転先候補とするよう、中央省庁から企業に対して助言ないし圧力をかけて貰うことが不可欠である。しかし CELIB の集合行為の圧力がないところで、ブルターニュ優遇の姿勢を中央の高級官僚から引き出すには、産業誘致のために官僚制が要求する様々な条件を忠実に充たすよう地元自治体の首長らを「指導」する他はない。中央の官僚制の意向を忖度しこれに迎合する心性が広く地域の首長らに植え付けられていくことになる。レンヌ都市圏も決してその例外ではなかった。65 年以降の電機産業 (SGS Fairchild) のレンヌ進出などにも、CELIB は大きな役割を果たしていたからである[34]。

---

[34]　以上、Marzin, "Le rôle", pp. 122–3. Fairchild については ADIlV 52J107 も参照。

第2節　CDC系地域開発会社をめぐる力学

本章冒頭［第1節(1)2)］で述べたように、地域単位で創設されたブルターニュの開発SEMであるSEMAEBは、レンヌ市から多数の都市インフラ整備事業を受託し、これによってレンヌへの公的資金の集中を増幅する役割を果たした。ここでもし、SEMAEBがSCET＝CDCの実質的な子会社としてその意を施主である地方自治体に押し付ける存在となれば、最大の顧客たるレンヌ市のMRP市政は、SEMAEBを通じて、公的金融機関の強烈な統制に直接曝されることになろう。しかし、第3章の分析は、戦後のイゼール県（グルノーブル）とロワール県（サンテティエンヌ）を比較対照することで、SCETの実質的子会社という点では同じでも、各々がおかれた政治的磁場次第で、県開発SEMはSCET＝CDC中央の手先にも、県議会や地元自治体の忠実な僕にもなりうることを示した。

本節は、この点でSEMAEBは中間的なケースだったことを明らかにする。意のままに事業を進めようとするSCET側に対して、理事長プレヴァンや、レンヌ市を代表する筆頭助役グラフが理事会でそれぞれに待ったを掛けた結果、拮抗した力関係が生まれていたのである。

(1) SEMAEB執行役とSCET地域代表部長の対決

1) **紛争の文脈**　SEMAEBの前身となるブルターニュ設備整備調査会社（Société d'Études pour l'Aménagement et l'Équipement de la Bretagne）は、CELIBの強い圧力を受けた政府のブルターニュ開発政策［第1節(3)参照］の一環として、SCET＝CDCの後援の下に1957年10月設立された。58年6月に正式に発足したSEMAEBでは、他の県開発SEM同様、株主であるブルターニュの県や主要都市の代表が理事会の大部分を占め、理事長（Président）にプレヴァンを戴いて、会社の運営管理に責任と権限を負っていた[1]。この理事会の下に執行役（Directeur）が置かれ、地元地方自治体代表に答責する形に

---

[1]　Noël, "Rôle d'une S.E.M.", pp. 60–7. 設立の経緯から、CELIBも株主に名を連ねた。

なっていた。

　しかし、既に（84、243-4頁）見たように、全国の多くのSCET＝CDC系の
SEMでは、執行役は実態としてはSCET職員のいわば「出向」であり、そ
うでなくても殆どの場合は、事実上SCET側の指揮命令下に置かれていた。
SEMに事業資金を供給し都市開発などに関する専門知識・技術を提供するの
はSCETに他ならず、SCET抜きではSEMはいかなる事業も受託すること
はできない。会計・人事など、会社としてのSEMの日常の管理運営一切も
SCETが引き受けている場合が殆どであった。自治体の方も、SEMの株主と
いっても、その株式自体、一旦CDCやSCETが全て引き受けたものをCDC
から融資を受けて自治体が買い取った形を整えたに過ぎないのが普通だった。
こうした全面的依存関係の前に、法制上の建前は吹き飛び、SEMはSCETの
「子会社」（filiale）であるという理解がごく自然に罷り通っていた[2]。

　58年の創設後、数年の間は、SCETから派遣された執行役ポル（Polle：在
任58年6月10日―64年9/10月）は、SCETからの支援や統制はあまり受
けずに、自前の組織のみで事業を遂行できたと述べている[3]。しかし62年に
SCETのブルターニュでの出先機関である西部地域代表部（Délégation régio-
nale Ouest）が、当初置かれていたアンジェ（Angers）からレンヌに移ってく
ると同時に、着任した代表部長（Directeur délégué）デュコンジュ（Ducogne）
はSEMAEBの管理運営への介入を大々的に開始した。65年末まで断続的に
続く、SEMAEB執行役とSCET代表部長との間の激しい権限争いの始まり
である。全国のSCET系の開発SEMの中でも、こうした紛争が表面化し、最
後はCDC総裁のブロック・レネまで出馬してくる[4]という派手な展開になっ
たのは全く異例である。

　しかし、この紛争を地元自治体とSCET＝CDCの間の力比べと見て、
SEMAEB執行役の二度にわたる更迭で後者が勝利したとするような安易な解
釈には注意が必要である。SEMAEB執行役の抵抗には初めから成算がなく、

---

[2]　d'Arcy, *Structures*, pp. 44–46, 57–74.

[3]　Polle, "Note sur le fonctionnement de la Société", s.d. [automne 1962], ADIlV
1076W64.

[4]　Lettre de Bloch-Lainé à Fréville, 29/9/64, ADIlV 31W102.

かつ、その敗北後にも、地元自治体側がSCETの影響力に対抗し施主として
SEMAEBを統制する余地は十分残されていたからだ[5]。

4年にもわたるSEMAEBの執行役ポルやジュレ（P. Juret：66年4月末ま
で在任）とSCET代表部長の間の紛争を逐一紹介することは可能でも必要でも
ないが、両者激突の火種となった争点は大まかに2つに分けられる。ひとつは、
SCET代表部とSEMAEBの間の役割分担や決定権限の所在、指揮命令関係
を巡る紛争である。もう一つは、SEMAEBの監督・管理を引き受けるSCET
に払う報酬（［244頁参照］SEMAEBの場合、当初の定額制から売上げ高の一定
比率とする方式に変更）や、SEMAEBが事業を委託した自治体から徴収する
報酬（事業総経費の一定比率）、或いはSCETがCDCからSEMに回す運転
資金用の短期融資（avances）の利率などである。

初代執行役のポルは、言いなりにSEMAEBが受け入れれば、事業を委託す
る自治体側が損をするようなSCETの指示（報酬率や利率の引上げ、系列の都
市計画コンサルタント会社の押し付けなど）に対して悉く抵抗を示し[6]、更には、
そうした指示は、SCET中央の管理部門の肥大化に起因するSCETの赤字の
拡大を食い止めるために、自治体からの収奪を強化しようとするものだとプレ
ヴァンら理事会の自治体代表に訴えた[7]。これによって、64年の夏前から秋に
掛けて、新たに西部の代表部長となったロゼ（Rozé）らSCET側との亀裂が
修復不能になっただけではなく、ポルがあたかもCDC＝SCETの支配・搾
取に対するブルターニュの自治体の擁護者であるかのような外観が作りだされ
た。その結果、ブロック・レネなど、CDC＝SCET側の最高幹部の指示によ
る一方的な措置（大蔵省からSCETに出向détachementの上でSEMAEBに

---

[5]　この紛争については、SEMAEBについての唯一の包括的な研究であるノエルの同時代の
　　第三課程博士論文で言及され、ごく最近、若いアメリカ人研究者が史料に基いてやや詳しく
　　経緯を紹介した。Noël, "Rôle d'une S.E.M.", pp. 57–8. Matthew Wendeln, "L'amé-
　　nagement des zones industrielles en France de 1945 à 1973", in Verheyde et Mar-
　　gairaz (dir.), Les politiques des territoires, pp. 35–39. しかしWendelnは、本文に記し
　　た二重の意味でこの紛争の文脈を正しく捉えられていない。

[6]　Lettres de Polle à Pleven, 8 et 14/8/62, ADIlV 123W46. Note de Rozé à Polle,
　　9/7/64, ADIlV 52J76. Lettre de Polle à Graff, 9/10/64, AMR 31W102.

[7]　Lettres de Polle à Pleven, 14/8 et 19/9/62, AMR 123W46 et ADIlV 1076W64.

配属されていたポルを大蔵省に戻す人事異動：64年9月23日）[8]によって、ポルが事実上解任され、プレヴァンら理事会も追認させられた（10月8日と15日の理事会）[9]ことで、ブルターニュの地域開発に対してSCETの支配が確立されたかのような印象が生まれた。

　ポルがプレヴァンの意向や自治体の利益を振りかざしたのはSCET側に対抗する上での方便に過ぎないし、そもそも、当時政府や会計検査院からCDCグループに向けられていた極めて厳しい視線［第2章第1節(2)2)］を想起すれば、SCETやSEMがこのまま赤字を出し続けることは許されず、闇雲なポルの抵抗は、事態の収拾に乗り出してきたSCET総裁ルロワらの言う通り、「子供じみた振る舞い」（enfantillage）[10]という他はないものだった。しかも遅れたブルターニュの地域開発への政治的配慮から、広大な管轄領域から生じる高い管理コストにも拘らず、SEMAEBには他のSEMより一段低い報酬率（SCET側から見れば報酬の割引）が認められてきたのである[11]。

　2) 塞がれた自立への道？　しかしポルがこうした行動に出た背景を辿っていくと、62年春に行われたSEMAEBの土地取引部門（service foncier）のSCETへの移管という、以後の両者間の役割分担を決定付ける外科手術にも似た改組がSCET主導で行われたことに行き着く。62年当初、SEMAEBは、創設後僅か3年で20万フランを超える累積赤字を抱えていた。破綻を回避するには増資などで当面の運転資金を確保しつつ経費を大幅に削減せねばならない。地域代表部長デュコンジュは、土地取引部門の要員6人全員をSCETの地域代表部に移籍させてその人件費を負担する一方、SEMAEBの事業遂行の必要に

---

[8]　Lettres de Leroy à Polle, 25/9/64 ; de Leroy à Pleven, 23/9/64 ; de Bloch-Laîné à Fréville, 29/9/64, AMR 31W102.

[9]　理事会の県や大都市の代表の多くは、理事会への事後通告すらなかったことに激怒し、パルフェらSCET側も陳謝したが、同時に、ポルを使い続けるならもう協力はできないと示唆した。この恫喝の前に理事会は腰砕けとなり、プレヴァンの取り成しに従って、解任を決定せざるを得なかった。Procès-verbaux du Conseil d'administration de la SEMAEB［以下PVSEMAEBと略記］, 15/10/64, ADIIV 199W18. Procès-verbaux du Comité de Direction de la SEMAEB, 8/10/64, ADIIV 1076W64.

[10]　Lettre de Leroy à Pleven, 23/9/64, ADIIV 52J76.

[11]　"Rapport au Conseil général sur l'activité de la SEMAEB et ses perspectives d'évolution", s.d.［1962］, AMR 31W102.

応じて別料金で SEMAEB に貸し出すという改組を実行した[12]。

実はこれは、SCET 中央が地域代表部に出した指示[13]に基いて、全国の SEM で赤字削減のために一斉に行われた改組だったが、SEMAEB の場合、ポルは元々大蔵省理財局（Direction des Domaines）で土地取引を専門とし、その手腕を SCET 副総裁パルフェに見込まれて送り込まれた人物だった[14]。58 年 6 月、SEMAEB の前身会社の執行役としてポルが着任した際には、執行役の裁量で土地購入担当要員を雇用・養成する権限が確認されている[15]。しかも、最大の顧客となるレンヌ市の側でも、フレヴィルらは、設立間もない SEMAEB には、用地取得を主要な任務として期待していた。実際、レンヌ市は土地政策（用地ストックの形成）を極めて積極的に進めたことで知られるが、77 年のフレヴィル退任まで、その殆どは SEMAEB を介して行われていた[16]。需給両面からして、まさにこれから事業運営の中核となるべき土地取引部門を取り上げた 62 年春の改組は、他の SEM の場合よりも、遥かに手痛い打撃と感じられていたことが、当時のポルのプレヴァン宛の報告から見て取れる[17]。

報告の中で、ポルは改組と同時に SCET への報酬が引き上げられた（まだ固定額制で 4 万フランが 6 万に）ことを強調して SCET の搾取を非難しているが、実はこの改組で SEMAEB は一旦単年度での黒字転換を果たしたのに対し、SCET 西部地域代表部は一時的に大幅な赤字に陥っている[18]。地域代表部が肩代わりした人件費は当時の SEMAEB の年間総経費の 3 分の 1 にも相当した[19]。創立直後の窮地を脱した SEMAEB が以後順調に発展できたのは、この改組のお陰だったとも言える。

---

[12] PVSEMAEB 23/6/62, ADIlV 199W18. SEMAEB, "Note sur la SEMAEB", 1/2/62, ADIlV 199W19.

[13] Circulaire de la SCET aux directeurs délégués, 9/3/62, ADIlV 1076W64.

[14] PVSEMAEB 15/10/64, ADIlV 199W18.

[15] Procès-verbaux du Conseil d'administration de la Société d'Études pour l'Aménagement et l'Équipement de la Bretagne, 10/6/58, ADIlV 199W18.

[16] Fréville, Un acte, tome I, pp. 75–7.

[17] 註 7 の史料を参照。

[18] s.a., "Étude sur l'activité actuelle de la SEMAEB et perspectives d'avenir", AD IlV 1076W64.

[19] 註 12 所掲の史料を参照。

しかし中長期的に見た場合、この 62 年春の改組は、SCET 側が意図してい
たかどうかに関わらず、専門能力を持った SEMAEB 独自の職員組織の基礎を
破壊し、将来、SCET から自立する芽を摘み取る結果となったということもで
きる。県単位に断片化して設立された通常の SEM は、専門能力の面に限って
も SCET から自立するには規模が小さすぎるのに対し、4 つ以上の県を管轄す
る SEMAEB にはそうした自立の道がありえたと論じることも可能である[20]。
実際、60 年代後半から 70 年代初めにかけて、SEMAEB は事業支出額で全国
の開発 SEM の中で 2 位であり、平均の 4 倍に達していた。これに対して、72
年の職員数は 33 人に過ぎず、66 年の全国の開発 SEM の平均と比べても 5 割
増しに留まっていた[21]。平素ポルの不手際を叱りつけていたレンヌ市筆頭助役
のグラフ[22]が、SCET 地域代表部との紛争では一貫してポルを擁護した[23]のは、
後に見るように、SEMAEB がレンヌ市と協力して、都市計画公社など、地方
側の独自のスタッフを強化しその能力を向上させることをグラフが一貫して追
求していたからだったとも言える。

　但し、仮に自前の専門能力を獲得したところで、SEMAEB の運転資金の短
期融資だけでなく、自治体が調達する事業資金も SCET の背後の CDC の長
期低利融資に頼っている限り、SEM や自治体の SCET への依存関係の根本
を変えることは出来ない[24]。そうであれば、法制上の建前に囚われることなく、
SEMAEB が SCET の監督に服することを認める他はない。少なくとも

---

[20]　Wendeln, "L'aménagement", pp. 36–8 はそのような可能性を強く肯定する立場に立つ。

[21]　d'Arcy, *Structures*, pp. 63, 292–4. Noël, "Rôle d'une S.E.M.", pp. 15, 67.

[22]　例えば、Lettre de Graff à Polle, 12/11/63, AMR 123W46.

[23]　Lettre de Polle à Graff, 9/10/64, AMR 31W102. PVSEMAEB 30/10/64, ADIlV 199W18.

[24]　地方自治体や SEM がいかに政策立案・遂行の専門能力を獲得して SCET から自立し、都
市開発の主導権を奪い返すかという問題を立てたのは、社会学者の Patrick Le Galès と
Dominique Lorrain だが、彼らが分析したのは 82–3 年の地方分権化以後である。70 年代
に公的融資の市場化や「陳腐化」[第 2 章第 2 節 (2)] が進んだ結果、この時期には、自治体
や SEM がもう事業遂行に必要な資金の調達を CDC＝SCET に頼らずに済むようになっ
ていたのである。Le Galès et al., "Les sociétés", pp. 30–35. Lorrain, "De l'adminis-
tration républicaine au gouvernement urbain", *Sociologie du travail* vol. 33–4
(1991), pp. 461–483.

SCET 側は、ポル解任騒動を経てこの見解を強固にしていた[25]。

しかし、65年初めにポルの後任に任命されたジュレは、この点で極めて非妥協的であり、あらゆる機会を捉えて、SEMAEB は SCET の支店や子会社ではなく、その監督や統制に服するものではないと主張し、執行役と代表部長が対等であることを認めさせようとした[26]。当然、半年も経たないうちに代表部長と全面衝突し、就任1年足らずで辞任に追い込まれる。両者間の紛争処理を審議する65年9月の理事会でプレヴァンは、SEMAEB は SCET の子会社ではないと認めつつも、SCET の技術や資金がなければいかなる事業も受託できず、SEMAEB の引き受けた事業が直ちに SCET を拘束するのであれば、やはり SCET こそ最終責任者（responsable et garante）だと述べ、ロゼの言い分をほぼ全面的に支持するに至った。その上で理事会は、役割分担や権限配分で妥協点を見出して和解するよう両者に求めたが、協議は平行線のまま決裂し、ジュレは65年11月に辞職を申し出た[27]。後任にはヴィエンヌ県の SEM 執行役が、まさに SCET 内の人事異動の形で直ちに内定した。その後任も同様に SCET 職員から補任され、ジュレまでの4年間のような紛争が起きることは二度となかった。

(2) グラフとプレヴァン

SEMAEB 執行役の抵抗がこのような形で終わることは予見されたものだったが、仮に執行役と共に SEMAEB が SCET の支配下に置かれても、それによって SEMAEB と事業を委託する地方自治体の間の力関係までもが決まってしまうわけではない。第3章第2節で見たイゼール県の SEM である SADI の場合、ロワール県の SEM である SEDL 同様、執行役は SCET 職員の出向であったが、にも拘らず、イゼール県議会やグルノーブル市は SADI に委託した事業に対する制御を維持していた。

---

[25] Délégation régionale Ouest de la SCET, "Note sur les rapports fonctionnels devant exister entre la SEMAEB et la SCET", s.d., AMR 31W100.

[26] Juret, "Rapport sur l'activité de la Société", s.d. [sept. 1965], ADIlV 31W102.

[27] PVSEMAEB 22/9/65, ADIlV 199W23. Lettre de Juret à Pleven, 25/11/65, AMR 31W100, dossier sur la définition des relations entre la SEMAEB et la SCET.

イゼール県では、与党ジスカール派の有力者であるパケが県議会の多数派を押さえることで、県 SEM である SADI の背後の SCET の資金力に対抗し、SADI に対して統制を効かせることができた［第 3 章第 2 節 (5) 3) 参照］。しかし SEMAEB の場合、当時の地域圏には公選の議会はなく、SCET に対抗するには、プレヴァンの議会・政府・地域における個人的な影響力に頼るしかなかった。

但し、SEMAEB 理事会において、地元自治体の都市開発における SCET からの自律性を最も戦闘的に追求したのは、レンヌ市筆頭助役のグラフだった[28]。ポルの後任選びでは SCET の推す候補を退け、ポルの側近の内部昇格を主張するなど、SEMAEB の人事面でも SCET に対抗する意志を前面に出していた[29]。ポル同様、ジュレも SEMAEB の人員増強を求め[30]、技術・専門知識の面だけでも可能な限り SCET からの自立を図り、それをテコに SCET との関係をより水平的な方向に変えようと試みており、グラフはこの努力を理事会で全面的に支援した[31]。

ジュレ解任に至る 65 年の紛争の中でも、グラフはロゼの肩を持つプレヴァンに反論し、あくまで SEMAEB が最終決定権を持つべきだと主張した。とはいえ、もちろんポルやジュレのように、SEMAEB が SCET から自立しうる、SCET なしでやっていけるなどと安易に考えていたわけでは全くない。しかし SEMAEB が自前の組織と専門能力を少しでも強化し、SCET から一定の自律性を示すことができれば、レンヌ市としてもその分だけ、SEMAEB に委託した都市開発事業において SCET ＝ CDC に対する力関係を有利に保ち、主導権を残すことが期待できよう。グラフの行動は合理的な計算に基いた現実的

---

[28] 62 年 10 月、ブルターニュ大都市の歴訪の一環でレンヌ市役所を訪れたルロワに面と向かって、SCET は権威主義的で、費用が高すぎるのに仕事が遅すぎると苦情を述べ立て、フレヴィルを慌てさせた。Note de Polle sur le voyage de Leroy en Bretagne, 18/10/62, ADIIV 1076W64.

[29] Lettre de Graff à Pleven, 13/10/64, ADIIV 123W46.

[30] 勿論全てではなく、註 26 所掲の活動報告では、枢要な分野に限って自前の人員でカバーするよう提案している。Juret, "Notes relatives au projet de protocole présenté par M. Rozé", s.d. [octobre 1965], AMR 31W100 も参照。

[31] PVSEMAEB 3/5 et 22/9/65, ADIIV 199W23.

なものと評価できる[32]。

ところがレンヌ市長フレヴィルは、グラフの強硬な姿勢を危ぶみ、これ以上 SCET 側と対立せず、ルロワらと友好的に協力するよう繰り返し警告を加えていた[33]。フレヴィルはグラフとは反対に、SCET を含む中央の諸機関と直結のパイプを持つことを何よりも重視していた。SEMAEB の自律性確保に関心はなく、そのような試みは中央との紛争の種になるとしか考えていなかったようだ[34]。

しかし、ジュレを支援しようとするグラフにとってより大きな障害になったのは、理事長プレヴァンの態度である。ジュレが SEMAEB の人員増を求めた際も、プレヴァンはブレストに支社を新設し支社長を置くことには同意したものの、過去に土地取引担当の増員が SEMAEB の累積赤字を招いたことを指摘して、ジュレやグラフの求める全般的な補強は認めなかった。それどころか、SCET から支援の人手を増やしてもらえばよいではないかと言い放ち、ジュレを切歯扼腕させた[35]。

既に触れたように、ジュレ解任に至る紛争の収拾過程で、プレヴァンとグラフは、それぞれロゼとジュレを支持して真っ向から対立するに至った[36]。両者は事業を委託する自治体の利益を図る点では同じだったが、グラフが都市開発における自治体側の自律性をいかに守るかに腐心していたのに対し、プレヴァンの方では、コミューンの財政負担をいかに減らすかが関心の中心を占めていた。ポルやジュレが固執した SEMAEB の人事・組織問題や、SCET との権限争いについては早々に譲歩したプレヴァンが、コミューンの経費負担に直結する SCET に支払う報酬率などの問題については、SCET の要求に執拗に抵抗したのはその証左である。

---

[32] グラフはジュレ辞任後も SCET の人員を借り出すのではなく、自前の職員を増やすことを主張し続けた。例えば、PVSEMAEB 8/7/66, ADIlV 199W19.

[33] Lettre de Fréville à Graff, 8/10/65, AMR 31W14.

[34] 65 年夏のジュレを巡る紛争の最中にも「SEMAEB と SCET の間で騒ぎ（drames）になるのは絶対に避けるべし」とグラフ宛の指示に記している。4/8/65, AMR 31W207.

[35] PVSEMAEB 3/5/65, ADIlV 199W23.

[36] PVSEMAEB 22/9/65, ADIlV 199W23.

実際、SCET 地域代表部は報酬率の 1.5%[37] への引上げに固執し、あらゆる場面を利用してプレヴァンに要求し続けた。しかしプレヴァンは何度催促されても首を縦に振らず、遂に 64 年 12 月に認めた際もあくまで 64 年度限りとさせた[38]。その後も似たような綱引きが毎年続き、結局、1.5% への恒久的な引上げが認められたのは、大統領選挙後の 69 年 6 月に法相として入閣したプレヴァンが SEMAEB 理事会を去った後、70 年 6-7 月のことだった[39]。

プレヴァンのこうした態度が、単に SEAMEB の財務改善のためではなかったことは、64 年 12 月、SEMAEB が SCET に支払う報酬率を引き上げた際にも、SEMAEB が施主の自治体に請求する報酬率は引き上げず、3% のまま据え置くよう執拗に要求したことから明らかである。更に 66 年 1 月には、レンヌや、プレヴァンの地元であるディナン（Dinan：コトデュノール県東部）の ZUP や ZI の工事で、SEMAEB が人手不足から SCET 職員の応援を頼んだために、その経費が SEMAEB に地方自治体から支払う報酬に上乗せされ、報酬率が事業経費の 4.5% にも上ったことを問題視し、SEMAEB の人繰りの都合で自治体間に不公平が発生するのは容認できないとして、通常の SEMAEB の報酬率 3% との差額 1.5% を SEMAEB が負担することを、SCET 代表部の猛烈な反対と抗議を押し切って理事会に認めさせた[40]。

SCET が系列の都市計画コンサルタント会社などに発注するよう、傘下の SEM に圧力を加えていたことについても、プレヴァンはグラフほど神経質ではなかったが、その経費を顧客である地方自治体に転嫁するという話になると、一転して慎重になった。例えば、全国の ZI の工業用地をリスト化し地方進出を考える企業に情報提供してマッチングを行う SCET 系の子会社との契約について、67 年 12 月の理事会では、強く反対するグラフに対して契約を 1 年限

---

[37] 全国の他の SEM では 1.5% が一律に適用されていた。d'Arcy, *Structures*, pp. 66, 69.

[38] Procès-verbaux du Comité de Direction de la SEMAEB, 2/10/63, 8/10/64 et 12/12/64, ADIlV 1076W64. PVSEMAEB 2/10/64, AMR 31W102. Délégation régionale Ouest de la SCET, "Rémunération de la SCET. Note de présentation", 2/10/64, AMR 31W102.

[39] PVSEMAEB 8/7/66, 22/5/67, 4/7/70, ADIlV 199W19 et 21.

[40] PVSEMAEB 24/1/66, ADIlV 199W19.

定とすることで説得する一方、本来 ZI を造成した自治体が負担すべき契約料金を SEMAEB 負担とすることを提案し、これも SCET 側の執拗な反対を無視して決定に持ち込んだ[41]。

このようにプレヴァンは、理事長の職権に中央での政治的影響力も相俟って、SCET の要求に抗い、時には自らの選好を SCET に押し付ける力すら持っていた。但しグラフらの望みとは裏腹に、プレヴァンはこの影響力を都市開発事業における自治体側の主導権の維持には使おうとしなかった。SCET の主導権を認め、事業を丸投げした上で、その経費を少しでも引き下げる方にプレヴァンの関心は集中していた。こうした姿勢は、個別的な経済的便宜と引換えに地域の開発に関する政治的決定権を中央政府側に委ねてしまうという意味で、フリポノーが「名望家の裏切り」と評した、64 年の CELIB の路線転換以後のプレヴァンの動きとも重なる。

実際、ジュレとの紛争でプレヴァンのお墨付きを得た SCET 側は、元々持っていたテクノクラティックな指向性を SEMAEB に対してもはや隠さなくなった。ジュレの辞任が承認された翌年 1 月の理事会で出された声明文では、新規の案件の引受けや資金計画作成には SCET の承認が必要と明記された[42]。66年の内部メモでは、CDC = SCET にとって、SEMAEB は地方自治体より統御しやすい投資主体に過ぎず[43]、SEM の資金利用への統制を強化することで CDC の投資資金配分の計画化が可能になる、SEMAEB は CDC グループの中で地元自治体の出してくる事業案件を選別する最初の関門の役割を果たすのだ[44]と、CDC 側の本音が露骨に述べられている。

SCET が SEMAEB に対する集権的な統制を貫徹させつつある中、対抗しうる影響力を持つプレヴァンがこれに逆らわず、地元コミュンに経費面の「実利」を齎すことに専念している中で、SEMAEB の随一の顧客であるレンヌ市

---

[41]   PVSEMAEB 16/12/67, p. 8, 27/4/68, pp. 5–8, ADIIV 199W20.

[42]   "Déclaration adoptée par le Conseil d'administration du 24 janvier 1966", AMR 31W102.

[43]   s.a. [SCET], "La SEAMEB", s.d. [1966], ADIlV 199W19.

[44]   s.a. [SCET], "SEMAEB, organe de liaison entre la Caisse des dépôts et les collectivités locales", s.d. [1966], ADIlV 1076W64.

第 4 章　ブルターニュ開発の中のレンヌ都市圏　　　　　　283

レンヌ市の都市計画担当助役グラフ（1960年代に撮影）：ビール醸造業経営者の家に生まれる。MRP に入党するや、45 年、レンヌ市内の選挙区から県議会に当選し、県都周辺の上水組合の結成などに貢献した。49 年の改選で議席を失った後、53 年のフレヴィル市政発足に加わった。Archives de Rennes, 350 Fi 51.

はいかにして委託した多数の都市開発事業における主導権を確保したのか。フレヴィルが SCET と事を構えることに腰が引けがちだったのに対し、市の利益と発言権を確保するために正面から闘ったのはやはりグラフである。

第3節　1960年代前半：都市開発をめぐる綱引き

　1960年代のレンヌの都市開発は、市長フレヴィルと筆頭助役グラフの間の堅固な分業の下で遂行された。施主たる市の方針を決定し、委託先のSEMAEBに指図し、SCET地域代表部や省庁出先の技師らの介入と闘いながらインフラ整備事業の実務を取り仕切ったのはグラフである。アルザスの家系で、パリの理系エリート養成校・サントラルを卒業したグラフは、「頑固で威圧的でまるで手に負えない性格」「わずかな反論も捨て置かず、議論されるのは我慢ならず、自分が一度決めたことは決して曲げず、抵抗するものは全て打ち砕く」と同僚の古参助役にすら恐れられると同時に、驚くべき勤勉さで所掌の事業の細部にまで精通し、自らの「秩序と手順méthode」を事業遂行の隅々にまで貫いた。これに対し、伝統的な知識人の典型に近く、「過度なまでに礼儀正しく、融和を欲し、常に接触と対話を求める」[1]と評されたフレヴィルの役割は、県知事や中央の高級官僚の協力を取り付け、与野党の別を越えた政界大物とのコネを活かして、事業資金の不足や許認可の問題を解決することであった。性格も能力も対照的な両名は、都市開発において何を最も優先すべきかにおいてさえ、早くから上に見たような食違いを見せていた。

　この二人が1953年以来、20年近くにわたって日々緊密な協力関係を維持し、ほぼ二人だけで[2]60年代の市のインフラ整備の広範かつ複雑な業務を差配することができたのは、両者がキリスト教民主主義の同志的結合によって支えられていたからである。日々交わされた無数の書簡（ないしメモ）は、ド・ゴール派閣僚への「口利き」の首尾や、ダムの取水量の見通しに関する報告がキリスト教民主主義勢力の行く末を占う分析と渾然一体となっている。

---

[1]　以上、Lettre de Janton, adjoint, à Fréville et à Graff, 16/2/69, AMR 31W207.

[2]　フレヴィルが県議会議長に就任した66年、市の事務長（secrétaire général）としてロラン（René Rolland）が加わり、両名の日常業務負担は軽減されたという。Lettre de Fréville à Graff, 20/8/66, AMR 31W207. しかしグラフの退任までロランが政策決定で大きな役割を果たした形跡はない。

(1) グラフの闘い

1) 不発に終わった都市計画への中央の介入　既に見たように、シトロエン第一工場の受け入れに続いて、市内の HLM などの住宅建設などは既に 50 年代半ばに始まっていたものの、2 つの ZUP（西部・ヴィルジャン地区、次いで南部・ブローヌ地区）や、シトロエン第二工場受け入れのためのインフラ整備（上水の「レンヌ第三」計画、バイパスなど）、都心のコロンビエ（Colombier）地区などの再開発計画などを以て、レンヌ市の都市開発が本格化するのは、50 年代末から 60 年代初めに掛けてである。

　丁度同じ頃、第五共和制への移行に伴って、中央省庁は上から広域の都市計画を作成させようと強引な介入を始めた。レンヌにおいても、都市圏の本格的な開発計画の検討は、サンテティエンヌ［第 3 章第 1 節 (2) 2) 参照］やグルノーブル［同第 2 節 (1) 2) 参照］同様、計画庁のロールら、中央からの働き掛けによって開始された。58 年 4 月、計画庁のマセ（直後に建設省建設局長に転じる［第 2 章第 1 節 (2) 3) 参照］）から知事を通じて、設備十年計画を作成し FDES の「第二の三委員会」（Comité 2ter）に提出して優先順位の査定を経て資金の手当てを受けよとの指示が出され、グラフが対応を開始した[3]。59 年 1 月にロールがレンヌに来訪し、知事や各省出先機関、フレヴィルとグラフ、SEMAEB のポルなどを集めてレンヌの設備計画を討議する会合が開催された。シュドロー建設相も、同月に出した通達（93 頁）の中で、主要な地方都市の首長に対して、ランデやマセも交えて膝詰めで都市開発計画を協議したいと招請した。しかし、ロールら計画庁側はあくまで周辺コミューンを含む都市圏を対象に候補事業のリストアップと、優先順位を付した計画、つまりプランの都市圏版の作成を求めた[4]のに対して、グラフらはレンヌ市が既に推進中の事業しか念頭になかった。

　当時のレンヌ市にとっては、「レンヌ第三」計画（市の南西 40 km 弱にあるロフェメル Rophémel ダムから取水）や 2 つの ZUP 建設を遅滞なく進めることが、進出の決まったシトロエンの第二工場を成功させる必須の条件と認識さ

---

[3]　Lettres de Macé au préfet, 24/4/58 et de Graff au préfet, 28/6/58, ADIIV 1205W30.

[4]　Lettre de Laure au préfet, 28/1/59, ADIIV 1205W30. Circulaire du ministre Sudreau, 23/5/59, ADIIV 52J85.

れていた[5]。折りしもロフェメル・ダムに浄水場と導水路を取り付ける工事に必要な融資額をCDCから引き出すことが出来ず、苦慮していた[6]グラフらにとって、実はロールらの介入は、事態の打開を図る絶好の機会だった。

　一方、ロールが都市圏の開発計画の枠組みとして想定していた「都市計画グループ」［第2章第1節 (1) 2)］は上から指定されただけで、現場では未だ何の実体もなかった。61年3月以降、第四次プランの都市圏版の作成が本格化しても、県庁に設置されたワーキング・グループには地元コミュンからはレンヌ市以外は参加しておらず[7]、その結果、向こう4年間に直ちに実施される詳細計画には、レンヌ市の申告した案件しか含まれなかった。この四年版プランがFDESの委員会で承認され、資金計画にCDCからお墨付きを得たことで、「レンヌ第三」計画やZUPなど、レンヌ市の当面のインフラ整備事業は実現の目途が付いた。他方、12年間をカバーする長期計画の方は、都市圏全体を対象として作成されたものの、グラフや出先官僚制の将来構想を繋ぎ合わせたに過ぎなかった[8]。

　中央の介入による開発計画の作成が、レンヌ市側にとってこれほど好都合な結果となったのは、60年代初めの段階では、同市はコミュン間協力に基く広域の都市計画を真剣に考える必要に迫られていなかったという事情によるところが大きい。市は $50 \, km^2$ あまりの面積を持ち、数次の合併で市域を拡張したサンテティエンヌ（$80 \, km^2$）には及ばないものの、産業発展が遅れて域内の土地利用になお十分な余裕があったこともあり、グルノーブル（$18.4 \, km^2$）のように、60年代初めの段階で既に市域が飽和し、もはや単独では更なる都市開発は全く不可能という状態ではなかった。他方、郊外の農村コミュンにとっては、都市開発など未だ現実的な課題ではなかった。サンテティエンヌ都市圏におけるブテオン地区やグルノーブル郊外の共産党市政のように、相容れない開発構

---

[5]　Lettre de Graff au préfet, 20/10/58, ADIlV 1205W30.

[6]　Lettre du maire de Rennes (signée par Graff) au directeur [sic] de la CDC, 6/8/58, ADIlV 1205W30.

[7]　"Programme de modernisation et d'équipement de l'agglomération de Rennes, Réunion du groupe de travail du 9/3/61, liste des personnes convoquées", ADIlV 1205W30.

[8]　Procès-verbaux du Comité 2ter du FDES, 7/6/62, ADIlV 162W53.

想を持って対抗するアクターはまだ現れていなかったのである。その結果、レンヌ市は、乗り込んできた中央の高級官僚にとって唯一の交渉相手となり、グラフらの構想する産業誘致を軸とした開発計画をほぼそのまま中央省庁側に認めさせることができた。

この後も60年代前半のレンヌ市は、同時期のサンテティエンヌ同様、基本的には市単独で都市開発や上水などのインフラ整備を進めることができた。シャントピ（Chantepie）のZIのように、市内の用地不足から郊外に立地させる場合も、目的を限定した組合を最小限の数の隣接コミュンと設立することで事業を推進する方法が採られた。60年代末に電機・通信の専門教育・研究機関の移転が決定された段階で状況は一変する［第4節(1)］が、それまでの間は、グルノーブルのように、60年代前半の段階で都市計画の路線選択を巡る周辺コミュンとの対立から都市開発事業が停滞することもなく、開発が進んだ60年代半ばになっても、サンテティエンヌのようにコミュン間協力の未発達に付け込まれて中央省庁や出先に主導権を奪われることもなかった。

2) **SEMAEBの統御**　フレヴィルの中央高官との個人的コネ、企業誘致中心の都市開発、初期CELIBの集合行為による恩恵、SEMAEBにおけるプレヴァンの影響力、都市計画作成への中央の介入が空振りに終わったこと。こうした要因が重なり、中央省庁の官僚制や公的金融機関との力関係がレンヌ市側に有利になった結果、あとは筆頭助役グラフの奮闘次第で、市側は60年代半ばくらいまで、都市開発における自律性や主導権を概ね維持することができた。ここでは、60年代の市の主要な開発事業を受託したSEMAEBについて、都市計画機関構想とZUP造成、2つの例を挙げて、グラフがいかにこれを統御しえていたかを示そう。

広域の都市計画作成の必要に迫られてはいなかったとしても、大規模事業の立案を担いうる専門性を持った機関は不可欠である。問題は、SCET、SEMAEB、建設省（66年以降は設備省）などの出先機関、レンヌ市、つまり都市圏の開発に関与する主要なアクターのうちのどこがこの都市計画機関を掌握するかであり、その帰趨は直ちに都市圏開発を巡る力関係を左右する。サンテティエンヌでは官製のコミュン組合EPURESを通して、設備省とその出先が都市計画公社設立の主導権を握ったことが、中央省庁主導の開発計画立案を

288 第2部 都市開発における自律性の条件

通じてサンテティエンヌなど、地方自治体の都市開発事業に対する統制の強化を招いた［第3章第1節 (4) 4)］。これに対してグルノーブルでは、デュブドゥ左翼市政が郊外の共産党首長との間で自発的な都市開発 SIVOM の結成に成功し、建設／設備省の介入を退けて都市計画公社 AUAG をその制御下においたことが自律的な都市計画と事業実施を可能にした［第3章第2節 (5)］。

　レンヌ都市圏の場合、早くも50年代後半に大規模な事業が市内で着手されたことを反映して、グルノーブルやサンテティエンヌよりも遥かに早く、50年代末には SEMAEB の中に都市計画機関 (bureau) を設置することが検討され始めた。当初は、SEMAEB が SCET と協議して設立する前提だった。しかし、採算上の懸念から[9]設立が先延ばしとなっている間に、SEMAEB の財務状況が悪化し、既に見たように、62年春の土地取引部門の移管などの改組が行われ、ポルと SCET 出先の間の紛争も激化していく。この経緯を見て、グラフは SEMAEB が SCET に対する自律性を維持できるのか不安を募らせたためか、62年5月にポルがレンヌ市内の都市再開発計画作成のために小規模な都市計画機関の設置を再度提案してきた[10]時には、SCET に代わって、建設省と並んでレンヌ市が出資して設立の主体となる案に切り替わっていた。

　当時のグラフは、後で見る ZUP 開発や市内の都市再開発を巡って、事業計画作成 (études) に対して SEMAEB が請求してくる報酬が高すぎることに強い不満を示していた。そこで、59年以降の都市計画作成で重用してきた土木技師団レンヌ管区 (Circonscription) のドロネ (Delaunay) らを巻き込み、SEMAEB を母体としつつも、より自らの制御の利く専門機関を持つことを構想していたものと思われる[11]。この頃、CDC＝SCET グループでは各地で似

---

[9]　Procès-verbaux du Conseil d'Administration de la Société d'Études pour l'Aménagement du Territoire et l'Équipement de la Bretagne, 10/6/58, ADIlV 199W18. Lettre de Graff au Directeur départemental du MRL, 16/7/58, AMR 31W203.

[10]　Lettre de Polle à Graff, 21/5/62, AMR 31W203.

[11]　PVSEMAEB 23/6/62, ADIlV 199W18. Lettre de Graff à Polle, 2/11/62, AMR 31W203. ドロネは先に見た都市圏版プランの作成でも一貫して責任者を務めた。Lettre de Laure au préfet, 28/1/59, ADIlV 1205W30. Circulaire du préfet au maire de Rennes, 2/3/61, AMR 31W203. 一時はグラフがポル辞任後の SEMAEB の執行役に推すほどだった。PVSEMAEB 12/12/64, ADIlV 199W18. レンヌ市開発計画に関するドロネ

たような自前の都市計画機関の設置を検討しており、翌 63 年に、第一号とな
る「ルーアン都市計画公社」（SORETUR［101 頁参照］）が創設される。63 年
2 月頃にはドロネやグラフの間でも、先行するルーアンの事例が参照されてい
た[12]。SEMAEB に対する SCET の統制が急速に強まりつつある中でも、グ
ラフはあくまで SEMAEB を事業遂行の柱に据えた上で、これを市の統制下に
おいて「使いこなす」ことを目指していたのである。

　しかし、レンヌ都市圏ではこの動きは結局、この時は日の目を見なかった。
同年 6 月、SCET＝SEMAEB の出してきた案を見たグラフが自分の要求が
全く反映されていないと突き返したからである[13]。直後の SEMAEB の指導委
員会でも、準備されてきた都市計画公社が実現していないのはレンヌ市の立場
のせいだと説明され、10 月になっても事態は打開されなかった[14]。グラフがレ
ンヌ市側の主導権の確保に意を用い、少なくとも事業の立案段階から SCET
側に掌握されることは避けようとしていたことがわかる。但し、この都市計画
の問題では、SCET や SEMAEB の後に、遥かに手強い敵が控えていること
が間もなく明らかになる［後述 (2) 2) 参照］。

　同様に、ZUP や都心部の再開発など、SEMAEB に委託した大規模事業の
遂行過程においても、グラフは再三、施主としての決定権を楯に市側の意志を
隅々にまで貫徹させようと努めた。その姿が最も可視的に示されているのは、
1960 年に開始された ZUP 事業計画作成（études）調整会議（Conférence de
coordination）である。分担して事業を担う様々な関係事業者や土木技師団の
ドロネらを一堂に集めたこの会議は、県建設局の主宰になっていたが、議事録
を見る限り、実質的な主は市の担当助役であるグラフに他ならない。SEMAEB

　　の講演原稿には、グラフの基本的な発想が色濃く反映されている。14–15/6/60, ADIlV
　　1205W30.
[12]　Note de Fréville à Graff, 8/2/63 ; Lettre de Delaunay à Graff, 23/2/63, AMR
　　31W203.
[13]　Lettre de Graff à la Délégation régionale Ouest de la SCET, 10/6/63, AMR
　　31W203.
[14]　Procès-verbaux du Comité de direction de la SEMAEB, 21/6 et 2/10/63, ADIlV
　　1076W64.

やSCETの専横を決して許さなかった[15]だけでなく、県と市のHLM公社などの住宅建設機関、都市計画を担う建築技師（architecte）などが提案してくる個々の計画や設計に事細かに注文を付け、気に入らないものは容赦なく却下してやり直しを命じている[16]。事業者の反論や抵抗に遭うと、市と市長を代表する担当・筆頭助役の権限を振りかざし、「事業の構想と施工（réalisation）は施主たる市の権限だ」と繰り返した。同時期の、例えばロワール県の開発SEMであるSEDLを使ったサンテティエンヌ市の代表者には決して許されなかった言動である。

　単に態度が権威主義的であっただけではなく、事業の財務面でもグラフは非常に厳しい条件を受託事業者に要求した。例えば、市中心部の再開発事業の委託に際しては、住民の立ち退き先となる社会住宅の建設事業（市HLM公社が受託した）が赤字になったため、この赤字を再開発事業の総経費に含めることを要求した。市の「ブレスト通り再開発公社」だけでなく、コロンビエ地区の再開発を受託したSEMAEBもこれを受け入れたのはグラフの交渉力によるところが大きい[17]。更に、重要な点で市側の指示に従わない場合は、事業者との決裂をも厭わなかった。ヴィルジャンZUP内の商業センターの建設は既にSEMAEBへの委託の方針が決まっていたが、グラフがその地下に併せて駐車場と車庫を作るよう指示したところ、SEMAEBはこれを拒否した。グラフは、64年5月23日会合の席上で突如、委託先を同僚の市助役アンドレ（Émile André）が理事長を務めるCILとその傘下のHLM機関（252頁参照）に差し替えると言い出した。CILはこの商業センターの事業計画作成だけを受託していたところ、アンドレと事前に協議した上で、事業遂行（建設）もSEMAEBから取り上げてCILに委ねるというのである。出席していたSCET地域代表

---

[15]　Procès-verbaux de la Conférence de coordination pour les études des ZUP à Rennes［以下PV-ZUPと略記］, 3/3/62, AMR 22Z237–8. SEMAEBが主道路の道幅が広すぎると修正を要求したのを却下した。

[16]　63–64年、ヴィルジャンZUP主任技師のマドラン（Madelain）は同ZUP第三期工事の全体計画図（plan-masse）を巡ってグラフから度々叱責を受けている。PV-ZUP 23/5/64, AMR 61W5.

[17]　Exposé de Graff aux réunions d'information du Conseil municipal, 21/4/65, p. 43, AMR 61W5.

部のロゼは狼狽し、ポルと再度協議するよう求めたが、グラフはどこに委託するかは施主の自由だと撥ね付けて次の議題へ進んだ[18]。

(2) 力関係の悪化

1) 資金調達の困難、市財政の悪化 グラフの奮闘により、ZUP などの事業実施の現場においてはレンヌ市は主導権を維持していたものの、資金調達に関しては、60 年代半ば以降、中央での相次ぐ安定化（緊縮）政策や「予算外化」措置［第 2 章第 1 節 (3) 1)］により、次々と困難に直面した。63 年秋に発動された安定化規制により、64 年度の地方自治体の起債は 62 年度実績を超えないこととされた。省庁補助金を受けた案件への公的融資は「連結原則」によってこの上限規制の影響を受けないと確認されたものの、補助金なしの事業の多い大都市コミュンは寧ろその皺寄せを受けて"被害"が集中しかねない。実際、64 年度の上水整備事業については、850 万フランの市の要求に対して、国が措置したのは僅か 300 万に過ぎなかった[19]。

レンヌ市政は補助金などの確保に躍起となった。例えば、南バイパス（Rocade-Sud）については、まず、62 年春まで MRP から公共事業・運輸相として入閣していたビュロンに現地を訪問させた上で、ブルターニュの産業化のための幹線の一部だと認めさせ、経費の 3 分の 2 の国負担を勝ち取った。次いで、市の自己負担分となる残り 3 分の 1 を「大規模団地基盤設備共通経費」（Charges communes des équipements de base des grands ensembles）[20] の枠に押し込んで補助金を確保しようとした[21]が、地元の土木技師から建設省への申請が却下されたため、フレヴィルは今度は知事を動かして働き掛けを行うと表明した。他方、西バイパス（Rocade-Ouest）については、同じく自己負担分にFNAFU（第 2 章 96 頁）の融資枠を確保できるよう、フレヴィルが中央省庁へ

---

[18]　PV-ZUP 23/5/64, AMR 61W5.

[19]　註 17 所掲（pp. 17–8）による。

[20]　59 年に ZUP などの整備に伴う自治体の負担を軽減するため設置された特別会計。Nakayama, "La construction", p. 65. 運用の実態については AN 19770773–9 以下を参照。

[21]　以上は、Ville de Rennes, "PME. Perspective à long terme. Chapitre IV Financement", s.d., pp. 47–9, AMR 31W12.

の働き掛けを行うことになった[22]。

こうした状況は、短期的にはレンヌ市、なかんずくグラフの立場を SEMAEB や土木技師団などに対して強化することになった。SEMAEB すら、市から受託した南部 ZUP や、東部シャントピや北西部サングレゴワール (Saint-Grégoire) の ZI の整備事業に必要な資金を国から獲得する必要があり[23]、それにはフレヴィルが持つ「口利き」の人脈と説得力に頼らざるを得ず、その市長は開発事業の遂行についてはグラフに全幅の信頼を置き、その指図通りに動いたからである。

しかし中長期的には、シトロエン第二工場や電機産業の受入れによって目白押しとなった大規模な都市開発事業が資金不足で頓挫する危険性が現実味を増しつつあった。グラフが最も危機感を持ったのは、ブローヌ地区の南部 ZUP である。64 年に入って、資金不足のため建設大臣の決定により、一つの都市圏につき複数の ZUP の同時進行を認めない方針となったことも不利に働いた[24]。64 年 7 月以降、このままではようやく取得を終えた 190ha の土地の造成やインフラ整備を進めることができず、事業が立ち往生する危険があるとフレヴィルらに繰り返し訴え、中央政府に緊縮の緩和を働きかけるよう強く求めている[25]。65 年 3 月に漸く FNAFU から追加融資決定を得たものの、要求額の半分にも満たず、不足分はヴィルジャン ZUP 会計の余剰資金を一時的に流用して当座を凌ぐよう示唆されたため、激怒するグラフに促されフレヴィルは中央への働き掛けを続けねばならなかった[26]。

フレヴィル市政の初期には、CDC の地方向け融資の拡大を待たずに事業を開始したため、コストの高い資金を調達したこともあったが、当時の市財政の

---

[22] "Équipement de la ville de Rennes, réunion du 22/1/64", pp. 3–4, ADIlV 61W5.

[23] Lettre de Rozé à Fréville, 29/9/64, AMR 31W102. Note de Graff à Fréville, 7/7/64, AMR 31W12.

[24] 南部 ZUP については、FNAFU が既に 1 千万フランの出資を決定していたため、資金供給を中断させはしないという確認は得られた。Lettre de Rozé à Fréville, 29/9/64, AMR 31W102.

[25] Note de Graff à Fréville, 7/7/64, AMR 31W12. PV-ZUP 24/10/64, 12/12/64, AMR 22Z237–8.

[26] PVSEMAEB 3/5/65, pp. 5–7, ADIlV 199W23. FNAFU には流用を促す決定の変更を要求した。

状況は最早そのような無理を許さなかった。第五次プラン作成準備の一環で作成された市の財政見通しによれば、同程度の人口規模のナンシー（Nancy）やランスに比べて、産業基盤が発達途上のレンヌ市はサンチーム価が大幅に低く、一人当たりの税収はほぼ同程度であるにも拘わらず、サンチーム数は1.5倍の大差（60年でナンシーの24200に対して34800[27]）がついていた。つまり脆弱な課税基盤に比して過大な投資支出（借入返済年賦を含む）を行ったため、市民の税負担感はかなり高くなっており、これ以上の増税は政治的に困難さが増している[28]、このままではZUP建設などに伴うインフラ新設の支出を嫌って、市政内部に「マルサス主義的傾向」、つまり産業発展や人口増を避けようとする発想が強まる恐れがある、と財政見通しは警告する。仮に第五次プランで中央から求められている目標のうち、これまで同様の高いピッチでの投資を続けることができたとしても、公的融資の財源枯渇［第2章第1節 (3) 1)］を補うべく「自己資金調達」を大幅に増やせという要求には応えられないとして、国の補助金を正規の補助率に戻すこと、公的融資の枠を緊縮前の水準から年4-5%のペースで増加させることなどを要求している[29]。

　しかし、中央から公的融資が獲得できれば開発事業は進展するものの、債務が更に累積し財政の可塑性を奪っていく。外部シンクタンクの分析では、起債による資金調達が年3千万フランのペースで増加して既に65年の段階で投資支出の4割を超える一方で、自己資金は3割強にまで落ち込んでいる。返済年賦だけで自己資金の20%を越え、今後数年で更にかなり増える見込みであり、このままでは、自己資金調達が更に低下し、近い将来、投資の大幅な減速や都市インフラの深刻な不足を招く恐れが強いとされた[30]。65年8月には、西部諸

---

[27]　註21所掲 (p. 16) による。サンチーム数は53年の8502が63年に38213となり、4割弱は負債返済に充てられた。Texte de conférence de Fréville au Colloque national des Facultés de Droit, 11/5/63, p. 9, AMR 31W12.

[28]　こうした結論は66年4月に計画庁が作成した都市圏別調査報告書でも確認された。Lettre du CGP au préfet de la région de la Bretagne, 4/4/66, ADIlV 266W97.

[29]　註21所掲 (pp. 15–17, 47) による。

[30]　Centre régional d'études et de formation économiques, "Les dépenses d'investissement de la ville de Rennes au cours de l'exercice 1965 et leur mode de financement", s.d., ADIlV 1215W45.

都市の財政状況の監査結果が知事に伝達され、レンヌ市については、健全運営の限界を超えつつあり今後市政を注意深く監視すべきとの結論が示された[31]。フレヴィルは危機感を強め、最小限の投資を進めてもこれ以上の増税をせずに財政が維持できるよう、一貫してムダのない財政経済政策を進めるよう求めるとともに、投資以外の経費については徹底した倹約を全市庁に指令した[32]。

63-64年などの緊縮に際して、フレヴィルが県議会でも下院でも、地方自治体への皺寄せに抗議し厳しい政府批判を繰り返していた（262頁）のは、こうした財政的苦境を抜きには理解できない。

2) 県知事と建設省の統制強化　しかも65年前後を境に、資金配分と都市計画の両面で地方自治体に対する中央の統制が徐々に強化されていった。その要因は一つではなく、第2章［第1節(3)］で見た、60年代の公的資金配分パターンの変化が、地方では全般的な統制の強化に繋がったと言える。まず、「安定化」に伴う公的資金の枯渇が資金配分を通じた中央省庁の統制を強化したのは明白である。特に建設／設備省の介入が最も強力で、64年以降、CDCとFNAFUの融資配分の「プログラム化」［第2章第1節(2)4)］を強力に推進し、これによって資金を絞られたZUPの中には立ち往生が懸念されるところも出てきた[33]。知事までが65年1月、市の負債は既に膨大な額になっていると警告した上で、今後、市公社やSEMAEBの借入に対して保証を出す際は厳選し、できる限りプラン所定の事業に限定せよと圧力をかけて来た[34]。南部ZUPの事業進捗を焦るグラフは反発し、今後も保証額は増え続けることを知事らに通告するようフレヴィルに迫ったが、市のインフラ整備が遅れれば進出した企業も損害を受けるぞと脅したところで、産業分散化がブルターニュ各地で進む中、当初の威力は期待できなかっただろう[35]。

しかも、このようにプランの拘束力が強まる中で、第五次プラン（66-70年）

---

[31] Lettre de Fréville à Graff, 12/8/65, AMR 31W207.

[32] Lettre de Fréville à Rolland et à Graff, 9/8/65 ; circulaire de Fréville, 18/8/65, AMR 31W14.

[33] Procès-verbaux du Conseil d'administration de la SCET, 29/6/64, 21/5/65, 4/1/66, 25/5/66, 4/11/66, ACDC 202-2.

[34] Lettre du préfet au maire de Rennes, 25/1/65, AMR 31W14.

[35] Lettre de Graff à Fréville, 27/1/65, AMR 31W14.

以降、計画化過程が地域レベルに分散され、県内でのプランの資金枠の配分は地域圏知事と県知事に委ねられた［第2章第1節 (3) 3)］。その結果、主要都市の投資計画も出先官僚の主導で作成されることになった。コミューンの首長の同意が必要とされており、イレヴィレンヌ県の場合、レンヌ都市圏についてはなおレンヌ市側に主導権を残していた[36]が、上に見た第四次プラン（62–65年）の作成当時とは大きく力関係が変わることになろう。

しかし行政機関権限の地方分散化の流れの中で、県内の首長にとって最も打撃となったのは補助金配分の知事への授権である。前章でサンテティエンヌやグルノーブルの事例で見たように、第四共和制下では大物議員が中央政官界での人脈を駆使して「口利き」を行い、地元に公的資金を確保していたのに対して、地方分散化が進んだ60年代半ば以降はこれが通用しなくなる。県議会が自律的に公的資金の配分を行っていたイレヴィレンヌ県でも、補助金の配分権限を握った知事の県内の首長らに対する影響力は強められた。フレヴィルの場合、中央政界では中道野党の一議員に過ぎず、中央の有力者との個人的な縁故に頼ってSEMAEBや出先官僚制に対抗していたため、知事に補助金の配分権が移ると、地元での事業遂行を巡る力関係は大きく不利になった。

これを象徴するのが66年8月の知事とレンヌ市政の間の悶着である。この頃レンヌ市は、投資資金確保のために上水道料金の値上げを申請していたが、中央から値上げ認可の通知を受けたスティルン（Alexandre Stirn）知事はこれを秘匿し、この件で中央に特段の便宜を求める「口利き」を引き受けてみせるのと引き換えに、レンヌ市が要求していた下水道補助金の増額を断念させようとした。事態を察知したフレヴィルが軟着陸を模索している間に、激高したグラフが詰問の手紙を知事に送ってしまった[37]。都市コミューン向け下水道補助金の配分の地方分散化が力関係を大きく変えたことが端的に示されている。

更に、65年前後には、地方都市の開発事業の自律性を脅かす新たな動きが加わった。既に見たように［第2章第1節 (1) 2)］、建設／設備省が地方都市の都市

---

[36]　Lettre du préfet de la région de Bretagne aux préfets des départements de la région, 26/8/65 ; Lettre du préfet au sous-préfet de Saint-Malo, 18/12/65 ; Lettre du sous-préfet de Saint-Malo au préfet, 2/3/66, ADIlV 266W97.

[37]　Lettre de Fréville à Graff, 27/8/66, AMR 31W207.

計画作成への関与を強め、各都市（圏）毎に設立が進んでいた都市計画機関を建設省出先の統制下におこうとし始めたのである。レンヌでも、62年以降、市のグラフとSEMAEBとの間で都市計画機関設立の協議ないし綱引きが本格化していたことは既に見た（288-9頁）が、早くも63年の段階で都市計画の統御を目指す建設省の影が差し始めている。上に見た同年6月のSEMAEB指導委員会では、レンヌ都市圏の都市計画公社について、プレヴァンらSEMAEB理事会首脳も、パルフェらSCET中央の幹部も、建設局長マセの方針に逆らわない解決策を見出さねば、という認識で一致し、ナントに予定されていたOREAMとの競合を避けるべく地域（ブルターニュ）レベルでの設置を検討している[38]。CDC＝SCETが都市計画分野から撤退することを決定した［第2章第1節(2)3)］のに倣ったものであり、この時期以降、グラフも、都市計画分野ではCDCをバックとしたSCET＝SEMAEBではなく、建設／設備省と対峙することになったといえる。

　グラフは、64-5年の段階では、ドロネら土木技師団を架橋として建設省出先から人材と資金を引き出し、乗っ取りを警戒しつつも、市が主体となる都市計画機関に協力させる構想を打ち出していた[39]。しかし、65年7月、建設局長マセから直接にレンヌ都市圏（espace rennais）を管轄とする都市計画機関を創設するよう指示が来るに至って、グラフは建設省の中央集権的統制への対抗を最優先とする決意を固めた。知事に協力を要請し、8月の休暇明けすぐ、中央主導でこの機関が作られてしまう前に、知事の名で地元の出先機関やコミュンを集めて協議を行うよう求めている。もっとも中央の建設局長に対抗するのに建設省などの出先を巻き込むだけでは実効性は覚束ない。グラフが抵抗の核として考えていたのは、レンヌ市がZIの開発などを通じて周辺コミュン（東のシャントピやセッソン・セヴィネ Cesson-Sévigné、北のサングレゴワールなど）と形成しつつあったコミュン組合であった。「行政面でいえば、都市計画グルー

---

[38] Procès-verbaux du Comité de direction de la SEMAEB, 21/6 et 2/10/63, ADIlV 1076W64.

[39] Lettre de Graff à Fréville, 13/11/64 ; "Note de prévision sur l'organisation d'une agence d'aménagement et d'urbanisme de la région de Rennes", 7/10/65, AMR 31W203.

プの枠組み（plan）こそ、最悪を避ける手段を今すぐ与えてくれる可能性があると思います」[40]。中央の押し付ける広域化と都市計画に反対するグラフの闘いの始まりである。

しかし既に見たように、グラフを背後で支えるべき市長フレヴィルは、市の開発事業の自律性を守ろうとするグラフの奮闘に殆ど理解を示さなかった。この点を象徴するエピソードをひとつ紹介しておこう。ブルターニュ、特にレンヌへの電機産業の分散化の政策の一環として、65年7月15日のCIAT（国土整備省際委員会）で軍の通信技術機関を再編し、レンヌに「兵器電機センター」（Centre électronique de l'armement：略称CELAR）を創設することが正式に決定された。この決定には配属される幹部・技術者らに適切な住居をレンヌで確保することも含まれていた[41]ため、DATAR副長官はフレヴィルにパリのDATAR本部での協議を申し入れた[42]。この住宅建設の資金の手当てについてもDATARの周旋や「口利き」を期待していたフレヴィルにとって渡りに船であり、この誘いを歓迎した[43]。

ところが、この申し入れへの対応を巡って、10月7日の市政会合（réunion de la municipalité）でグラフとの間に悶着が起きた。DATARからの申し入れをグラフに知らせなかっただけでなく、フレヴィルは、パリでの会合にはグラフではなく、市内の住宅建設も担うCILの代表を兼任する助役アンドレを同行すると告げたのである。62年のCELAR移転計画の検討当初からグラフが市長の名代として軍の責任者と協議をしていた[44]にも拘らず、今回の住宅建設関連の協議から外すのはいかにも不自然だった。DATARは建設省と密接な関係にあり、その仲介で政府機関の移転に伴うインフラ整備事業を立案すれば、レンヌ都市圏の開発に手を突っ込む更なる機会を建設省に与えることにな

---

[40] Lettre de Graff au préfet, 2/8/65, ADIIV 31W207. ZI造成のためのコミュン組合については、Phlipponneau, *Changer*, pp. 211–2.

[41] AN 19860219–4. 再編・移転自体は64年4月24日のCIATで決定されていた。

[42] Lettre de Charles Frappart, Délégué adjoint de la DATAR, à Fréville, 24/9/66, ADIIV 52J103.

[43] Lettre de Fréville à Guyon, 8/10/65, AMR 31W14.

[44] Lettres de Fréville au général Lavaud, 9 et 26/1/62 ; Réponse, 17/1/62, ADIIV 52J103.

る。詳細な経緯は文書に現れないが、都市計画公社の件などで警戒感を強めたグラフがこの移転計画に疑問を呈するようになり、それを嫌ったフレヴィルがグラフを外そうとしたと考えることは許されるだろう。強く反発したに違いないグラフへの手紙でフレヴィルは、嘘も交えて取り繕いつつ、昨日の君の態度には大きく傷付いた、同じようなことがもう二、三度あれば市政からの引退も考えたいと脅して見せた[45]。

後から振り返れば、CELAR の移転は、67 年 12 月に正式決定される電機・通信関連の国立専門大学校や研究機関の分散化の前哨戦に過ぎなかった。中央の介入・統制を巡るフレヴィルとグラフの間の亀裂は更に拡大していく。

しかし、こうした中央や官僚制に対する明らかな温度差にも拘らず、フレヴィルとグラフは、両者が一体となって動いて初めて、各々の目的を達することができたことを忘れてはならない。グラフが SCET や中央省庁とその出先に強硬な態度に出ることができたのも、一つには、フレヴィルが中央の政官界で日夜拡げていた個人的なコネや信頼関係のお陰だった。

---

[45] 註 43 所掲による。

第4節　上からの広域化とフレヴィル市政の自律性喪失

しかし、1967年以降、電機・通信部門の大学校・研究機関の誘致を巡って、知事の主導する「広域区」の結成をフレヴィルが丸のみした結果、グラフとのタンデムは決裂し、レンヌ市の都市開発事業は出先機関やSEMAEB＝SCETの強い影響下に入ることになった。本節では、なぜフレヴィル市政がそのような袋小路に追い込まれたのかを明らかにすると共に、77年に成立した左翼市政が如何にしてこの窮地から脱することができたのかを示していきたい。

(1) 広域区設立とグラフとの決裂

1) 都市共同体から知事主導の広域区へ　電機・通信部門の大学校・研究機関は、既に触れたように、67年12月から69年10月に至るCIATと閣議の決定によって、段階的にレンヌへの移転が決まっていった[1]。フレヴィルらレンヌ市政が、その受入れを直接の目的とする広域化、即ちコミュン間協力の枠組作りに乗り出したのは、最初のCIAT決定が目前となった67年秋であった。67年10月14日、マルスラン内相も出席した会合の演説を皮切りに、フレヴィルは都市共同体 (128頁参照) 結成の意志を表明した[2]。大学校・研究機関の立地・受入れ先のコミュンとなるセッソン・セヴィネは余りに小規模で、レンヌと共同でなければ事業遂行、特に巨額の起債に全く見通しが立たない。直接的な名目はそこにあったが、実際にはこの提案には、2つのより大きな問題の解決が託されていた。

第一に、都市共同体はフレヴィルらにとって、産業誘致に伴う郊外コミュンとの間の財政面の"ねじれ"を解消するという宿願を果たす絶好の機会であった。シトロエン第二工場を皮切りに、60年代に入ると、レンヌ地区に進出する企業は、飽和気味のレンヌ市内のZIから郊外コミュンへと流れる傾向が顕著

---

[1] AN 19920576–2, 19860219–7 et 9.

[2] Lettre de Fréville au maire de Cesson-Sévigné, 2/11/67 ; Extrait des procès-verbaux du Conseil municipal de Rennes (déclaration du maire), 27/10/67, ADIlV 1162W70.

となった。これもシトロエン第二工場同様、工業用水から労働者向けの住宅ま
で進出企業に不可欠なインフラを整備するのは専らレンヌ市の受け持ちである
にも拘らず、進出企業からの税収は立地自治体にしか入らない。莫大なインフ
ラ投資支出への見返りを十分に得られていないとの不満がレンヌ市政には渦巻
いていた[3]。しかしこれまでのようなコミュン組合に基く ZI などの開発方式で
は収支分担の不公平を矯すことはできない。遅くとも 65 年 10 月には、コミュ
ン組合以外の方法を検討するようフレヴィルからグラフに指示が出されている[4]。
ペリッシエが 67 年 7 月に知事に着任したのもフレヴィルの背中を押した。政
権中枢の信任篤い大物知事であり、前任のエロー県知事(地域圏知事を兼任)時
代には、同じ問題を抱えていた県都モンペリエで広域区を成功させた実績を持っ
ていたからだ[5]。

　第二に、同じく 67 年の夏前には、設備省からレンヌ都市圏の広域の都市計
画作成を促す動きが始まっていた。6 月に県設備局から郊外の無秩序な開発を
未然に防ぐためとして市長宛に要請があり、これを受けて SCET 地域代表部
のロゼからも、SEMAEB 幹部を交えた協議の場を設けるよう要請された。議
題には長期的な開発計画の策定や、レンヌ地区を管轄する都市計画公社の設立
も含まれていた[6]。既に見たように(286 頁)、60 年代初め頃までのレンヌ市は、
広域の開発計画を作成する必要がなく、中央からの介入を免れてきた。市内の
産業立地が飽和した後も、シトロエン第二工場のように、工場進出先の郊外コ
ミュンとアドホックな合意を結ぶことで、事実上レンヌ市単独の意思に基いて
地域開発を進めてきたが、新たな中央(設備省)の介入は、それもいよいよ限界
に達しつつあることを示していた。

　ところが、フレヴィルの都市共同体設立の意志表明が伝わるや、郊外コミュ
ンの首長らは一斉に反発し、早くも 10 月 27 日、首長 14 名がレンヌ市抜きで

---

[3]　以上、Phlipponneau, *Changer*, pp. 210–2. s.a., "Ville de Rennes : avril 1966", s.d.,
　　AMR 31W203.

[4]　Lettre de Fréville à Graff, 29/10/65, ADIIV 52J76.

[5]　Fréville, *Un acte*, tome I, pp. 129–130 でも知事の着任が画期と認めている。

[6]　Groupe d'études et de programmation, Direction départementale de l'Équipe-
　　ment, "Problèmes d'urbanisme de la région de Rennes", 13/6/67 ; Lettre et note de
　　Rozé à Fréville, 11/7/67, ADIIV 31W203.

第 4 章　ブルターニュ開発の中のレンヌ都市圏　　　301

協議した。都市共同体が結成されれば、レンヌ市長が理事会を支配して郊外コ
ミュンの首長からインフラ整備の権限を奪うのではないか。こうした危惧を共
有した首長たちは、11 月 10 日にセッソン・セヴィネの町役場で開かれた会合
で、実に 4 時間にわたってフレヴィルを質問攻めにした挙句、都市共同体の創
設について何の約束もしないまま散会した[7]。フレヴィルは、今後のインフラ投
資増を賄うには都市共同体が不可欠であり、レンヌ側に支配の意図 (idée do-
minatrice) はないと釈明した[8]が、都市共同体が結成されれば、都市計画の作
成から上下水道整備、都市交通、教育など 12 の分野でコミュンの権限が自動
的に移譲される。これまでレンヌ側の青写真に沿った開発を受け入れるか否か
の選択肢しか与えられてこなかったセッソンやシャントピなどの郊外コミュン
が警戒感を持ったのは当然である。現にレンヌ市政内部では、なお膨張する労
働者人口を飽和状態のレンヌに代わって郊外コミュンに受け入れさせるのを広
域計画の眼目に据えていた[9]。65 年の市政交代前のグルノーブル同様、中心都
市の"帝国主義"は見透かされていたのだ。
　かくして都市共同体構想は打ち出した直後に放棄に追い込まれた。フレヴィ
ルによる広域化にもたつく間に、68 年 3 月、県設備局が GEP を中心に、レン
ヌ地区のコミュンの首長や各出先機関を集めて SDAU 草案作成のための検討
を行う会議を立ち上げた。設備省中央の指示を受けた GEP が計画作成を急か
すのを見て、フレヴィルは焦りを深めた。こうした設備省の態度は、マルスラ
ン率いる内務省がコミュンに「結集」(regroupement)、つまり組合や広域区
の結成や合併を迫っていることと「相関関係」(corrélation) があり、自治体の
側が広域化の問題に自ら決着を付けなければ、中央政府に決めてしまわれるの
ではないかと懸念したのである[10]。
　フレヴィルがこうした危惧を抱いた背景には、この時期、大規模開発案件に
対する中央での資金配分が急速に集権化されてきたことがあると思われる。既

---

[7]　Service régional des Renseignements généraux de Rennes, Note de renseigne-
ments pour Monsieur le préfet, 30/10, 10/11 et 13/11/67, ADIlV 1162W70.

[8]　註 2 所掲も参照。

[9]　s.a., "Ville de Rennes : avril 1966", s.d., AMR 31W203.

[10]　Compte-rendu du Bureau de la Conférence sur l'étude du SDAU de l'aggloméra-
tion de Rennes, 3/10/68, p. 2, AMR 1293W58.

に見たように［第 2 章第 1 節 (2) 4) 参照］、66 年以降、ZUP や ZAC など大型の開発案件への長期融資の配分は、設備省が主催する GIF（土地整備省庁間調整グループ）が作成する計画に基いて決定されることになったが、早くも 67 年、レンヌ地区では、新しい事業を始めるどころか、先行する 2 つの ZUP にすら十分な資金の手当てを受けられないことが明らかとなった。このままでは新たな産業誘致に伴って今後必要になる住宅の数を賄えなくなるとグラフは怒りを露にしている[11]。しかし、複数の省庁の高級官僚が協議する GIF の決定においては、政治的介入は通りにくく、フレヴィルの「口利き」は効果を失う。二度と同じ窮状に陥りたくなければ、SDAU の作成やその実施を担保するコミュンの広域化について、設備省など中央省庁の意向に逆らうことは難しくなるだろう。

　大統領の交代を挟んだ 69 年 6 月、大学校などのレンヌ移転が最終的な政府決定の運びとなったことを受けて、今度は、大学校移転に責任を負う知事ペリッシエが、フレヴィル市長を引き摺るような形で広域化を強引に推進し始めた。都市共同体の失敗を踏まえて、今度は広域区が選択された。広域区の場合、コミュンから義務的に移譲される権限は消防と住宅の 2 つの分野に限られる。反面、都市共同体と異なり、特別多数による関係コミュンの承認が整わなくても、県議会への諮問を経れば、知事が国務院のデクレによっていわば強制的に結成することが可能だった。

　7 月 9 日に県庁で開催された説明会において知事は、この結成方式は決して取らず、あくまで関係コミュンの同意に基く方式、即ち、対象コミュン全体の総人口の半分を代表する、総数の 3 分の 2 のコミュン議会の賛成か、総人口の 3 分の 2 を代表する全体の半数のコミュン議会の賛成を得る形[12]を守ると繰り返し言明した[13]。その一方で知事は、広域区に参加したコミュンには補助金と

---

[11]　Lettres de Graff au Directeur départemental de l'Équipement, 18/4/67 et à Fréville, 28/3/67, AMR 31W12.

[12]　以上、広域区の設立手続き等については、Maurice Bourjol, *Les districts urbains*, Berger-Levrault, 1963, pp. 105, 108. Blanc et Rémond, *Les collectivités*, pp. 211–5. この特別多数による承認は SIVOM や都市共同体の結成にも共通だった。

[13]　以下は、Procès-verbaux de la réunion du 9/7/69 sur le projet de création d'un district urbain de l'agglomération rennaise, ADIlV 1162W69 による。

第 4 章　ブルターニュ開発の中のレンヌ都市圏　　　303

公的融資を優先的に配分すると明言していた。67 年の都市共同体構想に比べ
て、知事の統制力に遥かに強く依存した広域化の進め方となっていたことは明
らかである。

　知事提案に対してフレヴィルは、広域区でも止むを得ないが、学校や上下水
道、都市計画などの最も肝心な分野が義務的権限に入っていないと訴えたため、
その場で協議した結果、①都市計画と SDAU の作成、②大学校を含む科学研
究、③ZI など経済振興開発、④用地ストックの形成・管理は、広域区の権限に
含め、上下水道、学校・大学などについては今後の協議対象とされた。次いで
理事会の議席配分については、フレヴィルがレンヌ市の割り当てを 40%（55 議
席中 22）に抑えることに同意した。最後に、広域区の財政については、独自財
源は設けず、加盟コミューンの拠出による、とする点だけが確認された。

　以上の条件で各首長は知事提案を持ち帰って議会に諮り、9 月までに賛否の
議決を持ち寄ることとなった。否決は 7 コミューンに上った（賛成 16）[14] が、最
大の障害は実はレンヌ市政の内部からやってきた。フレヴィルの右腕・筆頭助
役のグラフが、広域区設立に猛烈に反対したため、肝心のレンヌ市が賛否の態
度決定を下せず、半年以上が空費されたのである。

　2) 膠着と強行突破　69 年 9 月、10 月と、レンヌの市政会合で広域区創設を
巡ってフレヴィルと激しい応酬を繰り返したグラフは、10 月 7 日の審議の最後
に、この件が市議会に議案として提出されれば自分は反対するよう呼びかける
と宣言し、その代わり 71 年に予定される市議会の再選には出馬しないと表明
した[15]。都市開発・産業誘致事業の中核を独占的に担ってきたグラフが反旗を
翻した効果は大きかった。市議会の議決を先延ばしせざるを得なくなっただけ
ではない。知事ら出先機関は、広域区と『白書』に基いて、電機・通信の大学
校などの移転計画を核とする開発計画の準備を進めようとしたが、実行部隊と
なる SEMAEB は、グラフの指示の下、用地買収などの対応を遅らせていた[16]。

---

[14]　Procès-verbaux de la municipalité de Rennes ［以下 PVMR と略記］, 7/10/69, p. 3,
　　AMR 31W206.

[15]　PVMR 7/10/69, p. 6, AMR 31W206.

[16]　Lettre du préfet à Chalençon, directeur de la SEMAEB, 13/10/69 et à Fréville,
　　15/10/69 ; Lettre de Fréville à Chalençon, 3/11/69, ADIlV 52J76.

70 年 4 月末、知事はレンヌ市長に書簡を発し、Noyal-sur-Vilaine など、広域区に反対するコミュンが SIVOM を結成する対抗措置に動き出した、などと述べ立て、一日も早く市議会の議決を勝ち取るよう猛烈な圧力をかけた[17]。しかし直後の 4 月 30 日の市政会合でもグラフとの論戦は平行線を辿り、知事の強権発動を避けるには、フレヴィルは重大な決断を下さねばならなくなった[18]。

　広域区問題を初めて議論した 69 年 9 月 2 日の市政会合以来、グラフの立場はほぼ一貫していた。電機・通信の大学校・研究機関の受入れだけならセッソン・セヴィネやシャントピと合意（既存の組合の改組）を結ぶだけで実現できる。知事やフレヴィルが進める広域区の真の目的は、レンヌ地区の広域の都市計画、特に SDAU の作成と実施にあり、そうであれば、手段であるべき広域区の是非の前に、まず SDAU について、就中、県設備局が中心となって作成し 69 年 5 月に公表された『レンヌ地区 SDAU 白書』（Livre blanc：以下『白書』と呼ぶ）について論ずるべきだというものであった。これに対して、フレヴィルの反駁も最後まで一貫していた。SDAU や『白書』は広域区の問題とは全く別次元であり、今はまず大学校・研究機関の受入れを目的とする広域区の設置を決めるべきだというのである。SDAU や都市計画と広域区を徹底して切り離し、レンヌの市政内ですら論議が『白書』に及ぶことを最後まで、つまり広域区創設が確実になるまで避けようとした[19]。両者は、69 年 10 月から 1 年近くにわたって市政会合などの場で激しい論争を繰り返したが、これでは双方が毎度同じ主張をぶつけ合うだけで、互いに聞く耳を持たない者同士の会話（"dialogue de sourds"[20]）とならざるを得なかった。

　市長がここまで頑なな態度を取ったのは、実際には、知事ら出先機関の側では、広域区創設と『白書』はほぼ一体のものとして提案されていたからである。先に見た 69 年 7 月の県庁における説明会でも知事は、広域区の最大の目的がレンヌ地区の広域都市計画の作成・実施の主体を作り出すことにあると明言し

---

[17]　Lettre du préfet à Fréville, 28/4/70, AMR 31W206.

[18]　フレヴィルは、最後まで関係コミュン議会の合意に基いて進めるとの約束を守るよう、知事に確認を求めている。Lettre de Fréville au préfet, 19/5/70, AMR 31W206.

[19]　以上は、PVMR 2/9/69, p. 2, 7/10/69, p. 6, 30/4/70, p. 4, AMR 31W206.

[20]　Lettre de Janton à Fréville et à Graff, 16/2/69, AMR 31W207.

ている。

　実際、フレヴィルが知事の広域区提案に乗る決意をしたのは、68 年春から 69 年夏にかけて繰り返し開催された GEP 主催の SDAU に関する会合やテーマ別の複数のワーキング・グループで、土木技師など県設備局側と協議を繰り返した結果だと考えられる。『白書』はまさにこのワーキング・グループの成果を踏まえて GEP が作成したものであった。

　一連のワーキング・グループの席上、フレヴィルは今後、レンヌ都市圏の更なる開発を進める上で早急に解決すべき課題として、都市計画上の要望 2 点を繰り返し設備局側に訴えた。第一は、レンヌから都市圏内の郊外への人口圧力の分散である。レンヌ市内の人口集中は既に飽和状態に達しており、これ以上の市内の人口増は受け入れられないが、都市圏全体への投資資金の配分を増やすためには、都市圏全体では人口増を見込む必要がある。そこで郊外への移住の動きを加速した上で、今後見込まれる郊外での人口増をどのように配置するかを計画すべきだ、というのである。この点は、後に見る SDAU 草案における都市圏の発展モデルの選択の問題として、レンヌと一部の郊外コミューンの間の激しい対立を招くことになる。ただ、この時点でフレヴィルを広域区に走らせたのは、この郊外への人口分散の結果として必要になる、郊外でのインフラ整備の費用負担の問題である。現状ではレンヌの負担で整備させられている。レンヌと郊外の間の財政的なねじれは、先に見た産業誘致に伴うものを遥かに越えて拡大していくのであり、これを解決して公平な費用分担を確立するには、都市圏全体のインフラ整備計画を一元的に調整・立案できるよう集権的な態勢を整え[21]、同時に、共有財源による共同基金（fonds communs）の創設など、都市圏のコミューン間の財政的連帯を強化せねばならない、というのがフレヴィルの第二の要望であった。そのためには既存のコミューンの分立を克服する「制度の革命」、まずは都市共同体の設立が不可欠だと訴えるレンヌ市長に対して、

---

[21]　ドルモワは、60 年代末にレンヌ市長と出先機関がレンヌに根付いた統制色の強い（dirigiste）都市開発のモデルを都市圏全体に拡大しようとした、と述べている。Rémi Dormois, "Coalitions d'acteurs et règles d'action collective dans les dynamiques de planification urbaine : une comparaison entre Nantes et Rennes (1977–2001)", thèse de doctorat, Université de Montpellier I, 2004, p. 138.

土木技師は、都市共同体が不可能なら、広域区でもその目的を実現しうると説得していった[22]。

　つまり、フレヴィルが知事の力を借りて「上から」広域化を実現する道を選んだのは、単に大学校の受け入れという当面の課題を乗り切るためだけではなく、都市圏の中長期的な開発をレンヌにとって有利な形で進めるために、レンヌ中心の都市計画を周辺コミュンに押し付けることのできる態勢を（広域区では全く不十分ではあるとしても）作り出すためだった。実際、後で見るように、広域区の創設が済むとフレヴィルは、『白書』をベースとしたSDAUを強引に周辺コミュンに受け入れさせるところまで一気呵成に突き進んでいる。

　しかし知事の強権を背にして郊外コミュンの反対を押さえ付けるやり方は、かねて自ら恐れていた、中央政府に押し付けられた広域化と紙一重であることをフレヴィルが理解していなかったはずはない。しかし広域化を実現し、整合的で実行可能性の高い都市圏整備の青写真を描けない限り、GIFなど中央政府から大規模開発向けの投資資金の配分を受けることはできない。フレヴィルにしてみれば、広域区が、レンヌ市がこれまで曲がりなりにも維持してきた都市開発における自律性を傷つけかねない危険な道であったとしても、資金獲得のためには他に選択肢はなかった。実際、広域区を巡るグラフとの論争の中でも、広域化の実現によって補助金など中央からの資金配分を増やすことが今後も都市開発を順調に進める大前提だと繰り返している[23]。しかし、SEMAEBやSCET、建設／設備省やその出先に対して、都市開発・産業振興の事業遂行の自律性を守ることを最大の目標としてきたグラフには、それを売り渡そうとするような市長の選択は絶対に容認できなかった。

　但し、グラフはレンヌ都市圏の今後の発展モデルについても、かなり早い段階から独自の考え方を固めていた。『白書』や、これを基礎に73年に採択されることになる地区のSDAUが、レンヌから東西と南北に伸びるラインを広域

---

[22]　Procès-verbaux des groupes de travail de la Conférence sur l'étude du SDAU de l'agglomération de Rennes, 20/9, 24/9/68, 26/6/69, AMR1293W58. Procès-verbaux des groupes de travail du GEP, 26/6/69, 7/7/69, p. 3, AMR 31W206.

[23]　PVMR 30/4/70, p. 4, AMR 31W206.

区の都市開発の「基軸」(axes) とし、この軸に沿って人口を集積させる方針を採った (314 頁図 10 参照) のに対して、グラフはレンヌの南 (ブリュ Bruz など) と西 (ルル Le Rheu など) に「新都心」(nouveaux centres urbains) を作って人口増を集中させるべきだと考えていた[24]。広域化の制度をめぐる対立をこうした発展モデルの選択と掛け合わせると、フレヴィルとグラフの間の対立は、レンヌ市に郊外コミュンからのフリーハンドを残す方を優先するか、逆に郊外コミュンに対する統制と支配権の確立を目指すかに起因していたとも言える。しかしそれはあくまで付随的な理由にすぎなかっただろう。

　6月5日のレンヌ市議会で広域区設置の受け入れと権限委譲が議決された (後述) のを受けて、フレヴィルが初めて市政内部で『白書』や SDAU について検討することに応じたが、グラフは検討会への出席を拒否した[25]。広域区を通じてレンヌ市が国の官僚制や SCET の監督 (tutelle) 下に置かれるのは容認できない、テクノクラティックな構想で住民を騙すのを見過ごすことになるから、広域区には責任を負いたくないと述べてフレヴィルとの訣別を宣言したのである[26]。

　70 年 4–5 月、フレヴィルが広域区のためにグラフを切り捨てる決断を下したであろう丁度その頃に、最古参の助役であるジャントンや市の道路技師長、市職員組合からも、広域区は知事と県庁のコミュン支配になる危険があるとか、市役所組織が国の出先機関の統制下に入ってしまう恐れがあるといった上申がフレヴィルの下に寄せられた[27]。グラフの懸念や反発は実は市政や市役所の中でかなり広く共有されていたのである。しかしそれでもフレヴィルが翻意する

---

[24]　PVMR 7/10/69, p. 4, AMR 31W206. 遅くとも 64 年末には、似たような構想を披露している。Lettre de Graff à Baguenier (DGCL), 18/12/64, AMR 31W12.

[25]　Lettre de Graff à Fréville, 16/6/70, AMR 31W206.

[26]　PVMR 29/6/70 ; Lettre de Graff à Houist, 19/6/70, AMR 31W206.

[27]　Lettre de Janton à Fréville, 3/5/70 ; Lettre de l'ingénieur en chef de voirie communale et réseaux, au maire et au secrétaire général de Rennes, 13/4/70 ; s.a., Projet du procès-verbal de la rencontre des organisations syndicales du personnel communal de Rennes avec les secrétaires généraux sur le projet de district (réunion du 19/5/70), AMR 31W206.

ことはなかった。5月14日に広域区に関する最後の市政会合を秘密会で開催し、グラフとの決裂を確認する[28]と、6月5日に市議会を招集し、27対8の票決で広域区創設の決議を勝ち取った[29]。

3) 代替選択肢の欠如　レンヌ市議会の議決を受けて7月9日、知事は公式に広域区の設立を宣言した。しかし1年にわたる膠着に決着が付いた後も、市長と筆頭助役は市政会合の度に激しい非難の応酬を続け、争いは10月初めの広域区理事会の設立直前まで続いた[30]。しかしグラフは単に広域区反対を叫んでいたわけではなく、69年秋の論争の当初からかなり明確な対案を提示していた。最初に広域区問題を論じた69年9月2日の市政会合の前に、グラフは「SDAU：白書」と題された『白書』批判と対案提示の詳細な文書を配布した[31]。既に見たように、『白書』の東西・南北基軸モデルに新都心整備構想を対置し、この構想に相応しいのは、知事らが上から押し付ける広域区ではなく、新都心を形成する南部や西部の隣接コミュンのSIVOMを積上げる方式だと主張した[32]。

　中でもグラフが重視していたのは都市計画公社である[33]。既に見たように、グラフは65年夏、建設省が都市計画機関の創設を指示してきた際に、グルノーブルのAUAG［第3章第2節 (4) 3)］同様に、既存のコミュン組合を活用し都市計画機関を下から組み上げることで対抗する姿勢を示した［第3節 (2) 2)］。今

---

[28]　s.a., "Réunion privée du 14/5/70 : District", s.d., AMR 31W206.

[29]　Compte-rendu sommaire du Conseil municipal de Rennes, 5/6/70, AMR 31W206.

[30]　PVMR 29/6, 20/7, 25/9/70, AMR 123W41. Graff, "Conseil de District", 25/9/70, AMR 31W206.

[31]　この文書 ("SDAU-Livre blanc : étude critique du document et suggestions faites à titre personnel par Monsieur Graff, premier adjoint au maire de Rennes, 5/9/69", ADIIV 67W5. 以下 Graff étude critique と略記) は、総論、『白書』分析 (analyse)、計画と提案 (Programme et propositions) の3部からなり、合計すると図表を除いても40頁を越える。

[32]　Graff étude critique, "Programme et propositions", p. 12, AMR 31W205. PVMR 7/10/69, 25/9/70, AMR 123W41. s.a., "Réunion privée du 14/5/70 : District", s.d. ; Graff, "Conseil de District", 25/9/70, AMR 31W206. こうしたグラフの立場は、広域区を巡る議決を前に市議会メンバーに送付された Graff, "Réflexions sur l'organisation de l'agglomération rennaise et recherches des solutions pour résoudre les problèmes immédiats", s.d., 15ff., AMR 31W203［以下 Graff Réflexions と略記］に集大成された。

[33]　註28所掲による。

回も同様の方法で、『白書』を書いた（県設備局を中心とする）GEP に都市計画作成の主導権が奪われるのを防ごうというのだ[34]。

フレヴィルの推す広域区は、背後に剣に手をかけた知事が控えている以上、実質的には上から周辺コミュンに押し付けられた面が否定できない。そして、広域区と密接に結び付いた『白書』の広域都市計画も、後に見るように、レンヌの中心都市としての更なる発展に必要な機能（労働者向け住宅の建設など）を周辺コミュンに割り当てる "レンヌ帝国主義" の色彩が極めて濃厚だった。だからこそ広域区の枠組を使い、知事・出先機関の圧力を借りて、強引に押し通す必要があったのである。これに対して、グラフの主張する対案は、あくまで個々の関係コミュンの合意を得て設立する他ない SIVOM を積み重ねる方式であるが故に、郊外コミュンのより自発的な支持を期待できるかのようにも見える。しかし、実際には、いくつかの点で実現可能性を大きく欠いていた。

まず、SIVOM を積み重ねるといっても、この時点で、レンヌ地区には自発的なコミュン間協力の伝統や蓄積が殆ど欠けていた。上記のグルノーブル市の場合、前提になっていたのは、60 年代前半に県内で SIVOM が急速に発展したことだった［第 3 章第 2 節 (4) 4) 参照］。しかるに、内務省の 73 年の調査では、イレヴィレンヌ県全体でも SIVOM はわずか 10、関係するコミュンは 55 で全体の 6 分の 1 弱に留まっていた。いずれも全国最低レベルである[35]。例えば農村電化については、第 1 節 (1) 3) で見たように、当県は戦間期以来、極めて集権的な事業遂行態勢を取り、電気料金への上乗せ分や県独自の課税によって財政的にも手厚い平衡化が県レベルで行われていた。こうした県レベルでの高度の集権化の伝統が、ロワール県［第 3 章第 1 節 (4) 2)］同様、末端でのコミュン組合結成の必要性を減じたとも考えられる。

グラフは『白書』批判文書の冒頭で、もっと早い段階で都市計画公社を作っておかなかったからこそ、中心都市（レンヌ）と郊外コミュンが協力する習慣が

---

[34] サンテティエンヌのように、1901 年法所定の結社方式で公社を設立するのは、国が地方自治体に取って代わるための方便だと喝破している。Graff Réflexions, p. 4, AMR 31W203.

[35] AN 19770375-74. 76 年になっても SIVOM の総数は 12 に留まっていた。ADIlV 1275W23.

育たず、地方自治体に代わって国（GEP）に都市計画を作成される破目になったのだと悔いて見せた[36]。しかし、グルノーブル都市圏の事例を想起すれば、グルノーブル市が伝統的な"帝国主義"、つまり郊外コミュンを支配し、自らに都合のいい都市計画上の選択を押し付けようとする態度を棄てることで初めて、都市開発 SIVOM と都市計画公社の設立に漕ぎ着けた。しかるに、レンヌ地区で SIVOM 方式を主張したグラフには、郊外コミュンに対してそのような譲歩を行う意志は全く見られず、むしろフレヴィル以上にレンヌ市の利益に固執する態度を至る所で示していた。

　例えば、フレヴィルは周辺コミュンに譲歩し支配の意図がないことを示すために、創設される広域区の理事会に占めるレンヌ市の議席は 40% に留め、逆に、インフラ投資を含む広域区の経費については 75% を負担することで合意した。グルノーブル市が最初の SIVOM 結成のために行った譲歩（経費の 80% を負担し理事会では人口に関係なく 2 名ずつ）に比べればまだ足りないとも見えるが、グラフはこの条件すら不公平で受け入れ難いと繰り返しフレヴィルを非難した[37]。産業誘致に伴う郊外コミュンとの財政面での"ねじれ"解消は、SIVOM か広域区かとは無関係だと主張し、寧ろフレヴィル以上にレンヌ市の投資分を税収で回収することに固執していた[38]。

　広域の都市計画の策定方針においても、郊外コミュンが一致して望んでいた散在小都市（villettes）モデル（急速な膨張を希望するコミュンに人口を集める）を断固退ける点では、フレヴィルとの間に齟齬はなかった（後述 316 頁参照）[39]。

　要するに、『白書』に対するグラフの対案は、知事ら出先機関に依存しなくて済むように、関係コミュンの自発的合意に基く SIVOM 方式に切り替えただけで、郊外コミュンからそのような合意を獲得するための譲歩を行う準備はなかった。つまり、レンヌ市や周辺のコミュンにとって、レンヌ市中枢における派手な論戦にも拘らず、知事とレンヌ市長が推進する広域区と『白書』の路線

---

[36]　Graff étude critique［総論］, p. 1, AMR 61W5.

[37]　Graff Réflexions, p. 3, AMR 31W203 : PVMR 20/7/70, pp. 3–4 ; Graff, "Conseil de District", 25/9/70, p. 1, AMR 31W206.

[38]　PVMR 7/10/69, AMR 31W206.

[39]　Graff étude critique, "Programme et propositions", p. 11, AMR 31W205.

に代わる、受入れ可能な代替選択肢はないに等しい状況だったのである。

(2) SDAU の押し付けと SEMAEB 依存

1) 都市計画公社の創設と官僚制の縄張り争い　グラフが去ると共に、SEMAEB や設備局などの出先機関がレンヌ都市圏の都市開発の立案と実施を支配しようとするのを押し留めてきた最大の防壁が失われた。自ら右腕を切り落としたフレヴィルは、今後は、自らの手で都市開発の主導権を守っていかねばならなくなったことを自覚していたようである。

自治体首長の権限を脅かす存在として、まず彼の念頭にあったのは、PSU 系を中心とする新左翼のミリタン（活動家）が都市計画公社の主導権を握ったグルノーブルの事例（240 頁参照）だった。71 年 4 月の広域区理事会の席上で公言した通り、都市計画の基本方針は、これまで通り、出先機関や SEMAEB とレンヌ市政が協議して決定していくのであり、創設される都市計画公社は、他地域の公社とは違って、いかなる自律的決定権も持ってはならないというのである[40]。71 年の改選でグラフが去った後、都市計画担当の助役となった[41]ジスカール・デスタン派のショデ（Jean-Pierre Chaudet）も、同じ警戒感を露にしていた[42]。サンテティエンヌの EPURES を巡る 73–4 年の紛争も、デュラフールの同種の不信感に起因していたことも想起しておこう（194 頁参照）。

こうした考慮から、71 年 5 月に一旦まとめられた公社の規約案[43]は、広域区理事会で破棄され差し戻された[44]。各コミュンの事務方も関与して作成し直された案では、公社は都市の発展動態について予測（prévision）を立てる機関に過ぎず、決定権はないと明記された。その権限は、コミュンの依頼を受けて POS（土地占有計画）や ZI や ZH の開発計画の作成を行うところまでとされ

---

[40]　Texte de discours de Fréville au Conseil du District, 23/4/71, AMR 123W41.

[41]　Phlipponneau, *Changer*, p. 92. 77 年のコミュン選挙では、フレヴィル後継の市長候補となる。

[42]　Procès-verbaux du Conseil du District［以下 PVCD と略記］17/9/71, pp. 4–5, AMR 1147W11.

[43]　"Rapport et propositions sur la création d'une agence d'urbanisme dans le district urbain de Rennes", 14/5/71, AMR 1169W39.

[44]　PVCD, extrait de l'intervention de Fréville, 16/7/71, AMR 123W41.

たのである。SDAU などの都市計画の方針決定は、あくまで広域区理事会や
コミュンの公選職の権限であり、公社の関与は禁じられていた。これは、「五月
事件」後、台頭著しい新左翼へのレンヌ市政の警戒感を反映したものであると
同時に、広域区や『白書』・SDAU 案に不満を募らせていた郊外コミュンに対
する宥和でもあった。公社の設立形態として、加盟コミュンが 1901 年法に依
拠した結社を作り、公社（AUDIAR：レンヌ都市圏広域区計画公社[45]）を直接
管理する（サンテティエンヌの EPURES と同じ）方式が取られたのも、これ
が公社の新たな官僚制と化するのを避け、加盟コミュンの公選職の権限を守る
最大の担保になるからだと説明された[46]。

　左翼テクノクラシーの脅威を未然に封じ込めたフレヴィルは、返す刀で最大
の敵に立ち向かう。GIF の資金配分や SDAU 作成を武器に介入を強めていた
県設備局である。当初の規約では、国、つまり出先機関の代表が参加しないま
ま、公社（結社）が発足することとなった。公社執行役（Directeur）の任命は
結社（公社）理事長、即ち広域区理事長の専権事項となっており、知事や設備相
の同意は必要なくなっていた[47]。71 年 11 月末になっても正式な規約さえ届け
られず、広域区は出先機関に対して最大限の独立性（indépendance）を示そう
としているようだ、と憤慨する県設備局長の訴えを受けて設備省本省が介入し
た。その結果、翌 72 年 2 月の総会で公社（結社）は規約を改正し、設備局以下
の出先機関の代表が理事会に議席を得ることとなったが、執行役の任命に関す
る規定は変更されなかった[48]。

　72 年春に設備省がレンヌに派遣した現地査察団は、SDAU 作成で密接に協
力してきた県設備局とフレヴィルらレンヌ市政との関係が突然、ギクシャクし
始めたのは、SEMAEB と SCET が新設される AUDIAR を支配して県設備
局と GEP に取って代わり、レンヌ都市圏の都市計画作成を一手に握ろうとし

---

[45]　規約によれば、これは Agence（公社）という名称を持つ結社（association）であり、規約
　　　上も、AUDIAR を指す語として「公社」と「結社」が併用されている。

[46]　以上、PVCD 16/7 et 17/9/71, AMR 1147W11.

[47]　Lettre de Huet, Directeur départemental de l'Équipement, au sous-préfet de l'ar-
　　　rondissement de Rennes, 30/11/71, ADIIV 301W4.

[48]　Compte-rendu de l'Assemblée générale de l'AUDIAR du 4/2/72, ADIIV 301W4.

第 4 章　ブルターニュ開発の中のレンヌ都市圏　　313

ているからだと見た[49]。フレヴィルや市役所側を含めた暗闘が繰り広げられた
であろう後、フレヴィルは 72 年 3 月 1 日に結社（公社）理事会を開催した。今
回の紛争について明示的に言及した上で、公社は SCET と県設備局の間を調
整する役割を持つと述べて両者の和解を促したが、直後に初代の公社執行役と
してお披露目されたのは、土木技師ではあるが、長らく SCET に出向してい
た人物で、SCET から AUDIAR に派遣される形になっていた。しかも、執
行役は就任報告の中で、これまで県設備局の GEP が担ってきた SDAU 作成
などの業務を引継ぐのが任務だと公言した[50]。県設備局はこれを、レンヌ都市
圏の都市計画から自分たちを追い出すという宣言だと受け取り、公社への補助
金予算の半減などの対抗措置を採ることを本省に進言している[51]。

　その後の業務遂行の中で、AUDIAR は能力の及ばない分野については
SCET に外注する場面が増え、SCET に支払う報酬額が多すぎると理事会で
問題になるほどであった[52]。発足時、72 年の段階で全職員数は 9 人だったが、
75 年になっても 17 人に留まっていた[53]のは、フレヴィルの公社専門家に対す
るイデオロギー的警戒感だけのせいではなかった。つまり、都市計画公社は、
事実上、SCET 地域代表部の傘下に置かれ、SEMAEB の妹分のような存在
になっていったと言える。

　設備省の査察団は、SCET が都市計画公社に闖入するのは、土地基本法の規
定に反し、利益相反を招きかねない深刻な事態であり、正常化の方策を探さな
ければならないが、執行役の人選を問題にしているかのようにフレヴィルに思
われることのないよう慎重にする必要があると報告書を結んでいる。設備省側

---

[49]　Mission d'inspection des études urbaines du Ministère de l'Équipement, Rapport de misson à Rennes, 12/5/72, ADIIV 301W4.

[50]　註 49 所掲に加えて、Compte-rendu du Conseil d'administration de l'AUDIAR du 1/3/72, p. 2, ADIIV 301W4.

[51]　Lettre du Directeur départemental de l'Équipement（GEP）au Ministre de l'Équipement（Direction de l'aménagement foncier et de l'urbanisme), 27/7/72, ADIIV 301W4.

[52]　Compte-rendu du Conseil d'administration de l'AUDIAR du 9/5/75, AMR 1169W39.

[53]　註 48 所掲に加えて、s.a., "Note sur le programme de travail de l'Agence pour 1972", s.d., ADIIV 301W4. Danan, Les agences, p. 33.

は、執行役の人選はフレヴィルの意向によるものだと理解していたようであり、そうだとすれば、レンヌ市長は両者の顔を立てた人選を装いつつも、明らかにSCET側に有利な裁定を下したことになる。実際、査察団が打診したところ、フレヴィルは県設備局の職員を執行役にするのは受け入れられないと明言したという[54]。だとすれば、騒動はSCETの膨張主義によるものというより、フレヴィル自身がSCET＝SEMAEBを呼び込むことで県設備局の専横を防ごうとしたものと見ることができる[55]。

　グラフとは対照的に、相手と正面から衝突することを嫌うフレヴィル流の防御策だったと言えるだろう。終章で見るように、この時期、他の準大規模都市でも、インフラ開発の専門能力と資金を握る2つの出先官僚制同士を闘わせることで市当局が自律性を維持する余地を見出そうとする場面はしばしば見られた。しかし、グラフが去り、引き続き県議会の支援も期待できない状況の下、

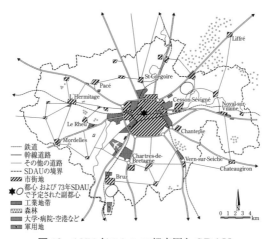

図10　1976年のレンヌ都市圏とSDAU
出典：Phlipponneau, *Changer*, p. 362.

---

[54] 註49所掲を参照。
[55] 根拠は示されていないが、Dormois, "Coalitions", p. 140 も、この時期のフレヴィルが、都市計画公社に関して県設備局を敵役とする戦略を採り始めたと述べている。

第 4 章　ブルターニュ開発の中のレンヌ都市圏　　315

都市計画公社まで SEMAEB = SCET に委ねれば、今度は市の都市開発事業
全般がその支配下に置かれる危険が大きくなろう。

　2) 広域区への集権化と SDAU 採択　　他方、郊外コミュンに対しては、レンヌ市
は、広域区設立の余勢を駆って広域都市計画作成に関する集権化を進めようと
した。

　71 年 12 月、レンヌの担当助役で広域区理事となっていたショデは、ZI や
一定規模以上の分譲地など、大規模な開発計画は全て広域区の権限となるので、
各コミュンは広域区当局に届け出て、作成中の SDAU との整合性チェックを
受けるよう指示を出した。郊外コミュンからは異議が殺到したが、競合する無
駄な投資の回避や投機の排除などを理由に押し切った[56]。翌 72 年には、コミュ
ン毎の POS の策定も広域区に一元化するとの通達を出したため、11 月の都市
計画公社理事会では、サンジャック（Saint-Jacques-de-la-Lande）の助役カ
ノ（Georges Cano：新社会党）らが、広域区の権限外だと抗議したが、フレ
ヴィルらは突っぱねた。ZI や ZAC などの事業に関する決定を広域区に集権化
することにも郊外コミュンから異論が相次いだが、ショデらは、公的資金の配
分は広域区レベルで考える必要があると述べ、財政面からも締め付ける姿勢を
示した[57]。

　肝心の SDAU については、SDAU の作成が広域区の権限とされたため、反
対派のコミュンが抵抗する機会は、サンテティエンヌやグルノーブルに比べて
限られていた。知事任命の SDAU 地方委員会では、出先機関を代表する官僚
が一半を占め、しかも各出先機関だけが拒否権を持つという圧倒的に官主導の
制度の下、先行して同意が与えられていた。次いで、各コミュンに代わって、
広域区理事会でも審議が行われることになるが、理事会にできるのは、SDAU
地方委員会の最終決定から 3 ヵ月以内に多数派の支持する修正意見を取り纏め
て上申することだけで、直接に修正を加えることすら許されていなかった。

　SDAU 地方委員会の最終決定（73 年 5 月）に先立って 72 年 12 月に始まっ
た広域区理事会での SDAU 審議では、冒頭から都市計画公社執行役が、放射

---

[56]　PVCD 3/12/71 ; Lettre de Chaudet à Fréville, 10/21/71, AMR 123W41.
[57]　Procès-verbaux du Conseil d'administation de l'AUDIAR, 3/11/72, AMR
1169W39.

円環型（radioconcentrique）や、既に見た散在小都市型などを否定し、『白書』の推奨する東西・南北基軸型の優位を再確認する報告を行った[58]。しかし、上申期限の迫った73年9月の理事会では、セッソン・セヴィネやブリュなど、東西・南北の優先軸（axes préférentiels）上のコミューンの一部から、SDAUの構想では急激な膨張を無理強いされるとして強硬な反対の声が上がった（図10参照）。郊外コミューンに選択の自由を確保する散在小都市型などの代替選択肢を求め、SDAU案に反対投票する構えをみせたのに対して、フレヴィルは、このSDAUを拒否すれば産業誘致はダメになるし、異論を唱えるだけでも国からの補助金が減るぞと脅し、国にアピールするためには広域区でも圧倒的多数の賛成の決議を出すべきだと主張した。しかし多数のコミューンの要求により、秘密投票でSDAU案への賛否を問う票決が行われることになり、賛成42、反対15、棄権3という結果となった。18票の不支持は大きいとして、カノがセッソンやブリュの人口密度を減らす旨の付帯決議を付けることで全会一致を目指す妥協案を提示したが、ショデらレンヌ勢は反発し、フレヴィルも、SDAUの基本線を明確に打ち出さないと中央政府から資金を取れなくなってしまうと息巻いた。結局、カノの妥協案の表現を緩め、優先軸の発展は膨張の抑制を求める一部コミューンの意向と調和的に進めるが、それでも副都心（centres secondaires）の形成は認められるとの意見をまとめ、残る異論をかなり強引に抑え込んで全会一致に持ち込んだ[59]。

　3）フレヴィル市政の自律性喪失　広域区設立直後、フレヴィルは県設備局の方をより大きな脅威と見てSEMAEBを引き込んだが、今度はそのSEMAEBが市の自律性を侵食することになった。既に69年6月には、プレヴァンが政権交代で入閣し、創立以来務めていたSEMAEBの理事長職を離れることになった[60]ため、グラフは辞める直前まで、SEMAEBの報酬率などの問題で孤軍奮闘していた[61]。そのグラフも去ると、これまで辛うじて保ってきた均衡が大きく破られ、力関係は一気にSCET地域代表部側へと傾いた。一例を挙げ

---

[58]　PVCD 22/12/72, AMR 123W41.
[59]　PVCD 7/9/73, AMR 123W41 et 1147W11.
[60]　以下は、PVSEMAEB 28/6/69, p. 2, ADIIV 199W20 による。
[61]　Lettre de Graff au directeur de la SEMAEB, 23/2/70, AMR 123W46.

よう。ヴィルジャン ZUP の開発事業は、住戸などの販売が完了した時点で、大幅な余剰金が出たことが明らかになった。本来これは、極めて手薄なまま放置されていたヴィルジャンの中の生活インフラの整備に向けるべきところ、フレヴィルは SEMAEB から言われるままに、SEMAEB がレンヌ市から受託した他の事業 (ボールギャール Beauregard の ZAC 開発など [図 9 参照]) に転用することを認めてしまった[62]。

当時、ヴィルジャン ZUP ではインフラ不足に対する住民の不満が高まっており、共産党や PSU、更にはフレヴィルの政敵・ド・ゴール派の代議士クレサール (Jacques Cressard：68 年総選挙でフレヴィルを破り、以後、73、78 年と連続当選) もこの問題を政治化して市長を攻撃しようと動き始めていた[63]。市政側は、追加のスポーツ施設を建設する計画を立ててはいたものの、まさに資金の手当てが付かずに窮していたところだったのである[64]。

事務長のロランから窘められて、結局、軌道修正はしたものの、この顛末の背景には、グラフを失ったフレヴィルが SEMAEB への依存を深めていた実情があった。それを最もよく示すのが、上水供給能力の更なる増強のための「レンヌ第四」計画の事業態勢を巡る市政内の紛争である。

「レンヌ第四」計画は、水道事業会社 CGE (Compagnie Générale des Eaux) の立案に基いて 60 年代半ばに着手された。グラフの指揮下に市技術部局が主導し、SEMAEB を含む複数の業者を使いながら進めてきた[65]が、しかしそのグラフが去って半年経った 72 年 1 月下旬、SEMAEB 理事長がこの事業を包括的に受託したいとフレヴィルに申し出た[66]。いわば "丸投げ" 方式への変更であり、実現すれば、これまでより SEMAEB の事業遂行に対する市側の

---

[62]　PVMR 17/3/72, pp. 8–10 ; Lettre de Rolland à Fréville, 26/10/71, ADIIV 52J85.

[63]　*Ouest France* 8/3/70 ; Lettre de Cressard à Chalandon, ministre de l'Équipement, 24/9/68, ADIIV 1215W45.

[64]　Direction d'administration générale de la Préfectutre, "Équipement sportif de la ZUP Villejean-Malifeu", 8/2/67, ADIIV 1215W45.

[65]　Fréville, *Un acte*, tome I, p. 130. Exposé de Graff aux réunions d'information du Conseil municipal, 21/4/65, p. 8, AMR 61W5.

[66]　Lettre du président du Conseil d'administration de la SEMAEB à Fréville, 27/1/72, ADIIV 52J76.

チェックが粗くなるのは避けられない。2週間熟慮した後、フレヴィルは市事務長ロランに対し、この提案を受け入れたいがどうか、と打診を行った。市役所職員は既に相当な業務量を抱えているので、「レンヌ第四」をSEMAEBに委ねることで、市職員を市役所本来の業務の改善に専念させたいというのだ[67]。

これに対してロランを補佐する事務次長のル・ギルが猛然と反駁した。SEMAEBは上水道工事については専門知識は持っていない。これまでもZUPの上水道工事などは市の技師に担当させてきたし、県出先機関の技師からも信頼を得ている。上水工事には内務省の補助金もCDCの融資も受けられるのでSEMAEBを使う必要はなく、むしろ割高になるだけだ。SEMAEBはこれまでも様々な点で無能を曝け出しており、グラフ氏がそれを補ってきたのだ、と[68]。長年、グラフの下で自律的な事業執行を支え、実力も蓄えてきたという市官僚制の強烈な自負が示されている。こうした下からの突き上げを受けて、事務長ロランも"丸投げ"に再考を促した。

しかしこうした市役所職員の抵抗は、逆にSEMAEBの攻勢を強める結果となった。73年に入ると、市北西部のボールギャール地区ZAC（後に県庁などが移転）の北半分の開発事業に関しては、これまでの事業委託方式の見直しが検討されていたが、SEMAEB執行役は、自治体とSEMの共同施主（dualité des maîtres d'ouvrage）方式への切換えは混乱を招くだけだ、そもそも市役所の担当部局がSEMAEBを管轄領域を侵害する競争相手と見なしているのは遺憾だと述べて、これまで通りの一括委託を続けるよう、フレヴィルに圧力を加えた[69]。こうした綱引きの延長線上に、翌74年春、SEMAEB執行役と事務長ロランが広域区理事会の席上で、市の西外れのZAC開発（Coësmes地区）などを巡って激しく口論する事件が起きた。二枚舌などと罵倒された執行役は、ロランを処断するようフレヴィルに迫ったのである[70]。

とはいえ、「レンヌ第四」の委託を巡る顛末は、グラフが10年以上にわたって、SEMAEBや県庁を相手に日々鎬を削りながら、自律的な都市開発事業の

---

[67]　Lettre de Fréville à Rolland, 12/2/72, ADIlV 52J76.
[68]　Lettre de Le Guil à Fréville, 22/3/72 et à Rolland, 18 et 21/2/72, ADIlV 52J76.
[69]　Lettre de Billet, directeur de la SEMAEB, à Fréville, 15/5/73, ADIlV 52J76.
[70]　Lettre de Billet, directeur de la SEMAEB, à Fréville, 18/3/74, ADIlV 52J76.

遂行に努めてきたことは決して無駄ではなかったことを示した。グルノーブル
のように多くの業務を自前の機関で引き受けることは叶わなくても、60年代後
半以降のサンテティエンヌのように CDC 系の開発 SEM に丸投げにせず、
SEMAEB 以下の受託業者を監視・統制するなどして自ら事業遂行を管理し続
けたことで、市役所の職員組織には、一定の専門能力が蓄積されつつあったの
である。

　SEMAEB には弱い市政幹部にも、最早中央の意向に諾々と従うという態度
は一掃されていた。大規模団地の新規造成を禁じた73年3月のギシャール通
達（143頁）に対して、フレヴィルは怒りを露にして国務院への提訴を口にし、
ショデも AMF を動かせばよいと応じた。同じ頃、市庁舎の改築・移転を検討
した際には、遠くない将来、分権化によって市が出先機関の権限を吸収するの
だから、出先機関は市周辺部ボールギャールの ZAC に追いやり、市庁舎を都
心部に配置すべきだとも述べている[71]。いずれの発言にも、市の自律的な事業
遂行能力への強い自信が窺える。あとは、複雑な都市開発事業の細部までを把
握する専門知識と、複数の事業実施機関／業者を使いこなすことで SEMAEB
を制御下におく組織管理の能力を兼ね備えた強力なリーダーシップが戻ってく
るのを待つだけであった。

(3) 左翼市政下の転換と復活

　フレヴィルは、75年8月にブルターニュ分離主義者のテロに遭遇して負傷
し、77年のコミュン選挙に出馬しないことを明らかにした。後を託されて市長
候補となったのはジスカール派のショデだったが、新社会党の中でフリポノー
を抑えて左翼連合の市長候補となったエルヴェ（Edmond Hervé：市長在任
1977–2008年）に敗れた。都市計画担当の筆頭助役となったフリポノーは政権
交代前に、フレヴィル市政が中央政府の言いなりになって、画一化された開発
事業を展開したと非難していたが、そのフリポノーが都市開発政策の責任者と
なって、どれだけレンヌ市は出先機関や SEMAEB に対する自律性を回復でき

---

[71]　Compte-rendu de la séance de travail Ville/SEMAEB/M. Marty du 25/5/73 ; Ré-
union de la municipalité-Marty, 9/11/73, AMR 1293W25.

たのであろうか。

1) SDAU の修正　フレヴィルが知事ら出先機関への依存を強め、グラフとい
う防壁すら失う羽目になったのは、郊外コミュンとの間に協調関係を欠き、合
意に基づく自発的な広域化に失敗したからである。この問題を解決しない限り、
広域の都市計画や開発事業に着手する度に、郊外コミュンを抑え付けるために
出先機関に頼らざるを得なくなる。この点を改善する上で、左翼市政の第一歩
となったのは SDAU の改訂である。

　左翼連合は 77 年のコミュン選挙で 73 年の SDAU をフレヴィルによって郊
外コミュンに押し付けられたものと厳しく批判し、政権を取るや、郊外コミュ
ンとの協調を通じて全面的な改訂に成功した[72]。

　77 年 11 月、広域区理事会は理事長に就任したフリポノーの提案を受けて、
満場一致で 73 年 SDAU の改訂開始を決定した。73 年 SDAU 実施の最大の
障害となったのは、セッソン・セヴィネなど、一部の郊外コミュンの激しい反
発であり、特にブリュを含む南東方向の重点開発は断念せざるを得なかった。
フリポノーらの理解では、これらのコミュンに構築することが予定されていた
「副都心」は事実上、ニュータウンであり[73]、既存の都市秩序を完全に破壊する
として拒否されたのである。なぜニュータウンの受け入れを郊外に押し付ける
必要があったかといえば、フレヴィルらが都市圏にできる限り多くの投資枠を
確保するために、サンテティエンヌ同様、過大な人口予測 (レンヌ市内 25 万、
広域区内 55 万人) を設定したからである。しかし、この 10 年で、広域区の外
側の大円環地区 (Grande Couronne：遠距離郊外) に SDAU の予定していな
かった都市化、つまりスプロール現象が発生した結果、広域区内に求められる
容積率は低下し、優先軸方向での急速な都市化・人口集積は必要なくなっていた[74]。

---

[72]　以下の記述は特記しない限り、s.a. [AUDIAR], "Note en vue de la révision du
SDAU", s.d. ; Compte-rendu du Conseil du District, 4/2/83, AMR RM8W23.

[73]　Phlipponneau, "Démocratie et urbanisme : la révision du SDAU", s.d., AMR
RM8W23.

[74]　AUDIAR, "Échanges de vues préliminaires à la mise en révision du SDAU du
District de l'aggléxion rennaise. Développement des refléxions par thème",
octobre 1979, p. 4 ; AUDIAR, note de travail du groupe 1, "Révision du SDAU.
Cadrage démographique", s.d., p. 19 ; Ouest-France 29/11/77, AMR RM8W23.

第4章　ブルターニュ開発の中のレンヌ都市圏　　　321

　過大な人口予測を捌くのに必要な人口集積を広域区内のどこに押し付けるか
が73年SDAUを巡る紛争の根源にあったとすれば、大円環地区をSDAUを
巡る協議に取り込んだ上で、広域区の人口予測の一部を大円環地区に振り分け
ることで、広域区内の人口増加の圧力を大きく緩和することが最も現実的な解
決策となる。フリポノーは大円環地区の農村コミュンの代表として選出の県議
会議員をSDAU協議に取り込んだ。「大円環地区会議」などを開催し、広域区
のSDAUを大円環地区にも拡張する可能性を模索したのである[75]。

　77年のコミュン選挙で左翼連合は綱領の柱として「生活の質」の改善を掲げ
ていたが、その成否は、60年代の大規模開発による過度の人口集積がインフラ
不足を招いたのをいかに解消するかにかかっていた。従って、SDAU改訂で
レンヌ市内や広域区内の集積度を下げるのは、フリポノーらにとって政治的に
も優先度が高かったのである[76]。

　広域区内の人口予測を下げ（55万を39万に）、郊外コミュンとの紛争要因を
予め取り除いた上で、レンヌの左翼市政は、郊外コミュンと徹底した協議を行
い、できるだけ幅広い合意に基づくSDAU修正案の作成に努めた。具体的に
は、SDAU作成について次の2つの転換を行った。第一に、第3章第1節で
見たサンテティエンヌ地区同様、投資資金獲得のために設定された既定の目標
値を域内のコミュンに割り振る方式から、各コミュンが自発的に設定した目標
や計画を積み上げる方式に切り替えた[77]。サンテティエンヌでは、74年以降、
段階的に起こったことが、レンヌでは77年以降に一気に起こったと言えよう。
第二に、第一の転換の帰結として、優先軸が消滅した代わりに、73年SDAU
の作成過程では一貫して排除されていた「散在小都市」の存在が容認された。
これによって、73年SDAU反対の急先鋒だったセッソン・セヴィネも鳴りを
潜め、改訂案は、73年SDAUに反対したコミュンの大部分から同意を取り付

---

[75]　註72所掲の他、District, Compte-rendu de la Sous-commission "Perspectives gé-
nérales" du 27/2/79 ; *Ouest-France* 23–24/5 et 1/6/81, AMR RM8W23. 但し、大円環
地区をSDAUに含めることだけでなく、同地区をコミュン組合にまとめることも失敗した。
Dormois, "Coalitions", pp. 143–4.

[76]　Phlipponneau, "L'évolution de l'urbanisme à Rennes 1977–1980", 8/5/80, AMR
1676W56.左翼市政の最初3年間の都市開発を自ら総括したメモ。

[77]　*Ouest-France* 17–18/4/82, AMR RM8W23.

けて承認された[78]。

フリポノーは分権改革を経た83年、レンヌ左翼市政によるSDAU改訂を振り返って、その最大の成果は、郊外との間にコミュン間協力が発展し、都市交通のコミュン組合などが設立されたことだと述べている[79]。確かに、73年SDAUが引き起こしていた一部の郊外コミュンとの対立を収束させたことが、コミュン間協力を制度化する最小限の前提を整えたとは言えよう。しかし、実際にコミュン組合などの設立に踏み込むには、レンヌ側も郊外コミュンの側もまだ乗り越えねばならないハードルが残っていたのである。

2) 下からの広域化の再開　というのも、レンヌ側では、フリポノーも、市長エルヴェも、市政に就いた当初は、レンヌ"帝国主義"に囚われ、SDAU改訂で芽生えた郊外コミュンとの信頼関係を制度的な協力関係（広域化）へと発展させることができなかった。グルノーブルが行ったような財政的・政治的な譲歩を拒む点では、かつてのフレヴィルやグラフと少しも変わることがなかったのである。郊外コミュンの側でも、押し付けられたSDAUによってレンヌの"帝国主義"に対する猜疑心は増幅されていた。

この閉塞を打破する契機となったのは、広域区の権限拡大の失敗である。フレヴィルが電機・通信部門の大学校・研究機関の誘致に間に合わせるように慌てて創設した広域区は、当初の権限が極めて限られており、ゴミ処理や公共交通など、都市開発で要諦となる分野すら含まれていないものが多かった。公共交通（70年代はバスのみ）の運営事務を共同化しようという動きは、既にフレヴィル市政の下、75年から表面化し始めていた。グルノーブル市の公社が運行するバスが乗り入れている郊外コミュンは受益に応じて費用を分担することになっていたが、その負担が年々重くなっていた。そこで、企業に公共交通の整備・運行の経費を分担させる「交通支払い金」（Versement-transport）を郊外コミュンの域内に立地した企業からも徴収したい、ついては広域区の権限を拡大する（公共交通の「広域区化」districalisation）か、別のコミュン組合を立ち上げて欲しい、という要望が郊外のブリュやシャントピからレンヌ市役所や

---

[78]　但しセッソン・セヴィネなどは部分的な反対意見を付した。

[79]　Compte-rendu du Conseil municipal de Rennes du 24/1/83, AMR RM8W23.

広域区の幹部のもとに寄せられた[80]。しかし、フレヴィルはバス路線の郊外延伸には一切関心を示さなかった[81]。

　左翼市政のフリポノーやエルヴェは、82–3 年の分権化実現以降こそ、コミュン連合体の発達を称揚し推進し始めるが、77 年前後の段階では、実はフレヴィルらと大差ない態度を取っていた。そのため、79 年に突然、公共交通の広域化を目指し始めたのも、国の補助金（contrat de développement）の制度が変更され、運営をコミュン組合化しない限り、来年度以降、補助金が更新されないことに気付いたからに過ぎない[82]。広域区の権限拡大による解決を目指したが、広域区の創設時に「押し付けられた」恨みを残すコミュンから強力な反対が出ることが容易に予想されたため、もし別のコミュン組合を作るなら、レンヌ市は 50% 超の議決権を要求する[83]と脅しを掛け始めた。結局、79 年 5 月の広域区理事会で、セッソン・セヴィネなど、レンヌへの不信感を拭えない一部の郊外コミュンの反対を強引に押し切って、規約改正を発議させた[84]。レンヌ市政のエルヴェやフリポノーは、この間、一貫して極めて高飛車な態度を取り、郊外コミュンの抵抗を党利党略だなどと非難した[85]。

　しかるに、加盟各コミュン議会での審議・票決の結果、賛成 12 コミュン、反対 11 コミュンで権限拡大は否決されたことが 79 年 9 月の理事会で確認された。広域区結成時以来の反対派コミュン（Noyal-sur-Vilaine など）が反対の論陣を張った[86]結果であり、バス経営ではなく、広域区の権限拡張自体の是非が問題になっていたのだった。上水供給契約やゴミ処理など、他の多くの事業

---

[80]　例えば、Lettre du maire de Chantepie au maire de Rennes, 10/4/76；Lettre du maire de Bruz au président du District, 8/7/76, AMR RM8W48.

[81]　PVCD 21/2/75 (no. 75.25), AMR RM8W48.

[82]　Lettres du Directeur départemental de l'Équipement au maire de Rennes, 5/8 et 28/9/77, AMR RM8W48.

[83]　PVCD 19/1/79 (no. 79.9), AMR RM8W48. Extrait des délibérations du Conseil municipal de Rennes, 15/1/79, AMR RM8W48.

[84]　Compte-rendu du Conseil du District, 18/5/79, AMR RM8W46.

[85]　上の註所掲に加えて、Phlipponneau, "Le président du District répond aux douze sur la districalisation des transports", s.d., AMR RM8W46.

[86]　*Ouest-France* 25/6/79, 13–15/7/79, AMR RM8W48.

でもレンヌ側が不当な条件を郊外に押し付けていると批判する声が強まり[87]、レンヌ側は防戦一方となった[88]。

79年11月、広域区とは切り離して、都市交通の単一目的のコミュン組合の設立を目指す交渉が広域区理事会を舞台に開始された[89]。この時、レンヌ市と郊外側を仲介して交渉を妥結に導いたのは、レンヌ市議会や広域区で与党の一角を占め、広域区化案には反対しないとしつつも、コミュンの自由重視という党の立場から、コミュン組合設立による解決を唱えてきた[90]共産党議員であった。

かくしてフレヴィルの残した広域区の不備と、国の補助金制度の制約のお陰で、漸くレンヌ市政は、出先機関の助太刀なしで都市開発を進めるためには、"帝国主義"を放棄し自らの譲歩を通じて周辺コミュンから協調を引き出し、コミュン間協力を強化していくことが不可欠だと学習した。以後、レンヌ左翼市政は、ゴミ処理など、複数の事業を広域区とは別のコミュン組合を使って広域化していった[91]。グルノーブル市が65年前後に上水危機から教訓を得て、分野別のSIVOMを積み重ねていく道へと舵を切ったのと同じ過程が、十数年遅れてレンヌでも見られたということになる。

3) 県議会の党派化　ロワール県同様、73年以後の県議会選挙において、社共が議席を伸ばした（総議席の4分の1程度）が、依然として圧倒的な少数派であった。しかし、ロワールとは異なり、優位に立つ右派内部でのド・ゴール派

---

[87]　以上、PVCD 16/2/79 (no. 79.18), AMR RM8W48.

[88]　PVCD 21/9/79 (no. 79.94), AMR RM8W48.

[89]　Compte-rendu de la Commission "Transport collectif" du District du 29/11/79, AMR RM8W46.

[90]　Compte-rendu du Conseil du District, 2/7 et 18/5/79 ; Circulaire de C. Benoist, président de la Commission Transport collectifs, 14/12/79, AMR RM8W46.

[91]　ゴミ処理についても、当初、フリポノーが強引に広域区化を推進しようとしたが、郊外コミュンの抵抗に加え、県庁も技術的理由を挙げて反対したため、フリポノーは早期に広域区化を諦め、78年9月、都市交通より1年以上も早く、広域区を含む「混合組合」の結成へと方針を切り替えた。但し、この時点のフリポノーにとって、これは暫定的な妥協に過ぎず、混合組合が円滑に機能したら、今度は広域区の権限と領域の拡大を目指すつもりだった。AMR RM8W43、特にPVCD 22/9/78 ; Compte-rendu de la réunion tenue à Chantepie le 8/6/78 relative au traitement et à la collecte des ordures ménagères dans le Bassin de Rennes を参照。

と非ド・ゴール派の間で対立が激化した。フレヴィルの引退後、県議会議長の座は、一旦ド・ゴール派のル・ドゥアレック（François Le Douarec：代議士、62–81 年）に渡った。しかし、キリスト教民主主義派もメーニュリ（Pierre Méhaignerie：父の議席を取り返す形で 73 年に代議士に当選。77 年、ヴィトレ Vitré 市長当選）の下で勢力を回復しており[92]、ド・ゴール派と鎬を削った末、82 年に議長ポストを取り戻すことに成功する。中央政府でも、同じ右派でも党派が異なる大統領（ジスカール・デスタン）と首相（シラク）が激しく対立する中、知事の人事も高度に党派化された結果、県議会多数派と知事との間にしばしば党派的な対立が生まれた。右派が優位の県議会がレンヌ左翼市政を直接支援することはないとしても、出先官僚制と県議会多数派の間の対立が高まれば、レンヌの左翼市政が漁夫の利を得る場面も出てくる。

4）旧街区再生事業と市 SEM の統御　かくして 70 年代末、左翼市政下のレンヌ都市圏では、出先官僚制や SEMAEB に対して都市コミュンが都市開発における自律性を回復しやすい環境が揃いつつあった。都市計画や開発事業を一手に取り仕切ったフリポノーは、この好機を逃さず、市役所部局や市 SEM を強力に統率して出先官僚制に対抗していった。

フレヴィル時代（60 年代半ば以降）には、市周辺部における ZUP、ZAC と並んで、市中心部における大規模な再開発が市の都市開発の機軸となっていた。フリポノーらは左翼連合の綱領に倣って、早くからこれを富裕層や外来の大資本に奉仕するものと批判していた[93]が、具体的に旧街区再生優先への転換が明確になったのは、78 年末のリス（les Lices）地区の取り壊し中止の決定以降である[94]。

旧街区再生事業について、フリポノーらは 2 つの点でフレヴィル期とは異なる事業遂行の手法を用いることを強調している。第一は、街区会や結社などを媒介にした住民との協議である。この手法はサンテティエンヌでも左翼市政が

---

[92]　筆者前稿 II 第 3 回を参照。

[93]　Phlipponneau, *Changer*, pp. 168–9, 176–8, 184–5. 市政交代後も繰り返した。Phlipponneau, "Colloque de Rennes : ségrégation dans l'habitat. Le point de vue de la Municipalité de Rennes et du Conseil de District", 16–17/5/78, AMR 1976W20.

[94]　Lettre-circulaire de Vallée aux conseillers municipaux, 15/12/78, AMR 1676W62.

前面に出していたが、レンヌでの実践はやや趣が異なる。まず、サンテティエンヌでは担当助役のトマ以下の助役・議員が直接協議に当たっていることが強調されていたのに対して、フリポノーはSEMAEBに外注することを隠そうともしなかった。しかもその最大の効用は、事業対象の街区の住民のニーズに密着したり合意を形成したりすることではなく、あくまで市政や市議会与党に民衆の支持を調達し、それを誇示することで中央に対する政治的武器として有効でありうる、という点にあるという[95]。選挙の際の看板の一つとしてフレヴィル市政を批判し差異化を図る際にはしばしば言及されたものの、住民の要求が急進化した際には躊躇なく協議は打ち切られている[96]。

第二に、フレヴィル市政が最も重視するZUP、ZACや大規模再開発、あるいは「レンヌ第四」のような事業をSEMAEBに委託し、70年代には丸投げ状態に甘んじていたのに対して、フリポノーは、フレヴィルの下で直営の再開発事業を担当していた市SEMであるS2R（レンヌ再開発公社Société rennaise de rénovation）に対して市政の統制を強化した上で、最重点事業である旧街区再生に転用した。S2Rは50年代に設立された複数の市の再開発公社に起源があり、70年代の増資によって市の持分は95%に達していた[97]。併せてOPAH（198頁参照）による事業については、この分野に特化した地元の結社型のコンサルタント組織ARIM（不動産修復協会Association de Restauration Immobilière）を併用し、SEMAEBなどSCET系のSEMに依存しない事業遂行の態勢を確立していった[98]。こうした多元的な事業主体を指揮する司令塔が、担当助役／議員の下に置かれた「市中心部グループ」（Groupe Central）であった。

5) ZAC と SEMAEB、都市計画公社　これに対して、周辺部のZACの開発などは、継続はするものの、周縁的な位置付けに落とされたため、市役所部局の過

---

[95]　註76所掲（pp. 3, 5–6）による。嫌がる中央や出先機関がSDAUの改訂を受け入れたのもこの手法によるものだという。

[96]　Lettre-ciculaire du Groupe socialiste du Conseil municipal, 7/4/82, AMR 1676W62.

[97]　Phlipponneau, *Changer*, p. 99.

[98]　以上、註76所掲（pp. 8, 15）に加えて、Lettre-circulaire de Phlipponneau, 1/4/80, AMR 1976W20による。

第4章　ブルターニュ開発の中のレンヌ都市圏　　　　327

重負担を避け、より綿密な対応が必要な市中心部の再生事業への監督を実効あらしめるため、ボールギャールなど、フレヴィル市政で重要視されてきた事業も含めて、基本的に SEMAEB に外注していく方針が示された。整備するインフラ種目毎の縦割りを克服し、委託事業に対する統制を確保するため、担当助役／議員の下に GAU（整備・都市計画グループ Groupe Aménagement et Urbanisme）が設置された。総指揮を執るフリポノーの意向を受けて、SEMAEB の専門家や市部局の活動を統合・監督し、ZAC などの事業に対して市政の監視が行き届くよう意図されていた[99]。

いわば、SEMAEB = SCET グループを大規模だが比較的単純な開発事業の現場に封じ込めて、都市計画や事業設計の根幹には触れさせない、という姿勢は、都市計画公社 AUDIAR に対しても看取することができる。既に見たように、AUDIAR は、その創設時から県設備局に取って代わった SCET の影響力が支配的であった。フリポノーはフレヴィル時代の公社執行役を、73 年 SDAU の作成を主導した上に、省庁出先機関との結び付きが濃すぎるとして更迭したが、後任には再び SCET グループの職員技師を据えた[100]。フレヴィル同様に、県設備局の影響力を公社から遮断し、SCET／SEMAEB の優位を保証したかのようにも見えるが、実際にはこの SCET 系の都市計画公社は、SDAU 改訂の技術的サポートという地味な役回りを除いて、殆ど出番が与えられず、いわば "飼い殺し" にされた[101]。80 年 9 月、フリポノー自ら、市が予算の 70％ も負担しているのだから、もう少し公社を活用すべきだろうと事務長ロランに漏らすほどだった[102]。

だからといって、SEMAEB・SCET に押されてレンヌ市の都市計画や開発事業に対する影響力を低下させていた県設備局が、60 年代の地位を取り戻した

---

[99]　註 76 所掲（pp. 7–8）と上の註所掲に加えて、Phlipponneau, "Grandes opérations d'urbanisme", 10/4/78, AMR 1976W20 による。

[100]　Dormois, "Coalitions", p. 141.

[101]　78 年 8 月、SDAU 改訂について協働関係再開を求める県設備局長の申し入れに応じた際も、域内コミュンの首長らとの調整という政治的に重要な任務は GEP に任せ、AUDIAR は技術的対応に専念させるよう提案した。Réponse de Phlipponneau au Directeur départemental de l'Équipement, 8/8/78, ADIlV 1318W153.

[102]　Lettre de Phlipponneau à Rolland, secrétaire général, 21/9/80, AMR 1976W20.

わけではない。実際、市政交代後、暫く経った 77 年 9 月には、県設備局長が市長エルヴェと広域区理事長フリポノーに書簡を発し、全てを市役所の自前の職員組織にやらせようとせず、AUDIAR や国の出先機関をもっと使うべきだと批判している[103]。基幹的な開発事業や中核的な業務に関しては、SCET にも県設備局にも依存せず、自前の市役所部局やその厳格な統制下にある公社や市SEM だけを使って市の自律性を確保するというのが、フリポノーら左翼市政の基本的な方針だったのである。この時期、市役所の中では業務処理能力の向上や効率化を目指して、大規模で大胆な組織改革が数多く試みられている[104]。

いずれにしても、左翼市政の下でのレンヌ市の都市開発事業に対する自律性の回復は顕著なものだった。試行錯誤を通じてコミュン連合体の欠如というハンデを克服しつつ、大規模開発ないし再開発から旧街区の再生へという国の政策の転換を巧みに利用したことがこうした成果を齎したといえる。しかしそれを可能にしたのは、グラフが 60 年代を通して培ってきた市職員組織の専門能力であり、この能力が開発業者／機関を統制・管理する努力を通じて獲得されたところにレンヌの特徴がある。自前の職員組織や外郭機関に開発事業を直接担当させる傾向が強いグルノーブル、事業遂行を CDC 系の SEM などに「丸投げ」してきたサンテティエンヌという両極の中間に位置し、この時期のフランスの準大規模都市以下のコミュンが自律を達成する際に最も取りやすいモデルとなっていたと言えるだろう［終章第 1 節 (2) 参照］。

---

[103] Lettre du Directeur départemental de l'Équipement au maire de Rennes et au président du District, 28/9/77, AMR RM8W46. 但しこの後、78 年春から夏にかけて、フリポノーが県設備局に接近を試みた形跡が見られる。上記の註 101 参照。

[104] AMR 1676W65.

終　章

第1節　ミッテラン分権化への道

(1) 事例分析のまとめ

　グルノーブル都市圏に対する中央の猛烈な介入にも拘わらず、1965年以降のデュブドゥ市政が自律性を維持して独自の都市開発を実行したのに対して、「産業転換」に苦しんでいたサンテティエンヌでは、他に遅れて都市開発事業が本格化するや否や、デュラフール市政は、その当初から知事や建設／設備局などの出先官僚制に主導権を握られることになった。これに対して、レンヌは中間的事例と位置付けられる。中央主導の産業分散化の恩恵を受けつつも、事業遂行を指揮したグラフが、SEMAEBやその背後のSCET地域代表部を統制しようと闘い続ける中で、市の職員組織は強化され、60年代半ばまでは都市開発事業は自律性を維持することができた。しかしその後、広域化が避けられなくなった段階で、市長フレヴィルは広域区創設を知事に委ねる道を選択し、グラフを切り捨てた結果、SEMAEBに依存した事業遂行に甘んじることになった。

　3つのケースでこのように結果が分岐したことは、第2部の冒頭に提示した通り、①県議会の知事からの自律性と資金配分などに対する影響力、②下からの広域化の成否 (郊外コミュンと自発的にコミュン連合体を結成できたか) という2つの要因で説明できる。

　②については、地域全体におけるコミュン間協力の発達度合いという構造的要因に加えて、中心コミュンがどの時点で"帝国主義"を放棄し大胆な譲歩によって周辺コミュンを協力に導けるか、という戦略的要素が帰結を左右した。

　①に関しては、県議会内部でどれだけ党派対立が復活するか、が重要になるが、これには、有力な与党議員による「口利き」活動のインパクトも大きかっ

た。イゼール県では、与党の大物国会議員パケが五輪案件で知事ら出先官僚制と取引を繰り返すうちに、県議会は急速に党派化・二極化して知事らに対する自律性を回復した。だからこそ、グルノーブルの左翼市政は、都市計画の作成やこれに必要なコミューン連合体の結成に際して、中道のビュイッソン（副）議長と提携することで県議会の後ろ盾を確保し、県設備局など出先機関の介入を退けることができたのである。公的資金配分の地方分散化も、ロワール県では知事ら出先官僚制の県議会掌握を強化したが、イゼール県ではパケの台頭の故に、配分の党派化を通じて県議会の自律化を促すことになった。

他方、60年代半ばまでのレンヌの自律性は、フレヴィルの中央に対する「口利き」の強さだけでは説明できず、いくつかの環境要因で補う必要がある。つまり、都市化の相対的な遅れと市域の広さというサンテティエンヌにも共通の要因に加え、CELIBの活動と政権のブルターニュ開発戦略、SEMAEBにおけるプレヴァンの役割など、レンヌ固有の要因によって、県議会の支援が期待できないというハンデを埋め合わせていたのである。しかし、公的資金配分の地方分散化と大規模事業向け資金配分の集約化（GIF［第2章第1節 (2) 4) 参照］）によってフレヴィルの「口利き」が利かなくなり、プレヴァンが与党化してSEMAEBを去った段階で、県議会の支援の欠如と広域化の遅れという構造的弱点が露わになった。

(2) 他の主要都市圏における展開

逆に言えば、県議会と広域化に関する問題点が解消されれば、どの都市圏もインフラ整備事業において自律性を強め、事業遂行のための専門能力を身に付けていくことができることになる。70年代半ば以降は、公的資金配分の包括化や市場化が進み、全体としてみれば、資金配分を通じた統制が緩んでいった上に、左翼の台頭などで多くの県議会が党派化して知事に対する自律性を回復したため、あとは郊外コミューンとの協調関係を強化できれば、CDC＝SCET系の開発SEMの運営や都市計画の作成をめぐる主導権を奪い返すことも期待できる。その先に、グルノーブルで見られたような、自律的事業遂行と専門能力の蓄積の間で好循環が始まることになる。実際、レンヌ都市圏では、左翼市政が試行錯誤の末に広域化の壁を乗り越え、フリポノーの下でかつての自律的な

事業遂行を取り戻していった。専門能力の蓄積が殆どなく、県議会などの条件
も最も不利だったサンテティエンヌですら、都市圏に一斉に成立した左翼市政
の間の党派的結束を足場に、都市計画公社を統御下に置くことで袋小路からの
脱出を図ることができた。

　では、フランス各地の他の主要な都市圏でも、70年代半ば以降、上に予想さ
れた経路でコミューン側の自律性回復が起きていたといえるであろうか。本書第
2部で取り上げなかった全国のいくつかの都市圏について、数少ない二次文献
に依拠しながら、まずは、主に高度成長期におけるコミューン間協力の発展と都
市開発事業の自律性の程度を突き合わせてみよう。

　まず、マルセイユ、リヨン、リール、ボルドーといった「大規模都市」では、
財政規模も人口も大きいため、独自の官僚制が早期から発達しており、出先機
関やCDC＝SCET系のSEMとの力関係は早くから自律化に向かっていた
と考えられる。ドフェールやシャバン・デルマスに代表される指折りのノタブ
ルを市長に頂く限り、県議会の支援に依存する必要性は大きくなく、レンヌの
フレヴィル以上に中央への「口利き」に期待することもできた。そのため、本
書第2部で見た条件の有無に関わらず、早期から中央に対して自律的な都市開
発を行うことができた。そもそも、リヨン、リール、ボルドーにおいては、66
年の法律によって都市共同体が強制的に設置されたため、コミューン連合体の形
成が遅れたり、周辺コミューンの抵抗を抑えるために知事の力を借りねばならな
くなることもなかった。

　複数の研究があるマルセイユの例をごく簡単に検討しておこう。66年、都市
共同体の設置をドフェールが拒否した後は、郊外の共産党コミューンがドフェー
ルの政治力で中心都市の支配を押し付けられることを警戒したため、市はコミュー
ン連合体からほぼ除外されていた。ドフェール自身、非党派的で合理的な行政
官として振舞うことで中央省庁から公的資金を獲得していたため、知事との関
係で県議会を党派的に動員することはなかった。にも拘らず、ドフェールは
OREAMの提示する開発案に同意できなければ、躊躇なくこれを拒絶しただ
けでなく、自らの政治的ネットワークでOREAMを追い込み、自らの構想に
追随するに至らしめた。パリからも市場からも十分な資金を確保していたので、
知事との対決も決して厭わず、国主導で始められたFos-sur-Mer（市の北西

50 km) の港湾・産業地区の大規模開発に関しても、70 年代初めには主導権を奪い返した。マルセイユを「近代化」し第三次産業主体の経済構造へと転換することで「均衡中核都市」に相応しい地位を確立する、という点で、中央政府とドフェールの開発目標が一致していたこともあり、60 年代後半以降、市と中央・出先機関の間には対立が見られなくなったが、両者の協力関係ではドフェールと市側が主導権を握っていた。CDC 系の SEM も市議会の社会党議員によって仕切られ、委託した開発事業は市政や市長ドフェールの制御下におかれていた[1]。更に 77 年以降、ドフェールが、戦前来の大衆的クライエンティリズムや、長く市庁舎に巣食っていた中道他党派との棲み分けの構造を清算し始めると、都市計画部門を中心に専門職員の優位が確立され[2]、市のインフラ整備事業の遂行能力は高い水準に達したと見られる。

　次に東部のストラスブールは、本書の人口規模の区分では準大規模都市に入るが、中道・キリスト教民主主義 (旧 MRP) を代表するノタブル・フリムランを戴き、63–4 年には「均衡中核都市」に指定され、66 年末には強制的な都市共同体設置の対象に指定されたことなどを勘案すると、大規模都市に含めた方が妥当ともいえる。しかしアルザスの首都が別格なのは、第一次大戦後にフランスに戻るまで適用されていた分権的な中央地方関係の法制が復帰後も適用され続け、67 年の土地基本法まで、都市計画に関してコミュンに主たる権限が与えられていたことに由来する。世紀末から用地ストックの形成などの政策実践を積み重ね、市の職員組織には早くから高度な専門能力が蓄積されていた。実際、都市計画公社は、都市計画作成を担当していた既存の市部局をスピンオフする形で設立されている。67 年土地基本法によって、突然、SDAU などの集権的な制度が持ち込まれたが、市政は、ほぼ同時に同じく上から押し付けられた都市共同体を逆手に取って、都市圏内で他に類を見ない高度な集権化を達成

---

[1]　以上、David S. Bell, "Politics in Marseilles since World War II with special reference to the political role of Gaston Defferre", D.Phil thesis, University of Oxford, 1978, chapters 4–6. Danielle Bleitrach et al., *Classe ouvrière et social-démocratie : Lille et Marseille*, Éditions sociales, 1981, pp. 148–153.

[2]　Philippe Sanmarco, *Marseille : l'endroit du décor*, Aix-en-Provence : Édisud, 1985, chapitres 10–11. 中田『フランス地域民主主義』203–6 頁に紹介がある。

し、都市開発への中央の介入を跳ね返した[3]。

　第2部で見た3事例と比較可能な準大規模都市の事例をいくつか検討しよう。

　南部のモンペリエはいくつかの点でレンヌによく似た経緯を辿った。高度成長期の中道（ジスカール派）の市長（59–77年）デルマ（François Delmas）は、IBMなどの企業誘致を進める傍ら、都心部の整備と、広い市域の周辺部（La Paillade）のZUP造成を並行して進め、両者を有機的に結合する開発構想を立てていた。ところが、地域の中心都市に相応しい都市機能の高度化を要求する県庁など出先機関に押し切られ、新都心（Polygone地区）の大規模開発を優先することを強いられた。その結果、ZUPは予定した水準のインフラ整備ができなくなり、都心部から切り離されて社会的隔離の温床となった。出先官僚制主導となった起源を辿ると、都市計画に必要な広域化を進める上で、いくつかの郊外コミュンの強力な抵抗を乗り越えるために、65年に県知事（後にレンヌに赴任するペリッシエ）の力を借りて広域区を「上から」導入した時点に行き着く。エロー県では、コミュン連合体の普及度が、イレヴィレンヌ県をわずかに上回る程度の極めて低い水準に留まっていた[4]。SDAUもGEP主導で作成され、郊外コミュンの都市化を抑制し、ZUPなどの人口集積点を直線状に配置する、レンヌの73年SDAUによく似たモデルが採られた。他方、広域区内では郊外コミュンのひとつ（Lattes）が執拗に抵抗を続けたものの、レンヌと違ってモンペリエの主導権が概ね受け入れられたことが、出先官僚制との力関係を改善する第一歩となった。周辺部のZUPをSCET系のSEMに委託する一方で、都心の新旧両地区の開発に関しては市政が直接事業を掌握し、民間業者との綱引きを通じて市政も職員組織も専門能力を培った。77年に左翼連合（市長 Georges Frêche）が市政に就いた時、レンヌ同様、旧街区再生事業を中心に自律的に都市開発を進めることが可能になっていた[5]。

---

[3]　Dominique Badariotti et al., *Géopolitique de Strasbourg*, Strasbourg : Nouée bleue, 1995, pp. 173–254.

[4]　AN 19770375-74. 以下、他の都市圏についても同じ。

[5]　Jean-Pierre Foubert, "Espace urbain et politique municipale : L'exemple de Montpellier", thèse de 3ᵉ cycle, Université de Toulouse-Le Mirail, 1981, 2ᵉ partie. Francine Moreau, "La ZAC du Polygone à Montpellier", thèse de 3ᵉ cycle, Université de Montpellier 3, 1981. François Baraize et Emmanuel Négrier, "Quelle

334 終 章

　これに対して、北西部・ノルマンディのルーアンは、サンテティエンヌに近い失敗事例に属する。市長の経歴にも類似点が多い。68 年に前任者の病気辞任を受けて筆頭助役から昇格したルカニュエは、63 年からキリスト教民主主義勢力（MRP、次いで民主センター Centre Démocrate）の代表を務め、65 年の大統領選挙で一躍、知名度と威信を上げていたものの、ノタブルの仲間入りをするのは、ジスカールの大統領就任に伴って閣僚（法相）となる 74 年前後からに過ぎない。都市計画の第一歩が CDC 系の公社 SORETUR（63 年設立）によって踏み出された点でルーアンは全国でも稀な事例である。SCET 系のSEM によって全国でも初めて大規模団地が造成された 3 地区（後で見るブザンソンも含まれる）のひとつだったため、第 2 章（101 頁）で見た CDC の実験の舞台となったのである。戦災復興事業を建設局などの出先機関に牛耳られて苦い経験をした市当局が、建設局や知事を抑え、自らの構想を通す手段としてCDC＝SCET 系の公社を受け入れたのだった。しかし、67 年に SORETURが発表した SDAU 草案は野心的に過ぎるものだった。インフラも大きく再配置するというその内容に加えて、SDAU の構想の実現を確保するために、都市圏全体を包括するコミューン組合を結成するよう、知事の後援を受けつつ強く促したことが首長たちの大きな反発を買った。68 年に市長となったルカニュエは、コミューン間協力／広域化に極めて消極的だったこともあり、SORETURと CDC＝SCET グループの介入を抑えるべく、再び県設備局に頼る道を選んだ。同局の技師を市役所の技術部門のトップに迎え入れ、同時に都市計画公社（atelier）の長を兼務させた。技師は大規模事業課（Service des grandstravaux）を新設し、その長にも県設備局での部下を招き入れたため、ルーアン市の都市開発担当部局は実質的に県設備局の出先の如き観を呈した。結局、SORETUR は、県設備局系のルーアン市公社にとって代わられる形で、ノタブルとなったルカニュエによって 80 年代半ば、解散に追い込まれた。以後 20年間、ルカニュエの姿勢が障害となって、都市圏にコミューン連合体は作られず、ルーアン市の都市開発事業は出先機関に牛耳られたままの状態が続く[6]。

---

　　communauté d'agglomération pour Montpellier?", in Baraize et Négrier (dir.),
　　L'invention politique de l'agglomération, l'Harmattan, 2001, pp. 99–100.
　[6]　Alain Gaspérini, "L'urbanisme à Rouen au temps de Jean Lecanuet", *Études*

終 章　　335

　西部・ナント市では、60 年代半ばの段階のいわば"初期条件"はグルノーブ
ルに類似していた。県内のコミュン間協力の伝統は、イゼール県とほぼ同じレ
ベルだった。全国的には中位だが、本書で検討してきた事例の中では（ストラ
スブールのバラン県に次いで）最も高い。しかし、ナント市の"帝国主義"の故
に県都付近では広域化は停滞していた。市の都市開発事業には非 SCET 系の
SEM が使われ、市役所部局も比較的よく発達していた。但し、65 年に第四共
和制で閣僚を歴任した急進党のモリス（André Morice）が市長に就任する頃か
ら、市役所部局と使い分けられる形で SCET 系 SEM が比重を増し始める。都
市計画の作成は県設備局が主導していたが、都市共同体の設立構想に対しては、
モリスが中央のド・ゴール派政府の介入の試みと見て断固反対して退けた。
　しかるに、69 年に旧知のシャバンが首相となるとモリスは豹変し、都市共同
体や合併による市域の拡大を試みたが、郊外の左翼首長の反発を招いて失敗に
終わった。ここでグルノーブルとは道が分れ、70 年代になってもコミュン組合
が目的別に断片化したままで、都市計画分野を軸に統合されるのが大幅に遅れ
ることになった。モリスの失敗を見て、県設備局は、70 年夏から 72 年の
SDAU の作成に際して、レンヌやモンペリエのように、上から強引にコミュ
ン連合体を押し付けるのは避け、郊外コミュンとの間に自発的な協力関係の形
成を促そうとした。同じ目的から、SDAU 自体も、当初から各コミュンの希
望を積み上げる（74 年以降のサンテティエンヌに似た）方式が採られ、郊外コ
ミュンの意向を反映した内容となった。しかしナント都市圏が結束して政治的
に台頭することを恐れた県議会が介入し、反対派コミュンにナント支配への警
戒心を煽った結果、73 年、SDAU の承認は失敗に終わった。
　結局、77 年のコミュン選挙後、左翼市政による都市計画公社の設立時（78
年）に、同じく左翼が押さえた郊外コミュンに理事長ポストを譲ることで漸く
和解が成立し、これを母体にして 82 年に都市圏全体の単一目的組合を包括す
る SIVOM が結成されるに至った。反面、左翼市政は、モリスの政治的影響
力が浸透した市役所部局に強い不信感を持ち、これに対抗するため、SCET 系

　　normandes, vol. 53-3 (2004), pp. 61-8. Saunier, "De la maternité", pp. 53-67. Fré-
　　déric Saunier, "L'aménagement de la Basse-Seine de 1940 à 1977 : un territoire
　　d'expériences", thèse de doctorat, Université Panthéon-Sorbonne, 2005.

の職員からなる都市開発事業担当組織を新たに立ち上げた。上に見た都市計画
公社も実は SCET 系であり、執行役も SCET から派遣されていた。つまり、
左翼市政はコミュン連合体を漸く軌道に乗せたが、SCET への依存を深めたた
め、結果として、この時期に市の都市開発事業の自律性が高まることはなかっ
た[7]。

　最後に、準大規模都市より一回り規模の小さい中規模都市の中から、都市開
発の過程について詳細な実証分析のある東部ドゥ県の県都ブザンソン（人口規
模は本書で検討された準大規模都市の半分以下）の例を見ておこう。本書第 1
章 (74 頁) にも登場した社会党のマンジョズ (58 年まで代議士) が 1953 年から
77 年まで長期にわたって市長を務めた。当時、県内ではコミュン連合体の伝統
が弱かった（ロワール県と同水準）一方、ブザンソンはナントに比肩する広い市
域を持っていたため、当面の都市開発に必要のない広域化は後回しにされた。
67 年にマンジョズが都市開発推進のため広域区の導入を提案したが、周辺コ
ミュンの猛反発で日の目を見なかった。市には SCET の地域代表部が置かれ
ており、開発事業は SCET 系の県開発 SEM や CDC ＝ SCIC 系の市住宅建
設 SEM に全面的に委託する形で進められ、当初、市担当部局はこれを制御す
る能力を持たなかった。元々、CDC グループの運営に深く関与していた市長
は、CDC が支える高度成長期の中央政府の国土・都市開発の目標を共有して
おり、CDC グループへの"丸投げ"に疑問を感じなかった。しかし、60 年代
末になって公的資金の枯渇を受けて周辺部の ZUP 開発計画が縮小されたこと
を契機に、漸く自律的な事業執行の拠点として、市役所内に都市計画公社 (ate-
lier) が設置された。県開発 SEM と市開発の主導権を争う状況が生じたが、結
局、SDAU の作成は県設備局が主導した。77 年、同じ新社会党所属だが、都
市圏内の小さな農村コミュンの首長を兼ねていた上院議員がブザンソンの市長
職を継ぐと、自律的な都市開発を目指す姿勢を明確にし、国や出先機関と激し

---

[7]　Jean Petaux, *Le changement politique dans le gouvernement local : le pouvoir muni-
cipal à Nantes*, Pedone, 1982, pp. 173–212. Dormois, "Coalitions", pp. 100–116.
Dormois, "Structurer", pp. 837–867. Hervé Michel, *Intercommunalités et gouverne-
ments locaux : l'exemple des départements de l'Ouest de la France*, L'Harmattan,
1999, pp. 93–102.

く衝突した。しかし、ブザンソン都市圏では、コミュン連合体の基礎すら欠いていたため、77年以降もサンテティエンヌのような突破は見られなかった[8]。

　同じく中規模都市に属するダンケルク（ノール県）では、対照的に68年10月に自発的に都市共同体が結成された。ダンケルク港の管理に国が直接関与しようとするのに対抗すべく、合併によるダンケルクの規模拡大を目指す運動が起きており、周辺コミュンの抵抗を乗り越えるために都市共同体が使われたものだが、県のコミュン連合体の普及度が全国でもトップに次ぐグループに属していたことが前提になっていた。ダンケルク市は66年以降、保守系の市長となっていたが、周辺コミュンでは県議会を押さえる社会党系が優位にあったため、都市共同体結成後も、合併運動とコミュン連合体の強化を目指す動きが交錯した。都市共同体を推進しその理事長（Président：代議士 Albert Denvers。県開発 SEM の理事長なども兼任）を押さえた社会党は、県議会（73年からは Denvers が県議会議長も兼任）の支援を受けつつ、自前の都市計画公社を基盤に、県庁の反対を押し切って、SDAU の方針に反する新たな ZAC の造成に着手するなど、都市開発事業に高度の自律性を示した[9]。

　以上の検討を通じて、本書第2部で提示された仮説のうち、コミュン連合体の発展が都市開発の自律性を規定するという部分については、第2部で取り上げた3つの事例以外に対しても一定の説明力を持つことが確かめられた。そうだとすれば、70年代半ば以降になると、第1部で示された包括化・市場化による資金配分統制の弛緩（加えて、一部の補助金配分権限の県議会への移譲）に加え、左右二極化や右派二党間の対立の激化によって県議会の知事からの自律化が（ロワール県のような若干の例外を除いて）ほぼ全国的に進んだため、あとは郊外コミュンとの協力関係の発達・制度化という条件さえ充たされれば、少なくとも準大規模都市においては自律的な開発事業の遂行が可能になり、専門能

---

[8]　Borraz, *Gouverner*, pp. 64–156. Benoît Littardi, "Une capitale régionale face à l'aménagement du territoire : l'exemple de la commune de Besançon (vers 1950–1977)", in Dard et al. (dir.), *La politique d'aménagement*. 60年代半ばまでの市の SCET 依存は、会計検査院から名指しで是正勧告を受けるほどだった。Lettre du procureur général près la Cour des Comptes au Ministre de l'Intérieur (DGCL), 28/5/64, AN 19770153–12.

[9]　Manuel Castells et Francis Godard, *Monopolville*, Mouton, 1974, chapitre 5.

力を蓄積して中央政府に対して自律性を高める軌道に入っていったと見ることが許されよう。検討事例が少ないが、ブザンソンとダンケルクの事例の比較からは、同じことが中規模都市についても当てはまる可能性がある。

(3) 中央地方関係の非均質性と分権改革

かくして、70年代半ば以降、都市開発・インフラ整備事業において、中央政府の提供する資源への依存が小さくなり、より多くの都市コミュンが自立に向かい、もはや自らの手足を縛るだけとなった中央集権体制を打破し、権限と財源の包括的な移譲、すなわち分権化を求めて声を上げるようになった。当初は大規模都市だけだった隊列に、本書第2部で見た準大規模都市、更にはその下の中規模都市からも次々と加わることで、中央政府に対する圧力が増していくことになる。権限移譲を含む分権化を求める都市コミュンの拠点となったのが、74年にAMFから派生した「フランス大都市首長会」(87頁註1参照)であり、78年には代表団を送って内相、次いで大統領にも直談判に及び、800万以上の住民を代表すると気勢を上げた[10]。しかも70年代には、2つの環境要因によって、他の時期に比べて、地方公選職からの圧力は増幅されていた。即ち、地方財政危機の深刻化と、政党政治の二極化である。高度成長期の公共投資による地方自治体の累積債務問題が石油危機で噴出し[11]、切羽詰った首長たちを街頭行動にまで駆り立てた。二極化は左右両陣営間の競合の激化を齎し、左右どちらの陣営も、フランスの政党にとって唯一無二の選挙基盤である地方公選職の要求に抗し続けることが難しくなった。

ここで注意すべきは、70年代に増幅された地方公選職からの圧力は、一部の都市コミュンによる分権化要求だけでは決してなかった、ということである。頭数では圧倒的多数を占める農村の零細コミュンを中心に、なお自律的な業務遂行の能力を持たない大多数のコミュンにとって、一部の都市コミュンが要求する分権化、特に権限の移譲は、貧弱な職員組織では到底背負いきれない業務と政治的責任を押し付けられることに他ならない。実際、AMFや県議会議長

---

[10] AN 19890159-1, Liaisse 1 に面談準備メモ (78年7月6日付) がある。

[11] 例えば、Jean-Yves Nevers et al., "Les maires urbains face à la crise", *Les Annales de la Recherche urbaine*, no. 28 (1985).

会、地域圏議会議長会などを通じて、大多数のコミュンの首長が要求していたのは、当面の財政危機を乗り切るための新たな財源の手当てであり、分権化は補助金の配分権限についてのみ求められていたのである（76 年 1–2 月のデクレで実現（141 頁参照）[12]。

　これを反映して、75 年 2 月に地方自治体改革案の作成に着手した地方公共団体総局も、当初、地方への財源移転のみを検討していた。しかし、恐らくは大蔵省などの抵抗を乗り越えるために、75 年 4 月以降、中央からの財源・権限の移転の前提として、コミュン連合体の推進による基礎自治体の再編・強化を要求する方向へと転換した（137 頁註 62 参照）。これは、統治機構の合理化を目指す一部の高級官僚の望むところであるのみならず、包括的な権限移譲を求める大都市コミュンにとっても、分権改革実現の基礎となるものであり、75 年秋に設置されたギシャール委員会（2–3 頁参照）の報告『共に生きる』（*Vivre ensemble*：76 年刊[13]）もそうした道筋を提案した。しかしまさにその故に零細コミュンの首長たちから拒絶され[14]、ジスカール政権は別の、つまり「望むコミュンの自律を全て守る[15]」道を探さざるを得なくなった[16]。しかし、例えば、都市計画についても、権限をコミュンに移譲した場合、断片化したままの農村コミュンは対応できないとの見方が AMF 側ですら一般的だった[17]。そこで設備省は人口 1 万以上のコミュンに限定して分権化する案を出したが、零細コミュンに対する差別だとして内相が断固これに反対した[18]。もちろん首長連の逆鱗に触

---

[12]　Note de Marcel Blanc, 10/5/78, AN 5AG3/2475. 77 年のコミュン選挙後に、ジスカール政権は分権化法案作成の基礎資料として全コミュンの首長に対して中央地方関係に関するアンケートを実施した。その結果を地方公共団体総局長が分析したもの。

[13]　その内容は、例えば中田『フランス地域民主主義』第 2 章第 2 節に紹介がある。

[14]　Ohnet, *Histoire*, p. 163. Rémond, *La fin*, p. 28.

[15]　*Démocratie locale. Bulletin de la DGCL*, no. 1 (sept. 1978), AN 5AG3/2476.

[16]　土木技師団所属の都市計画官僚からジスカールの大統領府専門補佐官（conseiller technique）となったリシャールは、77 年春、ギシャール報告への地方公選職の反発を踏まえて、同報告とは明確に一線を画した法案を準備するよう大統領に進言した。Note de Pierre Richard au Président de la République, 14/4/77, AN 5AG3/2547. リシャールは翌 78 年に内務省地方公共団体総局長に就任し、ボネ法案を作成・所管することになる。

[17]　Compte-rendu du Comité directeur de l'AMF, 14/5/80, AN 19890159–1.

[18]　結局、内相の反対を押し切って、人口 1 万以上のコミュン連合体の理事長（président）にも権限を与えるとの首相裁定で決着した（79 年 6 月法案閣議決定）。AN 5AG3/2450.

340　　　　　　　　　　　　　　　　終　章

れるからである。これに対してミッテラン政権の分権改革は、自立化した都市
コミュン側の要求に合わせて、コミュンの規模などによる区別をすることなく、
包括的な権限移譲を敢行した。中央地方関係の非均質性を一旦捨象して、いわ
ば「見切り発車」で分権化を進めることで、零細コミュンに広域化を促す道を
選んだといえる。その選択に限っていえば、「大都市首長会」の幹部が閣僚席に
並ぶ政権内の権力バランスが大きくものを言ったことは間違いない[19]。

(4) 分権化の原動力とは？

　82-3 年の分権改革を以上のような歴史的文脈の中に位置付け直すとすれば、
フランスにおける地方分権はどのような力によって実現されたと言えるのだろ
うか。まず、公的資金配分の包括化や市場化に関しては、官僚制自らが行政的
非効率や過重負担の軽減のために配分の地方分散化を進め、またインフレ体質
の改善を目指して金融市場の自由化改革を断行したことなどによって「上から」
口火が切られたのは確かである。しかし県や地域圏に分散化された補助金につ
いて、知事ら出先機関に圧力をかけることで配分に対する影響力を強化していっ
たのは地元の県議会議員や有力首長である。また、資金配分から統制力を奪う
という点で最も決定的だった省庁補助金の包括化については、地方公選職やこ
れを背景にしたノタブル議員らの「下から」の圧力が原動力となった。他方、
開発事業や都市計画の専門能力については、多くの場合、当初は、建設／設備
省の出先機関や CDC ＝ SCET 系の開発 SEM がほぼ独占していたが、中心
都市のコミュン当局が自律的な事業遂行を目指して苦闘を続けることによって、
自前の職員組織や外郭の専門機関（都市計画公社など）に能力が蓄積され、これ
も「下から」中央の統制力を空洞化していった。このように総括すれば、フラ
ンスでは、地方公選職とコミュン職員組織の「下から」の力が分権化への道筋
を開く上で主導的な役割を果たしたと言うことができよう。

　フランスの伝統的な政府間関係は、断片化した地方政府（コミュン）の業務遂
行能力が極めて低い代わりに、中央政府に対する発言権（アクセス access）が

---

[19]　会長 Roger Quillot（クレルモン・フェラン市長）は都市計画・住宅相の座にあった。完全
　自治体化された県への大規模な財源・権限移転を含む形となった点なども含め、82-3 年の
　分権化改革実現に至る過程については、別稿に委ねたい。

強いことでこれを補う「南欧型」と特徴付けられてきた (14 頁参照)。しかし、もし分権化への道筋に関する上記の理解が正しいとすれば、都市コミュンを中心とする戦後のフランスの地方公選職は、伝統的な「アクセス」を最大限に活用して中央の資金配分権限を掘り崩しつつ、市職員組織の事業遂行能力の向上に努めてきたことになる。コミュンが都市計画や開発事業の専門能力を獲得するには、自律的な事業遂行を目指し続けるしかない。そして、コミュンがそのような姿勢を維持できるとすれば、それは、第 2 部の事例分析で示したように、県議会の自律化やコミュン間協力の発達など、地方政府の側の構造変化のお陰であり、これらもまた、地方公選職の知恵と努力なくしては実現されえない。

分権化への道程をこのように総括すれば、ミッテラン政権による 82–3 年の分権改革が地方公選職のための分権化になったのはごく自然な帰結だったことが理解されるだろう。自立化した都市コミュンと農村の零細コミュンのどちらのニーズに合わせるか、という選択を除けば、ミッテラン政権内部のノタブルたちが自らの利益のために分権化へのモメントを簒奪し改革を捻じ曲げたわけではない。住民参加など別の形の「分権化」のフランスにおける発展を論じる際にも、まずはこの歴史的事実を認めるところから議論を始める必要がある。

第 2 節　日仏比較への示唆

(1) 地方分権への 2 つの道？

官僚制主導の中央集権国家だった日仏両国は、1980 年代と 2000 年代と開始時期には大きな違いがあるものの、いずれも分権改革を経て今日に至っている。しかし、ミッテラン分権改革が、今見てきたように「下から」の原動力によるものだったとすれば、日本のそれは、イタリアなどの事例同様、財政支出の削減、つまり「福祉国家」の費用抑制・再編を主たる目的とした「上からの分権化」だったと位置付けることができよう。日本の分権改革を地方自治体の側から見ると、機関委任事務の廃止などを行った 2000 年のいわゆる「第一次分権改革」は肯定的に評価されるものの、中央地方間の関係に決定的な変化を齎さなかったという理解が支配的である。これに対して、2002–5 年に行われた、いわゆる「三位一体の改革」では、地方自治体の財政支出を圧縮するという目的

が優先され、これと並行していわゆる「平成の大合併」が財政的誘引を用いて、強引ともいえる形で敢行されることになった[20]。これに対して、序章第2節で確認したように、1982年開始の分権改革前後のフランスでは、確かに一時的には、中央から地方自治体への負担の転嫁（地方増税や公共料金の値上げ）が見られたものの、分権化は「福祉国家」の抑制・再編や地方インフラ整備事業の圧縮を目指したものではなかった。しかも改革は、知事の後見監督の廃止や公選県議会議長への県の執行権の移譲など、これまでの中央地方関係を一変させるものだった。

　日本でも70年代の「革新自治体」は同じベクトルの分権改革を構想し要求していたが、結局、実現しないまま、世紀転換期の「上からの分権化」に取って代わられることになった。フランスのように、分権改革の前に「機能的分権化」、つまり、補助金や財投資金の配分方式の包括的な改革や、市役所の職員組織の増強・専門化によって、地方自治体が中央に対する力関係を強めるという過程を欠いていた以上、実施された分権化が中央側の青写真通りになることは避けられない結果だった。

　日仏両国では同じ1970年代に「革新自治体」が保守長期政権を脅かし始めたにも拘わらず、分権化に関してかくも対照的な結末を迎えたのは何故か。日本の県や都市自治体が実現できなかった、中央との力関係の改善を、グルノーブルやレンヌのようなフランスの準大規模都市が実現できたのは何故か。

　重要な要因のひとつとして、フランスではコミュンの極度の断片化の故に、都市コミュンですら分担する業務が限定され、公共サーヴィス供給のためのインフラ整備が大きな比重を占めていた点を指摘できよう。市職員組織がインフラ整備事業において専門能力を身に付け、中央の介入を退けることができれば、コミュン行政全体において自律性を大きく回復することを意味した。これに対して、社会保障関連など多岐にわたる業務を引き受けている日本の都市自治体は、それぞれの業務で中央の統制を受けているため、いくつかの「戦線」で巻き返しに成功したとしても、地方行政全体でみた場合、中央との力関係に大き

---

[20]　以上、例えば、金井利之『自治制度』東京大学出版会、2007年、I、II章。市川『日本の中央―地方関係』第5章。市川「市町村」361-3頁。

終　章　　　343

な影響を与えることはできない。

　つまり、中央集権を支える2つの統制手段のうち、事業遂行に必要な専門能力について言えば、分権化前の政府間関係の骨格に無視できない違いがあり、特に中央地方間の役割分担のあり方が大きく異なっていたことに、分権化の帰結をめぐる日仏間の相違の源があったことになる。

(2) 自治省と内務省

　逆に、財政統制の観点からは、公的金融の比重の大きさなど、分権化前の日仏間には構造上の類似性が強い。従って、日仏間の分権化の帰結の違いは、主に第2章で見た、戦後の公的資金の配分パターンの変化が日本のそれと異なっていたことによってこそ説明される。確かに、中央地方関係にとって外在的な要因として、フランスの大蔵省が60年代に逸早く金融システムの自由化に踏み切り、市場化によって公的金融機関の比重が下がっていったのに対して、日本の財投改革はまさに分権化と同時にしか行われなかったという差異も、無視できない重要性を持つ。しかし、公的資金（日本では「公共事業」と呼ばれることの方が多い）の配分パターンの変化を地方公選職と中央省庁の綱引きの帰結と捉える本書の分析視角から日仏を比較することによって、分権化の差異のみならず、（筆者が最終目標と考える）高度成長期の日仏保守長期支配の比較分析に関しても、大きな示唆が与えられるであろう。

　高度成長期のフランスの「保守」[21] 支配は、始期こそ1958年と日本の五五年体制の成立に近いが、81年のミッテラン社共政権の成立で日伊よりもかなり早く終焉を迎えた。石油危機を乗り越えられなかったのは日伊よりも基盤が脆弱であったことを示している。

　日仏両国とも、中北欧諸国に比べて、党や提携する職能団体や宗派団体の組織力に乏しいため、地方公選職こそが選挙における動員の基軸を担う。首長らを政治的に統制下においておくためには、本書第2部のサンテティエンヌやレンヌの事例でも確認されるように、インフラ整備事業に対する公的資金の配分

---

[21]　60年代初頭にはド・ゴール派が圧倒的優位にあったが、70年代にはジスカール・デスタン率いる中道右派の連合体 UDF が拮抗するに至る。この時期の政党システムの変動の概略については、中山洋平「フランス」小川有美編『EU諸国』自由国民社、1999年参照。

こそ最も効果的な手段であり、これを実効あらしめるために、本書の第1部で分析したように、効率的な配分システムをいかに構築し、どれだけこれを安定的に管理・維持できるかこそが、戦後の保守一党支配の持続力を規定することになる。逆に言えば、70年代のフランスで「下からの分権化」への潮流が高まったこと自体が、保守支配を支えた財政統制の融解を示している。

　この点で日仏の運命を分けた要因として、主に次の2つが考えられる。第一は、地方自治体ないし地方公選職の後見人であり、その監督者である内務省／自治省の能力の違いである。日本では北村亘が明らかにしたように、自治省が地方交付税交付金の配分を通じて地方自治体統制の精緻なシステムを作り上げたことが、戦後の中央地方関係を安定させ、自民党が長期間にわたって選挙基盤を維持することを可能にした[22]。地方交付税交付金は、本書の用語を使えば「包括補助金」であり、しかも建前上は、その配分は客観的な係数の機械的な積算によって決まるため、本書で言う「自動的配分方式」にあたる。フランスでは、70年代半ば以降、FECL や FCTVA のような自動的配分の投資包括補助金が導入され、比重を増してきた段階で、財政面では実質的な分権化が進んだと評価される。しかるに第二次大戦後の日本では、建前上は全く同じ性格をもつ地方交付税交付金が中央からの財政移転3–4割程度を占め、長らく日本の中央地方間の財政調整システムの基幹を占めてきた。包括化されても中央の統制力が失われなかったのは、交付金配分の実態が自動的配分とは程遠いからであり、個別補助金と連動しているだけでなく、起債許可、即ち財投の低利融資の配分とも組み合わせて、自治省は幅広い裁量を与えられ、むしろ地方統制の強力な手段となってきた[23]。他方、フランスでは各省や大蔵省が個別補助金の包括化に反対し、70年代にようやく投資包括補助金の創設に合意が得られた時には、第2章［第2節 (1) 4) と 5)］で示したように、既に内務省・知事団は広汎に党派化しており、政権にとってさえ安心して配分を委ねられる主体ではもはやなくなっていたし、何より、地方公選職の圧力が強くなりすぎて、中央の側が配分に裁量を残す余地はなくなっていた。

---

[22]　北村亘『地方財政の行政学的分析』有斐閣、2009年。

[23]　例えば、市川『日本の中央―地方関係』193–6頁。

日本では、自治省は、大蔵省に対しては地方自治体の代弁者として地方向けの予算の総枠の維持・拡大に努めつつ、その配分を通じて地方公選職を統御した。他方、フランスでは、本書第1章第4節（2）で示したように、内務省は50年代以降、延々と交渉を繰り返した結果、大蔵省とは何とか合意に達したが、他省庁から資金配分に関する「授権」を勝ち取ることはできなかった。このようにフランスの内務省と対比することで、自治省が戦後日本の中央地方関係、ひいては与党の選挙基盤の安定に果たしてきた役割の大きさが浮き彫りとなる。

しかも地方交付税交付金は地方の財政需要に応じて機動的に増減できるため、中央地方間に深刻な財政的不均衡が発生した場合に対処しやすい。VRTSの創設まで、似たような中央地方間の財政調整手段を持たなかったフランスでは、戦間期以後の地方インフラ投資の膨張により自治体は累積債務を抱え込み、人民戦線期や70年代のような経済危機のたびに地方財政危機となって顕在化した。これに対して日本では、地方交付税交付金が「安定化装置」（北村亘）の機能を持ち、例えば石油危機後の地方財政危機に際してこれを大幅に増額することによって、地方公選職が叛乱を起こして中央地方関係を不安定化し主要政党の選挙基盤を危うくするような事態を回避することができたのである。

(3) 官僚統制と与党ネットワークの相克

しかし、公的資金の配分システムに関する日仏の相違は、地方自治体所管官庁の能力に留まらない。第二の要因として、政官関係という統治構造のより深い部分でも、日仏の保守一党支配の持続力を大きく分ける違いが見られた。

確かに、政官関係の側面から見ても、日仏の公的資金の配分システムには類似点が多い。日仏両国で保守支配が始まった50年代後半の段階では、公的資金などの配分は官僚制優位で行われていたが、その後、与党の国会議員が配分過程に浸透し統治の構造が大きく変わった点も共通している[24]。しかしフランスでは、本書で明らかにしたように、地方公選職を兼任するノタブルが中央・地方の双方で影響力を拡大したことが、結局は、ド・ゴール派の支配を支えてきた、官僚制主導の集権的な中央地方関係を掘り崩すことになった。60年代に

---

[24] 日本については、例えば、北岡伸一「包括政党の合理化——70年代の自民党」北岡『国際化時代の政治指導』中央公論社、1990年を参照。

CAECL のような資金配分の迂回路を作り出して中央官僚制の統制力を損ねた
だけでなく、70 年代に入ると中道野党勢力が続々と与党入りして、マルスラン
らノタブルが政府内でも権勢を振るうようになり、補助金・公的融資の包括化
などを推し進めて、地方の自律性の増大を決定的にした。また県レベルでは、
政府への影響力を背景に知事などの出先官僚制を押さえ込み、県議会の自律化
を促し、県開発 SEM に対する中央の影響力を殺ぐなど、間接的に都市コミュ
ンの自律的な事業遂行を支えることになった。

　これに対して、日本の自民党体制下では、60 年以降、政務調査会の部会など
を通じて各選挙区に公共事業予算を配分するシステムが徐々に確立され、地元
の後援会の組織化と組み合わされることで、与党議員の「利益誘導」が制度化
された。このことが霞が関の官僚制による中央集権体制を補完・強化すること
はあっても、これを揺るがす場面は見られなかった。つまり、官僚制の資金配
分を通じた統制力と、「利益誘導」を行う与党政治家の配分過程における影響力
は、予算と財投資金の配分による「箇所付け」や、自治省による地方交付税交
付金の算定と起債許可の連動管理に代表されるような形で、整合的に組み合わ
されてひとつのシステムを成していた。官僚制と与党政治家は、村松が「政官
スクラム型」[25] と呼んだように、与党の支配を支える車の両輪として相互に強
化し合うシステムへと精緻に組み上げられていたのである。対照的に、同時期
のフランスでは、この 2 つの力はド・ゴール派を中心とする支配体制の中で調
整も統合もされず、ぶつかり合い相克するままに留まっていたと言える。

　日本の自民党体制と異なり、ド・ゴールやポンピドゥーの政権下では、ド・
ゴール派など与党の議員団が政策決定過程に参加する機会が殆ど制度化されず
に終わったことはこれまでも指摘されてきた[26]。しかしこの欠落がいかなる形
でド・ゴール派の一党支配の運命に影響を与えたかは、これまで検討されてこ
なかった。本書の知見はこの点でも大きな一歩になるものと考えられる。

---

[25]　村松岐夫『政官スクラム型リーダーシップの崩壊』東洋経済新報社、2010 年。
[26]　野中尚人「ゴーリスト政党の組織と権力運用」櫻井陽二編『フランス政治のメカニズム』
　芦書房、1995 年。

あとがき

　本書は、十年を越える長い試行錯誤の末に生まれた。

　本書の元となったのは、学部紀要『国家学会雑誌』に 2010 年から 16 年にかけて掲載された 2 つの連載論文である (本書 18 頁註 45 参照)。いずれも、中央から地方へと向かう公的資金の「水流」の作用によって、高度成長期フランスの保守長期支配の成り立ちを説明し、なぜそれが比較的短命に終わったかを日本の自民党支配などとの比較において明らかにしようと試みたものだった。

　1999 年に「比較政治」担当の教員に任ぜられ、次は「比較政治」らしき業績を出さねばという思惑が先行したのであろう。今思えば、自らの持つスキルに適さない課題設定に飛びついてしまったと言わざるを得ない。中央における資金配分パターンの解明までは比較的順調だったが、地方における「水流」の無限に多様な実態に対して、史料操作による実証という政治史家の手法で立ち向かおうというのは、やはり無謀な企てであった。活路を求めて史料を更に掘り進め、事例分析の数を増やす度に、変数は増え、「水流」の効果を政党政治の変容に結びつける因果の論理は蛇行し輻輳し拡散した。2012 年に「ヨーロッパ政治史」担当に配置換になって以降も、縺れた糸を何とか解きほぐし、当初の狙いを納得して貰えるように書き直せないかとあがくうちに、ますます深みに嵌っていった。

　まるでどこかの植民地戦争のような泥沼から抜け出す切っ掛けを作って下さったのは、吉田書店の吉田真也氏である。大変なご激務と想像されるにも拘らず、一度お目にかかっただけの筆者がお送りした『国家学会雑誌』の連載論文にわざわざ目を通して下さった上で、論旨を追うことすら難しいと率直にご指摘下さった。思想史から政治家の伝記まで、フランスの政治や現代史について幅広く、優れた著作の出版を手がける名伯楽である上に、県庁勤務のご経験から地方の政治・行政の機微にも通じた同氏をもってしても投げ出さざるをえないのであれば、どう書き直そうと国内に読者はいないのはもはや明白である。

本書の出版作業を終えて改めて痛感するが、独自性の強いフランスの地方行財政の制度構造を十分に理解する間もなく、変遷絶え間ない都市開発政策のジャーゴンを矢継ぎ早に飲み込んでいかねばならないのは、それだけでもう読者には大変な負担である。その上更に、絶え間ない離合集散の向こうに垣間見えるという政党政治の地殻変動の物語を、地方レベルにまで下りて延々と聞かされるとなれば、これは確かに難行苦行に違いない。

　ひとたび諦めがついてからは、突破口を見出すのに殆ど時間は掛からなかった。元の論考では分析の核心であった政党政治に関する部分を全て切り落とすだけで、高度成長期の中央地方関係の変容をミッテラン分権化の起源として位置付けるという本書の基本的構成が自ずと姿を現したのである。

　率直に言えば、本書の元となる研究を始めた頃には、いや、悪戦苦闘していたつい数年前まで、自分が分権改革に関する本を出すことになるとは夢にも思っていなかった。どれだけ手を尽くしてもやはり仕立て直しであり、大事な点を論じ残す一方、臍の緒のように元の論考の論理を引きずっているのを感じる。

　それでも再構成の作業が比較的スムーズに進んだのは、若い頃に研究室で行政学の俊英たちに囲まれていたことと無関係ではないだろう。西尾勝先生のゼミで読んだ D. アシュフォードの著作を引っ張り出すだけでは足りず、今や勤務先の重鎮となられた金井利之教授にご無理をお願いし、草稿に目を通して頂いたところ、6 頁にも及ぶ詳細なコメントをお寄せ下さった。日欧の中央地方関係の比較分析において世界でも比類のない先達から、かくも多くの貴重なご教示を頂くことができたのは、実に幸運なことであった。とはいえ、ご指摘頂いた問題の多くは未解決のまま残されており、その責任は全て著者のみにある。

　最も信頼する同僚である水島治郎氏（千葉大学）には、東奔西走のご活躍の最中、本書の草稿を丹念に読み込んで頂き、懇切かつ周到なご助言を頂いた。平島健司先生（東京大学）は、重要なご指摘をいくつも下さると共に、本書の構成に関しても的確なご示唆を頂いたが、出版助成に伴う制約もあり、十分に活かすことが出来なかった。誠に申し訳なく、心からお詫び申し上げたい。十余年にわたる暗中模索をどうにか乗り切ることができたのは、尊敬する二人の先輩、小川有美氏（立教大学）と矢後和彦先生（早稲田大学）から折に触れてご助力と

ご激励を頂いたお陰である。

　「アルゴ船」（Argo Navis）は、ギリシャ神話に因む星座であり、かつて南天にあって全天随一の面積を誇った。しかし、余りにも広大に過ぎて、星の配置を理解し記憶しやすくするという星座本来の役割を果たせなかったのであろうか、やがていくつかの星座に分割されていった。その成り行きは、戦後フランス政治の構造変動をできるだけ包括的に把握しようとした『国家学会雑誌』連載論文の運命にも通じるところがあるように思える。

　であるとすれば、本書は「りゅうこつ」（Carina）座にあたることになろう。「ほ」（Vela）や「とも」（Puppis）、「らしんばん」（Pyxis）と切り離され、もはや、当初、夢見たように、風を受け波を切って進むのを見ることはできない。しかし、急遽、改装された経緯からすれば、曲がりなりにも水の上に浮かんでいることができるのであれば、それだけで望外の幸せと言わねばなるまい。とはいえ、全天第二の輝星カノープス（α Carinae）に擬せられるほど華々しい人物も事件もついに出てこないのは、政治史の著作としてはやはり寂しさが残る。

　本書の元になる研究を始めてから十余年、筆者の営為を支えて下さった関係各位にここで一言、御礼を申し上げておきたい。コーネル大学名誉教授 Sidney Tarrow 先生は、着想したばかりの研究の進展を温かく見守って下さった。パリ第一大学教授 Michel Margairaz 先生は、ご専門の経済史という枠を遥かに越える広大な学識で、当初から筆者の問題関心を理解して下さり、CDC の歴史研究グループに加えて発表の場を与えて下さった。

　パリでも地方でも、ご助力頂いた史料館の数は多すぎて、紙幅の都合上、ここに列挙することも許されないが、様々な地方の事例研究を進める上でお世話になったのは、本書が依拠した3県の県文書館、3市の市文書館、グルノーブルとサンテティエンヌの都市計画公社史料室だけではないことは強調しておきたい。例えば、本書に含まれていない戦間期の農村電化事業の研究においては、十を越える県文書館で時に献身的なご助力を頂いた。県によっては、財源や人員に厳しい制約がある中、情熱でこれを補おうとする史料専門職（archivistes）の士気の高さによってこそ、フランスの歴史研究が下から支えられているの

実感させられた。その中で、敢えてお一人だけお名前を挙げさせて頂くなら、ロワール県文書館の Sophie Legentil 氏に感謝申し上げておきたい。

　風来坊の如く、十数年にも亘って地球の裏側の地方文書館を彷徨することが許されたのは、勤務先である東京大学法学部の先生方の寛大なご理解に加え、様々な機関からの手厚い資金援助なしではあり得ないことであった。日本学術振興会からは、2007 年から 2015 年まで、以下の 3 つの研究課題で科学研究費補助金・基盤研究（C）の助成を受けた。課題番号 19530099：2007–08 年、課題番号 21530113：2009–11 年、課題番号 24530129：2012–15 年。また、2007 年度には特定国派遣、2008 年度には国際学会等派遣の援助も受けた。野村財団からは、2007、2010、2012 の各年度に国際交流助成（海外派遣）、2008 年度に研究プロジェクト助成を受けた。三菱財団からは 2007 年度に自然・人文・福祉研究助成を受け、鹿島学術振興財団からは 2016 年度の研究者海外派遣助成を受けた。改めて心からの感謝を申し述べたい。

　本書は日本学術振興会の 2017 年度研究成果公開促進費（学術図書）を受けて公刊される。東京大学出版会の奥田修一氏は、申請に際して懇切にご助力下さり、採択後は、大変に厳しい日程の中、無理を押して最善を尽くして頂いた。

　本書の刊行で一番「被害」にあったのは、間違いなく妻の優子である。本書の刊行を思い立つや、後先も考えずに勝手に走り始めただけでなく、気力・体力共に低下した分を傍で支えて貰わねばならなかった。私たちが共に歩み続けることができるのは、義父母の日々の厚情の賜物である。また、姉の献身がなければ、筆者がこの十年、研究に専念することは叶わなかっただろう。

　最後に、本書を間もなく古希を迎えられる馬場康雄先生に捧げたい。

　先生は東大ご退職に際して、『国家学会雑誌』連載論文を何らかの形で必ず本にするようにと言い残された。ご期待に添えないことばかりの不肖の弟子としては、拙著がせめてもの罪滅ぼしになればと願うばかりである。

　　　2017 年初秋

　　　　　　　　　　　　　　　　　　　　　　　中山 洋平

人名索引

ア 行
アンドレ Émile André　290, 297
ヴェルアック Jean Verlhac　228, 240, 248
ヴェルジェ Louis Verger　224, 235
エルヴェ Edmond Hervé　319, 322–3, 328
オリオール Vincent Auriol　66

カ 行
カノ Georges Cano　315–6
カバナ Camille Cabana　133–5, 138
カムー Paul Camous　148, 189–190, 193–5
キュル Georges Kioulou　209, 231–2
ギシャール Olivier Guichard　143, 189, 214, 319
クーユ Henri Queuille　41, 59, 64
グラフ Georges Graff　264, 272, 277, 第4章第2節(2)・第3節・第4節(1), 311, 314, 316–8, 320, 322, 328–9
グレーヴ Francis Graëve　170, 185
クレサール Jacques Cressard　317
ゲーツ Roger Goetze　88, 243

サ 行
ジスカール・デスタン Valéry Giscard d'Estaing　2, 4, 19, 109–110, 129, 135, 137, 141, 144, 147, 165, 194–5, 220, 325, 334, 339, 343
シャバン・デルマス Jacques Chaban-Delmas　116, 124–5, 127–8, 130–2, 331, 335
シュドロー Pierre Sudreau　92–3, 207–9, 239, 267–8, 285
ジュレ P. Juret　274, 278–280, 282
ショデ Jean-Pierre Chaudet　311, 315–6, 319
ジョベール Alexis Jaubert　41, 58–9, 64, 67, 77, 85
シラク Jacques Chirac　124, 134–7, 259, 325
セリエ Henri Sellier　50, 60, 62, 65–6, 69, 93

タ 行
タヌリ Jean Tannery　55–6

デュブドゥ Hubert Dubedout　161, 202, 215–6, 第3章第2節(4)–(6), 288, 329
デュラフール Michel Durafour　165, 第3章第1節(3)–(7), 239, 311, 329
ドゥブレ Maurice Doublet　208–9, 212, 214, 224, 228–9, 235
ド・ゴール Charles de Gaulle　79, 86, 88–9, 106–7, 116–7, 124, 134–5, 146, 165, 167, 220, 270, 346
トニグ Jean-Claude Thoenig　22, 35, 43, 50
ドフェール Gaston Defferre　1–2, 4, 85, 160, 331–2
ドブレ Michel Debré　101, 104, 107, 110, 117, 134, 145–6, 270
ド・フレシネット Alexandre de Fraissinette　167, 173, 176
トマ François Tomas　185, 197–200, 326
ドロネ Delaunay　288–9, 296
ドロワ Henri Deroy　55–6, 69–70

ハ 行
パケ Aimé Paquet　109–113, 124, 146–7, 202, 210, 第3章第2節(3), 229, 250, 254, 279, 330
パーラン Jean-François Parent　240, 245
バール Raymond Barre　144
パルフェ François Parfait　172, 207, 275–6, 296
パレズ Gabriel Pallez　97, 208, 214, 228–9
バンセ Bancet　169, 175, 177, 179
ピザニ Edgar Pisani　79
ビドー Georges Bidault　166
ピネ Antoine Pinay　88, 148, 165–6, 170, 184, 192, 194, 196
ビュイッソン Antoine Buisson　210, 218, 224–6, 232–3, 235, 244, 246–9, 251, 254, 330
ビュロン Robert Buron　268, 291
ブケ Patrick Bouquet　135–6, 138–140, 152–4
プチ Eugène Claudius-Petit　167, 169, 182, 184–7, 191
フリポノー Michel Phlipponneau　263–4, 269,

271, 282, 319–328, 330
フリムラン Pierre Pflimlin 166, 267, 332
ブルム Léon Blum 40, 60, 62, 64, 66–9
フレイ Roger Frey 112, 134
プレヴァン René Pleven 121, 125, 191, 257–8, 264, 267, 270, 272, 275–6, 第 4 章第 2 節(2), 287, 296, 316, 330
フレヴィル Henri Fréville 161, 237, 262, 第 4 章第 1 節(2), 269, 276, 279–280, 283–5, 287, 291–2, 294–5, 297–8, 第 4 章第 4 節, 329–331
フレッシェ Max Fléchet 166–8, 174
ブロック・レネ François Bloch-Lainé 79–80, 82–3, 85–6, 97, 99–102, 104, 107, 110, 214, 268, 273–4
ペリッシエ Jacques Pélissier 259, 300, 302, 333
ペルーズ Maurice Pérouse 107, 150
ベルトワン Jean Berthoin 204, 206, 209–210, 217–220
ベルナール Henry Bernard 211, 231, 233
ポニャトウスキ Michel Poniatowski 135–7
ボネ Christian Bonnet 2
ポル Polle 273–280, 285, 288, 291
ボロット Pierre Bolotte 137, 139
ポンピドゥー Georges Pompidou 98–9, 107, 109, 111, 124–5, 135–7, 194, 270, 346

マ 行

マセ Roger Macé 100, 233, 285, 296
マルスラン Raymond Marcellin 124, 127, 129, 131, 133, 136, 139, 147, 189, 192, 220, 257–8, 299, 301, 346
マルタン Dr. Georges Martin 212, 225–6
マルタン Léon Martin 203, 239

マンジョズ Jean Minjoz 74, 336
マンデス・フランス Pierre Mendès France 202
ミシャロン Dr. Albert Michallon 206–9, 211–2, 214–6, 221, 227, 229–230, 232, 239, 252
ミストラル Paul Mistral 203
ミッテラン François Mitterrand 1–2, 4, 6, 11, 17–9, 27, 126, 136, 140, 154, 160, 254, 340–1, 343
モック Jules Moch 62–7
モレ Guy Mollet 79, 85
モン Claude Mont 166–8
モンドン Raymond Mondon 125, 129

ヤ 行

ユッセル Lucien Hussel 218, 221

ラ 行

ラヴァル Pierre Laval 57
ラマディエ Paul Ramadier 40, 79, 84–5
ランデ Pierre Randet 205, 208, 228, 230, 267–8, 285
リシャール Pierre Richard 339
リュエフ Jacques Rueff 68, 88, 145
ルカニュエ Jean Lecanuet 334
ル・ドゥアレック François Le Douarec 325
ルロワ Léon-Paul Leroy 99, 104, 107, 116, 150, 275, 279–280
ロゼ Rozé 274, 278–280, 291, 300
ロラン Dominique Lorrain 6, 19
ロラン René Rolland 284, 317–8, 327
ロール André Laure 174–5, 205–6, 208, 210, 268, 285–6

事項索引

ア 行

アヴェロン県　40, 99

アレテ　44, 94, 142, 234, 241

安定化　47, 108, 213, 291, 294

イゼール県　109, 118, 120, 144, 160, 162-3, 170, 173, 182-3, 第3章第2節, 258-9, 272, 278-9, 329-330, 335

委託(事業)　8, 15, 24-5, 38, 40, 84, 172, 176-7, 207-8, 222, 230-1, 238, 244, 252, 274, 278-280, 283-4, 289-291, 318, 326-7, 332-3, 336

イタリア　15, 17, 22-3, 36, 126, 135, 341, 343

一括交付金　1, 21

イレヴィレンヌ県　144, 160, 163, 201, 208, 237, 第4章, 333

インフレ　146, 152, 340

ヴィエンヌ市　182, 218, 220, 239, 244

ヴィルジャン　266, 285, 290, 292, 317

上からの分権化　11, 17, 341-2

迂回路　34-5, 57-8, 71-2, 79, 108, 116, 148, 346

営業税(新・旧)　42, 132, 137

エシロール　204, 206-7, 209, 231, 240, 245, 250

エロー県　259, 300, 333

大蔵省　32-4, 36, 44, 51-4, 57-8, 60, 62-6, 68-76, 78-82, 84-6, 89, 96-7, 99, 104, 108-113, 115, 117, 119-121, 123, 125, 127-9, 131-3, 135, 137-140, 147, 150, 152, 157, 178, 243, 274-6, 339, 343-5

──国庫局(長)　32-3, 73-4, 79-80, 85-6, 107, 109, 112-4

──資金運用局(長)　33, 53, 68

──予算局(長)　63, 86, 88-9, 136-7, 243

大蔵省(日本)　345

大蔵省資金運用部・理財局(日本)　9, 32, 36

オード県　67, 259

オリンピック／五輪　162, 203, 215, 220-2, 224, 227-230, 243, 250, 255, 329

カ 行

街区会　227, 325

会計検査院　33, 97-9, 127, 136, 267, 275, 337

下院　4-5, 40, 64, 70-1, 74-5, 85, 109, 116, 220, 262, 270, 294

下院議員／代議士　33, 40-1, 49, 74-5, 109, 113, 125, 139, 166-7, 169, 176, 185, 202-3, 209, 217-220, 267, 317, 325, 336-7

河谷地帯　184-5, 187-192, 196, 200

貸上げ　32, 45, 48-53, 58, 61, 90

学校(建設)　67, 84, 89, 91, 122, 141, 205, 217, 224, 226, 229, 236, 262, 267, 303

カトリック　227-8

借入　19, 39-40, 42, 46, 55, 57-8, 64, 70, 77-8, 82, 90, 106, 108, 114, 127, 152, 154, 250, 293-4

関係閣僚委員会　126, 130-1

関係閣僚会議　126, 128-132, 137, 144, 147

官房　41, 85-6, 88, 101, 104, 107, 122, 127, 135-6, 138-140, 144, 152, 154, 190, 214, 218, 243

官房長　86, 136, 174, 190, 208, 214

官僚制化　22, 35, 50

議員(国会)　5, 10-1, 14, 23, 32, 34, 37, 40-2, 45-6, 52-4, 57, 64, 88, 90, 107-8, 116, 120, 135-6, 144, 150-1, 157, 160-1, 165-7, 170, 185, 204-5, 218-9, 257, 264, 295, 330, 345

議員団　79, 99, 107, 116, 150, 220, 346

起債　9, 47, 63, 108, 112-4, 147, 154, 192, 268, 291, 293, 299, 344, 346

技師／技官　8, 24, 27, 34, 65, 142, 204, 214, 245, 260, 284, 290, 307, 318, 327, 334

ギシャール委員会　2, 137, 339

ギシャール報告　3, 141, 339

技術系省庁　27, 55-6, 58, 60, 75, 82, 117-8

基礎自治体　1, 3, 8-9, 11, 13, 128, 339

基本都市計画　92, 174-5, 187, 205-6, 211-2, 231, 233

旧街区　143, 197-9, 201, 252, 325-6, 328,

333

旧市街　227, 231, 239, 252–3

急進党　22, 41, 46, 57, 61, 67, 69, 79, 84–5, 89, 107, 136, 165, 176, 191, 216–7, 335

旧四税　42, 112, 132

共産党　60–2, 66–7, 197–8, 201, 204, 207–213, 215–7, 221, 223–4, 232–3, 240, 245–7, 250–1, 286, 288, 317, 324, 331

共犯関係　27, 259

許認可　9, 24–5, 27, 45, 74, 82, 92, 94, 117, 146, 170, 173, 188, 206, 210, 234, 244, 248, 284, 295, 344, 346

キリスト教民主主義　165, 169, 191, 194, 264, 267, 284, 325, 332, 334

均衡中核都市　99–100, 102, 160, 178, 332

緊縮／引き締め　36, 54, 58, 67, 69, 79, 81, 84, 88, 90, 106–111, 113, 120, 127, 146, 291–4

近代化　43, 73, 77, 81, 174, 180, 196, 263, 332

均霑　31, 37, 40, 43, 58, 62, 67, 77–8, 90, 131, 153

金融官僚制　58, 60, 70, 73, 77, 83, 85–6, 88, 106, 125

金融市場　73, 104, 108, 145–6, 340

金融自由化　18, 29, 145, 153, 343

金利／利率　20, 32–3, 44–48, 51, 57, 71, 74, 98, 105, 113–5, 146, 148–9, 152–4, 189, 274

口利き　34, 45, 53–4, 56, 67–8, 74, 77, 85, 109, 116, 120, 157, 160, 162, 165–8, 204, 214, 217–221, 223, 229, 266, 271, 284, 292, 295, 297, 302, 329–331

クライエンティリズム　4, 64, 332

グルノーブル　93, 98, 102, 120, 155, 160–3, 165, 177–8, 182, 187, 194–5, 197–9, 第3章第2節, 255–6, 265, 268, 272, 278, 285–8, 295, 301, 308–311, 315, 319, 322, 324, 328–330, 335, 342

郡　168–170, 181, 185, 220, 223

郡首長会　181–2, 186, 191

計画庁　79, 81, 97, 100, 117–8, 123, 125, 127, 130, 132, 153, 157, 171, 174–5, 179, 205, 208, 210, 215–6, 256, 268, 285, 293

経済計画　73, 95, 98, 100, 118, 174, 205, 226, 282, 295　→プラン

経常支出　106, 133

下水道　217, 236, 262, 295　→上下水道

県　23–4, 37–9, 42, 48, 51, 56, 59, 66, 75, 79, 108, 113, 117–9, 136, 140–2, 158, 167–8, 172, 178, 183, 190, 196, 206, 210

県HLM委員会　169–170, 218–9, 260

県議会　6–7, 24, 34, 39, 43, 48, 60–2, 84, 103, 105, 119–120, 130, 136, 138–9, 141, 144, 157–8, 160, 162, 165, 168–172, 174–5, 201, 203, 206–7, 210, 212, 216, 218–226, 232, 235, 242–4, 246, 248, 251, 254, 257–264, 272, 278–9, 294–5, 302, 314, 325, 329–331, 335, 337, 341, 346

——議員　57, 67–8, 168, 170, 183, 205–6, 217–9, 222, 224–6, 232, 235, 246, 260, 264, 321, 340

——議長・副議長　1, 6, 57, 62, 166, 174, 210, 218, 221, 223–6, 232, 244, 246, 251, 262, 284, 325, 330, 337–8, 342

——県委員会　168, 223–4, 260

——財政委員会　261

——執行部　216, 223

——選挙　60, 154, 212, 216, 220, 251, 264, 324

県事務総長　178, 212

兼職　4–5, 10–1, 57, 116, 124–5, 135, 203

県政（界）　67, 87, 165, 167, 203, 209, 216–7, 219, 221, 223

建設省　24–5, 34, 90, 92–3, 95, 99–103, 157, 169, 171, 175, 179, 205, 208, 214, 219, 228, 233, 267, 287–8, 291, 294–7, 306, 308, 340

——県建設局（長）　104, 158, 169–170, 175–7, 180–1, 187, 189, 219, 233–4, 289, 329, 334

——建設局（長）　90, 95, 100, 285, 296

——国土整備局（長）　90–1, 95, 100, 205, 208, 228, 267–8　→MRU

——土地整備・都市計画局（長）　100, 233, 243, 247

建設相　93, 207–9, 211, 268, 285, 292

建築技師　194, 211, 231–2, 240, 250, 290

県庁　6–7, 48, 117–8, 120, 163, 168–9, 175, 178–183, 185, 187, 189–192, 207–9, 218,

事項索引　　355

227, 242, 252, 261, 286, 302, 304, 307,
318, 324, 333, 337
県道　24, 217, 221, 223, 229
県投資委員会(構想)　76, 82
県プログラム　168, 224
広域化　37–8, 87, 118, 128, 157, 159, 162–3,
165, 181, 185, 190, 202–3, 205, 207,
210–1, 232, 236–7, 251, 254, 297, 299,
301–3, 306–7, 320, 322–4, 329–330, 333–6,
340
広域区　128, 159, 182, 206, 208–9, 211–2,
232, 236–9, 299–312, 315–6, 318, 320–4,
328–9, 333, 336
郊外　41, 61–2, 67, 91, 124, 130, 136, 第 2
部
高級官僚　1, 23, 27, 32–3, 37, 56–7, 59,
85–6, 122, 124, 134, 136, 142–4, 157, 217,
228, 230, 256, 267, 271, 284, 287, 302,
339
公共サーヴィス　8–9, 13–15, 20, 24, 28–9,
36–8, 40–1, 43, 46, 48–9, 51, 72, 78, 83,
97–8, 141, 153, 204, 236, 261, 342
公共事業／工事　31, 55, 58, 60–3, 65–9, 79,
132, 138–9, 251
公共事業(日本)　4, 343, 346
公共事業省(相)　24, 34, 40, 291
公共住宅　8, 49, 167
後見監督　1, 24, 27–8, 92, 342
交通　8, 24, 200–1, 229, 236, 251, 301,
322–4
公的金融機関　9–10, 15, 19–21, 23, 28, 31–2,
34–7, 44, 94, 106–8, 146, 152, 154–5, 157,
183, 217, 268–9, 272, 287, 343
公的資金　9–10, 12, 14, 19–21, 23, 25, 27–9,
31, 35, 37, 41–5, 51, 55, 87, 94, 105, 117,
120, 122, 126, 133, 140, 144–5, 155,
157–8, 160–1, 166, 171, 178, 188, 193,
198, 216, 219, 256, 258–260, 262, 267,
272, 294–5, 315, 330, 336, 340, 343,
345–6
公的融資　21, 42, 61, 65, 105–6, 120, 130,
145, 147–8, 152–3, 170, 173, 277, 291,
293, 303
高度成長期　7, 9–12, 17–8, 25, 27, 31, 72,
79, 155, 157, 263, 333, 336, 338, 343

五月事件　2–3, 124–5, 312
国債　32, 47, 66, 80, 112–4, 146
国道　129, 188, 222–3, 262
国土整備　91, 95–6, 98, 100, 105, 153, 163,
171, 189, 268–270
国土整備相　124, 127, 143, 190, 214
国民教育省　67, 224, 267
国務院　33, 131, 133, 141, 248, 302, 319
五五年体制　17, 343
戸建て　49–50, 53–4, 262
国庫　32, 44–5, 47–53, 58, 63, 69–70, 80,
90, 96, 112–3, 115, 137
国庫融資　50, 90, 107, 115
ゴミ処理　24, 141, 236, 322–4
コミューン合併　3, 7–8, 11, 14, 157, 159, 163,
190–1, 194, 208, 212, 237, 286, 301, 335,
337
コミューン間協力　3, 130, 162, 181–3, 185,
189, 195, 197, 200, 216, 231, 286–7, 299,
309, 322, 324, 329, 331, 334–5, 341
コミューン議会／市議会　27, 169–70, 191, 199,
203, 214–5, 233, 240, 252, 302–4, 307–8,
322, 332
コミューン組合　3, 9, 24, 37–40, 87, 158–160,
181–3, 190, 195, 200, 202–5, 209, 218,
226, 232–240, 243–4, 250–1, 287, 296–7,
300–1, 304, 308–9, 321–4, 334–5
――上水　168, 181–2, 203–4, 213, 217
――電化　38–40, 159, 183, 237
コミューン選挙　6, 60, 121, 127, 129, 137,
139, 141, 144, 185, 191, 197, 200, 202,
206, 215, 250, 263–5, 311, 319–321, 335,
339
コミューン連合体　3, 8, 12, 87, 159–160, 162,
182–3, 191, 195, 202, 206–7, 209, 211,
235–9, 251, 253, 323, 328–331, 333–7,
339
コレーズ県　41, 118, 134
コロンビエ　285, 290
コンサルタント　24, 84, 100–1, 175, 185,
207, 244, 274, 281, 326

サ 行
再開発　143, 170, 172, 175, 179–180, 239,
252–3, 263, 265, 267, 289–290, 325–6,

328

財政委員会(議会) 33, 64, 109, 217, 220

財政危機 40-2, 46, 60, 79, 84, 88, 122, 126, 128, 137, 141, 197, 223, 338, 345

再生事業(旧街区) 143-4, 197-9, 252-3, 325-6, 328, 333

財政投融資(計画) 4, 9, 20, 25, 36, 342-4

財政法 40, 46, 48, 88

財務査察官 32, 55, 85, 97, 100

裁量 5, 21, 46, 122, 133-6, 138-140, 166, 170

先買権 188, 207, 250

左翼 1, 6, 18, 124, 126-7, 136, 197-8, 200-2, 226, 250-1, 259, 288, 299, 312, 320-5, 328, 330-1, 335

左翼連合 144, 185, 196-8, 200, 251, 264, 320-1, 333

参加 2-3, 202, 341

産業転換 163, 171-2, 329

産業(地方)分散(化) 163, 255-7, 259, 266, 269, 294, 297-8, 329

散在小都市 310, 316, 321

サン・シャモン 148, 165, 170, 184, 191, 200

サンチーム 42, 112

サンチーム価 42, 132, 236, 293

サンチーム数 42, 126, 261, 293

サンテティエンヌ 148, 155, 160-1, 163, 第3章第1節, 203, 235, 237, 239, 265, 272, 285-8, 290, 295, 309, 311, 315, 319, 321, 325, 328-331, 335, 337, 343

サン・マルタン・デール 204, 208

自己資金調達 42, 11-2, 122, 124, 133, 138, 293

市場化 1, 18-9, 25, 114, 122, 153-4, 277, 330, 337, 340, 343

ジスカール(・デスタン)派/独立共和派 109-110, 116, 124-5, 135-6, 139, 202, 219-220, 224, 270, 279, 311, 319, 333

市政(本書における定義) 162

下からの分権化 10-1, 17, 161, 253-4, 344

自治省 9, 343-6

市中心部 143, 176, 197-8, 227, 253, 290, 325, 327

失業 15, 54-6, 58-63, 65-7, 69-71

失業対策大公共事業 54-5, 59, 63-5

執行役(SEM、都市計画公社) 174, 186, 193-6, 199, 201, 234, 243-5, 272-4, 276, 278, 288, 312-5, 318, 327, 336

自動的配分 133-6, 138-140, 144, 155, 344

シトロエン 255, 258, 266-8, 285, 292, 299-300

自民党 4, 344, 346

事務長(市) 190, 284, 317-8, 327

社会住宅 21, 48-52, 54, 79, 90-1, 143, 211, 266, 290

社会的隔離 143, 197, 333

社会党(SFIO) 41, 57, 61-2, 65, 67, 70, 74-5, 79, 84-5, 107, 125, 202-3, 212, 215-6, 218, 221, 223, 225, 263-4, 332, 336-7 →新社会党

社会保険 14, 47, 57-8

社会保険金庫 47, 68, 71

社会保険労働共通基金 54-6, 58, 63-4, 68-9, 71

社会保障 13-6, 79, 261, 342

社会立法 50-1, 71

社共 200, 223, 251, 324, 343

市役所/部局/庁舎 5, 25, 87, 176-7, 190, 194, 197, 199, 209, 228-9, 252-3, 264, 279, 294, 307, 313, 317-9, 322, 325-8, 332, 334-6, 342

シャントピ 287, 292, 296, 301, 304, 322

集権 1-3, 5, 8-9, 12-3, 16-8, 25, 27-9, 38, 74, 91-3, 95, 102, 104, 106, 120, 150, 155, 158, 161, 183, 205, 237-8, 256, 261, 282, 296, 301, 305, 309, 315, 332, 338, 341, 343, 345-6

住宅建設 21, 25, 49, 51-3, 79, 83, 90-4, 96, 107, 110, 115, 167, 170, 172-3, 189, 191, 193, 210, 218-9, 237, 248-9, 252, 256, 259, 263-5, 268, 285, 290, 297, 336

「住宅の1%」 219, 252

首相 4, 66-7, 70, 86, 98-9, 104, 107, 109, 111, 117, 121, 124, 126-131, 133-5, 137, 144, 165-6, 193, 257, 270, 325, 335, 339

首相府 40, 62-6, 68, 86

準大規模都市 12, 144, 160-2, 314, 328, 332-3, 336-8, 342

上院 40, 43, 70, 74-5, 79, 85, 137, 166,

事項索引　357

217

上院議員　33, 62, 69, 85, 107, 125, 139, 166–7, 169, 176, 206, 216–8, 336

省際委員会　63, 65, 126, 128, 142, 144

上(下)水(道)　8–9, 20, 24, 28, 31, 36–41, 43–6, 48, 50–1, 77–8, 80, 82, 84–5, 87, 89, 91, 93, 109, 116–7, 141, 166–170, 181–2, 203–5, 212–3, 215–7, 223, 228–230, 238, 256, 260–3, 266, 285–7, 291, 295, 301, 303, 317–8, 323　→下水道

上水危機　212–3, 215–6, 227, 230, 268, 324

職員組織　5–7, 14, 25, 87, 161, 231, 277, 319, 328–9, 332–3, 338, 340–2

助役　135, 162, 176, 185, 191, 197–9, 224, 228, 240, 264, 272, 277, 279, 284, 287, 289–290, 303, 307–8, 311, 315, 319, 326–7, 334

自律化　10–12, 29, 103, 151, 161, 243, 330–1, 337, 341

人口予測　178–9, 185, 188, 193, 196, 200, 320–1

新左翼　162, 202, 228–9, 240, 251, 311–2

新社会党　202, 227, 259, 315, 319, 336

新都心　231, 239, 307–8, 333

人民戦線　40, 51, 56, 60, 62, 66, 68–9, 345

ストラスブール　128, 161, 332, 335

スポーツ(・文化)施設　141, 220–1, 229, 236, 317

政官関係　23, 28, 34–5, 41–2, 166, 345

政治的介入　22–3, 32, 35, 45, 50, 64, 85, 90–1, 113, 116–7, 119, 122, 133, 145, 302

税制改革　111–2

税負担　42, 106, 122, 127–8, 137, 253, 261, 293

石炭　163, 176

石油危機　3, 16, 138, 192, 197, 338, 343, 345

施主　199, 220, 244, 258, 272, 274, 281, 284, 289–291, 318

セッソン・セヴィネ　296, 299, 301, 304, 316, 320–3

設備省　24–25, 34, 99–104, 142, 155, 157, 171, 181, 186, 233, 240, 243, 247, 267, 287–8, 294–6, 300–2, 306, 312–3, 339–340

──県設備局(長)　102–4, 158, 170, 180–1,

185–8, 194–6, 198, 201, 234–5, 241–2, 244–5, 300–1, 304–5, 309, 311–4, 316, 327–330, 334–6

設備相　143, 222, 312

設備投資事業資金調達公共団体連合　108, 112–4

セーヌ県　50, 53, 61–2, 92, 224

戦間期　5, 10, 22–4, 第1章第1–3節, 87, 90, 131, 158–9, 168, 176, 181, 183, 203, 207, 217–8, 237, 260–1, 309, 345

選挙区　45, 109, 113, 124, 134–5, 220, 222, 226, 346

全国老齢年金金庫　47, 49, 69

戦後復興期　10, 31, 87

専門能力／知識　5, 9–10, 12, 14, 19, 24–5, 27–9, 31, 87, 95, 105, 119, 144, 155, 161, 187, 197, 231, 253–4, 273, 277, 279, 314, 318–9, 328, 330, 332–3, 337, 340–2

専門補佐官　88, 107, 135, 339

蔵相　53–4, 66, 70, 72, 79, 84–5, 88, 101, 104, 109–111, 114, 129, 134, 137, 145, 165–6, 267–8

増税　15, 108, 123, 127, 129, 250, 261, 293–4, 342

総選挙　62, 67, 79, 90, 132, 134, 202, 264, 270, 317

村道　24, 48, 50, 183

タ　行

第一次大戦　13, 34, 43–4, 47, 49, 62, 203, 266, 332

大学校　62, 255, 298–9, 302–4, 306, 322

大規模団地　84, 91, 94–5, 124, 143, 173, 188, 197, 201, 217, 291, 319, 334

大規模都市　11–2, 144, 160–1, 231, 331–2, 338

大恐慌　31, 45, 51, 54, 58, 60, 62, 72

第五共和制　34, 41, 92, 106, 166, 205, 218, 243, 259, 264, 267, 270, 285

第三共和制　5

大統領　2, 4–5, 88, 124, 126–7, 131, 194–5, 270, 302, 325, 334, 338–9

大統領選挙　136–7, 139, 281, 334

大統領府　130, 138–9, 152, 339

大都市　4–6, 10–2, 41, 50, 53, 67, 69, 71,

80, 87, 100, 103, 105, 116, 124–5, 130, 136, 142–5, 155, 160, 191, 242, 253, 264–5, 275, 279, 291, 339

第二次大戦　1, 13, 40, 55, 73, 77, 255, 344

第二都心　174–7, 179–181, 188–9, 193

第四共和制　5, 34, 88, 95, 106, 121, 148, 165–7, 185, 216, 267, 295, 335

ダム　204, 256, 284–6

短期融資　97–8, 105, 244, 274, 277

ダンケルク　337–8

炭鉱　40, 99, 167, 172, 175, 197, 223

団地　61, 84, 91–2, 95, 175, 263, 266, 268

地域化　98–100, 118

地域圏　1, 98, 103, 113, 117–120, 136, 140–1, 167, 171, 187, 189, 225, 242, 255, 258, 279, 340

地域圏議会　136, 138, 141–2, 339

地域圏行政会合　118, 167

地域圏知事　23, 98, 118–120, 141, 150, 167, 169–170, 178, 218–9, 243, 259–260, 295, 300

知事団　23, 79, 97, 135–6, 138–9, 141, 144, 217, 267, 344

地方公選職　3–5, 10, 14, 22, 27–8, 36, 41, 43, 107, 112, 117, 119, 122, 126–9, 132–3, 135–142, 150, 161, 166, 169, 174, 224, 234, 242, 250, 312, 338–341, 343–5

地方交付税交付金　42, 344–6

地方財政　40–2, 60, 106, 111, 122–3, 126–9, 131, 138, 147, 338, 345

地方(直接)税　20, 42, 106, 111–2, 122–3, 127, 130, 137, 154

中央地方関係　1–3, 7–13, 15–6, 18, 27–8, 31, 87, 122, 129, 137, 160, 332, 339–345

中央地方間財政調整　41–2, 60, 155, 344–5

中核都市圏　100, 102, 161, 171, 177–9, 182, 186–7, 196, 241–2　→均衡中核都市

中核都市圏整備基本計画　184, 241–2

中規模都市　6, 12, 336–8

中心都市／コミュン　84, 87, 124, 126, 128, 158–9, 162, 179, 184, 205, 217, 232, 236, 238, 255–6, 258, 301, 309, 329, 333, 340

中道右派　4, 116, 121, 124, 165, 194, 343

中道左派　79, 263

超党派(的)　37, 41, 43, 58, 141, 158, 216,

218, 251, 257

直営　38, 40, 53, 203, 213, 252, 326

貯蓄金庫　33–4, 44, 47, 51, 74–7, 80–3, 90, 105–6, 109, 112, 115–6, 120, 130, 145–9, 151, 153–4, 213

陳情　23, 40, 109, 147, 167, 214, 217–8, 259, 267

通信　229, 297

通達　46, 80, 82, 93–4, 108, 143, 285, 315, 319

帝国主義　200, 204, 211–2, 236, 239, 301, 309–310, 322, 324, 329

ディリジスム dirigisme　94, 256, 268, 305

低利融資　20–1, 25, 32–3, 35–6, 39, 44–52, 63–4, 83, 89–90, 94, 105–6, 113, 146, 153–5, 181, 189, 210, 213, 258, 277, 344

テクノクラート／テクノクラシー／テクノクラティック　55–6, 59–60, 62, 64, 84, 86, 90–1, 95, 139, 153, 241–2, 268, 282, 307, 312

デクレ　68, 72, 92–5, 102, 112, 117–9, 126, 131–3, 136, 141–2, 147, 152, 171, 219, 225, 302, 339

デクレ・ロワ　40, 54, 58, 62–3, 65–6, 69

鉄鋼　148, 163, 165, 167, 172, 176

出先(機関／官僚制)　1–3, 5–7, 9–10, 14, 23, 25, 27, 34, 76, 87, 100, 104, 108, 117–8, 121, 142, 144, 150, 155, 第2部, 終章

電化　9, 22, 24, 31, 37–41, 43–6, 48–52, 77–8, 85, 87, 89, 117, 158, 166, 183, 217, 238, 260–1, 309

電気／電力　8, 20, 24, 28, 36, 38–40, 43, 45–6, 78, 84, 87, 162, 183, 261, 309

電機　163, 257, 271, 292, 297

電機・通信　255, 287, 298–9, 303–4, 322

統括出納役　76, 82, 120–1, 153, 158

投機　205, 315

投資委員会　73, 75–6

投資支出／費　16, 106, 112, 133, 138–140, 261, 293, 300

統制強化　85, 88, 105, 170, 269, 294

統制手段　9, 19–20, 105, 155, 343

統制力　19, 21, 28–9, 46, 57, 62, 73, 75, 77, 86, 88, 105–6, 108, 119, 122, 140–1, 145, 153, 158, 160, 166, 169, 194, 198, 225, 259, 303, 340, 344, 346

事項索引　359

党派(化／的)　4, 22–3, 35, 60, 64, 67–8, 91, 113, 119, 122, 126–7, 134–6, 144, 150–1, 153–4, 158, 195, 223–4, 228, 251, 254, 265, 267, 325, 329–331, 344

道路　24, 83–4, 91, 93, 110, 177, 183, 200, 217, 220, 229, 238, 245, 251, 256, 263, 268, 290, 307

ド・ゴール派　4, 99, 107, 113, 116, 124, 134–5, 143, 167, 191, 201–2, 206–7, 212–4, 216, 228, 264, 270, 284, 317, 324–5, 335, 343, 345–6

都市インフラ　62, 90–1, 142, 157–8, 165, 179, 191–2, 210, 219, 255, 263, 272, 293

都市化　41, 110, 126, 157–8, 162, 203–5, 246–9, 320, 330, 333

都市共同体　128, 130, 153, 159, 191, 236, 299–303, 305–6, 331–2, 335, 337

都市計画　1, 10, 25, 29, 87–8, 90–3, 95, 99–105, 122, 155, 第2部, 終章

都市計画機関　25, 100–3, 160, 202, 232–3, 240, 242, 287–9, 296, 308

都市計画グループ　92, 174, 205, 209, 211, 230–1, 239, 241, 245, 286, 296

都市計画公社　182, 185–7, 194–5, 226, 232–6, 239–240, 242, 245, 277, 287–9, 296, 298, 300, 308–311, 313–5, 327, 331–2, 334–7, 340

都市計画専門家　185, 197, 231, 240

都市圏　10–2, 25, 31, 37, 67, 96, 100–2, 124, 128, 143, 155, 第2部, 330–6

都市コミュン　9–10, 12, 20, 31, 59–60, 62, 65, 69, 87, 90, 96, 103–5, 120–1, 144, 151, 153, 155, 157, 162, 168, 171, 191, 228, 258, 265, 295, 325, 338, 340–2, 346

都心　170, 175, 177, 179–180, 187, 253, 263, 285, 289, 308, 319, 333

土地基本法　102, 105, 240, 313, 332

土地公社　247–9

土木技師　186, 194, 196, 199, 224, 234, 242, 291, 305–6, 313

土木技師団　24, 183, 288–9, 292, 296, 339

ナ　行

内相　1–2, 4, 67, 70, 74, 85, 108–9, 112, 114, 124–5, 127, 131, 133–5, 137, 139, 147, 152, 154, 160, 189, 192, 211–2, 214–5, 221, 264, 299, 338–9

内務省　1, 4, 6–7, 14, 23, 27, 34, 42, 48, 75–6, 79, 81–2, 91–2, 95–7, 99–100, 108, 111–2, 114, 117, 119, 122–3, 125–131, 133–140, 142, 150–3, 159, 169, 181, 190–1, 203–4, 212–4, 217–8, 228–230, 237, 301, 309, 318, 344–5

――地方公共団体総局(長)　97, 133, 136–7, 139, 153, 208, 211, 214, 228, 339

ナント　25, 160, 296, 335–6

二極化　224, 330, 337–8

日本　1, 3–4, 7–9, 11–15, 17–20, 25, 27–8, 31–2, 42, 157, 341–6

ニュータウン　104, 188, 193, 220, 243, 247, 320

年賦　39, 42, 55, 63, 77–8, 293

農業省　24, 34, 38, 44–6, 67, 77–8, 82, 84, 89, 116–7, 167–8, 170, 203–5, 217

農業信用金庫　44–5, 52, 59, 74, 85, 115–6, 145–7, 192

農相　41, 44, 46, 67, 74, 84, 166, 218

農村　5, 24, 31, 36, 43–4, 59, 61, 67, 69, 73–4, 77, 116, 130, 169, 183, 203–4, 210, 217, 220–1, 224, 241, 245–6, 250, 259–261

農村インフラ　77, 88–90, 158, 218, 246, 259–260, 262

農村コミュン　20, 56–7, 59, 64, 87, 90, 92, 109, 116, 130, 132, 142, 144, 166, 190, 193, 217, 221, 224, 262, 266, 286, 321, 336, 339

農村土木技師　74, 166, 204, 217

農村土木技師団　24, 183

農村ロビー　60, 62, 67, 77–8, 84, 89

農民(組合)　47, 116, 193–4, 222, 247

ノタブル　5, 12, 105, 107, 122, 124–5, 157, 160–1, 165, 191, 193, 201, 331–2, 334, 340–1, 345–6

ノール県　82, 337

ハ　行

配電　22, 38–40, 44, 91

バイパス　268, 285, 291

配分委員会(補助金／融資)　46, 50–1, 90

パリ（市） 11–2, 49–50, 53, 56, 60–2, 66–7, 69, 91–2, 94, 99, 102, 108, 129, 135–6, 143, 154, 160, 167, 175, 186, 197, 207–8, 211–2, 217, 224, 228, 240, 242–3, 255–6, 284, 297, 331

パリバ（銀行） 173–4, 176–7, 252

非党派的 218–9, 331

病院 84, 91, 209, 267

フィルミニ 167, 184, 186, 286

フォレ平原 179, 185, 187–9, 191–2

フォンテーヌ 204, 209, 240, 250–1

付加価値税 111, 132, 138–140

福祉国家 7, 12–7, 28, 38, 341–2

副知事 153, 170, 237

副都心 239, 316, 320

負債 42, 127, 192, 197, 229, 262, 293–4

ブザンソン 74, 334, 336, 338

扶助 13–5, 60–1

ブテオン 179–180, 184–5, 187–8, 190, 192–3

不動産信用組合 49–50, 53–4

プラン 73, 75, 98, 105, 119, 122–3, 125, 127, 130, 145, 147, 153, 157–8, 170–1, 203, 213, 216, 225–6, 246, 269–270, 285, 288, 294–5
—— 第五次 98–100, 105–6, 110–1, 118, 122–3, 128, 170, 174, 225, 250, 293–4
—— 第四次 106, 118, 170, 213, 250, 270, 286, 295
—— 第六次 123, 128–9, 170, 225–6, 249
—— 地域／地方版 174–5, 182, 225–6, 286, 288
——モネ・プラン 73, 75–6, 79, 81, 85, 90

フランス銀行 33–4, 55, 68, 86

フランス大都市首長会 87, 338, 340

フランス不動産信用銀行 46–7, 51–2, 68–9, 76

振り子 28, 35, 41, 60, 73

ブリュ 307, 316, 320, 322

ブルターニュ 6, 75, 121, 124–5, 163, 255–9, 260, 264, 269–275, 279, 291, 294, 296–7, 319, 330

ブレスト 257, 270, 280, 290

プログラム化（FNAFU・CDC） 103, 294

ブローヌ 266, 285, 292

分権 1–7, 9–13, 15–9, 27–9, 98, 119–120, 126, 136, 140–2, 154–5, 158, 160–1, 186, 197, 254, 258, 265, 277, 319, 322–3, 332, 338–344

分散化（地方） 3, 7, 23, 79, 98–9, 117–120, 122–3, 141–2, 145, 150–1, 157, 166–7, 169, 218, 295, 330, 340

平衡化 37–40, 77, 89, 139, 208, 210, 213, 236, 261, 309

平成の大合併 4, 342

ベルナール・プラン 211–2, 230–2, 234, 236, 239, 245

包括化 1–2, 122, 125, 129, 134, 140–2, 145, 151–4, 337, 340, 344, 346

包括融資 152–4

報酬 24, 172, 244, 274, 276, 288, 313

報酬率 275, 280–1, 316

北欧 7, 13–4, 16, 157, 343

保健相／省 50, 53–4, 60, 62, 66, 220, 267

補佐官 189, 214

保守長期（一党）支配（政権） 1, 17–8, 342–6

保守派 69, 107, 165, 220–1, 223

保証（債務） 48, 56, 61, 96, 294

補助金
——県 39–40, 45, 158, 168, 172, 210, 261–2
——現金 63, 78, 89
——個別 1, 19–20, 42, 79, 126, 129, 131–2, 134, 140, 142, 344
——設備投資包括 122, 125–7, 130–8, 142, 144, 152–3, 155, 344
——年賦 63, 78, 89

補助金・融資連結原則 80–3, 85, 89–90, 109, 149–151, 217, 291

補助率 16, 42, 44, 46, 60, 117, 122–4, 126, 131, 151, 168, 221–2, 229, 237, 268, 293

ボネ法案 2, 4, 137, 339

ボールギャール 317–9, 327

ボルドー 116, 125, 128, 154, 160, 331

マ 行

マルケ・プラン 54–6, 58–9, 62–5, 67, 69

マルスラン法 14, 190

マルセイユ 4, 11, 85, 160, 267, 331–2

マンジョズ県委員会 75, 79, 82, 120–1, 147, 149–151

マンジョズ融資／枠 74, 76, 80–83, 90,

事項索引　　361

120–1, 130, 147, 149, 151
名望家　5, 119, 257, 264, 269, 271, 282
モデレ　214, 216, 220, 264
モルビアン県　6, 124, 257
モンペリエ　300, 333, 335
モンレイノー　170, 173, 175–7, 179, 188–190, 192, 196–7

ヤ 行

融資プログラム（CDC）　90, 121, 151–2
用地取得／ストック形成　207, 237, 247–9, 265, 276, 303, 332
預金銀行　73, 146
予算外化　91, 96, 107, 109–110, 115–6, 120, 146, 291
与党（化）　4, 22, 67, 110, 113, 116, 121–2, 124, 126–7, 134, 136, 139–140, 145, 150, 165, 167, 191, 194, 213, 215, 220, 264, 267, 270, 279, 324, 326, 329–330, 345–6

ラ 行

ラリマン　191
利益誘導　4, 113, 134, 222, 267, 346
利子補給　45, 48–50, 57–9, 63–4, 66, 90, 115
料金（公共サーヴィス）　15, 20, 36, 38–40, 77–8, 181, 213, 230, 261, 295, 309, 342
リヨン　50, 53, 128, 160–3, 165, 167, 171, 176–182, 184–9, 191–2, 196, 200, 219, 241–3, 331
リール　4, 11, 128, 160, 331
ルーアン　101, 161, 289, 334
累積債務（自治体）　15, 42, 61, 106, 122, 250, 293, 338, 345
ルシュール法　48–50, 52–3
レンヌ　25, 93, 98–9, 103, 120–1, 155, 160–3, 178, 187, 195, 198, 201, 208, 235, 237, 239, 246, 254, 第4章, 329–331, 333, 335, 342–3
レンヌ第三　266, 285–6
レンヌ第四　317–8, 326
ロアンヌ　163, 169, 172
労相　54, 69, 176, 197
労働組合　65, 170, 197, 227–8
ロワール県　21, 120, 143, 148, 160, 163, 第

3章第1節, 207, 218–9, 225, 237–8, 243–4, 260, 272, 278, 290, 309, 324, 330, 336–7

A通帳　33, 146
AMF　12, 14, 31, 41–3, 56, 58–60, 70, 74, 78, 87, 107, 124, 129, 138–9, 141–2, 319, 338–9
AUA　197, 240
AUAG　202, 235, 239–249, 251, 254, 288, 308
AUDIAR　312–3, 327–8
BETURE　100–2, 244
CAECL　35, 108, 110, 113–4, 116, 130, 145–7, 150–1, 154, 346
──常任委員会　113–4, 150–1
CCDC　35, 57–9, 62–72, 79
──常任委員会　57, 59, 64, 70–1
──理事会　57, 59, 64
CDC
──監査委員会　32, 34, 44, 52, 71, 75, 77, 80–1, 83, 90, 97, 107, 109–110, 113, 146–7, 166, 168, 220
──経営陣／首脳　32–4, 36, 55
──子会社　9, 15, 25, 31, 73, 83, 95, 189, 244, 272–3
──総裁　32, 55, 59, 69–70, 79–80, 82–3, 85, 97, 101, 107, 214, 273
──地域代表　90, 98, 120–1, 145, 149–151, 153–4, 214
CDE　108, 117–8, 218, 225
CELIB　257–8, 264, 267, 269–272, 282, 287, 330
CFDT　227
CGT　65
CIAT　95, 98–100, 177, 179, 188, 241, 297, 299
CIL　176, 252, 290, 297
CIVSE　173, 176, 192, 197
CODER　225
DATAR　95, 97, 99–103, 125, 127, 189, 267, 297
DGE　1, 126, 140
DGF　2, 131
EDF　78, 89, 238
EPURES　185–7, 189, 192–6, 198–201,

235, 287, 311–2

FACE 37–41, 77–8, 89

FAU 142–4, 155

FCTVA 140, 344

FDES 81, 84–5, 94, 107, 110, 177, 189, 209–210, 266, 285–6

FECL 126, 136–140, 142, 144, 152, 344

FNAFU 94–6, 103, 115, 120, 189, 291–2, 294

FNAT 91–2, 94–5, 204

FNCCR 39–42, 56, 58–9, 77–8, 87, 107

FNDAE 37–8, 40, 77–8, 89

FSIR 223–4, 238

GAM 3, 202, 215, 227

GCPU 99–100, 161, 242–3

GEP 102–3, 186–7, 196, 234, 301, 305, 309–310, 312–3, 327, 333

GIF 103–5, 120, 143–4, 155, 170, 302, 306, 312, 330

HBM 44–5, 49–50, 52–4, 61–2, 90

——機関／協会／公社 49–50, 52–4, 61, 90

HLM 21, 44, 79, 90–1, 110, 169–170, 218–9, 226, 231, 239, 252, 260, 263, 265–6, 285

——機関／公社 83, 90, 114–5, 169–170, 260, 290 →県 HLM 委員会

——県公社 170, 172, 219, 290

——市公社 173, 175, 252, 264, 290

INSEE 12, 178

MRL 21, 90, 92

MRP 165–7, 210, 214, 216, 222–4, 263–4, 267–8, 272, 291, 332, 334

MRU 90–2, 95, 100, 153, 167, 173, 205, 267

OPAH 197–8, 326

OREAM 100–3, 155, 160, 178–9, 185, 187–8, 241–3, 253, 296, 331

PADOG 177, 179, 241

POS 102, 311, 315

PSU 202, 215, 227–8, 240, 250–1, 311, 317

SADI 207–8, 222, 226, 231, 240, 243–5, 248, 252, 254, 278–9

SCET 25, 83–4, 93–107, 116, 144, 154–5, 158, 172–4, 189, 198, 207–8, 240, 243–5, 252–4, 258, 272–284, 287–290, 296, 298–300, 306–7, 312–6, 326–331, 333–6, 340

——地域代表部（長） 98, 158, 243, 273–8, 281, 284, 290, 300, 313, 316, 329, 336

SCIC 25, 83, 99, 107, 189, 336

SDAU 102, 160, 184–5, 187–192, 194, 196, 200, 235, 240–3, 245–251, 301–8, 312–6, 320–2, 326–7, 332–7

——地方委員会 188, 193, 249, 315

SEDL 172–4, 176, 187, 189, 199, 201, 207, 243–4, 278, 290

SEM 25, 84, 95–8, 101–6, 116, 122, 154, 158, 172–4, 176–7, 189, 192, 197–8, 207, 240, 243–5, 258, 272–7, 279, 281–2, 290, 318–9, 325–6, 328, 330–7, 340, 346

SEMAEB 258–9, 272–282, 284–5, 287–290, 292, 294–6, 299–300, 303, 306, 311–9, 325–7, 329–330

SEMASET 173, 177, 190, 192, 197

SIEPURG 233–6, 239, 247

SIVOM 128, 159, 182–4, 200, 209, 222, 232, 236–8, 251, 254, 288, 302, 304, 308–310, 324, 335

SORETUR 101, 289, 334

UDF 4, 136, 165, 343

UNR 99, 116

VRTS 21, 111, 129–131, 139, 345

ZAC 103–5, 143–4, 188–190, 193, 196, 302, 315, 317–9, 325–7, 337

ZAD 188, 192–3, 196, 248–250

ZH 92, 95, 110, 173, 179, 188, 192, 311

ZI 92, 103, 120, 144, 188, 190, 192, 238, 244–5, 266, 281–2, 287, 292, 296–7, 299–300, 303, 311, 315

ZUP 84, 93–6, 103–5, 120, 143, 170, 172–3, 175, 177, 179, 188, 196–7, 206–8, 220–1, 226, 229–231, 239–240, 243, 245, 250, 252–3, 265–6, 281, 285–294, 302, 317–8, 325–6, 333, 336

著者略歴

1964 年　神奈川県横浜市に生まれる
1989 年　東京大学法学部卒業
現　在　東京大学大学院法学政治学研究科教授

主要業績

『戦後フランス政治の実験　第四共和制と「組織政党」1944–1952
　年』（東京大学出版会、2002 年）

「MRP（人民共和運動）の青年・学生グループの軌跡：フランスに
　おけるキリスト教民主主義勢力解体に関する一考察」田口晃他編
　『キリスト教民主主義と西ヨーロッパ政治』（木鐸社、2008 年）

"Associations, Party Models and Party System: Changing Patterns
　of Party Networks in 20th-Century France", *French Politics* Vol.
　7–2（2009）

「福祉国家と西ヨーロッパ政党制の『凍結』──新急進右翼政党は固
　定化されるのか？」水島治郎編『保守の比較政治学』（岩波書店、
　2016 年）

戦後フランス中央集権国家の変容
下からの分権化への道

2017 年 12 月 25 日　初　版

［検印廃止］

著　者　中山 洋平

発行所　一般財団法人　東京大学出版会

　　　　代表者　吉見 俊哉

　　　　153-0041　東京都目黒区駒場 4-5-29
　　　　http://www.utp.or.jp/
　　　　電話 03-6407-1069　Fax 03-6407-1991
　　　　振替 00160-6-59964

印刷所　研究社印刷株式会社
製本所　誠製本株式会社

© 2017 Yohei Nakayama
ISBN 978-4-13-036264-1　Printed in Japan

JCOPY 〈(社)出版者著作権管理機構 委託出版物〉
本書の無断複写は著作権法上での例外を除き禁じられています．複写され
る場合は，そのつど事前に，(社)出版者著作権管理機構（電話 03-3513-6969,
FAX 03-3513-6979, e-mail: info@jcopy.or.jp）の許諾を得てください．

城山 英明 大串 和雄 編	政策革新の理論 政治空間の変容と政策革新 1	A5・4500 円
篠原 一著	ヨーロッパの政治	A5・3200 円
馬場 康雄 平島 健司 編	ヨーロッパ政治ハンドブック［第2版］	A5・3200 円
平島 健司著	ドイツの政治	A5・3600 円
飯田 芳弘著	想像のドイツ帝国	A5・8000 円
水島 治郎著	戦後オランダの政治構造	A5・8000 円
岡沢 憲芙著	スウェーデンの政治	A5・4500 円
金井 利之著	自治制度 行政学叢書 3	46・2600 円

ここに表示された価格は本体価格です．ご購入の
際には消費税が加算されますのでご了承ください．